《六枝年鉴》编纂委员会

顾　　问：杨昌显　方裕谦　王朝荣　吕　荣

主　　任：王光全

常务副主任：潘　静

副　主　任：撒玉怀　杨　强　余红亚

委　　员：特区党办、人大办、政府办、政协办、组织部、宣传部、人武部、政法委、人民检察院、人民法院、统战部、直属机关工委、离退局、史志办、党校、信访局、编委办、总工会、团委、妇联、科协、工商联、残联、文联、发展改革局、财政局、经济和信息化局、审计局、统计局、农业局、林业局、水务局、供销社、住房城乡建设局、交通运输局、国土资源局、人资社保局、民政局、民宗局、环境保护局、安全监管局、移民局、教育局、文体广电新闻出版局、卫生计生局、市场监管局、档案局、公安局、司法局、国税局、地税局、气象局、烟草局、六枝供电局、六枝调查队、邮政局、电信六枝分公司、人行六枝支行、木岗园区、路喜园区、郎岱园区、牂牁江风景名胜区、大用园区、北部库区园区、银壶社区、九龙社区、塔山社区、那克社区、岩脚镇、郎岱镇、大用镇、木岗镇、落别乡、新窑镇、关寨镇、新场乡、新华镇、龙河镇、月亮河乡、牛场乡、梭戛乡、中寨乡、牂牁镇等单位主要或分管领导

《六枝年鉴》编辑部

主　编：焦兴敏

副主编：黄继洪　田文媛　罗道勇

编　辑：李玉梅　卢启国

编　务：左　燕　庞文晋　蔡兴祥　龙　波　赵　薇　金正萍　陈金海

编辑说明

一、《六枝年鉴》是全面、系统地记述六枝特区行政区域自然、政治、经济、文化，社会等方面情况，旨在为各级领导决策提供可靠的参考依据，为社会各界人士了解和研究六枝提供最新的信息资料，为编辑地方志书积累资料。

二、《六枝年鉴（2017）》坚持以马克思列宁主义、毛泽东思想、邓小平理论、“三个代表”重要思想、科学发展观和习近平新时代中国特色社会主义思想为指导，坚持辩证唯物主义、历史唯物主义的立场、观点和方法，以《地方志工作条例》为依据。内容着重反映全区2016年经济建设、政治建设、文化建设、社会建设和生态文明建设等方面的新举措、新进展、新成果、新经验、新问题。

三、本年鉴共设13个类目：特辑、文件选编、大事记、概况、党政群团、法治、经济监督与管理、农林水气象、移民•扶贫、交通•安全监督、城建•环保、经开区•园区、乡镇（社区）、。

四、《六枝年鉴（2017）》内容设3个层次，在类目下设分目，分目下设条目（少数分目无条目），条目为年鉴的基本单位，用（黑体字【 】号）作条目标题，一般先有介绍行业、事业的概况条目，后按一事一目的原则设置条目。

五、本年鉴采用的文稿，均从特区各乡镇（社区）、各部门提供的2017年年鉴稿件编纂定稿。数据以社会经济发展统计资料为依据特区统计局公布；地区生产总值，各产业增加值、总产值绝对数未注明不变价的，均为当年价；增减百分比除注明外均按可比价格计算。本年鉴中领导名录时限为2016年，姓名后面有*号的为2016年底去职，无*号的仍在职。

调研指导

2016年6月14日，贵州省副省长刘远坤（右一）到六枝调研农旅一体化产业项目建设情况

2016年5月19日省住建厅副厅长陈勇（右三）督导六枝特区农村危房改造户计生“三结合”帮扶工作

2016年3月2日，省发改委副主任、移民局副局长张杰（右四）到关寨镇调研易地扶贫搬迁工作

2016年12月2日，省妇联机关党委书记陈月蓉（右三）到六枝调研“三新一清洁”工作

2016年9月2日，六盘水市委书记李再勇（右一）调研岩脚特色小城镇建设情况

调研指导

六盘水市委副书记魏雄军（右四）到关寨镇调研易地扶贫搬迁工作

六盘水市委书记李再勇（右二）在落别乡螃蟹峡休闲养老中心调研大健康旅游建设情况

市人大常委会主任黄金（二排左三）慰问六枝特区优秀教师

调研指导

2016年9月12日六盘水市副市长陈华（左一）到六枝特区调研电煤保障工作

2016年1月13日，六盘水市委常委、市纪委书记张集智（右一）到六枝特区调研党建扶贫工作

2016年5月28日，市人民政府副市长付昭祥（右三）到大用镇凉水井村调研猕猴桃基地建设工作

2016年7月3日，特区党委书记杨昌显（左三）率队赴关寨镇检查地质灾害防治工作

2016年5月22日，特区区长方裕谦（右二）率队到落别抢险救灾

2016年12月21日，特区政协主席吕荣（左二）到牂牁镇调研扶贫工作

重要会议、活动

2016 年 6 月 25 日，2016 中国凉都首届杨梅节活动现场

2016 年 7 月 27 日，六枝特区召开"两学一做"学习教育"大宣讲"部署会

2016 年 8 月 10 日，2016 年中国门球冠军赛贵州赛区在六枝开赛

2016 年 8 月 10 日，2016 年中国门球冠军赛贵州赛区在六枝开赛

2016 年 5 月 26 日六枝特区举行"两学一做"教育宣讲会

2016 年 2 月 15 日，六枝特区召开全区经济工作会议

2016 年 12 月 10 日，特区政协九届一次会议召开

2016 年 12 月 11 日，六枝特区第十二届人民代表大会第一次会议召开

2016 年 9 月 7 日，六枝特区召开“四创”暨创卫攻坚推进大会

2017 年 3 月 23 日，六枝特区召开全区统战工作会议

2016 年 5 月 8 日，六枝特区“文明在行动·满意在凉都”2016 年“安康杯”全民健身活动开幕

2016 年 3 月 29 日，六枝特区举办第一届“云上牂牁杯”手工制茶技能大赛

2016 年 8 月 12 日，六枝特区举行不动产统一登记首证颁发仪式

2017 年 1 月 14 日，六枝特区召开“四位一体”从严管理干部试点工作动员部署会

2016年7月，六盘水首个跨区域联乡（镇）党委在六枝特区成立

2016年5月1日-3日，六枝特区区长方裕谦率队到广西百色百矿集团考察学习

2016年4月12日，贵州省仁爱协会到中寨乡四方井小学助学捐赠

六枝旅游

六枝迴龙溪景区

六枝梭戛生态博物馆

牂牁江景区

可布瀑布群

落别乡板梅古堡

落别布依风情体验景区

六枝旅游

落别螃蟹峡休闲养老中心

郎岱古镇

郎岱文笔塔

郎岱生态旅游文化区

民族风情

2016 凉都·月亮河“六月六布依风情文化节”

2016 凉都·月亮河“六月六布依风情文化节

六枝陇脚乡月亮河布依“六月六”篝火晚会现场

落别乡布依族油团节

布依族妇女

梭戛箐苗妇女

六枝梭戛箐苗“跳花节”

仡佬族“吃新节”

仡佬族“吃新节”杀白马祭地

仡佬族“吃新节”杀牛祭天

现代农业

郎岱高效产业园区

六枝牛场辣椒种植基地

九层山茶叶

陇脚乡补雨村猕猴桃产业基地

产业发展 促民增收

箐口核桃

六枝牛场辣椒

岩脚金星村生态鸡

落别樱桃

无籽刺梨

月亮河乡绿壳鸭蛋

目　录

特　辑

文件选编

大事记

概况

党政群团

治安司法

经济监督与管理

农林水气象

移民·扶贫

城建·环保

交通·安全监督

经开区·园区

乡镇（社区）

特辑

凝心聚力 决战决胜
为实现全面建成小康社会宏伟目标砥砺奋进

——在中国共产党六枝特区第十一次代表大会上的工作报告

（2016 年 10 月 26 日）

杨昌显

中国共产党六枝特区第十一次代表大会，是在我区进入转型发展、后发赶超重要战略机遇期和决战脱贫攻坚、决胜全面小康关键时期召开的一次十分重要的会议。会议的主要任务是：高举中国特色社会主义伟大旗帜，深入贯彻习近平总书记系列重要讲话精神，回顾总结我区第十次党代会以来的工作，讨论制定今后五年的奋斗目标和主要任务，选举产生中国共产党六枝特区第十一届委员会和纪律检查委员会，团结和动员全区各级党组织、全体共产党员和广大干部群众，凝心聚力、决战决胜，为实现全面建成小康社会宏伟目标砥砺奋进！

一、过去五年的工作回顾

特区第十次党代会以来，在市委的坚强领导下，特区党委紧密团结和带领全区广大干部群众，统筹推进“五位一体”总体布局和“四个全面”战略布局，面对经济下行的严峻形势和艰巨繁重的改革发展稳定任务，始终以经济建设为中心，克难攻坚，奋力拼搏，全面推进经济社会发展各项事业，全区发展环境日益改善、发展速度稳步加快、发展质量不断提高、发展成果惠泽人民，圆满完成了特区第十次党代会既定的目标任务，为同步全面建成小康社会奠定了坚实基础。

持县域发展战略化，激活了后发赶超的强大引擎。五年来，我们主动适应新常态，科学决策，全力“赶”，奋力“转”，实现了发展速度和质量同步提升，县域经济综合实力持续增强。2015 年，全区生产总值达 147.89 亿元，是 2011 年的 2.18 倍，年均增长 16.72%；50 万元以上固定资产投资累计完成 243.83 亿元，是 2011 年的 4.86 倍，年均增长 55.84%；一般公共预算收入达 13.04 亿元，是 2011 年的 2.62 倍，年均增长 38.91%；社会消费品零售总额达 36.17 亿元，是 2011 年的 1.85 倍，年均增长 15.01%；金融机构存款、贷款余额分别达 104.5 亿元、91.28 亿元，年均分别增长 14.05%、23.02%；迈入全省经济强县行列。

坚持产业发展特色化，彰显了转型发展的独特魅力。五年来，我们坚持一产做特、二产做强、三产做优，三次产业结构从 2011 年的 10.31:48.75:40.94 调整为 2015 年的 20.30:35.87:43.83。围绕“百姓富、生态美”加快一产转型。完成农业特色产业“3155 工程”种植 119.33 万亩，初步形成了以茶叶、核桃、猕猴桃、凉都红樱桃等为代表的农业特色产业新格局。新增市级以上龙头企业 29 家，培育了“岩脚面”“郎岱酱”“落别樱桃”“月亮河鸭蛋”“牛场辣椒”“六枝龙胆草”等 6 个国家地理标志产品，建成省级现代农业示范园区 8 个，农业增加值年均增长 5.72%。围绕“结构好、效益高”加快二产升级。华润（六枝）电厂首台 660 兆瓦燃煤机组正式投产发电，六矿瑞安水泥技改项目投产，宏奇药业等异地改扩建项目建成，木岗园区移动终端项目入驻，新建一批农产品加工厂。煤矿企业兼并重组有序推进，建成地面抽采煤层气参数井 4 个，煤炭资源就地转化率达 80.6%。“一区三园”加快建设，煤电化、电子信息、新医药、新型建材等产业发展不断释放新动力。围绕“市场活、可持续”推进三产优化。以旅游业为龙头的第三产业发展步伐加快，牂牁江国家湿地公园、黄果树瀑布源国家森林公园获国家林业局批准成立并开工建设，廻龙溪温泉度假区、牛角布依风情体验区成功申报国家3A级景区。牂牁江国际滑翔伞公开赛、月亮河“六月六”布依风情文化节、落别樱桃节、岩脚杨梅节等节庆旅游活动精彩纷呈。扎实开展省级电子商务进农村综合示范县创建，建成县级电子商务运营服务中心、仓储物流中心和174个乡村级农村电商服务网点，依托电商云、贵农网等电商交易平台，推动农特产品走出深山、面向市场。金融、物流等现代服务业加快发展，服务业增加值年均增长16.72%。

坚持基础设施利民化，筑牢了脱贫攻坚的坚实保障。五年来，我们不断加快以交通、水利、电力、通信等为重点的基础设施建设，发展基础更加坚实。交通建设取得历史性突破，六六、六镇高速公路以及牂牁大道、迎宾大道等建成通车，安六城际铁路和中心城区至大用、木岗等快速通道顺利推进，背街小巷提质改造步伐加快，基本实现乡乡通油路、村村通硬化路，城乡道路通畅率显著提高。水利建设硕果累累，黔中水利枢纽工程下闸蓄水，旧院水库、中心城区二期供水工程等投入使用，懒龙河、阿雨、松树林、茅草寨等水库开工建设。实施农村饮水安全工程208处，解决了27.69万人安全饮水问题。电力、信息建设取得新成绩，用电可靠性进一步提高，全面实现村村通电话、行政村通宽带、中心城区4G网络全覆盖。深入实施“绿色贵州”建设六枝三年行动计划，完成营造林56.8万亩，森林覆盖率达47.01%。发出“六枝拒绝污染”最强音，城镇污水处理率达85.1%，城乡生活垃圾无害化处理率达82.8%，城市环境空气质量（API）达标率达100%，集中式饮用水源地水质达标率达100%。

坚持城乡建设一体化，拓展了统筹发展的广阔空间。五年来，我们围绕建设现代化精品城市目标，不断做大做强中心城区、做优做特小城镇、做精做美新农村。大力实施城区扩容工程，中心城区建成区面积扩展到15.6平方公里。大力实施城区便捷工程，新增大中型商贸市场4个，新建山体公园5个，天然气管道、供水管网、人行天桥等城市配套基础设施项目投入使用。大力实施城区“四化”工程，深入开展“四创”活动，全面实现绿化提质、美化提速、亮化提档、净化提标。大力实施“整区推进”工程，积极承办第五届全省小城镇建设发展大会，郎岱镇入选首批中国特色小城镇，岩脚镇、木岗镇跻身全国重点镇，落别乡、牂牁镇、龙河镇、关寨镇、新华镇、新窑镇、月亮河乡等小城镇建设发展步伐加快且各具特色，全区城镇化率达42.4%，比2011年提高9.6个百分点。大力实施“四在农家·美丽乡村”六项行动计划，改造民居6.29万户，打造小康寨46个。

坚持民生保障全民化，开创了共建共享的生动局面。五年来，我们始终把保障和改善民生摆在突出位置，完成民生类总支出125亿元，占一般公共预算支出的81.59%。城镇累计新增就业10.9万人，城镇登记失业率控制在4.2%以内，城乡居民人均可支配收入分别达21315元、7114元，分别是2011的2.02倍、1.77倍。11个贫困乡镇“减贫摘帽”，58个贫困村完成“整村推进”，减少贫困人口10.88万人，贫困发生率由2011年的33.83%下降至2015年的13.92%。完成保障性安居工程建设16456套。启动实施“新两基”，累计投入教育资金23.9亿元，实施教育工程286个，新建、改扩建学校56所。科学技术普及全面推进，公民素质稳步提高。卫生计生事业不断发展，新增医疗卫生机构11家，实施标准化卫生院建设19个。人口和计划生育优质服务不断推进，二孩政策全面实施。新型农村合作医疗参合率达到99.5%，城镇居民医疗保险、职工医疗保险、社会养老保险参保率均达92%以上。社会治安综合治理（平安六枝建设）深入推进，人民群众安全感和满意度分别达96.9%、99.6%。

坚持改革开放纵深化，焕发了创新发展的蓬勃生机。五年来，我们坚持开放倒逼改革，以改革增强动力，实施3批82个重点改革专题，完成改革任务66项。“三变”改革不断深化，农村土地确权颁证登记工作有序开展，全国农村土地承包经营权抵押贷款试点工作稳步推进。政府机构改革、乡镇撤并等工作全面完成，国有企业、司法体制、住房保障、公务用车等改革成效愈发彰显。对外开放与合作不断深化，招商引资实际到位资金年均增长27.83%。扶持实体经济发展的措施不断强化，民营经济占全区GDP比重从2011年的37.2%提高到2015年的

56.7%。

坚持发展环境和谐化，呈现了政通人和的崭新面貌。五年来，我们坚持精神文明与物质文明一起抓牢、民主政治与依法治区同步推进，发展力量更加汇集。社会主义核心价值体系教育深入推进，公民道德观念和社会文明程度明显增强。文化阵地建设和文化遗产保护力度加大，基层群众文化生活日益丰富，区内外主流媒体对六枝的关注度显著增强，六枝知名度和美誉度大幅提升。社会主义民主政治建设全面推进，人大、政府、政协各司其职、共谋发展的合力更加聚集。各民主党派、工商联和无党派人士参政议政、民主监督作用充分发挥。认真落实党管武装制度，深入推进国防后备力量建设。民族、宗教、党校、史志、档案、老龄、老干、老年教育、文联、残联、科协、关心下一代、工会、共青团、妇联、红十字会等各项事业有声有色，全区上下呈现出政通人和的良好局面。

坚持管党治党常态化，铸就了决战决胜的根本保证。五年来，我们始终把加强党的自身建设作为提升执政能力、巩固执政基础的根本保证，深入开展党的群众路线教育实践活动、“三严三实”专题教育和“两学一做”学习教育，大规模推进干部教育培训，广大党员干部的政治意识、大局意识、核心意识、看齐意识全面提升。认真落实党建工作责任，有效开展党组织书记党建述职评议，大力整顿软弱涣散基层党组织，稳步提高村干部报酬，所有行政村村级集体经济积累全部“脱壳”。扎实做好党员发展工作，党员教育和管理机制进一步完善。党代会常任制扎实推进，党代表作用较好发挥。坚持正确用人导向，注重在基层培养、锻炼及选拔干部，干部队伍结构得到优化。深入推进党风廉政建设和反腐败斗争，层层压实“两个责任”，积极推动纪检监察机关“三转”，坚持有腐必惩、有贪必肃。五年来，共受理信访举报1672件，立案审查489件545人，党政纪处分517人，移送司法机关67人，查处了交通、国土、住建、水利、林业、医疗卫生等系统腐败窝案，不敢腐的震慑作用充分发挥，不能腐、不想腐的效应初步显现，风清气正的政治氛围不断形成。

各位代表、同志们，过去五年，是特区第十届党委带领全区上下励精图治、开拓进取的五年，是全区广大干部特别是基层一线干部辛勤耕耘、奋发有为的五年，是社会各界积极建言、助力发展的五年，是全区72.7万人民齐心协力、共同奋斗的五年。这五年，我们的发展充满着艰辛和喜悦、曲折和豪迈、付出和收获。

五年来，我们取得了全省基层组织建设先进县、2013-2015全省平安建设先进县、全省双拥模范县城和全省创建文明城市工作先进城市等新成绩；取得了全国十佳生态旅游城市、全国“瓜果采摘十佳”榜单和全省发展与效率十佳县等城市名片；争取到了全国计生基层群众自治示范区、全国老年远程教育示范区、全省大健康医药产业发展示范区、全省电子商务进农村综合示范县、全省小城镇建设示范县、全省“十县百乡千村”示范工程重点县、全省小康寨建设重点示范县、全省卫生应急综合防控示范区和全省“整脏治乱”精细化管理试点县等政策支持；建成了落别乡、阿乐村、金星村、牛角村等全国、全省文明乡镇、文明村。

成绩分寸如金，局面难能可贵。这些成绩的取得，得益于中央、省委、市委的正确领导和上级各部门的大力支持，得益于历届特区党委的持续努力和特区四大班子的合力奋进，得益于全区各级党组织和广大干部群众的苦干实干，得益于各民主党派、人民团体、驻境官兵、离退休老同志和社会各界的鼎力支持。在此，我代表中共六枝特区第十届委员会，向所有关心、支持和参与六枝建设发展的同志们、朋友们，致以衷心的感谢和崇高的敬意！

明镜所以照形，古事所以知今。经过历届特区党委班子的砥砺前行，特别是过去五年的发展，六枝迎来了向全面建成小康社会新胜利冲刺的历史性时刻，站在了转型发展和加快社会主义现代化建设的新起点！五年的实践充分证明，有中央、省委、市委的正确领导，六枝人民完全有信心、有决心、有智慧、有能力在困境中实现突围，在逆境中实现崛起！五年的变化告诉我们：心齐才能成事，实干才能兴区。五年的历程昭示我们：发展没有终点，奋斗才是永远。我们必须以百倍的努力，继往开来把六枝各项事业不断推向前进。

小康社会的目标，必须始终把发展作为第一要务，继续保持良好发展态势，全力“赶”、奋力“转”、尽力“超”，在追赶中缩小差距，在转型中提升质量，在超越中赢得主动；必须始终把改革创新作为第一引擎，以改革促开放、以开放逼改革、以创新推发展，不断释放改革红利、拓宽开放门路、激发创新动力、提升发展活力；必须始终把绿色低碳环保作为第一追求，以生态文明为目标、生态建设为基础、环境保护为关键、绿色发展为核心，坚持生态产业化、产业生态化，既要绿水青山又要金山银山，让山更绿、天更蓝、水更清、地更洁；必须始终把改善民生作为第一政绩，坚持一切为了人民、一切依靠人民，充分发挥广大人民群众积极性、主动性和创造性，不断把为人民造福事业推向前进；必须始终把全面从严管党治党作为第一责任，切实加强基层党组织和干部队伍建设，全面落实党风廉政建设“两个责任”，突出纪在法前，坚持真管真严、敢管敢严、常管常严，增强拒腐防变的能力，营造风清气正的政治环境；必须始终把执行作为第一遵循，充分发扬战略部署“扣扣子”、责任履行“担担子”、工作落实“钉钉子”的作风和精益求精的工匠精神，不折不扣执行好中央、省委、市委的决策部署，并结合实际创造性地抓细抓实。

展望未来，我们必须清醒地认识到，欠发达、欠开发是我区的现实状况，发展方式粗放、不平衡、不协调是我区现阶段经济社会发展最突出的特征。在前进的道路上，我们面临着很多困难和问题。一是经济总量小，人均水平低，宏观经济持续低迷徘徊，产业结构单一，一产不大、二产不强、三产不优，新旧产业进入更替期，做大做强县域经济面临既“赶”又“转”双重任务。二是贫困人口多，贫困面广，贫困程度深，特别是大多居住在边远偏僻村寨，生产生活条件艰苦，缺医少药、看病难、出行难问题和因病致贫、因病返贫现象突出，脱贫攻坚任务十分繁重。三是民生事业“短板”依然较多，城乡基础设施总量不足、标准不高，城市运行管理粗放，文化体育和医疗卫生事业相对滞后。四是生态环境脆弱，部分地区水土流失严重、石漠化程度较高，资源循环利用率低，循环经济发展迟缓，生态文明建设面临较大挑战。五是民主法治不够健全，矛盾纠纷易发多发，信访维稳压力有增无减，全面依法治区面临新考验。六是后备干部和年轻干部严重不足，部分基层组织战斗堡垒作用不强，有的党组织及党员领导干部落实“两个责任”不力，有的干部不作为、慢作为、乱作为、滥作为，甚至以权谋私、违纪违法，庸政、懒政、怠政、贪污腐败现象时有发生，全面从严治党任重道远。这些困难和问题，既受客观条件的制约和影响，更存在主观努力上的不足与差距，我们务必采取切实可行的措施，认真加以克服和解决。

二、决战脱贫攻坚决胜全面小康

东风好借力，正是扬帆时。今后五年，是我区脱贫攻坚、全面建成小康社会的决战决胜期。我们的各项工作任务，归结起来就是要夺取全面建成小康社会的伟大胜利。全区上下一定要以更加鲜明的发展导向、更加强烈的忧患意识、更加务实的工作作风、更加突出的争先精神，借势而为，乘势而上，坚决打赢精准脱贫这场输不起的攻坚战，确保到2020年与全市全省全国同步全面建成小康社会。

今后五年工作的总体要求是：高举中国特色社会主义伟大旗帜，深入贯彻习近平总书记系列重要讲话精神，按照“五位一体”总体布局和“四个全面”战略布局，自觉践行五大发展理念，认真落实市委关于统筹城乡改革和发展先行试点的决策部署，以特区“十三五”规划纲要为统领，牢牢守住发展、生态、安全三条底线，弘扬“三线”精神，深化“三变”改革，增强服务意识，强化责任担当，深入实施“八大战略”，坚持改革推动、协调联动，着力走好加快产城一体发展新路，让全区人民享有更优质的教育、更满意的医疗、更稳定的工作、更可观的收入、更舒适的条件、更便捷的服务、更可靠的保障、更绿色的生态、更丰富的文化、更安宁的环境，全面彰显“盆景山城·画廊六枝”的特别魅力，将六枝建设成六盘水融入黔中经济区的桥头堡、贵州西部宜居宜业宜游的现代化精品城市和旅游目的地城市。

今后五年工作的主要预期目标是：

——经济综合实力持续增强。地区生产总值年均增长13%左右，人均生产总值达8250美元；规模（2000万元）以上工业增加值年均增长14%左右；500万元以上固定资产投资年均增长20%；一般公共预算收入达17亿元，年均增长6%；社会消费品零售总额年均增长13%；各项指标增速高于全省全市县域经济平均水平；城镇化率达 50% 以上；综合经济实力进入全省县域经济第一方阵前列。

——人民生活品质持续提升。现行标准下农村贫困人口全部实现脱贫，城乡居民人均可支配收入分别达 36000 元、12500 元，年均增长 11%、12%；学前三年毛入园率达 90% 以上，九年义务教育巩固率达 95% 以上，高中阶段毛入学率达 90% 以上；城镇登记失业率控制在 4.2% 以内；城镇基本医疗保险、失业保险和职工基本养老保险覆盖率均达 98% 以上；医疗保障水平全面提高，人民群众文化生活更加丰富。

——生态环境质量持续改善。单位生产总值能耗进一步下降，主要污染物排放总量明显减少，循环经济加快发展。森林覆盖率达 62% 以上。城乡生活垃圾无害化处理率和城镇污水处理率分别达 90%、86%。

——管党治党水平持续提高。广大党员思想政治素质不断提升，各级领导班子和干部队伍能力建设不断增强，党组织创造力凝聚力战斗力不断加强，反腐倡廉建设取得新成效，党同人民群众的血肉联系更加密切。

围绕以上要求和目标，做好未来五年的工作，我们必须紧紧盯住高水平全面建成小康社会总目标，紧紧落实创新、协调、绿色、开放、共享新理念，紧紧遵循产城一体发展新路径，始终保持思想同心、目标同向、步调同频，以开局就是决战、起步就是冲刺的决心和功成不必在我、功夫必须有我的劲头，集中力量做好各项工作，用“赶考”精神向第一个百年目标冲刺，向组织和人民交出一份满意的答卷。

（一）深入实施精准脱贫战略，全力夺取脱贫攻坚新胜利。坚决打赢精准脱贫攻坚战，全面消除绝对贫困，实现“两不愁、三保障”，是到 2020 年实现全面小康的前提和保障。必须强化政治意识。全面落实脱贫攻坚责任制，严格按照时间表、路线图、“军令状”，认真履行“六主五包”责任，做到不脱贫不脱钩，确保实现 8.32 万贫困人口如期脱贫。必须强化精准施策。严格落实“五定五看”、“凉都六法”等工作法，以“三变”改革为统揽，坚持分类施策，全力推进发展生产脱贫一批、易地扶贫搬迁脱贫一批、生态补偿脱贫一批、发展教育脱贫一批、社会保障兜底一批。加强动态监管，坚持脱贫销号、返贫重录。加大对脱贫对象的扶持和社会保障力度，有效防止脱贫对象返贫。必须强化督查问责。认真贯彻《脱贫攻坚责任制实施办法》和《贵州省大扶贫条例》，进一步健全常态化督查机制，强化督查结果运用。对工作不力、作风不实的，严肃问责；对乱作为，特别是虚报冒领、截留私分、挥霍浪费扶贫资金的，坚决查处。

（二）深入实施转型升级战略，全力培植后发赶超新优势。紧紧围绕构建山地特色新型产业体系，加快培植绿色产业，以产兴城、以城带产、产城融合，因地制宜发展绿色经济，实现绿色崛起。到 2020 年，三次产业比重达到 15:42:43，转型升级取得重大进展，县域经济发展质量和效益全面提高。

打好山地特色现代高效农业攻坚战。坚持做特一产，充分发挥农业示范园区辐射带动作用，积极发展循环农业、功能农业、立体农业和特色农业。扎实抓好全国第三次农业普查，全面摸清农业产业情况。加大资金整合力度，着力打造 2—3 个特色农业支柱产业。大力提高经济作物占种植业的比重、生态畜牧业产值占农业总产值的比重、二、三产业占农村经济的比重。大力提高农业科技化信息化水平，积极推广和使用现代农业技术。加强与中国科学技术大学等高等院校和科研院所的合作，积极发展功能农业。牢固树立品牌意识，大力扩大无公害农产品、绿色食品和有机农产品的规模，“三品一标”认证比重达 60% 以上。以市场为导向，以创建全省电商示范县为抓手，以电商云、贵农网等电商交易平台和区乡村电商服务网点为支撑，加快农村电子商务发展，推进农超对接、农批对接等产销模式，进一步畅通农产品销售渠道。以“三变”改革为引领，继续深化农村改革，培育壮大农业经营主体，推进农业生产规模化、组织化、集约化发展，实现股份制农业、股东化农民的农村大变革。

打好山地循环工业攻坚战。坚持做强二产，立足煤，依托煤，跳出煤，超越煤，加快推进企业、产业、园区绿色发展、循环发展。加大对传统工业企业的循环改造力度，促进资源循环高效利用。深化地企合作，实现共赢发展，支持六枝工矿集团转型重振，把华润六枝电厂、路喜产业园区作为发展循环经济重点工程抓紧抓实。加快发展再生资源产业，推进煤矸石、粉煤灰等大宗废弃物综合利用。加快发展低碳清洁型产业，着力推进清洁生产，大力发展环保型建筑建材，加快推进煤层气、太阳能、地热能等清洁能源的开发利用。到2020年，努力实现煤层气抽采量达到2.5亿立方米。加快培育大健康医药产业，着力提升中医药、茶叶、食品、白酒等特色轻工业的生产水平。加快以大数据产业为重点的信息产业发展，推进数据共享交换平台、信息基础设施等项目建设，大力发展“数字经济”。加快发展饮用水产业，建成1~2个规模化、标准化矿泉水厂。进一步理顺“一区三园”管理体制，优化园区总体布局，完善园区基础设施和公共服务，强化园区招商引资，促进园区循环式发展。鼓励和支持产业园区开展生态工业示范园区、国家低碳工业园区创建。

打好山地特色健康旅游攻坚战。依托“特区”优势，坚持做优三产。大力发展旅游经济。按照全域旅游的发展方向，用好旅游资源普查结果，以承办全市第四届旅游文化产业发展大会为契机，加快完善旅游基础设施，精心设计旅游线路，科学开发生态旅游、乡村旅游、避暑休闲游、温泉养生游、山地户外运动游等旅游产品，不断丰富旅游业态和人文内涵，实现全景式打造、全季节体验、全产业发展、全社会参与、全方位服务、全区域管理，助推全区旅游业井喷式增长。做足“水文章”，打好“文化牌”，重点推进牂牁江国家湿地公园、黄果树瀑布源国家森林公园、廻龙溪温泉度假区、梭戛自然与生态文化示范区、郎岱古镇生态文化旅游区、“黔中半岛”、阿珠湖等旅游景区开发，着力打造“牂牁江凉都小海南”、“黔中半岛——西部最大内陆旅游岛”、“郎岱花果山”、落别温泉小镇等旅游品牌，让“凉凉爽爽好空气，雄山秀水看六枝”成为风靡全国的六枝旅游名片。树立精品和高端意识，引进国内外知名旅游文化龙头企业参与我区旅游开发建设。到2020年，建成一批国家3A级以上景区、2个省级重点旅游度假区，力争2个以上列入国家5A级景区。大力发展现代物流业，加快构建功能齐全的物流配送体系。大力发展商贸流通业、商务服务业和现代金融业，为建设宜居宜业宜游的旅游目的地城市提供有效支撑。

打好山地特色新型城镇攻坚战。加快统筹城乡改革和发展步伐，努力走出一条山地特色新型城镇化发展新路。打造精品城区。树立“先进、长远、超前、留白”的理念，坚持“东拓、西延、南扩、北改”和“协调布局、跳跃发展”的原则，加快棚户区改造和新区开发步伐，推进智慧城市建设，促进城市规划管理信息化、基础设施智能化、公共服务便捷化、社会治理精细化。加快实施绿化、亮化、美化、净化工程，为生态“留白”，给自然“种绿”，做到“显山、露水、见林、透气”。深入开展“四创”活动，确保实现“四创”目标。到2020年，力争主城规划区范围拓展到70平方公里，中心城区建成区面积达22平方公里、人口达到25万人以上、绿化覆盖率达40%以上。打造特色小镇。围绕“一主三星多特色”加快小城镇建设“整区推进”步伐，依托山水脉络等独特风光，完善生产生活配套设施，彰显建筑风格和文化品位，高标准规划建设一批体现山水风光、民族风情、特色风貌的特色小镇。到2017年，率先建成全省第一批整体推进区域小城镇建设发展示范县。打造魅力乡村。深入实施“四在农家·美丽乡村”基础设施建设六项行动计划，全面提升乡村生产效益、生活品质、生态价值，打造美丽乡村升级版。因地制宜推进农村人居环境综合整治，采取适用办法解决村寨污水和垃圾处理问题，创造干净整洁的农村生活环境。到2020年，完成所有行政村村寨综合整治计划，每个乡镇打造5个以上乡村旅游示范点。加强农村精神文明建设，大力保护特色民居、历史建筑、传统村落、文物古迹、民族村寨，让美丽乡村成为记忆乡音、体味乡土、寄托乡愁的故园。

（三）深入实施绿色发展战略，全力构建绿色低碳环保新格局。坚持以生态优先、绿色发展为引领，牢牢守住山青、天蓝、水清、地洁四条生态底线，聚焦生态产业化和产业生态化，变空气成财气、青山成金山、绿水成富水、林地成宝地，让六枝山山水水变得更加珍贵。坚持在发展中保护生态。全面落实生态环境保护“党政同责”、“一岗双责”责任制，建立和完善环境保护责任体系。严格落实全区生态功能区划，对重点生态功能区实行产业准入负面清单管理。加强土地用途管制，严守生态红线。加大环保执法力度，充分运用环境保护“六个一律”和森林保护“六个严禁”“两把利剑”严厉打击环境违法行为。坚持在治理中修复生态。全面实施退耕还林、荒山造林、石漠化治理等生态建设工程，强化生态管护，确保森林覆盖率年均提高3个百分点以上，努力实现绿满六枝。加强水生态保护，大力实施六枝河等流域污染治理。深入推进大气污染防治行动计划，加强污染源防治。大力实施土壤污染防治行动计划，全面改善土壤环境质量。坚持在建设中美化生态。加强森林公园和风景名胜区建设管理，大力建设山体绿化、山体公园、湿地公园等生态景观，最大限度地保护生物多样性。统筹抓好城乡绿化一体化，实施铁路、公路两侧绿化工程，构筑最美生态产业示范带。严格饮用水源保护，全面推进水源地环境整治，加强供水全过程管理，确保人民群众生产生活用水安全。实施重要景区、江河流域生态建设，构建绿色生态屏障。广泛开展绿色创建活动，着力为农业种下“绿色”希望，为工业贴上“绿色”标签，为城市书写“绿色”未来。

（四）深入实施项目带动战略，全力打造高效便捷利民新环境。坚决打好基础设施建设攻坚战，构建适度超前、功能完善、配套协调、互联互通的基础设施体系。加快完善交通运输网络体系，建成安六城际铁路和纳雍至晴隆、普定至盘县高速公路过境段，建成六枝经郎岱至顶云一级公路和六枝至木岗、六枝至黄果树、西嘎至毛口、新场至牛场等旅游公路，加快国省道、县乡道提等改造步伐。到2020年，全区公路总里程达2700公里以上，初步形成以高速公路为骨架，国省道为支撑，县乡道和旅游路为连接的区内交通循环圈，重要产业园区、景区、乡镇实现二级公路全覆盖，所有行政村通客车。深入实施水利建设行动计划，确保所有乡镇、社区均有稳定供水水源，实现乡镇自来水厂和污水处理设施全覆盖，下决心全面解决农村饮水安全问题；建成懒龙河、阿雨、松树林、茅草寨、纳革、小坝田、河头上等7个水库，开工建设头塘、湾龙坡、丁孝塘等水库。以重点中小河流和重点山洪沟治理为重点，对11个乡镇15条河流河道实施治理，提高防洪减灾能力。继续开展电网升级改造工程，进一步提升供电能力。深入实施“宽带六枝”行动计划，实现村村通宽带。

（五）深入实施创新驱动战略，全力激发经济社会发展新动能。坚持把改革创新作为繁荣县域经济发展的必由之路，不断拓展开放领域，形成提高经济发展质量和效益的强大动力。全面深化各领域改革。大力深化“三变”改革，加快推进供给侧结构性改革。积极承接落实好中央、省委和市委重点改革任务，统筹推进经济体制、社会事业、生态文明建设等各领域改革。加快发展民营经济，到2020年，民营经济增加值占生产总值的比重达65%以上。全面加强对外开放。加强与周边市县、对口帮扶城市和单位的合作，建立更为畅通的交流合作渠道。不断拓展招商引资渠道，完善招商引资体制机制，营造良好招商引资环境。全面打造创新平台。建立和完善鼓励创新机制，积极吸纳、引导和支持社会资本参与创业创新。全面落实扶持小微企业发展政策措施，培育孵化一批竞争性强的小微企业。支持企业开展产品研发、直接购买技术、与高等院校或科研院所共建研发中心。到2020年，综合科技进步水平指数达60%以上。

（六）深入实施民生优先战略，全力增进人民群众新福祉。始终把民生需求作为根本导向，坚决打好社会事业发展攻坚战，让人民群众在共建共享中增添更多幸福感和获得感。积极探索集团化办园等新模式，深入实施教育提升工程，实现义务教育基本均衡发展，基本普及十五年教育，大力发展民办教育，着力打造一批名校，培养一批名师、名校长。加强卫生与健康工作，深入实施“健康六枝”和“五个全覆盖”工程；坚持公立医院公益性，探索集团化、医联体等办医模式，努力为人民群众提供全方位、全周期、公平可及的医疗健康服务；充分吸纳优秀民间资本创办具有康复、妇幼保健、中医养生等特色的专科医院，进一步优化区乡村三级医疗服务网络和城乡医疗卫生资源配置。建立健全突发公共卫生事件应急和重大疾病防控机制，实行最严格的全过程食品安全监管制度。坚持计划生育基本国策不动摇，推进计生服务管理改革创新。切实做好就业创业工作，推动大众创业、万众创新。深入实施社会保障兜底工程，大力实施保障性安居工程建设，全面推进全民参保登记计划。加快城乡公共体育设施建设，实现乡村两级农民体育健身工程全覆盖，建成特区体育中心。推动全民健身事业蓬勃发展，积极发展竞技体育和申办各类体育赛事活动。认真落实社会治安综合治理领导责任制，深化“平安六枝”建设，完善社会矛盾纠纷排查预警和调处化解综合机制，落实重大决策社会稳定风险评估制度。加大禁毒、反恐、反邪和维稳工作力度，确保社会和谐稳定。深入实施公共安全保障工程，严格落实安全生产责任制，促进安全生产形势持续向好。

（七）深入实施依法治区战略，全力凝聚全面小康建设新合力。坚持党的领导、人民当家作主和依法治区有机统一，进一步健全党委总揽全局、协调各方的体制机制。坚持和完善人民代表大会制度，支持人大及其常委会依法履行职能，保障人大代表依法行使职权。坚持和完善中国共产党领导的多党合作和政治协商制度，支持人民政协围绕团结和民主两大主题，履行政治协商、民主监督、参政议政职能。支持审判机关、检察机关依法独立公正行使审判权和检察权。加强同民主党派的团结合作，充分发挥民主党派、工商联和无党派人士的作用，广泛团结新的社会阶层人士，巩固和壮大最广泛的爱国统一战线。支持工会、共青团、妇联、红十字会、文联、残联、科协等人民团体依照法律和章程开展工作。重视民族、宗教、党校、史志、档案、老龄、老干、老年教育和关心下一代等工作。健全完善基层群众自治制度，深化村（居）民自治。加强党管武装，推动国防后备力量建设科学发展，广泛开展双拥共建活动，扎实开展全民国防教育，全力支持国防和军队深化改革，推进军民融合深度发展。加强党务政务公开力度，拓宽群众监督渠道。坚持依法治区、依法执政、依法行政共同推进，加强法治宣传教育，完成“七五”普法任务，促进严格执法、公正司法、全民守法，着力提升我区治理体系和治理能力现代化水平。

（八）深入实施文化活区战略，全力开创六枝文化繁荣新局面。高度重视意识形态工作，加强社会主义精神文明建设特别是未成年人思想道德建设，培育和践行社会主义核心价值观，坚持用中国特色社会主义理论体系武装干部、教育人民，筑牢全区人民团结奋斗的共同思想道德基础。加强和改进新闻舆论工作，坚持团结稳定鼓劲、正面宣传为主的方针，进一步传播六枝好声音、讲好六枝好故事、展示六枝好形象。加强互联网人才队伍建设，提升舆情分析研判、舆情引导、新闻发布和重大突发事件新闻报道的能力。加强广播电视基础设施建设，实现六枝广播电视全高清录播和无线数字化全覆盖。大力实施《全民科学素质行动计划纲要》，提升全民素质。倡导全民阅读，建设“书香六枝”。加强文化基础设施建设，重点推进基层综合性文化服务中心、文化活动室建设，建成特区妇女儿童活动中心和以“三线”文化为主题的创意产业园。建立健全城乡一体化公共文化服务体系，大力发展文化产业，不断满足城乡居民多样化的文化需求。加大历史文化、民族文化、夜郎文化、“三线”文化的保护传承力度，让优秀文化在六枝绽放璀璨光芒。

三、全面从严管党治党开创党建工作新局面

实现未来五年发展目标，关键在党、核心在党委、责任在党员干部。全区各级党组织和共产党员，必须自觉站在党和人民立场上，毫不动摇地自觉坚持和维护党的领导，毫不动摇地全面推进党的思想、组织、作风、制度和反腐倡廉建设，毫不动摇地做到对党忠诚、为党分忧、为党担责、为党尽责，心中有信仰，脚下有力量，为守底线、走新路、奔小康提供坚强的组织保障。

（一）全面加强思想政治建设，着力凝聚攻坚克难的精神力量。坚持把理想信念作为思想建设的战略任务，深入推进学习型党组织建设，始终坚定共产主义远大理想和中国特色社会主义共同理想，牢固树立道路自信、理论自信、制度自信、文化自信，切实增强政治意识、大局意识、核心意识、看齐意识，始终不忘初心，保持坚强的政治定力。教育引导广大干部做勤于学习的示范者。弘扬理论联系实际的学风，加强对政治、经济、法律、科技、历史、社会管理等知识的学习，切实把学习成果转化为指导工作、推动发展的强大思想理论武器。教育引导广大干部做解放思想的开拓者。不为既有经验所束缚，不为常规眼光所局限，不为传统模式所制约，敢于冲破思维定式，以思想的大解放推动县域大发展。教育引导广大干部做改革创新的探索者。增强敢闯敢试的勇气、昂扬向上的锐气、追求卓越的志气，在不争论中发展，在不折腾中前进，在不懈怠中奋起。教育引导广大干部做干事创业的先行者。树立强烈的事业心和责任心，在转方式调结构、引领经济新常态中顺势而为，在决战脱贫攻坚、决胜全面小康中奋发有为，在听民声知民情解民忧中主动作为，用实际行动诠释共产党人的先锋模范作用和为人民服务的宗旨意识。

（二）全面加强干部队伍建设，着力打造堪当重任的干部队伍。认真贯彻“好干部标准”，牢固树立重品行、重公认、重实绩、重担当的选人用人导向。拓宽干部选拔视野和渠道，坚持在工作一线培养干部，在项目现场发现干部，在急难险重的关键时刻考察干部，在脱贫攻坚中锤炼干部，切实把政治坚定、实绩突出、作风过硬、群众公认的干部选拔到各级领导岗位。大力培养和使用年轻干部、妇女干部、少数民族干部和党外干部。加强乡镇、部门中层干部队伍建设，激发干部队伍生机活力。深入整治用人上的不正之风，健全干部选拔任用工作监督机制和责任追究制度，不断提高选人用人公信度。坚持从严管理干部，扎实开展领导干部能上能下暨“四位一体”从严管理干部试点工作。加大干部教育培训力度，突出抓好理论武装、党性锻炼和能力培训。进一步加强老干部工作，充分发挥老干部的积极作用。深入实施“百千万人才引进计划”，健全人才引进培养、创新创业激励以及多元化投入机制，加快解决各领域人才“断层断档”问题。

（三）全面加强基层基础建设，着力构筑固本强基的战斗堡垒。强化抓好党建是最大政绩的导向，深入推进“党建+”新模式，把抓基层打基础作为长远之计和固本之策。坚持党建引领脱贫攻坚，强化各级党委（党组）建设。积极推进区域化党建工作，大力推进联村党委建设，探索建立联乡党委。全面加强“三支队伍”建设，积极推行村干部职业化管理，大力整顿软弱涣散村党组织，推进基层党组织全面进步、全面过硬。切实加强国有企业、非公有制经济组织和新社会组织党建工作，充分发挥其在决战脱贫攻坚、决胜全面小康中的作用。加强党员日常教育管理，严格发展党员、党员组织关系排查、不合格党员处置等工作，健全党员作用发挥机制，严肃党内政治生活，妥善解决老党员、贫困党员、困难党员的实际困难。加强同步小康驻村和选派“第一书记”工作，继续面向优秀村干部招录公务员和事业单位人员，有效激发干部的工作积极性和主动性。

（四）全面加强作风建设，着力深化鱼水情深的党群干群关系。始终坚持作风建设永远在路上，盯紧重点领域、关键环节、突出问题，坚决防止“四风”反弹回潮。加强制度建设，强化制度执行，用制度管权、按制度办事、靠制度管人。深入开展机关作风大整顿，着力解决“事难办”现象。大力开展执行力建设，建立健全干事创业激励机制，坚持容错与纠错相结合，既集中整治遇事不作为、怕事不敢为、躲事不想为、平庸不会为等为官不为问题，又旗帜鲜明地为用心用情干、大胆创新干、勇于担当干、廉洁高效干的干部撑腰鼓劲，真正让想干事的有机会、肯干事的有舞台、能干事的受尊敬、干成事的受重用。大力发扬密切联系群众的作风，狠下决心整治文山会海、检查评比泛滥、考核主体繁多等问题，以优良的作风取信于民。

（五）全面加强党风廉政建设，着力营造山清水秀的政治生态。认真落实全面从严管党治党主体责任，深入推进党风廉政建设和反腐败斗争，压紧压实“两个责任”，真正做到守土有责、守土尽责。坚持把纪律和规矩挺在前面，保持力度不减、节奏不变、尺度不松，无禁区、全覆盖、零容忍惩治“四风”和腐败问题，坚决捍卫党的执政之基。科学把握运用监督执纪“四种形态”，巩固不敢腐成果，营造不能腐、不想腐氛围。着力民生抓监督，抓好监督护民利，为民生事业发展保驾护航。深入贯彻执行《中国共产党廉洁自律准则》《中国共产党纪律处分条例》和《中国共产党问责条例》等党内法规，坚决推进党的路线方针政策的贯彻落实，推进全面从严管党治党在全区落地生根。

（六）全面加强常委会自身建设，着力提升执政能力和水平。充分发挥党委的核心领导作用，牢牢把握方向、统揽大局、统筹全局，不断增强自我净化、自我完善、自我革新、自我提高能力，全面提高领导能力和执政水平，增强拒腐防变和抵御风险能力，建设团结统一、勇于担当、开明民主、廉洁奉公的特区党委领导班子。认真落实民主集中制，坚持常委会集体领导、个人分工负责制，强化全委会决策和监督作用。加强常委会班子制度建设，建立和完善决策咨询制度，提高党委决策科学化水平。坚持“一线工作法”、问题导向法，密切联系实际，牢记民生情怀，切实解决人民群众最关心、最直接、最现实的利益问题。

各位代表，同志们！蓝图已绘就，奋进正当时。实现全面建成小康社会宏伟目标，是72.7万六枝人民的热切期盼，也是时代赋予我们的崇高使命。六枝发展考验着我们，六枝人民检验着我们。让我们紧密团结在以习近平同志为总书记的党中央周围，团结带领全区各族人民，勇担历史责任，抢抓历史机遇，不辱历史使命，大力发扬“艰苦奋斗、无私奉献”的“三线”精神和“创新开放、奉献担当”的新时期六枝精神，凝心聚力，决战决胜，为与全市全省全国同步全面建成小康社会、创造更加幸福美好的“画廊六枝”而努力奋斗！

六枝特区人民代表大会常务委员会工作报告

(2016 年 12 月 13 日在六枝特区第十二届人民代表大会第一次会议上)

六枝特区人大常委会主任 王朝荣

过去五年工作回顾

过去五年，特区十一届人大常委会在特区党委的领导和市人大常委会的指导下，深入贯彻落实党的十八大，十八届三中、四中、五中、六中全会精神，认真学习贯彻习近平总书记系列重要讲话精神，紧紧围绕全区改革发展稳定大局，依法履职，开拓创新，为推进全面建成小康社会和民主法治建设作出了积极的贡献。

一、依法履行监督职责，全力助推经济社会发展

始终把监督工作与特区党委中心工作紧紧相扣、与人民群众呼声息息相应，切实把改革发展中的突出问题、涉及民生的重大事项作为监督和关注的重点，不断创新和规范监督形式，使人大监督工作更接地气、更有实效，有力地推动了特区党委重大决策部署的贯彻落实，有效地促进了“一府两院”依法行政、公正司法。五年来，建立完善监督制度 5 个，召开常委会会议 38 次，听取和审议“一府两院”专项工作报告 112 个，开展执法检查 2 次、专题询问 3 次。

紧扣发展主题，促进经济建设。听取和审议了特区财政预决算、计划执行、审计等工作开展情况的报告；听取和审议“十二五”规划中期评估、工业发展等工作开展情况的报告；审查批准了 2011 年至 2015 年度财政决算。要求特区人民政府及其有关部门要适应和引领经济发展新常态，深化财税体制改革，加强举债资金管理，提高经济发展质量，确保稳增长、促改革、调结构、惠民生、防风险，促进经济持续健康发展和社会大局稳定，推动了我区国民经济和社会发展计划的顺利实施，各项经济指标同比稳步增长，县域经济综合实力持续增强。

围绕“三农”工作，促进脱贫攻坚。听取和审议了特区人民政府关于农业现代化、移民搬迁、通村公路、“四在农家·美丽乡村”小康路规划、农村土地流转、低保、石漠化综合治理重点工程项目实施等工作开展情况的报告，两次听取和审议了特区人民政府关于扶贫工作开展情况的报告。向特区人民政府提出了要加大农业产业结构调整力度，重点打造绿色、无公害有机农特产品品牌；加快库区移民安置点基础设施建设进度，加大后期扶持力度；完善通村公路路网规划，加快通村油路建设进度；建立道路管护机制，保障乡村公路安全畅通；制定农村土地流转管理办法，促进农村土地依法、有序、公平、公正流转；健全和完善低保动态管理机制，做到应保尽保；石漠化综合治理项目要科学规划、整合资源，实现生态效益与经济效益双赢；认真贯彻落实《贵州省大扶贫条例》，精准扶贫，深化“三变”改革，确保如期同步全面建成小康社会等意见。加快了我区农业产业化进程，产业结构进一步优化，农村生产生活条件明显改善，农民生活水平得到大幅提高，城乡一体化建设取得新进展。

严守安全底线，促进社会和谐。听取和审议了特区人民政府关于煤矿安全质量标准化实施、燃气安

全管理、饮水安全、食品安全、水上运输安全等工作情况的报告，向特区人民政府提出了要推进全区煤矿达标升级，做到安全与效益双促进；建立燃气安全事故预警机制，制定应急预案；加强水质监测，确保饮用水安全；健全食品安全监管网络，强化对学校食堂、校园周边饮食摊点及农村食品安全的监管；建立水上安全应急保障体系，确保水面畅通和运输安全等意见。全区安全保障能力不断增强，群众安全意识和防范能力不断提升，安全生产状况持续改善。

关注群众诉求，促进民生改善。听取和审议了特区人民政府关于职业教育、高中阶段教育、学前教育、学校体育、医改、慢性非传染性疾病、人口与计划生育、文体事业和文化产业、档案、电网建设、保障性住房、电子商务、民族宗教、社区矫正、殡葬改革、地方煤矿整合、“十件实事”办理、城镇化建设等工作开展情况的报告，要求特区人民政府在抓经济建设的同时，要高度重视以保障和改善民生为重点的社会建设，促进了全区医疗保险政策的较好落实，教育资源逐步优化整合，社会保障体系不断健全，教育、文化、卫生等公共服务水平逐步提升，各项社会事业全面协调发展。

常委会还听取和审议了特区人民政府关于六镇高速公路东西互通、水利基础设施建设、环境保护、生态文明建设、污水收集处理（二期）工程建设情况的报告，向特区人民政府提出了要加快六镇高速公路东西互通与牂牁大道东西出口连接线建设进度，确保按期完工；抢抓贵州水利建设三年行动计划机遇，提高人均蓄水量、饮水安全覆盖率、供水保证率；加大宣传力度，倡导绿色生活方式；坚守发展、生态和安全底线，深入推进镇村环境整治；污水收集处理规划设计要有前瞻性、预见性，适应六枝未来发展需要等意见，加快了发展方式转变，促进了绿色发展、循环发展、低碳发展，推进了基础设施建设和生态文明建设。

加强法律监督，促进公正司法。开展了《中华人民共和国义务教育法》《贵州省扶贫开发条例》执法检查。听取和审议了特区人民政府关于《中华人民共和国气象法》《中华人民共和国道路交通安全法》贯彻实施情况、打击毒品犯罪、普法和依法治区等工作开展情况的报告。监督和支持特区人民法院和人民检察院有序推进司法体制改革和独立行使审判权和检察权听取和审议了特区人民法院关于涉法涉诉信访、行政审判、未成年人犯罪、发回重审和改判案件工作开展情况的报告，特区人民检察院关于预防职务犯罪、刑事诉讼监督工作情况的报告。要求特区人民法院要牢记司法为民宗旨，加强司法能力建设，提高法官综合素质和依法裁判能力；要求特区人民检察院要完善监督程序，健全监督制度，促进严格执法、规范执法、文明执法，确保了宪法和法律法规在本行政区域内的正确实施。

聚焦社会热点，开展专题询问。按照监督法的规定，2013 年制定了《六枝特区人大常委会专题询问暂行办法》，启动了专题询问工作，在创新监督方式、增强监督实效方面进行了有益的探索。常委会连续三年向特区人民政府进行了专题询问：一是就创新社会管理对野外赌博等问题开展专题询问，促进公安机关端掉了新窑乡那秀村等赌博窝点，遏制了陋习，震慑了犯罪；二是就如何打造六枝现代化精品城市开展专题询问，对完善城市规划、拓展城市空间、提升城市品位起到了积极的推进作用；三是围绕殡葬改革工作开展专题询问，确保了我区殡葬改革稳步推进。专题询问既是回答问题，又是庄严承诺。通过开展专题询问，特区人民政府及其部门负责人对有关工作认识更加提高、目标更加明确、措施更加具体，确保了有关问题得到更好解决。

做好信访工作，化解社会矛盾。坚持用法治思维接访处访，认真区别诉讼与信访交织，少数群众“信访不信法”，甚至“弃法转访”、“以访代法”等情况，保护合法信访，制止违法闹访。常委会主任、副主任按时到特区信访局值班接访，到包保乡镇化解信访积案。坚持人大机关信访接待日制度和信访约见制度，不断完善定期汇总分析信访工作制度，对涉法涉诉上访案件依法转办、跟踪督办、限时办结，确保事事有回音、件件有落实，努力做到维护人民群众合法权益与维护司法权威的统一。五年来，共受理群众来信来访 448 件（起）1252 人次，转办、交办 261 件，现场疏导 187 件，办结率为 100%。

二、坚持党管干部原则，依法行使人事任免权

加强对任命干部的监督，坚持任前法律知识考

试及供职报告制度。五年来，共任免国家机关工作人员 266 人，接受常委会副主任、委员，政府副区长辞职 15 人。

修改《六枝特区人大常委会关于“一府两院”国家机关工作人员年度履职监督办法》，每年对所任命干部年度履职情况进行综合评定，评定为优秀者给予表彰，连续两次评定为不称职的将依法提出免职案。对所任命的“一府两院”国家机关工作人员履职情况进行综合评定，表彰了被评定为优秀的 6 名干部，其余人员均被评定为称职等次。通过调研、座谈、审议、测评等形式对特区卫生和食品药品监督管理局、林业局负责人开展工作评议，均评定为称职等次。落实宪法宣誓制度，组织新任命的国家机关工作人员向宪法宣誓，增强宪法意识，强化自我约束。

三、围绕发展主线，依法行使重大事项决定权

完善了《六枝特区人大常委会讨论决定重大事项规则》，认真行使重大事项决定权，作出了关于将特区医疗、教育、交通、水利、棚户区改造、“四在农家·美丽乡村”基础设施建设等公益性项目建设贷款的还本付息资金纳入特区财政预算及六枝特区城市总体规划（2010—2030）的决定，审查和批准了特区每年的财政决算和财政预算调整方案及特区“十二五”规划中期评估报告等，将南环路命名为牂牁大道、贵烟线城区过境段命名为九龙路，共作出决议 5 项，决定 41 项。

四、加强代表工作，提高代表履职能力

积极探索新形势下的代表工作，为代表履职创造条件、提供服务，不断提高代表履职能力，代表作用得到较好发挥。

完善服务机制，为代表履职创造条件。建立《六枝特区人大常委会组成人员联系代表制度》，密切常委会组成人员与代表之间的联系，更好地听取代表的意见和建议。坚持每年为特区人大代表订阅《人大论坛》，供代表学习和参考。通过广播、电视、人大内部刊物、网络等平台，公开人大常委会有关工作，为代表提供信息服务。利用代表小组活动、调研和视察等机会，通报常委会、“一府两院”工作开展情况。保障代表活动经费，确保闭会期间代表活动正常开展。坚持邀请市、区两级人大代表、乡镇人大主席、街道人大工委主任和社区议事主任、公民列席常委会会议制度，共邀请 120 名代表、58 名旁听公民列席了特区人大常委会会议。

规范代表活动，提升履职能力。代表小组活动有阵地、有经费，制度不断完善，内容不断丰富，效果不断增强。一是深入开展人大代表“三带头、五个一”活动。各代表小组结合实际，积极带头参与精准脱贫、“三变”改革、产业结构调整等工作，活动取得了一定成效。二是认真组织专题调研和视察。组织辖区内的省、市人大代表及特区人大代表共 1000 余人次开展专题调研和视察，对六枝特区国民经济和社会发展计划执行情况、财政预算执行情况、“3155”工程、城镇化、城中村背街小巷治理、产业园区建设、牂牁大道连接“六镇”高速公路东西互通项目建设情况、特区人民法院党风廉政建设警示教育基地、特区人民检察院办案流程、特区中心城区南部新区规划、整脏治乱等工作开展情况进行集中视察和调研。采取听取报告、实地视察、个别走访、召开座谈会等形式，分别形成意见报告和通报，向市人大常委会报告，交特区人民政府办理。

认真督办代表议案、建议、批评和意见，提高办理质量。建立跟踪督办制度，对代表提出的议案、建议、批评和意见进行分类，交特区人民政府进行办理，明确有关委室进行跟踪督办。每年听取特区人民政府办理落实情况报告，提出要加大办理力度、提升办理质量、提高办结率等意见。每年督办 2 至 3 件重点建议，助推了中心城区人行天桥、牂牁大道西段建设等一些群众关心的热点、难点问题的解决。五年来，特区人民政府共办理代表建议、批评和意见 524 件，答复率为 100%，满意率为 90% 以上，办结率逐年提升。

五、坚持正确的政治方向，加强常委会自身建设

始终把思想政治建设放在工作首位，特别是学习党章党规、先进先辈和习近平总书记系列重要讲话精神，并用以武装头脑、指导实践、推动工作。

一是坚持党的领导。认真落实特区党委重大决策部署，坚持重大事项向党委请示报告，使党的主张通过法定程序变成国家意志，从法律上制度上保证党

的路线方针政策的贯彻落实。

二是强化作风建设。切实开展党的群众路线教育实践活动、“三严三实”专题教育和“两学一做”学习教育，认真落实中央“八项规定”，省委、市委和特区党委“十项规定”，切实抓好人大机关党风廉政建设、组织建设、思想作风建设和党的建设，落实领导干部个人重大事项报告制度。机关干部职工的政治意识、大局意识、核心意识、看齐意识明显增强，营造了勇于担当、团结奋进、干净干事、风清气正的良好工作氛围。

三是加强学习交流。高度重视政治理论和业务知识学习，坚持人大常委会党组中心组集中学习、机关干部职工政治理论学习制度；坚持法律知识专题讲座制度，共举办讲座10期。组织部分人大干部、代表到全国人大培训中心、北戴河、青岛、厦门等地及周边县区学习培训和考察，取长补短，增长见识。成功举办了全国十五城区（市）人大工作理论研讨会，与杭州市萧山区人大开展财政监督工作交流学习。加强人大干部培养，建立干部能进能出的良性循环机制，不断优化人大干部队伍结构，增强机关内部活力。

四是注重调查研究。坚持常委会议题调研制度，围绕审议议题，常委会有关领导及委室人员组成调研组，深入到机关企事业单位、乡镇、社区、村寨、企业实地进行调研，并撰写调研报告，为常委会审议“一府两院”工作报告提供参考。主任会议对特区“四在农家•美丽乡村”小康寨、六枝电厂、岩脚小城镇和大畅面业建设情况进行了调研，并将调研意见向特区人民政府通报。

五是加大宣传力度。认真搞好代表大会、常委会和闭会期间人大工作的宣传，特别是对代表履职情况的报道，重点对全区人大工作中的新经验、新典型进行报道，创办人大机关内部刊物《六枝人大》。积极组织稿件参与省、市人大好新闻评选。

六是认真做好区、乡两级人大换届选举工作。加强换届风气监督，开展换届选举工作和纪律培训，组织人大干部学习湖南衡阳、四川南充、辽宁拉票贿选案例，收看《镜鉴》警示教育片，印发换届纪律“九严禁”卡片，确保了换届选举工作风清气正。人大机关按照“四位一体”管理干部要求，组建四个换届选举工作指导组深入乡镇、社区、选区指导换届选举工作，依法选举产生了特区人大代表240名，乡人大代表1123名。截至11月19日，已圆满完成了乡镇人大、政府换届选举工作。

六、采取有力措施，强化对乡镇人大工作的指导

制定《六枝特区人大常委会指导和联系乡镇人大工作办法》，印发《六枝特区人大常委会关于乡镇人大规范化建设有关制度的通知》，规范了乡镇人大主席团工作及代表闭会期间活动。一是加强对乡镇换届选举工作的指导，做到资料规范、程序合法。二是对乡镇人大主席、街道人大工委主任、社区议事主任进行培训，提升综合素质；三是不断完善乡镇人大工作目标考核办法，增强考核内容的针对性和实效性，促进乡镇人大工作质量的稳步提升。

七、认真完成市人大常委会和特区党委交办的工作

配合市人大常委会开展全市“十二五”规划中期评估、经济、农业、扶贫、教育、医疗卫生、法律法规贯彻落实情况等工作的调研。认真完成特区党委交办的各项工作任务，常委会主任、副主任经常深入联系的乡镇、社区、村（居）、企业开展调研，指导城区建设、安全生产、计划生育、党建扶贫、新农村建设、整脏治乱、维护稳定、交通安全、地质灾害防治、公路水利以及重大项目建设、“四帮四促”等工作。切实开展精准脱贫工作，为帮扶村拟计划、谋发展，协调项目资金1000余万元修建道路、桥梁，建设小康寨，实施人畜饮水工程，改善生产生活条件。

各位代表，过去的五年，特区十一届人大常委会较好地履行了宪法和法律赋予的职责，这是特区党委加强领导和市人大常委会精心指导的结果；是历届人大常委会打下坚实基础，常委会组成人员和全体代表共同努力的结果；是“一府两院”、各乡镇人大、全区各族人民大力支持的结果；是特区人大机关全体同志尽职尽责、辛勤工作的结果。在此，我代表特区第十一届人大常委会，向各位代表、政协委员及其他列席会议的同志，向关心支持特区人大工作的各界人士及全区各族人民致以崇高的敬意和衷心的感谢！

回顾过去，特区人大常委会的工作虽然取得了一定的成绩，但也要清醒地看到，我们的工作与宪

法和法律赋予的职责及人民的要求还有一定差距：一是监督工作的针对性和实效性还存在不足，监督质量还需提升；二是为代表服务的机制需不断完善，代表履职能力需不断提高；三是跟踪监督还需强化，审议意见和代表所提议案、建议、批评和意见的办理还不够扎实；四是常委会自身建设有待进一步加强，调查研究的深度和广度还不够。

我国人民代表大会制度已经走过了半个多世纪的光辉历程，显示出巨大的优越性和强大的生命力。回顾人民代表大会制度建设取得的伟大成就，总结特区十一届人大常委会五年来的工作，我们深刻地体会到要把人民代表大会制度坚持好、落实好，做好新形势下的人大工作，必须做到四个坚持：一要坚持中国特色社会主义政治发展道路。中国特色社会主义道路是中国共产党带领全国各族人民，经过长期奋斗和实践找到的正确道路。坚持中国特色社会主义道路，坚持和完善人民代表大会制度，最根本的是坚持党的领导、人民当家作主和依法治国有机统一，其中最核心的就是坚持党的领导。二要坚持从最广大人民的根本利益出发。人民代表大会制度是全国各族人民当家作主的根本政治制度，人大最大的优势是密切联系人民群众。只有保持同人民群众的血肉联系，了解民情、听取民意，更好地代表人民意愿，自觉接受人民监督，才能保持人大工作旺盛的生命力。三要坚持围绕党委工作大局开展工作。人大工作是党的工作的重要组成部分，涉及经济、政治、文化、社会和生态文明建设各个方面，关系到国家各项事业全面协调可持续发展。只有服从服务于党和国家工作大局，人大工作才能得到人民的拥护。四要坚持依法按程序办事。民主集中制是人民代表大会制度的组织原则，也是人大及其常委会依法行使职权必须遵循的原则。人大及其常委会主要是通过会议形式，按照民主集中制原则，依照法定程序，集体行使职权，集体决定问题。人大依法履行职责，无论是行使监督权、重大事项决定权，还是人事任免权，都必须充分发扬民主，严格依法按程序办事。

今后工作建议

今后五年是我区实施“十三五”规划、脱贫攻坚、全面建成小康社会决战决胜的关键时期。特区人大常委会工作的总体思路是：高举中国特色社会主义伟大旗帜，深入贯彻落实习近平总书记系列重要讲话精神，坚持党的领导、人民当家作主和依法治区的有机统一，按照“五位一体”总体布局和“四个全面”战略布局，践行“五大发展理念”，弘扬“三线”精神，深化“三变”改革，切实发挥地方国家权力机关作用，努力把人大工作提高到一个新的水平，为守底线、走新路、奔小康作出积极的贡献。

一、始终围绕特区党委工作重心开展监督工作

坚持监督与支持相统一，依法开展对“一府两院”的法律监督和工作监督，确保宪法和法律得到有效实施。把听取专项工作报告与视察、调研、执法检查、专题询问有机结合，加强跟踪监督。完善监督公开制度，主动接受代表和人民的监督。围绕中心，服务大局，加强对大扶贫、大数据、大旅游、大健康和大生态等重大战略推进、重大工程和重大项目建设、重大民生实事办理及重要法律法规实施等工作的监督，把改革发展中的突出问题、涉及民生的重大事项作为监督和关注的重点，选择经过努力可以解决的突出问题作为突破口，着力推动特区党委重大决策部署的贯彻落实，推进“十三五”规划的顺利实施，促进全区经济社会可持续发展。

二、切实为人大代表履职服务

尊重人民主体地位，坚持为代表服务的思想，不断创新工作思路和工作方法，为代表履职提供更好的服务。落实好常委会组成人员联系代表、代表联系选民制度，更好地听取代表和选民意见，推进工作。支持代表参加原选举单位活动，使其桥梁和纽带作用得到充分发挥。组织代表视察和调研，增强视察效果。完善代表议案、建议、批评和意见办理联席会议制度，健全交办、督办和反馈机制，增强办理实效。加强人大代表履职监督，组织代表向原选区选民报告履职情

况，回答选民提问，接受选民监督。建立代表履职档案，记录代表履职情况，并逐步向社会公开。建立代表履职激励机制，激发代表履职的主动性和积极性，更好地参与管理国家事务。

三、依法决定重大事项和进行人事任免

根据宪法和法律规定，抓住事关全区大局、根本和长远的重大问题，以及人民群众普遍关心和迫切要求解决的民生问题，适时作出决议、决定。进一步规范重大事项决定的程序，做好会前调研、会中审议、会后监督，促进重大事项的贯彻落实。坚持宪法宣誓制度，坚持党管干部与人大依法任免干部的一致性，完善干部监督档案，加强任后监督，促进干部认真履职。

四、不断加强常委会自身建设

坚持党对人大工作的领导，始终在思想上政治上行动上自觉同以习近平同志为核心的党中央保持高度一致。坚定理想信念，增强思想自觉和行动自觉，严守政治纪律和政治规矩。切实巩固党的群众路线教育、“三严三实”活动及“两学一做”学习教育成果，继续加强党风廉政建设和机关思想作风建设，充分发挥人大联系群众、凝聚人心、推动发展的作用，切实调动人大干部职工工作积极性和创造性，以奋发有为、积极进取、昂扬向上的精神状态，不断开创人大工作新局面。

2017 年工作打算

各位代表，2017 年是特区十二届人大及其常委会依法履职的开局之年，也是我区改革发展稳定工作任务十分繁重的一年。特区人大常委会将在特区党委的领导和市人大常委会的指导下，认真总结特区十一届人大常委会工作经验，不断改进工作思路和工作方法，切实发挥人大及其常委会在全区经济社会发展中的重要作用。

一是与时俱进开展监督。加强对经济社会发展情况的监督，听取和审议特区人民政府关于 2017 年 1 至 6 月国民经济和社会发展计划执行、财政预算执行情况，2016 年财政决算、财政预算执行和其他财政收支的审计报告，推进财政预决算全口径管理，推动经济社会持续健康发展；加强对现代农业发展工作的监督，听取和审议特区人民政府关于脱贫攻坚、退耕还林还草、农业现代化、农村供水供电情况的报告，加快转变农业发展方式；加强社会建设管理的监督，听取和审议特区人民政府关于重大交通基础设施、民生实事、医疗卫生、全面建成小康社会工作开展情况的报告，开展专题询问，推进社会保障体系健全和完善；加强法律监督，听取和审议特区人民政府关于《公安机关执法规范化》建设情况的报告、特区人民检察院关于 2012 年以来反渎职侵权工作开展情况的报告，促进依法行政、公正司法。二是抓好代表履职能力的提升 。组织新当选代表参加履职培训，增强履职为民意识，提高履职能力。组建代表小组，建立活动制度，丰富活动内容，提升活动质量。认真督办十二届人大一次会议代表提出的议案、建议、批评和意见，组织代表专题调研和视察。三是依法行使好人事任免权和适时作出重大事项决定，保证党委重大决策部署的落实。四是继续抓好常委会自身建设。完善制度，强化学习，改进工作，提升能力。五是加大对新一届乡镇人大工作的指导力度，按照《贵州省乡镇人大主席团工作条例》规定，进一步规范乡镇人大工作，提高工作质量。六是切实做好特区党委和市人大交办的工作。按照特区党委要求认真开展好改革发展稳定各项工作，常委会主任、副主任到所联系脱贫攻坚主战场抓好督查指导，人大机关采取积极有效措施做好帮扶村精准脱贫工作，确保完成任务。

幸福美好六枝的光明前景正在召唤着我们，决战脱贫攻坚、决胜全面建成小康社会的重大历史使命激励着我们。让我们更加紧密地团结在以习近平同志为核心的党中央周围，在特区党委的领导下，弘扬“三线”精神，助推“三变”改革，统筹城乡发展，决战脱贫攻坚，万众一心，众志成城，开拓创新， 为与全国全省全市同步全面建成小康社会而努力奋斗！

政府工作报告

（2016年12月11日在六枝特区第十二届人民代表大会第一次会议上）

六枝特区人民政府区长 方裕谦

十一届人民政府工作回顾

过去的五年，是我区应对重大挑战、经受重大考验、取得重大成就的五年，也是综合实力提升最快、城乡面貌变化最大、人民群众实惠最多的五年。五年来，在市委、市政府和特区党委的坚强领导下，在特区人大、政协的监督支持下，特区人民政府紧紧团结和依靠全区各族人民，开拓创新、砥砺奋进，全力以赴稳增长、促改革、调结构、惠民生、防风险，圆满完成了"十二五"和特区十一届人大一次会议确定的目标任务，科学制定"十三五"规划并推进落实。2016年，预计地区生产总值完成166亿元，是2011年的2.45倍；500万元以上固定资产投资完成193亿元，是2011年（50万元以上口径）的3.84倍；金融机构人民币存、贷款余额分别达136亿元和120亿元，分别是2011年的1.96倍和3.14倍；一般公共预算收入完成12.65亿元，是2011年的2.54倍；社会消费品零售总额完成41亿元，是2011年的2.1倍；城镇居民、农村居民人均可支配收入分别达23750元和8041元，分别是2011年的2.25倍和2倍；以县为单位全面小康实现程度预计达94.1%。

——大力推进转型升级，发展质效更加显著。持续推动结构性改革，三产比由2011年的10.31:48.75:40.94调整为19.88:36.14:43.98。一产转型。农业增加值达33亿元，年均增长7%。非粮农业增加值占第一产业增加值比重达90%以上。粮经比由2011年的73.84:26.16调整为25:75。完成"3155工程"120.6万亩，发展林下经济17.02万亩。建成现代高效农业示范园区8个（其中省级3个）、万亩产业基地12个、规模养殖场87个、大型农产品加工厂16个。创建山地功能农业（扶贫）综合示范区，获无公害农（畜）产品和产地认证44个、绿色食品2个、有机食品3个、地理标志产品6个，完成九层山茶、岱瓮杨梅、郎岱猕猴桃国家地理标志产品申报工作。被评为国家级农业综合开发县、全省茶产业发展重点县及大健康医药产业发展示范区等。二产升级。工业增加值完成49.5亿元，年均增长14.1%。华润六枝电厂1号机组成功投产，累计发电9.46亿度，2号机组即将试运行。建成地面抽采煤层气参数井4口、生产井10口，煤层气开发利用率达41%。煤炭资源就地转化率达80.6%。六枝至水城天然气支管建成通气。成功引进移动智能终端项目落地木岗园区。宏奇药业改扩建项目建成投产。贵州六矿瑞安水泥有限公司完成技改扩能，产能300万吨/年。全国500强民营企业葵花药业落户六枝。规上企业达50户。三产优化。第三产业增加值达73亿元，年均增长16.5%。以旅游业为龙头的第三产业快速发展，完成旅游收入76.67亿元。牂牁江国家湿地公园、黄果树瀑布源国家级森林公园获国家林业局批准。牂牁江湖滨旅游度假区、牛角布依风情体验区获评国家AAA级旅游景区。成功举办五届牂牁江国际滑翔伞大赛、五届月亮河六月六布依风情节、两届落别红樱桃文化旅游节及首届中国凉都杨梅文化节。发展旅行社5家、星级酒店5家、乡村旅舍285家。入选第二批"国家全域旅游示范区"，荣获"全国十佳休闲生态旅游城市""全国十佳文化生态景区"称号。建成2个县级电商运营中心和197个农村电商服务站，成功引进颐高集团实施众创空间建设，上行交易额3082万元，被列为省级农村电商综合示范县。贵阳银行、中国银行、六枝富民村镇银行落户六枝，为经济发展注入新活力。

——大力推进设施建设，发展基础更加坚实。交通建设快速突破。都香高速六镇段建成通车，安六城际铁路建设进展顺利，纳雍至晴隆高速公路可研通过省级评审，沪昆高速扩容工程普定至盘县段列入全省高速公路网加密规划，六枝进入“高速”时代。国省干线攻坚全面提速，G356六枝至石板沟公路、S214六枝至郎岱公路改造竣工，S310新华至老卜底、G356大用至凉水井、S215郎岱至毛口、大用至木岗连接公路建设快速推进。建成通村水泥路1300公里。全区公路网总里程达2608公里，路网密度达1.43公里/平方公里。航运设施进一步完善，建成牂牁江、阿珠库区航运码头3座、渡口27个、渡口和水库连接线33条。水利设施不断完善。实施“水利建设三大会战”，黔中水利枢纽工程下闸蓄水，旧院水库建成供水，懒龙河、阿雨、松树林、茅草寨、河头上等水库开工建设，新增蓄水库容11.16亿立方米、有效灌面5.51万亩。建成中心城区供水二期工程，新增日供水能力3万吨。新增小水窖96口，实施饮水安全工程208处，解决农村27.69万人饮水安全。完成中小河流治理9处19.7公里。生态治理成效明显。认真落实“大气十条”。推广使用清洁能源，建成汽车加气站1座，在建1座，投入使用新能源公交车32辆、油气混合出租车241辆，淘汰黄标车及老旧车2195辆。开展城区餐饮油烟治理，城市环境空气质量（API）优良率达100%。认真落实“水十条”。强化水环境治理，建成郎岱、木岗、岩脚污水处理厂，启动建设龙河镇污水处理厂，城镇污水处理率达86.28%，集中式饮用水水源地水质达标率达100%，连续4年在全省“河长制”目标考核中保持最高分。认真落实“土十条”。城乡生活垃圾无害化处理率达82.8%。治理石漠化11.37万亩、水土流失8.06万亩，完成营造林59.2万亩，森林覆盖率达50.5%。

——大力推进城乡统筹，发展区域更加协调。城市建设日新月异。着力推进城东、城南新区开发建设和一四二队、那平路等片区旧城改造。实施保障性安居工程26037套、棚户区改造27053户。建成东方龙城、春江花园、连城国际、九龙城等一批精品小区及城东国际建材城、天顺汽摩机电城、滨河公园商业步行街、嘉年华商业广场等31个商贸市场。新建5个城区山体公园和六枝滨河湿地公园。街心花园及火车站人行天桥、嘉年华地下人行通道等项目投入使用，完成那平路、牂牁大道等10余条城区道路景观提升改造工程，改造背街小巷53条，城区绿化率达38.32%。牂牁大道全线贯通和城南大道开工建设，构筑了城区南扩骨架。实施迎宾大道、胜利路等城区扩容工程，中心城区面积扩展到15.6平方公里，城镇化率达42.4%，比2011年提高9.6个百分点。深入开展“四创”工作，顺利通过创建国家卫生县城技术评估，被列为全省“整脏治乱”工作精细化管理试点县和全省创建文明城市工作先进城市。城乡发展协调并进。成功承办第五届全省小城镇建设发展大会，整区推进小城镇“8+X”“1+N”镇村联动等基础设施项目建设，建成落别云上六枝运营中心、岩脚明清盐商文化步行街、太和广场和火焰山乡村公园及郎岱迎祥广场、夜郎百草园等项目，有力提升了小城镇品位。郎岱镇入选首批中国特色小镇，岩脚镇、木岗镇跻身全国重点镇。实施“四在农家•美丽乡村”65812户、农村危房改造34487户、小康房936户，小康寨建设覆盖203个自然寨。实施“宽带六枝”工程，实现城区用户20兆宽带覆盖。加强农村环境整治，采用膜处理等工艺治理村庄污水，打造落别乡牛角村新寨组人居环境整治试点。郎岱阿乐村、落别牛角村获全国、全省文明村称号，岩脚岱瓮村获全国生态文化村称号。被列为全省“十县百乡千村”示范工程重点县、小康寨建设重点示范县。

——大力推进改革创新，发展活力更加强劲。发扬“三线”精神，深化“三变”改革。整合4.2亿元财政资金参与“三变”，撬动社会资金11.25亿元，实现土地资源变资产20.09万亩，4.24万户农户成为股东，受益人数15.8万人。推进农村土地确权颁证工作，被列为全国农村承包土地经营权抵押贷款试点县。推进医疗卫生体制改革，实施县级公立医院综合改革试点。推进食药监管体系建设，实现食品经营许可证两证合一。公务用车制度改革顺利推进。深化殡葬改革，生态安葬率达34%。深化“放管服”改革，取消工商登记前置审批事项，实现“一网受理、联网审批、统一监管”。深化户籍制度改革，新增城镇人口73425人。加大实体经济扶持力度，扶持新增企业460户，帮助58家企业融资1.26亿元。不断创新招商方式，累计引进3000万元以上省外项目206个，到位资金638亿元。荣获全省发展与效率十佳县称号。

——大力推进民生事业，发展成果更加普惠。累计投入民生资金125亿元，占一般公共预算支出的81.59%。保障体系不断健全。累计新增城镇就业10.89万人次，转移农村劳动力就业8.1万人次，发放创业小额担保贴息贷款3.7亿元，惠及6996人次，城镇登记失业率控制在4.2%以内。着力实施城乡低保提标工作，城镇低保标准从2011年每月300元提高到545元，农村低保标准从2011年每年1380元提高到3132元。各项社会保险累计参保36.99万人，参保率覆盖率均达95%以上，新农合参保率达99.29%。救助体系不断健全，累计发放低保金8.74亿元、医疗救助金5.46亿元。人口计生服务网络逐步增强，常住人口符合政策生育率达95%以上。脱贫攻坚更加扎实。坚持扶贫开发“第一民生工程”，认真开展“五定五看”工作，精准识别贫困人口8.32万人，2015年精准脱贫工作顺利通过国务院扶贫办组织的第三方评估和国务院督查组的督查。实施“五个一批”精准脱贫路径。发展核桃、猕猴桃、中药材、茶叶等扶贫产业56.8万亩，带动3万余贫困户增收；实施生态移民、易地扶贫搬迁3229户13563人，惠及贫困人口3845人；创新五重医疗保障，医疗健康精准扶贫补偿比例达94.26%，因病致贫、因病返贫得到有效遏制；教育精准扶贫补助2566人762.68万元；对2.85万“两无”人口实行政策性兜底保障。教育事业加快推进。实施教育“9+3”计划和“百校大战”，持续推进“新两基”工作。累计投入教育资金24.6亿元，完成教育工程286个。大力发展民办教育，学前三年毛入园率88.68%，九年义务教育巩固率88.53%，高中阶段毛入学率87.6%，特殊教育入学率89.3%。文体事业连创佳绩。箐苗原生态歌曲《果山果者》《打亲》《我爱我家》《笃谷笃杉》分别荣获文化部“群星奖”、中国西部民歌（花儿）歌会金奖、中国原生民歌大赛银奖和中宣部文艺精品奖。梭戛生态博物馆入选第五批全国民族团结进步教育基地。建成15个乡镇级、125个村级农民体育健身工程，建成全民健身路径工程29个及文化广场6.56万平方米。各项事业协调发展。积极构建“三位一体”信访维稳体系，有效化解信访积案1298件。推进“天网工程”“地网工程”和技防入户工程建设，社会治安综合治理不断加强，人民群众安全感和满意度分别从2011年的92.31%、94.09%提高到2016年的96.92%、99.6%，被评为“2013—2015年度省级平安建设先进县”。国防动员和“双拥”创建进一步加强，获全省“双拥模范县”称号。妇女、儿童、老龄、残疾人等事业健康发展，工会、共青团、民族、宗教、外事、侨务、对台、国防教育、人防战备、史志、档案、气象、红十字等工作取得新成效。

——大力推进廉政建设，发展环境更加优化。坚持依法履职，自觉接受监督。严格执行中央“八项规定”和省委、市委“十项规定”，加强审计监督和效能监察，大力压缩行政开支，“三公”经费在2011年的基础上下降42.22%。扎实深入开展党的群众路线教育实践活动和“三严三实”专题教育、“两学一做”学习教育，大力加强廉政建设，坚决纠正“四风”，坚决向不作为乱作为、“吃拿卡要”等行为“亮剑”。五年来，共受理信访举报1690件，立案审查518件576人，党政纪处分541人，移送司法机关68人，干部作风持续改进。

五年来，全区呈现出经济持续向好、社会和谐稳定、人民安居乐业的良好局面。这些成绩的取得，是特区党委统揽全局、科学决策的结果，是全区各族人民齐心协力、共同奋斗的结果，是各级党组织和广大党员干部团结拼搏、攻坚克难的结果，也是社会各界大力支持的结果。在此，我代表特区人民政府，向全区广大干部群众、知识分子和离退休老同志，向各民主党派、工商联、无党派爱国人士、人民团体，向政法公安干警、驻区部队官兵、民兵预备役人员，向所有关心支持六枝经济社会发展的社会各界人士，向始终理解支持政府工作的人大代表、政协委员表示衷心感谢并致以崇高的敬意！

五年的发展历程启示我们，要实现全面建成小康社会目标，必须坚持把加快发展作为首要任务，着力做好转型升级的“乘法”，民生改善的“加法”，精准脱贫的“减法”，实现有质量、有效益、可持续的发展；必须坚持把统筹协调作为城乡发展的首要需求，着眼城乡一体化发展，优化城镇发展布局和要素配置，加快补齐发展短板；必须坚持把改革创新作为首要动力，大力实施创新驱动战略，不断激发内生动力，释放创新活力；必须坚持把生态文明建设作为首要路径，坚守生态保护红线，不断推动绿色发展；必须坚持把共创共享作为和谐发展的首要理念，使发展成果更多更公平惠及民众，凝聚共奔小康的民心力量；必须坚持把责任担当作为建设六枝的首要共识，躬身力行、真抓实干。

“知人者智，自知者明。”在充分肯定成绩的同时，也应该清醒看到我们面临的困难和问题。一是经济增长动力不足。农业产业重建轻管问题突出，传统产业带动发展的要素弱化，新兴产业培育不足，产业链条短、效益低。二是脱贫攻坚任务艰巨。我区贫困人口多、分布面广，产业配套难度大，一户一策帮扶措施不够精准，脱贫攻坚压力大。三是公共配套服务、城乡基础设施滞后。高速公路“有线无网”，县乡公路等级不高，与周边县区缺乏快速连接；工程性缺水问题还没有根本解决；电力、通信等基础设施还不够完善；教育、医疗资源总量不足、发展不平衡，农村看病难和城区入学难的问题还未彻底解决。四是项目建设历史欠账多，拆迁安置、矿群纠纷等未得到有效化解，维稳工作力度还需加大。五是干部能力素质有差距。一些干部视野不宽、改革意识不强、担当勇气不够，把握新形势、积累新知识、化解新矛盾、解决新问题的能力不足；金融证券、电子商务、旅游环保、规划建设、现代农业等专业技术人才匮乏。

面对这些困难和问题，新一届特区人民政府将不惧艰难、力克险阻、巧夺机遇、创新谋划，全力为六枝经济社会跨越腾飞、父老乡亲美好生活担当负重、奋发前行！

十二届人民政府工作的目标和任务

今后五年，是我区全面建成小康社会的决战决胜期，是产城一体率先突破的加速期，也是全域旅游发展的战略机遇期。随着宏观经济步入新常态，国家深入实施创新驱动和脱贫攻坚等一系列重大战略部署，以及供给侧结构性改革等稳增长政策的落地，为我区发展提供了千载难逢的机遇；省委省政府推动绿色发展建设生态文明的战略部署，为我区产业转型升级、资源要素配置带来了一系列重大利好。全区人民对美好生活的向往，更加坚定了我们加快发展的信心和战胜困难的勇气。我们一定要主动适应经济新常态，准确把握发展的阶段性特征，精准发力，持续用力，打好决胜之战，奋力开启六枝又好又快发展的新征程！

按照中国共产党六枝特区第十一次代表大会确定的目标，特区十二届人民政府工作的总体要求是：高举中国特色社会主义伟大旗帜，深入学习贯彻党的十八届六中全会、习近平总书记系列重要讲话及省委十一届七次、八次全会精神，按照“五位一体”总体布局和“四个全面”战略布局，深学笃用五大发展理念，认真落实市委、市政府关于统筹城乡改革发展先行先试的决策部署，以“十三五”规划纲要为统领，弘扬“三线”精神，深化“三变”改革，加快发展“四种经济”，着力推动“五个绿色”，深入实施“八大战略”，大力发展“四型十五种产业”，大力推进产城一体发展，努力将六枝特区建设成为六盘水市融入黔中经济区的桥头堡、贵州西部宜居宜业宜游的现代化精品城市和旅游目的地城市，让人民群众享有更优质的教育医疗、更绿色的生态环境、更稳定的就业保障、更丰富的文化生活。主要预期目标是：地区生产总值年均增长13%左右；规模以上工业增加值年均增长12%左右；500万元以上固定资产投资年均增长20%；一般公共预算收入年均增长6%；社会消费品零售总额年均增长12%；城镇居民、农村居民人均可支配收入年均分别增长11%和12%；城镇登记失业率控制在4.2%以内；城镇化率达50%以上。各项指标增速高于全省全市县域经济平均水平，综合实力进入全省县域经济第一方阵前列。

——坚持精准施策，努力夺取脱贫攻坚新胜利。强化扶贫机制保障。坚持规划引领，按照“五个全覆盖”的要求，深入实施基础设施、易地扶贫搬迁、特色产业、就业保障等“十三五”脱贫攻坚专项规划。坚持对症下药，抓实精准识别、精准帮扶，确保脱贫成效。坚决打赢“529”脱贫攻坚战，按照“五级包保”的工作机制，深入实施产业扶贫、行业扶贫和社会扶贫。坚持精准脱贫“456”指挥体系，确保8.32万贫困人口如期脱贫。强化脱贫措施保障。充分运用建档立卡“回头看”成果，整合各类要素和资金，发挥财政扶贫资金“酵母”作用。推进金融精准扶贫，用好用足“特惠贷”、农村承包土地经营权抵押贷款等惠农政策，让更多资源向贫困乡镇、贫困村、贫困户倾斜，带动贫困人口摆脱贫困。深入实施“36661”脱贫攻坚计划，全力打好“八个决战”，加快推进开发与开放式扶贫创新发展，实现“两不愁、三保障”目标。

——坚持转型升级，努力汇聚跨越发展新动能。坚持走好“四条新路”，发展“四种经济”，努力走出一条速度快、质量高、百姓富、生态美的绿色发展新路。坚持走山地特色现代农业路。大力发展绿色经济。努力把茶叶、猕猴桃、凉都红樱桃、刺梨、玫瑰等特色产业打造成支柱产业，农业特色产业产值达35亿元以上。建成茶叶基地20万亩、精品果园60万亩、中药材基地20万亩，粮经比调整为20:80左右。建成4个标准化家禽养殖基地，20个肉兔养殖示范点。大力发展林下经济，发展中药材等林下产业，新建中药材基地2个。注重发展生态畜牧业，畜牧业产值占农业总产值比重达30%以上。推进农产品精深加工，新增培育省级龙头企业10家、市级龙头企业30家。以市场为导向，充分利用“互联网+”，推进电子商务、农超、农批对接等产销模式，让更多高值特色农产品走出乡村、进入市场。坚持走山地特色产业生态路。加快传统产业改造升级，调整优化工业结构，大力发展县域经济。推进地方煤矿复工复产，支持六枝工矿转型发展，盘活路喜产业园区。扶持木岗产业园区持续快速健康发展，加快华润循环经济产业园区建设，延伸煤电化、煤电材循环经济产业链。大力发展新能源产业，推进新能源汽车运用和充电桩基础设施建设，推进煤层气综合开发利用，建成570口煤层气生产井，煤层气抽采量达2.5亿立方米。全区工业总产值达180亿元，规模以上工业增加值达48亿元。大力发展民营经济，引进大北农集团、苗夫控股等重点企业，培育130家2000万元以上规模企业，民营经济增加值占生产总值的比重达65%以上。坚持走山地特色健康旅游路。推进全域旅游示范区建设，迎接大众旅游时代，大力发展旅游经济。启动黄果树瀑布源国家级森林公园、阿珠湖旅游度假区、黔中半岛、阿志河旅游度假区、郎岱花汤谷温泉度假区建设，新建5个国家3A级以上景区、3个省级以上重点旅游度假区，力争实现2个以上景区入列国家5A级景区，旅游总收入达91亿元，增长30%以上。着力构建大健康医药产业，支持中医药、民族医药发展，实现乡乡有中医馆、村村有中医看。大力发展养老事业，力争每个社区建1所日间照料中心，重点乡镇建设1个养老机构。坚持走山地特色城乡一体路。以大数据为抓手，拥抱大数据时代，大力发展数字经济。积极推进政府数据“聚通用”，实现80%系统迁入云上贵州系统平台，实现数据共享。围绕“康养休闲旅游目的地城市”定位，着力在“建、养、管、服”上下功夫，建成“电子政务云”“旅游资源云”“智能交通云”等智慧城市平台。做精城市。加快完善城区路网，完成城南大道、阳光路等道路建设，建成六枝特区中心客运站，完成城际铁路六枝南站扩建工程。加快智慧城市建设，依托信息化技术，建成数字化城市管理调度指挥中心。完成中心城区综合管沟建设及六枝河流域综合治理工程。加大棚户区改造力度，建成4.98万套保障房。做强城镇。进一步完善教育、就业、医疗、养老、住房保障等公共服务配套，吸引更多农村人口落户城镇。到2020年，力争中心城区建成区面积达到22平方公里，人口达到25万人以上，城镇化率提高至50%以上。深入推进城镇公共设施建管养体制机制改革，实施城乡一体化垃圾收运处置项目，实现小城镇保洁、垃圾收运处置常态化管理。加快发展现代物流业，建成4个物流中心，实施中心城区下云盘、六枝老街2个集贸市场搬迁。大力实施城市绿化工程，绿化覆盖率达40%以上。做美乡村。深入实施“四在农家·美丽乡村”六项行动计划，加大农村人居环境综合整治力度。实施整体水务一体化污水处理，重点部署500个普及型、300个提升型、30个示范型小康寨建设，到2020年，80%以上的村庄“脏、乱、差”问题得到有效治理。

——坚持生态优先，努力推动绿色发展新跨越。坚持生态优先、绿色发展导向，努力守住山青、天蓝、水清、地洁四条底线，筑牢绿色屏障。打好生态建设攻坚战。加强山水林田湖的整体保护、系统修复、综合治理，增强自然生态系统的稳定性和生态服务功能。大力培育生态农林业产业，提升现有茶园品质。继续实施退耕还林和“天保”工程，加大石漠化治理力度，加强中小河流易灾地区生态治理。实施营造林工程45万亩，治理石漠化面积15万亩、水土流失面积14.1万亩，森林覆盖率提高到62%以上。打好污染治理突围战。铁腕抓好治水、治气、治土、治渣行动，确保生产生活用水和河流水质安全。加强污水处理厂、火电厂脱硫及水泥脱硝等重点减排工程设施运行监管。完善城区污水收集管网建设，建成11个乡镇污水处理设施，中心城区污水处理率达86%以上。治理河道总长78.5千米，集中式饮用水水源地水质达标率达100%，农村千人以上饮用水水源地水质达标率达95%以上。打好环境监管持久战。用好森林保护“六个严禁”和环境保护“六个一律”两把利剑，认真落实大气污染防治行动计划，抓好建筑工地扬尘、餐饮油烟、农村秸秆燃烧等污染治理，加强机动车环保管理，完成黄标车及老旧车淘汰任务，中心城区年AQI优良标准的天数占比达85%以上。加强黔中库区、旧院水库水源地环境保护。推进生活垃圾无害化处理和固体废物综合利用，建成医疗废弃物处置项目，城乡生活垃圾无害化处理率达90%以上。

——坚持改革开放，努力构建创新发展新格局。大力推进供给侧结构性改革，优化要素配置和生产结构，提高供给体系质量和效率。释放改革创新动能。坚持把“三变”改革作为推动产城一体化发展的突破口，加快推动土地、资本、劳动力等生产要素在城乡之间自由流动。以农村土地确权颁证为基础，把更多产业、更多领域、更多资源纳入“三变”改革平台。深化城乡户籍制度改革，进一步完善户籍、就业、住房、社保和公共服务等政策制度，积极推进农业转移人口市民化、居住一元化管理。创新基层卫生管理体制改革，深入实施“五个全覆盖”工程，积极探索集团化、医联体等办医模式，提升基层医疗卫生服务能力。加快投融资体制改革，做大做强区属投融资平台，形成政府引导、市场运作、社会参与的多元化融资机制。拓展改革发展空间。推动行政管理体制改革、投融资体制改革等有机结合，最大限度释放改革红利。把城市低收入群体纳入“三变”改革，采取股权合作方式，推进农村和城市居民共同参与棚户区改造、物业管理等公共配套服务建设。加大招商引资服务力度，促成引进企业尽早投产达产。加强与高校、科研院所的合作，搭建科技创新平台，建立健全企业主体、市场导向、产学研一体的创新体系，综合科技进步水平指数达60%以上。

——坚持完善设施，努力激发要素保障新活力。加快补齐基础设施短板，千方百计改善发展条件。强力提升交通网络。着力打造“1小时经济圈”、“2小时经济带”，全力推进高速公路和二级以上公路建设。加快推进通用机场前期工作，建成安六城际铁路、纳雍至晴隆高速公路、沪昆高速扩容工程普定至盘县段；建成新场至牛场、西戛至毛口、岩脚至梭戛、大草坝至两路口二级公路，建成六枝至关岭一级公路和六枝至黄果树旅游公路。到2020年，全区公路总里程达2700公里以上，全面升级改造国省道及县乡道，实现重点产业园区、旅游景区、乡镇二级公路全覆盖，距离中心城区较近的落别、木岗、关寨等乡镇开通城市公交，实现100%行政村通客车。农村公路生命安全防护工程实现全覆盖。强力突破水利建设。建成城区供水环状管网，保证中心城区用水安全；建成河头上、阿雨等7座水库，开工建设头塘、湾龙坡、丁孝塘、母猪田4座水库，建成岩脚、郎岱、木岗日产3000吨水厂各1座，确保乡乡有一个稳定的供水水源；全面提升农村居民饮水安全水平，解决18.6万农村人口饮水安全。强力优化电讯设施。实施电网建设会战，完成中心城区智能电网、新一轮农村电网改造升级。新建110千伏店子变电站、35千伏红旗变电站和毛口变电站，新建和改造10千伏及以下线路1779千米，形成布局合理、技术先进、安全可靠的电网结构体系。深入实施“宽带六枝”工程，实现“村村通宽带”并向自然村寨延伸覆盖，广播电视综合人口覆盖率达100%。

——坚持文产惠民，努力开创文体事业新局面。深入挖掘、传承民族民间文化、历史文化、“三线文化”及农耕文化，夯实城镇建设的历史渊源、人文底蕴及文化内涵。做活历史文化，做火现代文化，做大文化的产业增加值，做优产业的文化附加值，进一步推动文化产业发展。大力实施“百千万人才引进计划”，加大人才培养和引进力度。倡导全民阅读，建设“书香六枝”，提升公民素质。实施文化惠民工程，大力推进基层综合性文化服务中心、文化活动室建设，建成“六枝记忆”三线建设文化创意产业园和中心城区“四馆两中心”，18%以上的村建成文化活动示范村。大力发展体育事业，提高农民体育工程覆盖率，提升人民健康素质。到2020年，城乡公共文化服务体系基本健全。

特区人民政府区长方裕谦作工作报告

全省平均水平以上。健全残疾人和儿童福利体系，认真做好关心下一代工作。完善城镇职工和城乡居民基本养老保险制度，推行全民参保计划。大力发展福利事业，提高社会救助、城乡低保补助标准，保障困难群众基本生活。深层次创新社会治理。开展社会矛盾纠纷“大排查、大化解”活动，下大力解决一批疑难复杂信访积案。抓好社会安全事件的预防预警和应急处置体系建设，提高应急保障能力。加强和创新社会治理，健全公共安全体系，推进防控体系建设，强化特殊人群服务管理，打造阳光信访、责任信访、法治信访，重拳打击违法犯罪，深入开展禁毒攻坚、命案防控、非法集资等专项斗争，切实维护社会和谐稳定。

——坚持共建共享，努力增进人民生活新福祉。坚持像抓经济建设一样抓民生保障，像落实发展指标一样落实民生任务。多渠道促进富民增收。采取更加积极的就业政策，建成覆盖城乡的公共就业服务体系和城乡平等的就业制度，非农就业人员比重达50%，努力提高工资性收入。积极推动“双创”工作，依托“一村一品一店”带动群众增收，努力增加经营性收入。全面实施农村承包土地经营权抵押贷款工作，规范健全产权交易、土地流转、房屋租赁等市场，努力增加资产性收入。均等化发展公共服务。实施医疗服务能力提升工程，5所乡镇卫生计生院达到二级综合医院水平，改造提升14所标准化乡镇卫生计生院，标准化村卫生计生室建设实现全覆盖。提升计划生育优质服务水平，符合政策生育率达90%以上。健全食品药品安全监管体制，提升食品药品检验检测能力。深化学前教育集团化办园改革，推进义务教育基本均衡发展，学前三年毛入园率达90%以上，九年义务教育巩固率达95%以上，高中阶段毛入学率达90%以上，特殊教育入学率达90%以上。促进普通高中和职业教育优质多元特色化发展。创建省级示范性普通高中2所，基本公共教育服务水平达到

机遇并不常有、机遇来之不易、机遇稍纵即逝。今后五年，我们要坚持用“五大发展理念”引领发展新路，强化“四个意识”带头奉献担当，明大势、掌大势，顺势而为，全心全意为六枝人民殚精竭虑、鞠躬尽瘁！

开创2017年政府工作新局面

2017年是新一届政府的开局之年，也是决战三年、摆脱贫困的关键之年，我们要以开局就是决战、起步就是冲刺的信心和决心，进一步深入贯彻十八届六中全会、省委十一届七次和八次全会精神，持续推进经济社会和谐发展。主要预期目标是：地区生产总值增长13%；500万元以上固定资产投资增长

18%；规模以上工业增加值增长11%；一般公共预算收入完成13亿元，增长5.25%；社会消费品零售总额增长12%；城镇居民、农村居民人均可支配收入分别增长11%和12%。重点抓好七个方面的工作：

——着力实施精准脱贫战略，努力实现减贫摘帽脱贫目标。实行脱贫攻坚挂图作战，确保55个贫困村出列，减少贫困人口3.5万人，贫困发生率下降至3%以下，退出国家级扶贫开发重点县。精准导向施策。整合使用好财政涉农资金，突出重点攻坚区域，进一步破解道路交通、水利等基础设施制约瓶颈，补齐发展短板。全面推进产业扶贫、金融扶贫、旅游扶贫、党建扶贫，深入推进实施“36661”扶贫攻坚计划，按照精准脱贫“456”指挥体系，全面实施“529”脱贫攻坚战略。精准帮扶措施。深化“五个一批”脱贫路径，坚持“一户一策”脱贫措施。狠抓产业扶贫，发展林下经济，实施刺梨、猕猴桃等产业6万亩，带动1.3万贫困户增收；实施电商、旅游、生态等新业态扶贫，实现产业扶持脱贫一批；实施创业扶持工程，鼓励农民工返乡创业，以贫困户为重点，完成创业、技能等培训1万人，实现就业脱贫一批；加大贫困家庭子女上学资助力度，资助贫困学生8350人，实现教育脱贫一批；实施五重医疗保障，报销补偿率达95%以上，实现医疗救助脱贫一批。实施牂牁、关寨、落别、牛场4个乡镇易地扶贫搬迁工程，让搬迁群众一步住上新房子，快步过上好日子。落实社会保障政策，强化政策兜底，将28577名“两无”贫困人口纳入保障范围，决不让一个贫困家庭、一个贫困群众在小康路上掉队。

——着力实施创新驱动战略，努力提升产业发展水平。坚持以创新引领转型升级，推动三次产业融合发展，努力实现“四个价值最大化”。大力发展高效型农业。推进循环农业产业发展。依托大北农集团建成年存栏5000头种猪场2个、年出栏4万头优质肉猪育肥场3个。实施耕地休耕试点4000亩。推广种植甜高粱、黑麦草、紫花苜蓿等优质牧草2万亩，培育规模以上养殖场10个。新增玫瑰种植1.5万亩。加强“三品一标”认证工作，新增以茶叶、猕猴桃为主的无公害产地认定面积8万亩，力争完成无公害产品认证3个，启动绿色食品认证3个、有机食品认证1个。进一步做响九层山茶叶、岩脚面、郎岱酱、牛场辣椒等品牌，申报创建“岩脚面”国家地理标志保护产品示范区。全面抓好第三次全国农业普查工作。大力发展循环型工业。以加快发展新能源产业为重点发展循环型工业，改造提升传统产业。推进煤矿复工复产10处，原煤产量达280万吨，洗精煤达90万吨。推进六枝特区煤层气勘探开发综合利用项目建设。保障华润六枝电厂2台机组满负荷发电，发电量达40亿度。抓好上下游循环经济产业项目招商引资工作。大力支持六枝工矿、路喜产业园区脱困发展。抓好木岗产业园区建设，加快推动木岗（深圳）移动终端项目建设投产，年产值达15亿元。建成落别刺梨加工厂。引导推进路喜产业园区“煤电一体化”项目建设，激发园区发展后劲。完成规模企业入库17个，规模以上工业增加值增速达10.5%。大力发展生态型服务业。推进注册登记改革，新登记市场主体在2016年的基础上增加10%。新建20个以上村级电商综合服务站。大力发展健康医疗产业，建设县域医疗服务共同体。深化金融机制创新，加快构建绿色金融体系，促进绿色金融与绿色产业链融合发展。大力发展养老服务业，建成新型居家养老服务机构2个。加快发展现代物流业，建成六枝特区商品粮油批发市场和冷链物流中心。全力筹办好第四届全市旅游文化产业发展大会，推进黄果树瀑布源国家级森林公园、牂牁江国家湿地公园、牂牁江热带水果采摘示范园、阿珠湖旅游度假区等项目建设，力争创建1个国家AAAA级旅游景区、2个省级重点旅游度假区。建成九方酒店等星级酒店，不断丰富旅游业态。大力发展乡村旅游，新增培育农家旅舍50个，加快全域旅游发展。

——着力实施协调发展战略，努力促进城乡一体发展。坚持因势利导，建造绿色家园，促进城乡一体化发展。坚持整区推进，做特城镇。大力实施交通设施建设。推进公路建设三年会战，加快安六城际铁路建设。建成大用至凉水井、郎岱至毛口、大用至木岗、新华至老卜底公路。开工建设S310岩脚至两路口、大草坝至新华、岩脚至梭戛、新场至牛场、西戛至毛口公路等项目，努力让交通网络活起来，提升通达水平。大力实施市政设施建设，加快推进地宗矿对外连接道路二期、人民路延伸段对外连接道路等路网工程。加快城东商贸城二期、九龙城二期、滨河步行街商业广场二期等项目建设，完成新兴农贸市场搬迁，新建停车场3个。加大棚户区改造力度，着力改善困难家庭住房条件。加快城市管理综合执法改革，切实加强城市管理，到2017年底，实现区、乡两级政府城市管理领域机构综合设置。进一步推进郎岱、岩脚、木岗、落别小城镇产城一体发展，辐射带动牂牁、大用、龙河、新窑等小城镇建设错位发展，着力打造具有区域特色的“一心三翼三集群”小城镇升级版。坚持建管并重，做美乡村。深入实施农村生活污水治理三年计划，大力推进农村“厕所革命”，运用市场机制建设治理村寨污水、垃圾处理等基础设施，提升治理效率。通过出让、租赁、资本置换等方式，盘活城镇资产。实施“1+N”镇村联动，以农村环境综合整治为抓手，推进镇村联动发展。完成岩脚镇太和村田家寨、落别乡水塘寨、郎岱镇青菜塘、牂牁镇田坝寨4个示范型小康寨建设。

——着力实施绿色发展战略，努力展现生态文明气象。坚持生态优先、绿色发展，“严”字当头，绵绵用力厚植绿色屏障。强化“源头严控”。以“绿色贵州”建设三年行动计划和林业产业三年倍增计划为抓手，实施退耕还林20万亩，森林覆盖率提高3个百分点以上。认真落实生态功能区划，实行产业准入负面清单管理。加强土地用途管制，守牢耕地保护红线。大力发展节能环保产业，加快构建绿色低碳循环发展产业体系，创造更多经济价值和绿色GDP。强化“过程严管”。强化水污染防治，加强饮用水源保护区划分，确保流域水质水体功能三级达标。加大集中式饮用水源地检查巡查力度，确保集中式饮用水源地水质达标率达100%。强化大气污染防治，加强污染减排项目监管，企业环保设施运行率达95%以上，确保污染物达标排放。开展矿山地质环境恢复和综合治理。实施环境保护“网格化”管理，开展环保执法“风暴”行动，确保生态环境稳定向好。强化“恶果严惩”。建立完善以环境损害赔偿为基础的环境污染责任追究体系，实行领导干部自然资源资产负债离任审计制度，加大行政强制及行政处罚力度。决不走“先污染后治理”的老路，决不走“守着绿水青山苦熬”的穷路，决不走“以牺牲生态环境为代价换取一时经济增长”的歪路，“画廊六枝”拒绝污染！

——着力实施开放带动战略，努力激发经济发展活力。深化重要领域改革，进一步简政放权，推动行政审批制度改革向纵深推进，加快绿色通道建设。抓好农村承包土地经营权抵押贷款试点工作。深化医药卫生体制改革，完成市二医、特区人民医院改革试点工作。加快户籍制度改革，统一城乡户籍登记管理。深化社会治理改革，加快推进社区网格化服务管理，通过政府购买服务，激发社会组织活力。围绕“三线三区三带”规划布局产业20.09万亩，通过8个省级农业示范园区的企业及村集体合作社，以“三变”实现贫困户产业全覆盖。持续深化司法体制改革，打造公平法制环境。强化创新驱动战略，加快推进科技成果向生产力转化，综合科技进步水平指数达50%以上。

——着力实施共享发展战略，努力保障民计民生民安。坚持把和谐共享作为全面小康的本质要求，让发展成果更多更好地惠及人民群众。保障基本民生。完善创业激励机制，引导1.2万名农民工返乡创业就业。加大技能培训，组织开展各类培训1.6万人次。城镇登记失业率控制在4.2%以内。扎实推进“新两基”工作，加快学前教育发展，学前三年毛入园率达87%以上；大力发展普通高中和中职教育，高中阶段毛入学率达88%以上；均衡发展义务教育，九年义务教育巩固率达88%以上；鼓励和支持民办教育发展；依法保障特殊儿童受教育权利，特殊教育入学率达90%以上。丰富精神文化，完成电影《落绕》

拍摄工作。完善市二医、特区人民医院远程医疗服务体系，实现基层医疗卫生机构远程医疗全覆盖。巩固新型农村合作医疗，参合率稳定在99%以上。提升全面两孩政策生育服务水平。保障和谐民生。扎实开展社会矛盾纠纷“大排查、大化解”，全力维护社会和谐稳定。切实抓好拆迁安置工作，完成棚户区改造拆迁安置2800户、历年项目建设拆迁安置760户。认真落实“党政同责、一岗双责、齐抓共管、失职追责”安全生产责任体系，亿元GDP死亡率控制在0.07以内，严防重大以上事故发生。加强社会治安综合治理，大力推进立体化防控体系建设，不断提升人民群众安全感满意度，巩固“省级平安建设先进县”成果。保障热点民生。认真办理“10件民生实事”。一是实施公路生命安全防护工程300公里、撤并建村通硬化路100公里，建成牂牁、二道水、新华、老卜底4个便民码头；二是建成中心城区弱电入地二期工程18公里；三是建成六枝特区计划生育妇幼保健站、六枝特区食品药品检验检测所；四是启动六枝河流域综合治理一期工程；五是实施牂牁镇供水工程，解决1.3万人饮水安全问题；六是中心城区公共场所实现免费WiFi全覆盖；七是完成特区第十中学、落别乡民族中学改扩建工程，建成岩脚镇一小综合楼、龙河镇新场坝幼儿园、新窑镇那秀幼儿园；八是实施棚户区改造9763户，完成易地扶贫搬迁717户2888人；九是启动六枝特区山地体育公园建设，建成6个村级农体工程和8个全民健身路径工程；十是完成牂牁、关寨、落别、牛场政府区域及16个村寨污水处理设施建设。

——着力实施依法治区战略，努力加强政府自身建设。坚决维护习近平总书记的领导核心地位，始终做到在思想上衷心拥护核心，在政治上坚决维护核心，在组织上自觉服从核心，在行动上主动看齐核心。全面推进依法行政，不断提高政府公信力、执行力和落实力。坚持依法治政，建设法治型政府。自觉接受党内监督和各方监督，做到为民用权、公正用权、廉洁用权、依法用权，努力在法制轨道上统筹社会力量、平衡社会利益、调节社会关系、规范社会行为，依靠法治解决各种矛盾和问题。坚持科学施政，建设创新型政府。大力推进行政管理体制机制创新，坚持把政府职能限定在处理公共事务的范畴之内，为社会提供更多更好的公共服务。采取财政购买社会服务的方式，加快公共服务的市场化和社会化。坚持勤政廉政，建设廉洁型政府。坚持有令必行、有禁必止，强化行政权力的制约监督，扎紧制度铁笼和数据铁笼，严肃查处侵害群众利益的不正之风和腐败问题，努力营造风清气正的政治生态。坚持为民理政，建设服务型政府。深化“放管服”改革，以政府权力的“减法”换取市场活力的“加法”。加快政务服务向基层延伸，精简审批环节，变“群众奔波”为“信息跑腿”，变“群众来回跑”为“部门协同办”，努力创造利民化、快捷化的政务环境。

展望“十三五”的美好愿景，我们肩负着脱贫攻坚和同步小康的时代使命，承载着全区人民的期盼重托，我们要坚持不忘初心、继续前进，以优异成绩迎接党的十九大胜利召开，为全面建成小康社会而努力奋斗！

中国人民政治协商会议
第八届六枝特区委员会常务委员会
工 作 报 告

（2016 年 12 月 10 日在特区政协九届一次会议上）

余红亚

八届政协工作回顾

过去的五年，是六枝在新的历史起点上继往开来、与时俱进、成就辉煌的五年，也是我区政协事业在继承中创新、在开拓中前进的五年。五年来，在中共六枝特区委员会的坚强领导和上级政协的指导下，在特区人民政府及其部门以及社会各界的大力支持下，特区八届政协常委会高举中国特色社会主义伟大旗帜，坚持团结和民主两大主题，按照“围绕中心、服务大局，科学履职、建言献策，汇聚力量、和谐发展”的工作思路，扎实履行政治协商、民主监督、参政议政职能，广泛凝聚智慧服务转型发展，充分发挥优势助推民生改善，努力协调关系促进社会和谐，为全区经济社会发展作出了积极贡献。

一、凝聚共识，坚定信念，
始终保持人民政协正确的政治方向

坚持把思想建设放在首位，准确把握人民政协的性质定位，强化政治引领，筑牢思想基础，凝聚发展共识，政协工作始终与特区党委、政府中心工作步调一致。

着力在学习引导中增进共识。继承和发扬人民政协重视学习的优良传统，认真落实各项学习制度，通过会议学习、专题培训、座谈研讨等多种形式，组织广大政协委员深入学习中共十八大和十八届三中、四中、五中、六中全会精神，深入学习习近平总书记系列重要讲话精神，深入学习有关政协工作的理论政策和《中国共产党统一战线工作条例（试行）》等统战知识，帮助委员提升思想政治素质和政策理论水平，增进在特区党委领导下发展经济社会各项事业的思想共识。

着力在深化合作中凝聚共识。积极发挥政协平台作用，不断加强与各民主党派、工商联和无党派人士合作共事，支持他们参与全区重大决策、重大事项的协商讨论及履行职责的各项活动。以纪念人民政协成立 65 周年为契机，通过举办庆祝中国人民政治协商会议成立 65 周年、六枝特区政协成立 30 周年暨政协工作座谈会等活动，进一步增强全区各党派团体、各族各界人士对中国特色社会主义的政治认同和思想认同，努力使党的主张成为各党派团体和各族各界的广泛共识，汇聚起全面建成小康社会、全面深化改革、全面依法治国、全面从严治党的强大合力。

着力在推进党的建设中扩大共识。深入开展党的群众路线教育实践活动、“三严三实”专题教育和“两学一做”学习教育等，坚决落实全面从严管党治党要求，持续转变作风，努力锻造务实肯干、风清气正的政协队伍。围绕我区经济社会发展中的重大问题，积极探索协商为民路径，改进调研视察、专题议政的方式方法，把握定位，找准目标，务实工作，拉近政协与群众的距离，增强社会各界对政协工作的认知认同。认真履行全面从严治党政治责任，从严从实落实党风廉政建设主体责任，督促班子成员严格履

行“一岗双责”职责，以党建工作新成效推动政协事业新发展。

二、围绕中心，服务大局，为全区改革发展履职尽责

主动将政协工作融入全区经济社会发展大局，抓大事、议要事、献良策，努力把广大政协委员和政协各参加单位的积极性、主动性和创造性引导到助推六枝转型跨越发展上来。

协商议政渠道不断拓宽。采取全体会议、常委会议、主席会议、对口协商会议等形式，围绕特区党委、政府的重大决策部署以及事关民生和发展大局的重要问题广泛开展协商。五年来，共召开全体会议5次、常委会议25次、主席会议56次，开展各类协商活动60余次。整体协商，谋发展大计。利用政协全会组织委员围绕特区国民经济和社会发展五年规划、特区人民政府年度工作报告、计划报告、财政报告及其他事关六枝经济社会发展全局性、战略性、前瞻性的重大问题，以分组讨论、撰写提案、反映社情民意、大会发言等形式建言献策。为提升全会协商成效，我们注重发挥大会发言的直接建言作用，共组织4次全会大会发言，提交大会发言材料35篇。邀请特区党委、政府领导听取大会发言和参加分组讨论，与委员面对面交流，听取委员的意见建议，不断推进协商民主。共综合各类意见建议500余条供特区党委、政府决策参考，很多意见建议得到特区党委、政府的高度重视，并要求相关单位认真研究吸纳，充分激发了委员参政议政的积极性。比如，在发展老年事业方面，采取建设农村幸福院、螃蟹峡休闲养老中心等措施促进老年事业发展。专题协商，献务实良策。充分发挥常委会议和主席会议的协商议政作用，就工业发展、重大项目建设、卫生计生、经济运行、提案办理、环境保护、社会事业发展等方面80余项专题工作进行协商，听取特区人民政府通报相关情况，认真组织开展讨论，形成会议纪要报送特区党委、政府及有关部门，共提出意见建议600余条，助推全区经济社会持续健康发展。比如，就加快南环路东、西出口和南部新区规划建设提出建议，推动了项目建设。对口协商，建睿智之言。围绕党政重视、社会关注、群众关心的重点热点难点问题，通过座谈、调研、视察等形式，积极开展对口协商。在充分调研、科学论证的基础上确定协商主题，先后就我区民族宗教、社会治安综合治理、国有企业改革、教育教学、安全生产等33个专题，与特区党委、政府有关部门开展对口协商，提出意见建议180余条，供有关部门决策参考，有力推动了相关工作顺利开展和落实。比如，建立特区青少年法制教育、心理健康教育示范基地、规范城区临时停车位管理等建议得到采纳。

民主监督力度不断加大。坚持寓监督于经常性工作之中，充分运用视察、提案、特约监督等载体，畅通渠道，广开言路，实话实说，有力推进民主政治建设。以视察为依托，知情议政务实有效。坚持“求实、规范”的原则，做到视察与知情、协商、建言相结合，努力提高视察效果。先后围绕城镇建设、产业发展、教育教学、园区建设、新农村建设、六枝电厂项目建设等方面开展专题视察活动20余次，实地了解有关情况，深入查找分析存在的困难和问题，提出各类改进意见建议160余条，促进党政决策部署落实。比如，为推动六枝电厂项目建设，组织委员深入项目建设工地进行专题视察，督促相关部门和企业加强协调沟通，推进建设进度。以提案为抓手，出谋献计求真求质。我们注重以提高提案质量为重点、以加强提案督办为保障、以提高提案办理实效为目的，注重与提案承办单位的联系和沟通，促进提案的办理和落实。特区政协主席会议专题研究确定重点督办提案，政协常委会议专门听取特区人民政府关于提案办理落实情况通报，政协提案委加强与特区党办、政府办、党委政府督查室、提案人及各承办单位联系沟通，组织开展提案办理情况调研视察活动，采取重点督办、调研督办、现场督办、联合督办、走访跟踪、座谈协商等方式，加大对提案办理工作的跟踪督促，有效提高提案办理实效。五年来，政协委员、政协各参加单位和各专门委员会共提交提案742件，经审查立案659件，办复率100%，产生了良好的经济社会效应。比如，在街心花园修建人行天桥、合理安装红绿灯等建议得到采纳并实施。以特约监督为平台，促进政风行风建设。选派政协委员分别担任特区人民政府相关部门和司法机关的特约人员，大力支持他们履行民主监督职责，对推动依法行政、转变政风行风起到了促进作用。先后选派200余人次政协委员参与全区有关工作征求

意见座谈会，参与重大项目开工建设情况和教育“两项督导”督查，参加党风廉政建设、“阳光晒权”、党的群众路线教育实践活动评议，参加乡镇（社区）党政领导班子运转情况及培养乡科级后备干部专项调研，参加干部公推公选、考核考察、考聘巡视，参加道德模范评选和特区投资环境测评，对原煤炭局、原卫生食品药品监管局、安监局、教育局、人资社保局等单位进行行风评议，旁听特区人民法院有关案件庭审，应邀参加特区人民检察院的个性化联络活动、检察开放日活动，等等，有针对性地提出意见建议，促进有关部门切实转变工作作风、提高服务质量，有效发挥了政协民主监督作用。

参政议政效果不断彰显。特区政协以促进发展为己任，按照“科学性、前瞻性、实效性”的原则，围绕党政中心工作，深入开展调查研究，适时组织考察学习，积极参政出力。围绕重点课题调研建言。先后选取生态旅游产业发展、民营企业发展、水利建设、医疗卫生事业发展、殡葬改革等热点难点问题，以专委会为依托，组织不同界别政协委员深入基层、企业和项目建设一线开展专题调研，了解实际情况，找准困难和问题，认真思考对策，提出意见建议。共向特区党委、政府报送各类调研报告 30 余份，提出各类意见建议 260 余条，为我区改革发展提供了积极支持。积极参与党政中心工作。牢固树立全区一盘棋思想，政协领导班子成员按照分工积极与特区党委、政府相关领导协调配合，加强与党政部门工作的联系，共同协调、督促、指导全区工作，全力协助特区党委、政府完成经济社会发展目标任务。特区政协领导充分发挥主观能动性，经常深入所联系部门、园区、乡镇、村组调研指导工作，帮助协调处理项目建设、脱贫攻坚、农业农村、人口计生、安全生产等工作中存在的困难和问题，取得良好成效。因需而动精心组织考察。为促进我区经济社会快速健康发展，根据工作需要组织考察 10 余次。比如，为推动我区农业产业化发展，组织相关人员赴四川省眉山市东坡区进行考察，学习借鉴先进经验和做法；为促进我区生态旅游产业发展，安排相关人员到成都、重庆等地考察，提出具有借鉴意义的意见建议；为推动文化建设，组织相关人员到区内部分民族乡镇开展彝文古籍翻译整理及彝汉“双语”教学情况考察；主席会议成员根据安排，认真参加上级组织的有关考察学习，进一步拓展视野，提高履职水平，促进工作开展。

三、发挥优势，加强合作，为社会和谐稳定汇聚力量

坚持广泛团结各党派团体和各族各界人士，充分调动各方面积极因素，努力做好凝聚人心、凝聚智慧、凝聚力量工作，为发展添动力、增合力。

增进各界团结合作促和谐。充分发挥政协大团结大联合组织优势和作为党委、政府团结联系各界人士的桥梁纽带作用，加强与社会各方面的联系，听取不同阶层的呼声，反映不同群体的诉求，汇集不同方面的意见，积极协调各方关系，努力协助特区党委、政府做好宣传引导、释疑解惑、协调关系、化解矛盾、汇聚力量、助推发展的工作。加强与各民主党派、工商联和无党派人士合作共事，主动邀请他们参加政协会议和活动，为他们表达诉求、发表意见提供平台。贯彻民主协商、平等议事的工作原则，妥善处理政党、民族、宗教、阶层和海内外同胞关系，加强同党外知识分子、海内外同胞、民族、宗教界代表人士和社会新阶层的团结联络，促进民族团结、社会和谐。

加强对外交流联谊促发展。注重发挥政协联系面广、包容性强的优势，搭建平台，扩大交流合作和对外联谊。加强与省、市政协和兄弟县（市、区）政协的沟通联络，热情接待省内外政协赴我区开展学习交流活动。接待省内外政协来我区调研考察交流活动 30 余次，成功承办黔滇两省北盘江流域 16 县（市、区、特区）政协第二轮协作会第九次年会、六盘水市政协 2012 年下半年秘书长联席会议和 2015 年全市政协工作专题会议，参加政协系统各类交流学习活动 20 余次。

认真做好文史工作聚合力。注重发挥文史工作“存史、资政、团结、育人”的社会功能，为完善地方文史资料作出积极贡献。协助市政协到六枝开展古镇开发利用调研和第二轮政协志修编工作；组织政协委员召开文化大繁荣大发展座谈会，就如何促进我区文化发展积极建言献策；认真开展调查研究，收集整理彝族、布依族等文化相关资料和双语教学资料；协助开展贵州文史资料征集、回忆西部大开发（贵州卷）史料征编和六枝特区志修编工作。我们厚文重史、

广征博采，为挖掘、保护、传承六枝优秀传统文化，凝聚各界力量，促进社会和谐发挥了应有的作用。

四、以人为本，履职为民，为促进民生改善献计出力

坚持把实现好、维护好、发展好最广大人民群众的根本利益作为政协工作的出发点和落脚点，围绕关注民生、保障民生、改善民生认真做好各项工作。

多形式开展智力支边工作。充分利用农村远程教育，积极协调有关单位开展农业科技培训，帮助群众掌握科技种养殖知识。联系农业部门在挂钩扶贫村举办农机插秧现场培训，帮助农民掌握农机使用技能，降低农业生产成本，提高农业生产效率。协调香港慈恩基金会援助资金资助优困生，联系市政协在岩脚镇2所学校捐赠价值4万余元的图书3000余册。协助配合社会公益组织选送15名家庭困难孤儿赴丽江民族孤儿学校就读。协助贵州“一乡人”支教团志愿者到我区开展支教活动。引进香港爱心人士捐资40万元援建龙河镇新场坝小学和梭戛乡团结小学。协调民建贵阳市委会员企业贵州合石电子商务有限公司到梭戛乡团结小学捐赠价值10万余元的校服、图书及文具。

持续开展做好事办实事活动。充分发挥政协联系面广、渠道畅通的优势，深入联系乡镇、党建扶贫点为基层群众办实事好事。为党建扶贫点协调引进中药材种植项目和蛋鸡养殖项目、举办“绿色证书”培训200余人次、解决项目资金20余万元、协调实施农民体育健身工程、争取设施用于文化广场建设、协调解决价值近50万元的农机具10余台。协调水泥100吨为牂牁镇半坡村和梭戛乡乐群村解决道路硬化等基础设施建设问题。帮助郎岱镇阿乐村协调资金20万元实施防洪工程。协调相关部门帮助木岗镇戛陇塘村建设村活动室、文化广场和修建机耕道。

主动投入脱贫攻坚工作。积极响应中央、省、市和特区党委政府关于坚决打赢脱贫攻坚战的号召，将脱贫攻坚作为履职的重中之重，围绕凝聚工作合力抓协商，围绕推动工作落实抓监督，围绕破解工作难点抓调研，积极为脱贫攻坚献良策。选择脱贫攻坚工作中的重点难点问题，通过召开常委会议、专题协商会议或重点协商督办提案、听取脱贫攻坚情况通报等形式，提意见、商对策，促进工作落实。综合运用视察、提案等方式，对党和国家惠民政策落实情况、重大决策部署贯彻执行情况、脱贫攻坚“五个一批”（发展生产脱贫一批，易地搬迁脱贫一批，生态补偿脱贫一批，发展教育脱贫一批，社会保障兜底一批）工程实施情况等进行民主监督，促进特区人民政府及其相关部门进一步提升工作成效。聚焦扶贫搬迁、基础设施建设等重点领域和因病、因灾致贫返贫等贫困人群，深入开展调查研究，提出解决问题的对策措施，使政协的调研建言更加契合中心任务，更加符合决策需要，更加体现人民心声。号召政协委员充分发挥人脉、智力和渠道优势，深入贫困乡镇和农户，宣传党的政策、倾听群众呼声、反映社情民意、化解矛盾纠纷、帮助解决困难，为决战脱贫攻坚、决胜全面小康贡献智慧和力量。

五、完善机制，强基固本，为提高政协工作水平筑牢根基

始终把自身建设摆在重要位置，不断拓展履职思路，全面增强履职能力，努力提升政协工作科学化水平。

加强委员队伍建设。通过行文安排学习、订阅报刊、会议学习、集中培训等方式，不断加强委员的学习培训，提高履职能力和水平。加强与委员的走访联系联谊，不断增强政协的凝聚力，激发委员的履职活力。制定《六枝特区政协委员履职保障办法（试行）》，强化委员履职服务管理，增强委员履职责任感。开展优秀提案表彰，调动委员提案工作积极性。出台《六枝特区政协委员列席特区政协常委会议暂行办法》，搭建委员发挥作用平台。成立乡镇（社区）政协工作联络组，推动政协工作向基层延伸。

加强政协机关建设。坚持以思想建设为先导、制度建设为抓手、作风建设为保障，努力增强政协机关的学习意识、责任意识、创新意识和服务意识。深入开展一系列学习教育活动，强化政协机关政治理论学习，加强机关思想建设、组织建设、作风建设和制度建设，不断提升政协机关干部职工大局观念、服务意识和工作水平，推进政协机关工作制度化、规范化、程序化建设。安排政协机关多名干部分别到省内外各类培训机构学习，丰富学识，拓展视野，增强履职能

力。深入贯彻执行中央“八项规定”和省委、市委、特区党委“十项规定”，严格执行各项纪律，进一步转变作风，提高政协机关服务质量和工作效率。

提升政协工作影响力。加强与新闻单位的联系合作，积极向主流媒体报送政协工作信息，及时反映政协工作动态，为委员知情议政和社会各方面了解政协工作搭建平台。向省、市、特区主流媒体和省市政协相关会议推荐理论文稿、经验介绍和新闻稿件150余篇。积极扩大对外联谊交往，配合省内外政协开展调研考察活动，参加省、市政协和兄弟县（市、区）政协各类交流会议和联谊活动，承办相关政协会议等，有效宣传推介六枝，扩大政协社会影响。

各位委员、同志们，第八届特区政协所取得的成绩，是中共六枝特区委员会正确领导的结果，是特区人大、政府大力支持的结果，是各部门、各单位、各乡镇（社区）密切配合的结果，是社会各界广泛支持参与的结果，是政协各参加单位和全体政协委员团结进取、通力合作的结果。在此，我代表第八届特区政协常委会，向所有关心、支持、参与政协工作的各级组织、各方面人士和政协工作者表示衷心的感谢并致以崇高的敬意！

回顾过去的实践，我们深切体会到，做好人民政协工作，必须坚持中国共产党的领导，不断夯实团结奋斗的共同思想政治基础，确保管党治党政治责任的落实，确保人民政协事业的正确方向。必须坚持围绕中心、服务大局，紧紧围绕全区改革发展大局履行职能，做到建言建在需要时、议政议到点子上、监督监在关键处。必须坚持以人为本、履职为民，把群众呼声作为第一信号，把群众需要作为第一需要，切实做到人民政协为人民。必须坚持团结和民主两大主题，在沟通协商中增进共识，在合作共事中凝聚人心，最大限度地调动一切积极因素，团结一切可以团结的力量，永葆人民政协的蓬勃生机和旺盛活力。必须坚持务实创新，认真探索履行职能的新方式、新途径，通过制度创新，扩大协商民主的影响力。

总结五年来的工作，我们也清醒地看到，我们的工作还存在很多不足，主要是：协商民主制度建设还需要进一步落实；参政议政质量和成果转化需要进一步强化；界别特色在政协履行职能各项工作中展现不足，界别作用发挥不够充分；部分委员履职的积极性主动性有待进一步提高，等等。这些都需要我们高度重视、认真研究，在今后工作中切实加以解决。

九届政协工作建议

今后五年，是我区脱贫攻坚、全面建成小康社会的决战决胜期，也是新一届政协实现新作为的关键时期。特区第九届政协常委会工作的总体要求是：高举中国特色社会主义伟大旗帜，全面贯彻中共十八大和十八届三中、四中、五中、六中全会精神及习近平总书记系列重要讲话精神，坚持以马列主义、毛泽东思想、邓小平理论、“三个代表”重要思想、科学发展观为指导，在中共六枝特区委员会的坚强领导下，紧紧围绕特区第十一次党代会提出的“坚持改革推动、协调联动，着力走好加快产城一体发展新路”总要求和“高水平全面建成小康社会”总目标，牢牢把握团结和民主两大主题，团结带领政协各参加单位和全体政协委员，认真履行政治协商、民主监督、参政议政职能，更好地协调关系、汇聚力量、建言献策、服务大局，为我区实施“十三五”规划、打赢脱贫攻坚战、全面建成小康社会贡献智慧和力量。

一、广泛凝聚思想共识，
努力为全面建成小康社会汇集正能量

把坚持和发展中国特色社会主义作为巩固共同思想政治基础的主轴，深入学习贯彻中共十八大、十八届三中、四中、五中、六中全会精神和习近平总书记系列重要讲话精神，认真落实特区第十一次党代会精神，切实增强政治意识、大局意识、核心意识、看齐意识，更加自觉地坚持党的领导，不断增强中国特色社会主义道路自信、理论自信、制度自信、文化自信。把“懂政协、会协商、善议政”的重要思想贯彻落实到政协履职全过程，深入开展学习活动，准确把握人民政协的性质定位，切实把思想和行动统一到中央、省委、市委和特区党委的决策部署上来，把智慧和力量凝聚到决战脱贫攻坚、决胜全面小康的奋斗目标上来。

二、围绕中心服务大局，

紧扣我区经济社会发展战略建言出力

主动把政协工作放到全区工作大局中去谋划和推进，自觉围绕特区第十一次党代会确定的目标任务和特区党委、政府决策部署，找准政协工作与党委、政府中心工作的最佳结合点，充分发挥人民政协智力密集、人才荟萃的优势，深入开展调研视察、协商建言、议政监督，积极推动六枝经济社会科学健康发展。

深入推进协商民主，为富民强区咨政建言。紧紧围绕特区党委关于“高水平全面建成小康社会”总目标，重点对全区经济发展、“三变”改革、脱贫攻坚、项目建设、生态环境等开展专题协商。围绕深入实施“八大战略”，着力走好加快产城一体发展新路，重点对全域旅游、医疗卫生、城镇化建设等开展协商。改进提案协商督办方式，加强提、办双方协商沟通，继续以重点督办、调研督办、现场督办、联合督查、走访跟踪、座谈协商等方式促进提案办理和成果转化落实；继续创新提案征集、督办和服务方式，努力提高提案工作整体水平。探索基层协商民主制度建设，推动协商民主向基层延伸。

强化民主监督，推动党政决策落实。围绕特区党委、政府重大决策部署贯彻执行情况和“十三五”目标任务的落实，精心选题、准确定位，以问题为导向，组织委员开展视察调研活动。抓住事关民生的就业、环境、教育、医疗、交通、社会保障、食品药品安全等问题，深入开展形式多样的视察监督活动。综合运用委员提案、大会发言、社情民意反映等形式，增强监督实效。畅通政协反映社情民意渠道，就群众关切的农业农村、城镇化建设、生态建设、脱贫攻坚等问题，加大信息反馈落实力度，促进成果及时转化。积极探索民主监督的有效途径和办法，把政协的民主监督与其他形式的监督有机结合起来，扩大监督影响力，提升监督实效。

增强参政议政实效，为党政决策提供参考。按照“党政所需、群众所盼、政协所能”的原则，精选参政议政课题，采取听取通报、提案、调研视察等形式跟踪问效，促进参政议政成果更好转化。围绕改革创新参政议政，助推经济体制、社会事业、生态文明建设等各领域改革，促进供给侧结构性改革。围绕转型升级进行协商议政，就全面提升改造传统产业、构建山地特色新型产业体系、培育绿色产业和发展全域旅游、商贸物流、金融服务业等进行调研视察，助推产业结构优化升级。围绕实施绿色发展、项目带动战略目标建言献策，对生态建设、基础设施建设、交通运输、水利建设等进行协商议政，推动宜居宜业宜游的现代化精品城市和旅游目的地城市建设。

顺应民众新期盼，助力民生改善和脱贫攻坚。进一步把思想和行动自觉统一到特区党委关于脱贫攻坚的精准研判和决策部署上来，选取事关全区经济社会发展全局性、前瞻性、战略性课题，通过视察调研、协商议政、提案督办等方式，为拔除“穷根”找“药方”，为推动经济社会提质发展建睿智之言、献务实之策、谋创新之举。坚持把实现和维护最广大人民群众的根本利益作为政协工作的出发点和落脚点，把推进民生改善作为履职重点，发挥人民政协的人才、智力优势，充分运用提案、信息、调研等方式，抓住人民群众最关心、最直接、最现实的利益问题协商议政，强化民主监督，力促问题的解决和落实。充分发挥政协联系面广的优势，积极开展捐资助学、扶贫济困、技术咨询、医药下乡等活动，为实现“脱贫攻坚、全面小康”的光荣使命贡献力量。

三、把握团结和民主两大主题，为社会和谐发展凝心聚力

充分发挥人民政协爱国统一战线组织的作用，扩大团结面，提升凝聚力，汇集正能量，最大限度地团结一切可以团结的力量，调动一切积极因素，共同维护社会和谐稳定。

做好搭建平台、增进共识工作。加强与各民主党派、工商联、无党派人士、各人民团体的团结合作，开展重大课题调研、重要视察和监督工作，支持他们通过政协渠道履行职能。发挥民族宗教界代表人士作用，促进民族团结、宗教和睦。加强与社会各界代表人士的沟通交往，搭建交流合作平台，增进共识，促进共同发展。

做好协调关系、化解矛盾工作。围绕群众思想“困惑点”、社会矛盾“易发点”，主动了解和反映不同阶层、不同群体的诉求与愿望，协助特区党委、政府做好问政于民、问计于民工作。努力发挥桥梁纽带作用，深入细致做好群众思想政治工作，做好宣传政策、理顺情绪、化解矛盾工作，促进社会各方面关系融洽

特区政协党组书记吕荣主持会议

和谐。

做好凝聚人心、汇聚力量工作。开展形式多样的联络联谊活动，拓展对外友好交流，积极为我区招商引资、招才引智牵线搭桥。鼓励身处工作第一线的委员，主动适应新常态，坚定信心，迎难而上，为推动全区经济社会健康发展发挥积极作用。加强与兄弟县（市、区）政协联谊交流和交往工作，为我区改革发展稳定汇聚智慧和力量。

四、强化自身建设，不断开创政协工作新局面

加强政协组织自身建设，是不断提升政协履职能力的重要保证。坚持以自身建设为基础，完善机制，强基固本，努力提高政协工作科学化水平。

始终坚持党对政协工作的领导。深刻认识新形势下全面从严管党治党的新要求，认真落实特区党委党建工作安排部署，强化政协党组的领导作用，认真贯彻落实《关于新形势下党内政治生活的若干准则》和《中国共产党党内监督条例》等党内法规，履行好党风廉政建设主体责任，切实增强政治意识、大局意识、核心意识、看齐意识，提高政治把握能力、调查研究能力、联系群众能力、合作共事能力。

加强政协委员队伍建设。通过加强学习培训、畅通知情渠道、扩大参政平台等方式为委员履行职责创造条件。注重激发委员履职活力，完善委员联络制度，加强委员履职服务，主动帮助委员协调解决履职过程中的实际困难和问题，努力在感情上亲近委员、在履职上保障委员、在事业上支持委员。

重视发挥界别优势。以政协例会为界别活动重要平台，以专门委员会为重要依托，以界别小组活动为主要载体，以提案、调研、反映社情民意为重要渠道，积极做好界别工作。突出界别特色，创新活动方式，完善工作制度，把密切界别委员与界别群众的联系作为发挥界别作用的基础性工作抓好抓实。

加强机关建设。着眼建设学习型、效能型、服务型、廉洁型机关，加强思想政治建设，创新机关工作方式，促进机关工作协调统一、规范有序、灵活高效运转。加强机关制度建设，完善工作机制，强化执行落实，不断提高政协工作科学化水平。认真贯彻中央、省委、市委和特区党委各项纪律规定，营造政协机关风清气正、团结干事的氛围。加大对政协机关干部选拔任用和交流力度，增强干部队伍活力。做好政协理论研究、信息宣传、文史资料等工作，展示政协良好形象。

伟大的事业鼓舞着我们，宏伟的蓝图激励着我们，崇高的使命召唤着我们。让我们紧密团结在以习近平同志为核心的中共中央周围，高举中国特色社会主义伟大旗帜，在中共六枝特区委员会的坚强领导下，忠于职守扬正气，勤于调研谋良策，勇于协商建真言，同心同德，锐意进取，求真务实，再创佳绩，为实现“十三五”规划目标任务、决战决胜脱贫攻坚和全面小康而努力奋斗！

特区政协副主席余红亚作工作报告

文件选编

六枝特区人民政府办公室文件

六府办发〔2016〕3号

六枝特区人民政府办公室关于印发六枝特区2015—2020年农村客运发展规划的通知

各乡（镇）人民政府、社区服务中心，各园区管委会，特区人民政府各工作部门、各单位，区属及驻境省、市属行政企事业单位：

《六枝特区2015—2020年农村客运发展规划》已经特区人民政府同意，现印发你们，请认真组织实施。

六枝特区人民政府办公室

5202030004143

2016年1月8日

（此件公开发布）

六枝特区 2015—2020 年农村客运发展规划

第一章 规划背景和发展目标

第一节 规划背景及依据

一、规划背景

党的十八大提出全面建成小康社会的奋斗目标，明确指出解决好农业农村农民问题是全党工作的重中之重，城乡一体化发展是解决“三农”问题的根本途径。农村道路客运是发展农村经济的基础，是农民出行的重要方式，随着农业和农村经济结构的调整以及生产力的提高，农村乡镇企业、旅游业发展迅速，广大农民商品意识日益增强，农业效率提高，大量农村剩余劳动力经常性流动，使农村客运有着十分广阔的发展前景。交通运输部《交通运输“十二五”发展规划》、《贵州省公路水路交通运输“十二五”发展规划》提出：加大对农村客运的支持力度，完善农村客运线网布局，稳步提高农村客运班车通达率，基本实现村村通，提高农村客运组织化、规模化水平，稳步推广农村客运的片区经营模式，将企业经营范围由线路规定改为区域划定，实行公司化经营。

目前我区客运班线主要包括县到比邻省、两个地区之间（一类），地区所在地到县（二类），非比邻县（三类），比邻县、乡（镇）到乡（镇）、乡（镇）到村、村到村（四类）间 85 条客运班线，覆盖面积较大，是我区道路旅客运输的重要组成部分。随着我区对交通基础设施建设投入力度不断加大，建设社会主义新农村进程不断加快，农村公路通行情况和客运站点等配套设施基本得到完善，我区道路旅客运输业迅速发展。但由于管理方法单一等原因，造成部分农村客运班线运力矛盾突出，为使辖区内各条线路上的车辆数量、类型等级及座位更趋于合理，保证我区农村客运市场持续、健康、有序发展，经过多次调研并广泛征求意见后，制定本规划，以指导全区农村客运班线的健康有序发展。

二、规划编制依据

《中华人民共和国道路运输条例》、《关于修改〈道路旅客运输及客运站管理规定〉的决定》（交通运输部令 2012 年第 2 号）、《贵州省道路运输条例》、《贵州省公路水路交通运输“十二五”发展规划》、《省人民政府关于实施贵州省“四在农家·美丽乡村”基础设施建设六项行动计划的意见》（黔府发〔2013〕26 号）《省道路运输管理局关于在全省推广农村客运试点经验稳步提高行政村通客车率的通知》（黔运客〔2014〕6 号）、《六枝年鉴 2013》。

第二节 指导思想、原则和总体目标

一、指导思想

以科学发展观为指导，以方便群众出行，服务农村经济为目的，按照“统筹规划，合理布局，网络化建设，公司化运营，规范化管理”的要求，形成农村客运网络，推进“农村通班车，县区及城郊通公交车，城乡客运一体化”进程，围绕农村路网上档升级，结合小城镇建设及资源配置，科学合理设置和大力发展农村客运，全面实现“村村通客运”目标，为农村社会经济健康发展提供强有力的客运服务保障。

二、基本原则

（一）坚持立足市场，适度超前原则，以满足农村需求作为客运发展的根本出发点。通过提高客运能力和服务水平，为群众提供畅通、安全、便捷、经济的运输服务，适应农村经济发展和群众生活水平提高的需要。按照“立足需求，合理布局；政府引导，市场运作；集约经营，规范管理；安全经济，协调发展”的思路，使农村客运班车“开得通、留得住、有效益”。

（二）坚持路运并举、和谐发展原则，促进“路、站、运”同步发展。方便群众出行是交通运输发展的

最终落脚点，农村公路、站场建设必须围绕群众出行、农村物资运输需要，最后为农村运输服务，实现人便其行、货畅其流。进一步连通毗邻县、乡、村断头路，改造不达标县乡公路，建设农村循环公路，提高农村客运网络化广度和深度。

（三）坚持干支成网、统筹发展原则，促进客运市场全面发展。按客运市场客流量需求，实现以城区为中心，以乡镇为节点，以国省公路为大动脉，农村公路为支线，依托乡镇客运站、候车亭的农村客运网络化，推进城乡客运一体化。

（四）坚持优势互补、集约经营原则，以结构调整为主线，推进农村客运市场形成片区经营、公司化经营及城乡客运一体化多种模式。通过优化结构，冷线热线捆绑，干线支线搭配，在保持运力适量增长的前提下，把发展重点从“量”的增长转移到“质”的提高上来，提高农村客运通达率和安全便捷水平。

三、总体目标

（一）通达目标。2017 年行政村客车通达率达 100%；2020 年，全区 15 个乡（镇）全部建成五级以上客运站，全部通农村公交；238 个行政村（居）委会全部建成招呼站。

（二）经营管理目标。积极推进和完善农村客运公司化改造和网络化经营，客运企业实行公司化经营模式。同一片区或线路的客运车辆实行统一管理、统一核算、统一车型、统一票价、统一标识，以提高农村客运集约化、规模化经营管理水平和抗风险能力。2020 年农村客运公司全部实行股份制。

（三）服务水平目标。农村客运网络得到明显优化，运输需求基本得到满足，农村客运运力全面更新为符合国家标准的车型，加快农村交通运输综合服务站建设，不断提高农村客运安全和服务水平，城乡客运得到有效衔接。

第三节 规划的范围及期限

本规划的范围为全区农村客运班线，规划期限为 2015—2020 年。

第二章 公路通达情况和客运发展现状

第一节 基本情况

六枝特区位于贵州省西部、六盘水市东部，东与安顺市普定县、镇宁县相邻，南与安顺市关岭县接壤，西南与黔西南州晴隆县、普安县毗邻，西与六盘水市水城县相接，北与毕节市纳雍县、织金县为邻。地处东经 105° 08' ~ 105° 43'，北纬 25° 59' ~ 26° 33' 之间。辖区总面积 1799.48 平方公里，总人口 69.69 万人。我区自然资源丰富，矿藏资源有煤、铁、铅、锌、砷、硫铁矿、萤石、冰洲石、石灰石、重晶石、水晶、石膏、硅石、石英砂岩、白云岩等 15 种，其中煤炭探明储量 33.8 亿吨。境内土特产品有牛场辣椒、郎岱酱、富硒茶、岩脚面、岩脚醋。山林植物、药材及动物资源极其丰富。山林有杉树、马尾松、毛竹、油茶、油桐、漆树、杜仲、金银花等野生植物和药材；动物资源中有猴、蛇、穿山甲等珍异兽。

第二节 公路通达情况

截至 2014 年，全区公路通车里程 2530 公里，二级公路 89 公里，县级公路 435 公里，乡级公路 438.73 公里，村公路 856 公里，乡镇通车率为 100%，行政村通车率达 88.24%，初步形成了连接城乡、干支结合的农村公路客运网络。因多数通村路面等级低、路况差、无安全防护措施，加上客流量小、客源分散等原因，达不到开通客运车辆要求，现仍有 28 个行政村未开通客运车辆。

第三节 客运班线现状

辖区内农村客运班线作为道路旅客运输的重要组成部分，依附“二横一纵”干线快速大通道和以县道网为骨干的农村公路网，近年来得到快速发展。我区现有客运班线 85 条，运输车辆 304 辆，年均旅客运输量约 392 万人次，其中农村客运班线 54 条，旅客运输车辆 244 辆，年均旅客运输量约 266 万人次，约占全区旅客运输量的 68%。

城中心区至比邻省、市（地区）、县、乡（镇）客运班线及车辆情况：

一、省际客运班线

序号	线路	现有车辆（辆）			备 注
		总数	起点	终点	
1	六枝—昆明	1	1	1	1 辆 45 座
2	六枝—无锡	3			3 辆 47 座

二、市际客运班线

序号	线路	现有车辆（辆）			备 注
		总数	起点	终点	
1	六枝—贵阳	16			12 辆 30 座 4 辆 39 座
2	六枝—安顺	28			9 辆 17 座 1 辆 18 座 18 辆 19 座
3	六枝—白泥	1			35 座
4	六枝—兴义	2			30 座
5	六枝—张维	2			1 辆 26 座 1 辆 30 座
6	六枝—马场	1			29 座
7	六枝—织金	4			1 辆 19 座 3 辆 30 座
8	六枝—普定	1			19 座
9	六枝—鸡场	1			19 座
10	六枝—鸡场坡	2			19 座
11	六枝—纳雍	2			30 座
12	六枝—百兴	1			30 座
13	六枝—三塘	1			30 座
14	六枝—少普	2			19 座
15	六枝—吹聋	2			19 座

三、乡（镇）至比邻县市客运班线

序号	线路	现有车辆（辆）			备注
		总数	起点	终点	
1	六枝—水城	6	3	3	1 辆 25 座 1 辆 29 座 1 辆 30 座 2 辆 31 座 1 辆 33 座
2	岩脚—安顺	3			2 辆 19 座 1 辆 30 座
3	郎岱—安顺	1			30 座

4	新华—安顺	1			19 座
5	郎岱—水城	2			30 座
6	新场—水城	1			28 座
7	六枝—红岩	2			19 座
8	六枝—化乐	1			19 座
9	郎岱—镇宁	2			14 座
10	郎岱—关岭	2			19 座
11	郎岱—晴隆	1			30 座
12	新场—六盘水	1			28 座
13	牛场—六盘水	1			19 座
14	中寨—六盘水	1			30 座

四、中心城区（平寨）到各乡镇之间的客运班线

序号	线 路	现有车辆			备注
		总数	起点	讫点	
1	平寨—郎岱	12	6	6	19 座
2	平寨—乌柳	1	1	0	25 座
3	平寨—那洒	2			14 座
4	平寨—龙井	1			14 座
5	平寨—新华	13	7	6	11 座
6	平寨—杨柳井	2			14 座
7	平寨—老卜底	3			11 座
8	平寨—木贡	2	1	1	14 座
9	平寨—双夕	2	0	2	30 座
10	平寨—捞河	3	2	1	30 座
11	平寨—中寨	6	3	3	30 座
12	平寨—牛场	3	2	1	2 辆 30 座 1 辆 19 座
13	平寨—箐口	3	3	0	19 座 2 辆 14 座 1 辆
14	平寨—川洞	2			14 座
15	平寨—纳骂	1	1	0	14 座
16	平寨—川洞	8			19 座 1 辆 14 座 7 辆
17	平寨—黑塘	5			30 座

18	平寨—洒志	2	1	1	19 座
19	平寨—毛口	2	1	1	35 座
20	平寨—堕却	4	6	0	28 座
21	平寨—龙潭	2			14 座
22	平寨—阿珠电站	1	1	1	11 座
23	平寨—龙场	10	5	5	11 座
24	平寨—木岗	7			7 辆 19 座（经落别）
25	平寨—木岗	5			4 辆 14 座　1 辆 19 座（经大木线）
26	平寨—二塘	12			11 座
27	平寨—新场	1	1	1	30 座
28	平寨—落别	8	4	4	11 座
29	平寨—陇木	2			1 辆 11 座　1 辆 14 座
30	平寨—长寨	1	1	0	30 座
31	平寨—阿岔	2	1	1	11 座
32	平寨—落底河	1	1	0	11
33	平寨—冷坝	1	1	0	11 座
34	平寨—岩脚	26	13	13	11 座
35	平寨—木底	1			19 座
36	平寨—苗寨	2			14 座
37	平寨—新场坝	5			19 座 2 辆　14 座 1 辆　11 座 2 辆
38	平寨—沙子坡	1			14 座
39	平寨—四角田	2			14 座
40	平寨—月亮河	5			11 座 3 辆　19 座的 2 辆
41	平寨—化处矿	3			14 座 1 辆　29 座 1 辆　30 座 1 辆　30 座 1 辆
42	平寨—代家包	1			30 座
43	平寨—高家寨	1			14 座
44	平寨—中寨村	4	2	2	19 座
45	平寨—大草坝	3	1	1	2 辆 14 座　1 辆 11 座
46	平寨—生态博物馆	14	7	7	11 座 11 辆　14 座 3 辆

五、乡镇之间、乡镇到村之间、村与村之间客运班线

序号	线路	现有车辆（辆）			备注
		总数	起点	终点	
1	郎岱—杨柳井	1			19 座
2	郎岱—洒志	3			11 座
3	郎岱—平桥	2			11 座
4	郎岱—头塘	1			14 座
5	郎岱—毛口	2			11 座
6	鱼塘—可布	4			19 座
7	坝子—石糯尾	2			14 座
8	郎岱—西嘎	2			19 座

第四节 存在问题和发展需求

一、存在的问题

（一）我区农村客运方面优惠政策少，客运发展规模程度有限，车辆更新较慢，农民乘车的便利、舒适程度十分有限，“走得好，走得快，走得便利”问题还没有根本解决。

（二）我区农村客运起步较晚，投入相对不足，与城市规划、公路建设发展不同步，城际干线与农村支线运输的发展不平衡，与全面建成小康社会的要求不相适应；与发展和谐交通，建设社会主义新农村不相一致。一是运力结构不合理，车辆车型单一，车况老旧，运输安全隐患多，运力与运量的矛盾阶段性突现。二是客运班线的密度比较小，辐射面不广，尤其是一些冷线和偏僻乡村班线分布松散，正点率差。

（三）农村客运市场机制有待完善，行业监管需加强。我区农村客运市场发展还处于初级阶段，客运市场还缺乏适时动态调控，不能有效调剂，按市场需求分配运力和安排班线。一是定线定点班车存在不准时，超载或随意变更班次，运输服务诚信度差，服务质量差。二是乡镇、行政村存在大量摩托车、农用车、面包车、三轮车等不具备营运条件车辆从事“非法营运”，严重扰乱了农村客运市场，造成市场混乱，加之执法力量不足，打击“非法营运”不力，严重影响运输市场的安全稳定，“非法营运”者与合法经营者之间矛盾尖锐，造成行业不稳定。

（四）农村客运经济效益差是目前影响农村客运发展的主要问题。农村地域广大、居住分散，农民收入低，对运输价格高度敏感，农村客运呈现运价低、成本高、客流小的特点，经济效益普遍较差，加之各种税费的压力，大部分都处于保本或微利状态，有些甚至亏损严重。

二、发展需求

（一）经济发展需求。随着我区经济社会不断发展和改革逐步深入，经济结构进一步优化，整体活力明显增强，经济总量、城镇化水平、财政收入和城乡居民收入大幅度提高。

农村经济社会的发展，农村道路条件的改善，极大地改变农村旅客出行的频率和方式，对农村道路旅客运输提出了更高的要求。因此，建设一个便捷、高效、经济、安全绿色的农村客运网络势在必行。同时，农村客

运网络化建设必须适应新形势下农村经济的发展需求，适应社会主义新农村建设的发展需求，适应农民日益增长的个性化出行需求。

（二）农村运输市场的需求。农村人口的增长，人口结构的变化，农村劳动力向城镇的转移，增加了农村旅客运输需求。近几年，我区新兴工业园区、农业园区快速发展，随着劳动密集型企业的迁入，农村务工人员进园打工，早出晚归，增加了农村的客流量。

城镇化步伐加快，城市化水平提高，以及城乡一体化的快速发展，中心城区、乡镇、农村相互间的物质文化交流，经济技术合作进一步增强，对联接城乡群体的公路交通运输方式来说，将带来较大的运输需求。

第三章 农村客运发展规划

第一节 客运线路布局规划及运力投放规划

一、布局状况

近五年来，我区客运量平均年增长率在5%左右，客运总量约356万人次。随着农村公路的建设，农村客运得到了长足发展，已基本形成了以城区为中心，以各乡镇为结点，向行政村辐射的网络格局。截至2014年，我区共有农村客运车辆244辆，农村客运班线54条。

二、布局规划

根据我区农村公路建设现状，按照“城乡一体化、区间网络化、城镇辐射化、布局合理化”的要求，以片区经营为着力点，推进全区农村客运班线发展，达到客运班线全覆盖目标。

（一）农村客运片区专线规划

以城区为中心，划分为三个农村客运片区专线，即中东部乡镇（中心城区、大用镇、落别乡、木岗镇、新窑乡、关寨镇）片区专线；南部乡镇（月亮河乡、郎岱镇、中寨乡、牂牁镇）片区专线；北部乡镇（岩脚镇、新场乡、牛场乡、梭戛乡、龙河镇、新华镇）片区专线。

中东部乡镇片区专线：城区—大用—落别，城区—大用—木岗，城区—新窑—关寨。

南部乡镇片区专线：城区—月亮河，城区—月亮河—郎岱，城区—月亮河—郎岱—中寨，城区—月亮河—郎岱—牂牁镇。

北部乡镇片区专线：城区—岩脚，城区—岩脚—新场，城区—岩脚—牛场，城区—岩脚—梭戛，城区—龙河—新华。

以上为辖区内三大片区主线，然后以各乡镇为中心，再由乡镇辖区内辐射出若干行政村专线，使专线覆盖到每个行政村。

（二）农村客运经营模式

根据我区现有运输线路车辆情况，为提升农村客运管理水平，改变原来一车一线客运经营模式，规范运输秩序，全面推行“公司化经营、股份制改造，大区域运行、规范化管理”目标。每个片区由1个有实力的公司对原线经营者通过股份制的形式（联合、兼并等方式）加入专线经营，推进公司化经营模式，逐步实现农村客运源头管理，让经营者共享专线经营利益。改造后按照“统一效益结算分配、统一调度车辆运行、统一车身标识、统一经营管理、统一服务质量、统一司乘人员服装、统一为从业人员投保”的七统一经营管理模式。各专线所需车辆数量，根据市场需求，适度进行调控。

三、运力投放规划

规划后的片区农村客运班线及运力投放详见附件

第二节 支撑保障规划

一、农村客运管理信息化建设

加大对农村客运信息化建设投入力度，加强对农村客运车辆营运监控，确保农村客运车辆卫星定位装置安装率达到100%；深入开展农村道路交通安全集中整治，加强农村客运经营秩序整治，严格执行客运营运许可、客运车辆定期检测、司乘人员资质审查、客运安全管理等制度。

二、安全监管体系

全面落实“三关一监督”的监管职责，完善安全管理制度，定期开展安全专项整治活动，加强对从业人员的市场监督。

切实加强春运及“黄金周”等重点时段安全隐患和事故影响大的重点运输车辆、重点区域和环节的安全管理。改变农村客运安全管理相对薄弱的局面，进一步完善农村客运安全监管体系，健全组织机构，落实监管责任，加强农村客运站源头管理和违法经营打击力度。

第四章 保障措施

一、制定优惠政策，大力扶持农村客运发展

进一步加大对农村客运的政策扶持力度，积极争取农村客运的政策性补贴政策，让农村客运回归公益性。按照“多予、少取、放活”的原则，使农村客运享受与城市公交相同的优惠政策。一是落实农村客运税费减免政策，引导、扶助、激励农村客运企业进行技术改造、车辆升级、运力结构调整、新科技运用，研究建立扶持农村客运发展的公共财政奖励制度。二是保证农村客运的燃油补贴足额、及时到位。三是加大基础设施建设等方面的政策支持力度。

二、加大公路基础设施投入，改善农村客运运行环境

继续抓好农村公路“通达”、“通畅”工程建设，按照“等级多标准，路面多样化，结构多形式，筹资多渠道”的原则，积极争取项目和资金支持，力争在2016年末所有行政村的公路等级得到全面提升，不断完善农村公路路网结构，更好地服务广大人民群众的安全便捷出行。

加快管、养体制改革，确保农村公路安全畅通。加快改革步伐，克服过去重建轻管、重建轻养的观念，牢固树立建设是发展，养护也是发展的可持续发展新观念。

三、强化行业管理手段，规范、培育农村客运市场

发挥行业管理的作用，整合现有农村运力，实现农村客运公司化（股份制）经营管理，推动全区道路客运业结构调整。对具备条件的乡镇、村优先开通农村公交车，逐步实现城乡公交一体化，让农村广大人民群众享受公交带来的便利。

四、健全管理机制，齐抓共管，构建农村道路交通安全防控体系

农村客运管理工作涉及公安、交通运输、安全监管、发展改革、市场监管等部门，各部门要进一步认真履行职责，整合资源，明确责任，加强协作，树立“一盘棋”思想，完善农村道路交通安全管理模式，扩大管理覆盖面，有效防止农村道路运输漏管失察。公安部门要进一步加强客运机动车和驾驶人的源头管理，强化农村道路的巡逻管控，严肃查处和严厉打击低速载货汽车和拖拉机非法载人、无证驾驶、无牌无证上路行驶等严重交通违法行为，严格车辆审验，严防报废车辆流入农村。交通运输部门要进一步加强对客运企业的监管，督促客运企业落实主体责任，与交警部门共同加大对违法经营行为的打击力度，为农村客运创造和谐平安的环境。强化农村客运安全管理，对农村公路损坏严重，达不到通行标准的，必须在达到通行标准后，才准许通行。加强车辆管理，对不符合《营运车辆综合性能要求和检验方法》的车辆，禁止从事农村客运。严厉打击超载行为，坚决制止农村客运车辆超载现象。

抄送：六枝经济开发区管委会。
特区纪委，特区党办，特区组织部、特区宣传部、特区统战部，
特区人武部。
特区人大办，特区政协办，特区人民法院，特区人民检察院。
特区工商联，各人民团体。

六枝特区人民政府办公室　　　　2016年1月11日印发

共印110份，其中电子公文105份

六枝特区人民政府办公室文件

六府办发〔2016〕4号

六枝特区人民政府办公室关于印发六枝特区创建农村金融信用区工作实施方案的通知

各乡（镇）人民政府、社区服务中心，各园区管委会，特区人民政府各工作部门、各单位，区属及驻境省、市属行政企事业单位：

《六枝特区创建农村金融信用区工作实施方案》已经特区人民政府同意，现印发你们，请认真组织实施。

六枝特区人民政府办公室

2016年1月9日

（此件公开发布）

六枝特区创建农村金融信用区工作实施方案

为深入贯彻落实全省农村信用工程推进会议精神，加快我区农村信用体系建设，提升农村金融服务水平，支持农村经济发展，确保2016年我区成功创建为全省农村金融信用区。根据《贵州省社会信用体系建设规划纲要（2014—2020年）》，《中共贵州省委农村工作领导小组诚信建设办公室贵州省农村信用社联合社关于印发关于深入推进农村信用工程建设的实施意见的通知》（黔诚办〔2014〕3号）等文件精神，结合我区实际，制定本方案。

一、指导思想

以邓小平理论、“三个代表”重要思想、科学发展观为指导，深入贯彻落实党的十八大和十八届三中、四中、五中全会及习近平总书记系列重要讲话精神，按照省、市诚信建设工作要求，以农村金融信用县建设标准为基础，以创建信用农户、信用村组、信用乡（镇、社区）、信用区为载体，以提高农民的诚信意识和信用水平、改善农村经济社会运行环境为目的，营造诚实守信的良好金融生态环境，建设“诚信六枝”，加大“三农”信贷支持力度，帮助农民持续稳定增收，实现全区普惠金融全面发展。

二、目标任务

2016年4月底前，完成全区信用乡（镇、社区）创建工作，实现全区信用乡（镇、社区）全覆盖；2016年6月，确保我区成功创建为全省农村金融信用区。

三、实施步骤

（一）宣传动员阶段（2016年1月1日至1月31日）

1. 2016年1月底前，特区信合联社制作完成宣传资料，并分发到各乡镇、社区及各相关单位，由各乡（镇、社区）及各相关单位组织人员做好入户宣传。

2. 2016年1月15日前，召开六枝特区农村金融信用区创建工作推进大会。

3. 2016年1月底前，创建信用乡（镇、社区）的各乡（镇）人民政府、社区服务中心召开信用工程建设工作推进大会，确保创建工作有序开展。

（二）农村信用工程建设阶段（2016年2月1日至4月30日）

1. 2016年2月底前，各乡（镇、社区）组织开展信用工程创建推进活动，对信用农户、信用村组、信用乡（镇、社区）创建工作进行再宣传和再部署。同时，已创建的信用乡（镇、社区），进一步做好宣传和查漏补缺工作，切实巩固好创建成果，确保创建指标不下滑。

2. 2016年3月31日前，各乡（镇、社区）要扎实做好进村入户宣传、资料收集、农户基本信息调查、数据采集、会议评审和档案录入等工作，确保2016年4月底前完成信用农户评定、贷款证发放及农户金融服务工作。

3. 2016年4月30日前，根据信用组、信用村评定条件，按照“申报一个，验收一个”原则，由特区农村信用工程建设工作领导小组组织相关人员对新创建信用组、信用村进行验收，同时做好申报工作，确保信用组、信用村全面验收达标；对已创建的信用组、信用村要进一步提高创建质量、优化指标，逐组、逐村开展好“回头看”检查工作。

4. 各乡（镇、社区）要按照相关评级授信制度，加快我区辖区内个体工商户、小微企业、农民专业合作社的建档评级工作，确保2016年4月底建档面达100%，评级授信面达80%；建立完善一户一档管理，满足各类业主的金融服务需求（农村信用社对个体工商户、小微企业、农民专业合作社、中小企业的建档评级以市场监管部门出具的名单为准，但应剔除现已关闭或倒闭的企业、个体工商户及农民专业合作社，以现在经营正常的实际数为准）。

（三）信用乡镇、社区申报验收阶段（2016年5月1至5月15日）

对新创建信用乡（镇、社区）达到申报信用乡（镇、社区）相关指标条件的，由特区农村信用工程建设工作领导小组组织人员进行验收，验收达标的向市农村信用工程领导小组申报市级验收。

（四）农村金融信用区指标完善及申报阶段（2016年5月15日至6月30日）

1. 从2016年4月1日起，开展全区信用乡（镇、社区）“回头看”检查工作。已创建的信用农户、信用村组、信用乡镇、信用社区，继续加强后续管理，进一步巩固、完善、提升；对达不到要求的，确保于2016年5月前整改落实完毕，保证信用村组、信用乡镇、信用社区创建质量不下滑。

2. 2016年6月1日起，特区农村信用工程创建工作领导小组办公室对照《贵州省农村金融信用县评定及管理办法（暂行）》（黔诚办〔2011〕3号）核实各项指标，总结、整理“农村金融信用区”申报验收相关材料，拟写申请验收报告，并将申报情况向特区人民政府汇报，确保于2016年6月底前完成“农村金融信用区”申报工作。

四、主要措施

（一）加强组织领导。成立由特区人民政府区长任组长，政府分管副区长任副组长，特区宣传部、法院、检察院、金融办、发展改革局、财政局、农业局、公安局、市场监管局、人行六枝支行、银监办、信合联社等相关单位为成员的六枝特区农村信用工程建设工作领导小组（另行文），领导小组下设办公室于特区金融办，具体负责全区农村信用工程的组织实施、建设工作。各乡（镇、社区）也要相应成立信用工程建设领导小组，切实承担起农村信用工程建设工作的主要责任，形成政府主导、信合联社组织实施、部门联动、村支两委配合、城乡居民参与的“五位一体”工作机制，使农村信用工程建设成为一项实实在在的惠民工程。

（二）广泛开展宣传。通过各种媒体和宣传途径，采取集中宣传、跟踪报道等形式，在全区范围内深入开展信用宣传活动，宣传诚信知识和诚信观念。对在信用工程创建活动中涌现出的优秀守信农户、个体户等要给予广泛宣传，发挥正面宣传引导作用；对恶意逃（废）债的农户、个体户等失信典型要给予曝光，充分发挥舆论监督作用，努力营造守信光荣、失信可耻，守信受益、失信受损的良好金融生态环境。各乡（镇、社区）要积极开展墙体广告和横幅宣传，重点宣传信用工程创建的目的和意义，进一步提高全社会广泛参与农村信用工程创建的主动性和积极性，努力营造诚实守信的良好氛围。

（三）严厉打击恶意逃（废）银行债务行为。对企业、集体、个人逃（废）银行债务行为，要坚决予以打击；对屡次催收仍故意不偿还的，要通过司法程序进行清收。依法清收各类到期、逾期贷款和国家公职人员到（逾）期借款，同步建立过错责任追究制度。

（四）建立考核奖惩制度。特区人民政府将信用村组、信用乡（镇、社区）创建工作纳入各乡（镇、社区）综合目标考核，同时制定激励机制，对服务地方经济发展贡献大的金融机构，特区政府在财政资金开户上给予政策扶持。对2016年6月底通过验收被评定为信用乡（镇、社区），给予乡（镇）人民政府、社区服务中心奖励50000元（由特区人民政府与特区信合联社按照1:1.5比例出资，特区人民政府出资20000元，特区信合联社出资30000元）；对验收未能通过且不能被评定为信用乡（镇、社区），影响全区农村金融信用区创建工作的，乡（镇）人民政府、社区服务中心主要负责人要向特区人民政府作出书面检查，并在全区进行通报批评。

抄送：六枝经济开发区管委会。
特区纪委，特区党办、特区组织部、特区宣传部、特区统战部，
特区人武部。
特区人大办，特区政协办，特区人民法院，特区人民检察院。
特区工商联，各人民团体。

六枝特区人民政府办公室　　2016年1月11日印发

共印110份，其中电子公文105份

中共六枝特区委员会文件

六特发〔2016〕2号

中共六枝特区委员会 六枝特区人民政府 关于进一步促进六枝特区实体经济发展的实施意见

为进一步促进我区实体经济快速发展，到2020年同步全面建成小康社会打下坚实的物质基础，结合我区实际，提出如下实施意见。

一、指导思想

按照协调推进“四个全面”战略布局要求，牢固树立“绿色、创新、协调、开放、共享”五大发展理念，认真贯彻落实中央、省、市经济工作会议决策部署，坚持稳中求进总基调，主动适应经济发展新常态，坚持加大扶持力度与优化服务环境并重、大力招商引资与强化内部培育并举，以壮大产业基础、强化平台支撑、增加实体企业、提升企业实力为目标，增加实体经济投资，改造提升传统产业、大力发展新兴产业，促进我区实体经济快速健康发展。

二、发展目标

我区现有各类市场主体19933户，其中：企业2816户；个体工商户16602户；农民专业合作社515户。促进实体经济发展，重点是实施“百千万”工程，即到2018年，通过三年时间，培育100家以上年产值（或销售收入）达2000万元以上的规模企业，其中，年产值（或销售收入）达1亿元以上的企业达20家以上，加工企业达100家以上；扶持年产值（或销售收入）达500万元以上的中小企业1000家左右；发展年产值（或销售收入）达50万元以上的小微企业1万家左右。规模以上工业增加值达50亿元，年均增长15%以上，五大新兴产业增加值达50亿元，年均增长15%以上。

三、扶持范围

（一）促进传统工业转化升级，发展循环经济

1. 促进煤、电、化和煤、电、材等一体化产业发展。

2. 促进其他矿产资源及新能源开发利用。

3. 促进传统建筑建材业发展，促进房地产业发展。

4. 促进传统机械制造、加工制造业发展。

（二）大力促进五大新兴产业发展

1. 以大数据为引领的电子信息产业。包括在我区注册成立的电商、平台服务商、软件系统开发公司、营销广告公司、渠道推广公司、专业咨询公司、仓储物流企业、网店摄影与人才培训机构、检验检测等与电子商务直接或相关企业。

2. 以大健康为目标的医药养生产业。一是以医疗服务机构为主体的医疗产业，包括专科医院、特色医院等企业；二是以药品、医疗器械、医疗耗材产销为主体的医药企业，包括生物制药企业、化学制药企业 、医疗器械生产加工企业；三是以保健食品、健康产品产销为主体的保健品产业，包括中药材种植企业、新型保健品企业、功能食品企业；四是以健康检测评估、咨询服务、调理康复和保障促进等为主体的健康管理服务企业，包括健康评价、健康监测、健康咨询等企业；五是健康养老产业、健康运动产业，包括养老地产、养生运动、养生养老服务中心等企业。

3. 以绿色有机无公害为标准的现代山地高效农业。重点实施好“3155”工程，着力发展生态畜牧业、茶叶、核桃、猕猴桃、樱桃、刺梨、中药材、水产养殖及农产品加工。积极发展饮料、酒类产业。

4. 以民族和山地为特色的文化旅游业。一是景区景点打造建设，包括牂牁江景区、落别洒耳景区、阿志河景区、梭戛生态博物馆等；二是民族文化、旅游文化、旅游产品研发、开发建设，包括落别布依生态博物馆等；三是旅游基础设施建设，区内拟开发或正在开发旅游项目的基础设施建设；四是旅游产品（景区景点、各类服务、各种商品等）包装、推荐、旅行社发展等。

5. 以节能环保低碳为主导的新型建筑建材业，包含节能保温材料、新型涂料及防水材料、砂浆生产及设施设备、建筑钢结构技术产品、暖通、制冷节能技术、绿色节能建筑技术材料以及与其配套的各种五金件、塑料件及各种新型建筑辅助材料等。

四、扶持政策

大力招商引资，强化内部培育，努力增加实体经济的数量、规模和投资，凡符合现行产业、环保等政策的实体项目，都大力支持发展。已享受特殊土地政策及一事一议的项目不再享受该优惠政策。

（一）对传统工业，重点通过科技创新、产品升级、市场拓展、金融扶持、优化服务、产业扶持、资源转让优惠等，通过基础设施配套和产业发展配套等促进发展。

1. 促进煤、电、化一体化发展，积极发展高载能产业，努力实现煤电就地转化增值。积极发展煤矸石—中煤—煤泥综合利用产业和煤矸石—电—粉煤灰—氧化铝（水泥）两大产业及上下游产业。（牵头单位：特区经济和信息化局；配合单位：各乡〔镇〕人民政府、社区服务中心，各园区管委会）

2. 促进其他矿产资源及新能源开发利用。包括天然气、煤层气、页岩气、水能、核能、风能、太阳能、地热能、生物质能等新能源和可再生能源的开发利用。（牵头单位：特区经济和信息化局；配合单位：特区国土资源局、水务局、规划和城管局）

3. 大力促进矿泉水、石灰石、石膏石等开发利用。（牵头单位：特区国土资源局；配合单位：特区水务局、经济和信息化局）

4. 促进传统建筑建材业发展，重点推进砂石、水泥、商混、建筑、砖瓦、金融融合发展，积极发展房地产业。（牵头单位：特区住房城乡建设局；配合单位：特区经济和信息化局、规划和城管局、国土资源局、安全监管局，各金融机构）

（二）对机械制造、加工业、五大新兴产业，实行以下奖励扶持政策

1. 所有企业新建加工标准化厂房，土地一律实行成本价格，建筑面积达 1000 平方米以上的，奖励 20 万元；每增加 100 平方米再奖励 2 万元；新建、新进（包括老企业改造）单套机械设备（医疗设施设备除外）达 50 万元以上，且科技水平达同行业较先进水平，按照 10% 进行奖励，奖励金额最高限额为 200 万元。建成后，兑现奖励金额的 50%，投入使用正常运营后，再兑现 50%。（牵头单位：特区投资促进局；配合单位：特区财

政局、经济和信息化局、农业局、生态旅游局）

2. 对现代山地特色高效农业，执行“3155”工程奖励扶持政策，对畜牧养殖业、中药材等，突出产业链和规模发展，达到能发展、稳得住、有效益要求。加大对千头养牛场、千只养羊场、万头养猪场、10万羽蛋鸡场的扶持，特区人民政府在解决养殖场外水、电、路三通基础上，将在项目资金、支农再贷款等方面给予倾斜。（牵头单位：特区农业局；配合单位：特区财政局、水务局、交通运输局、供电局）

3. 对旅游开发项目，投资在500万元以上的（水电路基础设施投入除外），在建成运营后按照固定资产自有投资额的5%进行奖励，奖励最高限额为200万元。对投资大、发展前景好的旅游重点项目，优先安排和落实土地计划指标，建设用地按成本价格执行。对旅游地产项目、投资额达1亿元以上的政府优先发展项目，建设用地实行一事一议，政府收益部分优先用于该项目相关基础设施建设。（牵头单位：特区生态旅游局；配合单位：特区财政局、国土资源局）

4. 对新建和改造农家旅社、农家乐、旅游商品生产企业，且符合政策发展要求的，投资额在30—50万元范围内的奖励5万元；投资额在50—100万元范围内的，奖励8万元；投资额在100万元以上的，奖励12万元。对新建三星级宾馆的一次性奖励100万元，对新建四星级宾馆的一次性奖励200万元，对新建五星级宾馆的一次性奖励300万元；对现有宾馆进行提级改造且评定为二星级宾馆的奖励10万元，评定为三星级宾馆的奖励20万元，评定为四星级宾馆的奖励30万元，评定为五星级宾馆的奖励50万元。所有星级宾馆必须经生态旅游部门组织评定并获得相应资质证书才能获取奖励资金。（牵头单位：特区生态旅游局；配合单位：特区财政局、文体广电新闻出版局）

5. 对投资额超过50万元，年交易额超过200万元的我区电子商务、服务外包、技术服务、检验检测、知识产权交易及成果转化、猎头公司等服务实体经济的大型中介类服务平台和机构、企业，给予一次性扶持资金5万元；对投资额超过100万元，年交易额超过500万元的企业，给予一次性扶持资金10万元。租用办公用房、仓储设施进行电子商务配送且租用面积在100平方米以上的，按租金的20%给予补助，最高累计补助金额不超过10万元，补助时间为2年。（牵头单位：特区经济和信息化局；配合单位：特区财政局、市场监管局）

6. 对社会资本投资新建医疗机构，达到规范标准、编制床位达到50张以上的，建成投入使用后，经校验合格的给予一次性补助，补助标准为：精神病、老年病护理、临终关怀及康复等专科医疗机构；中医（中西医结合）、医养结合、健康养生、特色护理专科医疗机构，每张床位一次性补助8000元。对社会资本新建医疗机构取得二级乙等和二级甲等资质的，分别一次性给予100万元和200万元的补助；取得三级乙等和三级甲等资质的，分别一次性给予300万元和500万元的补助。对社会办医疗机构取得省级以上医学重点专科（学科）资格的，一次性补助40万元。（牵头单位：特区卫生计生局；配合单位：特区财政局）

7. 大力发展民办教育。落实民办学校生均公用经费，按公办学校生均公用经费标准，全额拨付给受委托承担义务教育阶段任务的民办学校。从2016年起，参照市级财政在市级教育费附加中每年至少设立1000万元的标准，特区财政每年至少设立500万元民办教育发展专项资金。民办教育发展专项资金主要用于扶持被评定为优质、优良等级的民办学校发展，支持普惠性民办学校改善办学条件，支持民办学校教师队伍建设，支持社会信誉好、办学质量高的民办学校建设项目的贷款贴息。（牵头单位：特区教育局；配合单位：特区财政局）

8. 支持各类企业发展壮大。个体工商户达到企业标准的应该申报为企业。原个体工商户转型为从事加工制造、科技创新、创意设计、软件开发、民族手工艺品加工和特色食品生产的微型企业，可以享受“3个15万元”扶持政策。（牵头单位：特区市场监管局；配合单位：特区财政局、经济和信息化局）

（三）大力招商引资，扶持企业做大做强

1. 鼓励支持企业上市，对企业注册地和纳税地均在我区，成功在上海或深圳证券交易所挂牌上市的企业，奖励200万元。支持企业采取多种方式上市融资，对成功在境外上市的本地企业和通过其他方式上市成功后并将上市公司注册地迁至六枝的企业，奖励100万元。（牵头单位：特区财政局；配合单位：特区政府金融办）

2. 大力推进质量兴区工作、实施品牌战略。支持企业设立研发机构、申报国际认证、申请国内外专利，积极支持掌握自主知识产权的企业携带技术标准“走出去”，树立六枝品牌形象。对获得中国驰名商标、中国名牌产品的企业，一次性奖励50万元；对评为省长质量奖、国家地理标志产品的企业一次性奖励30万元；对获得有机产品认证、贵州省著名商标、贵州省名牌产品的企业一次性奖励15万元；对获得证明商标、绿色食品及出口认证的企业一次性奖励10万元。对以上企业参加各种展会、商标节，进行媒体和户外广告宣传，有关部门和相关媒体应优先安排、重点支持。

建立品牌标准支撑体系，充分发挥标准在品牌建设中的支撑和保障作用，推动品牌建设规范化。积极支持企业发展标准化生产，对获得国家标准化良好行为“四A”级以上、贵州省标准化良好行为“五A”级以上的企业一次性奖励30万元；对获国家“三A”级以上、贵州省“四A”级以上的企业一次性奖励20万元；对获得国家级农业标准化示范区的企业一次性奖励20万元；获得省级农业标准化示范区的企业一次性奖励15万元。（牵头单位：特区市场监管局；配合单位：特区宣传部、发展改革局、农业局、经济和信息化局、科技局、生态旅游局）

3. 积极开展配套协作项目对接。鼓励龙头企业成立产业配套协作中心，定期召开配套企业对接座谈会、洽谈会，鼓励大企业通过专业分工、服务外包、订单生产等方式，与本地中小微企业开展协作配套。鼓励龙头企业带动，龙头企业区内配套成交额（包括提供的产品和服务）超过1亿元以上的，按照总成交额的0.5%给予奖励，对单个龙头企业的奖励最高不超过200万元。（牵头单位：特区经济和信息化局；配合单位：特区财政局、农业局、民政局）

4. 加快产业链发展。对产业链中投资总量大的龙头项目、填补产业链空白的紧缺项目、带动产业升级的关键项目，予以政策倾斜。对引进文化旅游、商贸物流以及先进装备制造、新能源、电子信息、精品钢材及深加工、汽车及零部件、食品加工等产业的龙头企业和项目，年度固定资产投资额在1亿元（不含土地款）以上的，投产达效，正常申报纳税，纳入重点税源管理，一次性奖励企业100万元。（牵头单位：特区经济和信息化局；配合单位：特区财政局、文体广电新闻出版局、生态旅游局、市场监管局、国税局、地税局）

5. 支持搞好会展活动。对在我区成功举办推介我区产品且展览面积超过4000平方米的会展活动，补贴组织单位5万元的宣传推广费用。对连续举办、每期展览面积达到10000平方米以上的重点会展活动的举办企业或机构，一次性奖励10万元。对获得国家展览机构认证的品牌会展创建单位，一次性奖励20万元。（牵头单位：特区经济和信息化局；配合单位：特区财政局）

6. 积极发展楼宇经济。对新发展的重点楼宇，入驻企业达5家以上的，按照经营面积，每100平方米奖励1万元。（牵头单位：特区住房城乡建设局；配合单位：特区财政局、规划和城管局）

7. 支持企业加快“走出去”。加快省外营销网络建设，推动有品牌优势和市场基础的企业到省外设立地区性营销中心、专卖店或贸易代表处，通过并购、参股获取产品销售渠道。支持企业到境外围绕重要资源、先进技术等进行并购投资，开拓新兴市场。支持企业开展外贸业务，拓展国外市场，对外直接开展业务且外贸交易额在10万美元以上的企业，每出口1美元给予3分人民币补贴，补贴最高限额为200万元人民币。（牵头单位：特区经济和信息化局；配合单位：特区财政局）

8. 鼓励招商引资。凡引进符合扶持范围内的产业，引资人可按照《六枝特区市场化运作暂行办法》，按照实际到位资金形成的固定资产的0.5%兑现引资奖励；鼓励六枝籍外出人员回乡创业，所有本地、外地人员创业，同等享受招商引资和产业扶持政策。（牵头单位：特区投资促进局；配合单位：特区人资社保局，各乡〔镇〕人民政府、社区服务中心）

（四）鼓励银行机构加大对实体经济企业（包括“个转企”）的支持

1. 由政府和金融机构共同聘请第三方评级机构对企业进行信用评级，推进授信和企业互联互保工作；建立和完善企业信息数据库，加快中小微企业信用体系建设。（牵头单位：特区政府金融办；配合单位：特区经济和信息化局、市场监管局）

2. 支持企业通过发行企业债、公司债等，多渠道筹集发展资金。（牵头单位：特区政府金融办；配合单位：

各金融机构）

3. 建立企业发展融资风险基金，建立助保金池，支持金融机构在政府主导下，通过助保贷等融资模式，简化融资手续，降低融资门槛，切实为企业解决融资难、融资贵等问题。（牵头单位：特区政府金融办；配合单位：特区经济和信息化局，各金融机构）

4. 成立政府融资担保公司，切实为各类政府扶持企业提供担保，有效解决实体经济融资担保抵押难问题。（牵头单位：特区政府金融办；配合单位：各金融机构及政府平台公司）

5. 整合各项贴息政策和资金，解决融资贴息。对机械制造业、加工业、五大新兴产业，对其在区内贷款用于固定资产投资的，投资总额50%以内的贷款，给予一年期基准贷款利率贴息。贴息金额不高于企业新增县级税收的50%，贴息时间最高为三年。符合奖励条件的企业融资，积极争取相关财政贴息；对符合民贸企业认定条件的企业，积极申报进入民贸民品企业库，争取民贸民品贴息政策。将支持实体经济情况列为对金融机构考核评比的重要内容。（牵头单位：特区财政局；配合单位：特区政府金融办、各金融机构）

（五）抓好产业园区、旅游景区建设，积极发展相关配套产业

1. 对所有入驻产业园区、旅游景区的企业及未进入园区但建设规模较大，固定资产投资达5000万元以上的企业，水、电、路、讯等基础设施由政府配套。（牵头单位：各园区管委会；配合单位：特区财政局，各乡〔镇〕人民政府、社区服务中心）

2. 鼓励企业向园区集聚。积极鼓励支持工业企业向园区集聚，要素向园区集结，功能向园区集成。入驻政府建设的标准厂房的企业可享受免交二年的租金待遇。对部分农产品、生活必需品加工，在暂时没有投资实力企业入驻前，可以由政府平台公司参股发展，待企业扶强后再退出。（牵头单位：各园区管委会；配合单位：特区财政局、金融办、政府各平台公司）

五、优化投资环境，服务实体经济

（一）加强涉企收费清理和监管。全面清理与实体经济发展相关的各类文件，凡是不利于实体经济发展的，除法律法规有规定以外，全部予以取消。全面清理涉企收费项目，除依法设立的涉企行政事业性收费项目外，其他一律予以取消；凡收费标准有上下限的，原则上按下限标准收取。严禁任何单位和个人利用职务便利搭车收费、强行收费。（牵头单位：特区发展改革局；配合单位：特区住房城乡建设局、规划和城管局、市场监管局）

（二）规范行政执法行为。实行轻微违法首次免罚制。规范行政处罚行为，依法推行“三步式”执法（即先教育规范、再限期整改、最后依法处罚）。制定、落实自由裁量细化量化规定，压缩自由裁量空间，防止行政处罚畸轻畸重。凡对行政处罚自由裁量权未进行细化量化的，处罚时原则上按下限执行。（牵头单位：特区政府法制办）

（三）规范中介服务。除法律法规有规定外，任何部门不得凭借职权向企业指定中介服务机构；企业可以自主选择中介机构，各单位对依法设立的各中介机构出具的证明文件要同等对待。加强对中介机构及其执业活动的联合监管。对被列入经营异常名录或者严重违法企业名单的企业，依法予以限制或禁入并进行通报和劣迹公示，一年内禁止为六枝特区政府性投资项目开展中介业务。（牵头单位：市场监管局；配合单位：特区政府法制办）

（四）优化行政审批服务，依法取消和调整一批审批事项，清理行政审批前置性程序和环节，全面简化项目建设领域的审批流程。推行相关部门联合图审、联合踏勘、并联审批、综合验收和全程代办，建立完善限期审批、网上审批、预约审批等长效机制。禁止以核准、备案、评估、检测、监制、鉴定及准运证、准销证等名义搞变相审批，禁止巧立名目作为行政审批前置条件，隐性抬高行政审批门槛。（牵头单位：特区政务服务中心；配合单位：涉及行政审批相关部门）

（五）做好实体经济运行监测分析。建立实体经济重点企业、重点行业统计监测体系，及时分析实体经济运行状况，加强经济运行调度，及时制定相关应对措施。（牵头单位：特区投资促进局；配合单位：特区发展改革局、经济和信息化局、统计局、财政局）

（六）为企业提供技术咨询服务。一是分产业组建专家顾问组，为企业提供前瞻性、权威性的技术、市场等方面的咨询服务，搞好产品研发、市场分析等。二是分产业组建技术服务组，为企业提供技术培训、技术指导等。三是利用特区职校等各类培训机构，以服务六枝实体经济发展、满足企业发展需求为目标，对部分龙头企业开展一企一技术、一业一技术培训。（牵头单位：特区人资社保局；配合单位：各园区管委会，经济和信息化局、农业局、文体广电新闻出版局、职校）

（七）对入驻六枝的企业负责人、技术业务骨干，享受六枝常住户籍人员在教育、医疗、住房保障、社会保障等方面优惠政策，规模企业优先解决。（牵头单位：特区投资促进局；配合单位：特区教育局、卫生计生局、住房城乡建设局、人资社保局）

（八）在人大代表、政协委员推选中，优先考虑明星企业负责人和创业之星。（牵头单位：特区人大办、政协办；配合单位：特区工商联、投资促进局）

六、加强领导，强化保障

（一）加强组织领导。成立六枝特区促进实体经济发展领导小组（详见附件），建立扶持实体经济发展联席会议制度，每季度召开一次，研究解决实体经济发展中存在的各种困难和问题。同时，在特区监察局成立服务实体经济作风监督小组，从严查处在发展实体经济中的不作为、乱作为等违法违纪行为；在特区审计局成立企业诚信监督小组，对弄虚作假、虚报冒领各项扶持资金、奖励资金的，除企业列入不诚信企业名单，收回全部奖励扶持资金，三年内不再享受相关奖励扶持政策外，并对相关责任人依法追究责任。各乡（镇、社区）也要成立相应工作机构，组建强有力工作专班，切实抓好实体经济的培育和发展工作。

（二）建立领导挂帮和考评制度。实行副县级以上领导干部挂帮规模企业制度，将发展实体经济工作列入各乡（镇、社区）、相关部门重要目标考核内容，每年进行专项考核评比。每年评选一批纳税总额在 200 万元以上（两年后调整）的明星企业，对每个明星企业给予 10 万元的表彰奖励；每年评选一批创业之星（2016 年为 20 个，2017 年及以后为 30 个），对每个创业之星给予 2 万元的表彰奖励。

（三）强化政策兑现到位。对上级安排的各项扶持资金，凡是能整合的一律进行整合，缺口部分由特区财政进行配套。从 2016 年起，由特区财政部门会同税务等相关部门依据此意见，对所需兑现资金进行测算后，纳入年度财政预算，确保奖励扶持政策兑现到位。对现代山地特色农业企业的扶持资金，从支农资金和“3155”工程资金中解决。在此基础上，特区财政设立实体经济扶持基金 5000 万元，根据实体经济发展需要，逐年逐步增加扶持基金。按照“简化程序、简便易行、方便企业”的原则另行制定细化的扶持政策和兑现方案。

七、本《意见》自 2016 年 1 月 1 日起施行，六枝经济开发区、各园区参照执行。原出台的扶持政策与本《意见》不符的，按本《意见》执行。本《意见》由特区促进实体经济发展工作领导小组办公室负责解释。

中共六枝特区委员会
六枝特区人民政府
2016 年 1 月 26 日

抄送：六枝经济开发区党工委、管委会。

六枝特区人民政府办公室　　2016 年 1 月 27 日印发

共印 110 份，其中电子公文 105 份

六枝特区第十一届人民代表大会第五次会议关于六枝特区国民经济和社会发展第十三个五年规划纲要的决议

（2016年3月14日特区十一届人大五次会议第四次全体会议通过）

六枝特区第十一届人民代表大会第五次会议审查了特区人民政府提出的《六枝特区国民经济和社会发展第十三个五年规划纲要》，会议同意大会财政经济审查委员会的审查结果报告，决定批准六枝特区国民经济和社会发展第十三个五年规划纲要。

会议认为，“十三五”时期是我区脱贫攻坚、同步小康的决胜时期，是实现弯道取直、后发赶超的关键时期，也是可以大有作为、奋发有为的重要战略机遇期。规划纲要充分体现了《中共六枝特区委员会关于制定六枝特区国民经济和社会发展第十三个五年规划的建议》要求，是引领我区今后五年经济社会发展的纲领性文件。规划纲要提出的经济社会发展指导思想、基本原则、发展目标、主要任务和保障措施符合上级政策精神，切合我区实际，经过努力是完全能够实现的。

会议要求，特区人民政府要坚决贯彻中央、省委、市委和特区党委决策部署，围绕全面建成小康社会目标，牢固树立和落实创新、协调、绿色、开放、共享五大发展理念，统筹推进经济建设、政治建设、文化建设、社会建设、生态文明建设，牢牢守住发展、生态、安全三条底线，认真实施“十三五”规划纲要，努力建成经济更加繁荣、生态环境更加优美、就业收入更加稳定、民生保障更加牢靠、社会秩序更加和谐、人民生活更加幸福的新六枝。

六枝特区“十三五”国民经济和社会发展规划纲要

“十三五”是六枝特区实现经济转型发展、社会和谐稳定、全面建成小康社会的关键时期。在深入贯彻十八大、十八届三中、四中、五中全会以及中共贵州省委十一届五次全会精神的基础上，根据特区党委对“十三五”规划建议编制了六枝特区国民经济和社会发展“十三五”规划纲要。确定了未来五年全区经济社会发展战略和发展方向，是未来五年全区经济社会发展的宏伟蓝图，是全区各族人民共同行动的纲领，是政府履行经济调节、市场监管、社会管理和公共服务的重要依据。

第一章 “十三五”发展基础和环境

“十二五”以来，在特区党委、政府的正确领导下，全区以毛泽东思想、邓小平理论、“三个代表”重要思想、科学发展观等为指导，认真贯彻落实中央、省委、市委各项决策部署，牢牢守住发展、生态、安全三条底线，坚持主基调主战略，协调推进“四个全面”战略布局，大力推进一产转型、二产升级、三产优化，“十二五”实现圆满收官。

第一节 “十二五”经济社会发展评价

五年来，全区地区生产总值显著增加，地方财政实力明显提升，产业结构不断优化，新型城镇化顺利推进，生态环境持续改善，基础设施支撑能力明显增强，改革开放不断深化，社会事业全面进步，人民生活水平显著提升，顺利实现了“十二五”规划确定的主要发展目标，为“十三五”的顺利开启奠定了坚实的基础。

一、发展成就

经济实力持续提升。“十二五”以来，全区地区生产总值显著增加，在全省非经济强县综合测评中排名上升至第9位，成功进入全省经济强县行列。2015年完成地区生产总值147.89亿元，比2010年的54.91亿元翻两番多。地区GDP占六盘水市的比重由2010年的10.97%，上升到2015年的12.19%。财政总收入由2010年的47814万元增加到2015年的152928万元，年均增速达24.89%。50万元以上固定资产投资、社会消费品零售总额等主要指标分别比“十一五”末增长了9.19倍和2.21倍，综合实力不断增强。

产业结构不断优化。2015年三次产业增加值分别为30.03亿元、53.05亿元、64.81亿元，分别比2010年增长了5.2倍、2.09倍、2.71倍。产业结构由2010年的10.52:46.12:43.36调整为2015年的20.3:35.87:43.83，服务业明显提升。

农业产业化全面推进。全区发展农业特色产业“3155工程”106.42万亩。农业园区建设取得较大成效。建成郎岱园区、大用园区、北部库区园区、月亮河特色产业农业示范园区、牂牁江农业观光示范园区、新华乡高山生态茶叶经济示范园区、六枝特区生态茶叶示范园区、阿珠精品水果示范园区8个省级园区。农业园区入驻企业97家，合作社175家，其中市级以上龙头企业36家。

工业经济转型升级加速。全区煤矿或矿权兼并重组有序推进，煤矿兼并重组获批保留18处，产能990万吨/年。由原煤生产向煤炭精深加工转变，开工建设路喜工业园区，着力打造产业关联度高、项目耦合性强、产品竞争力突出的循环型产业集群。路喜园区已基本形成洗煤、焦化、电力、新型材料等产业，煤炭精深加工产业初步建成，目前洗煤厂、气源厂已建成，低热值发电厂开工建设。华润六枝电厂开工建设，2016年投产运营。木岗工业园区内路网、绿化亮化工程全部完成，建成27万平方米标准化厂房、1600套8万平方米生活服务区。宏奇药业、圣济堂药业等48家企业入驻发展。面条、茶叶、辣椒等食品加工初具规模。地面抽采煤层气井“织六井”、“牛一井”、“牛二井”、“牛三井”参数井已经建成、日产100万立方米LNG加工项目开工建设。杨家酱、岩脚面完成地理标志商标注册。

以旅游业为主的现代服务业获得较快发展。旅游基础设施建设大力推进，成功举办“中国凉都·六盘水牂牁江”国际滑翔伞公开赛，廻龙溪景区建成营运。月亮河夜郎布依文化生态园、梭戛自然与生态文化旅游示范区开工建设。乡村旅游大力推进，建成落别布依民族文化体验区、郎岱阿乐乡村旅游示范点。牂牁江国家级湿地公园、黄果树瀑布源国家级森林公园获国家批准。建成“阿里巴巴–郎岱农业示范园电商平台”，城东汽摩机电城、郎岱冷链物流等各类专业物流中心开始建设。传统服务业稳步发展，建成五星级金海大酒店。

基础设施日趋完善。“十二五”期间，大力实施以交通、水利、供电、通信为重点的基础设施建设大会战。建成六六高速、六镇高速，安六城际铁路全面开工建设。建成六枝–郎岱二级路，完成贵烟公路改造，完成云盘经纳骂至革佬坟、新场至百兴、干塘边至冷坝等11个县乡道路项目，总里程203.5公里，全区公路网总里程达2562公里，较“十一五”末新增290公里，完成小康路建设1300公里，建制村通畅率达99%。建成凉风洞码头及27个渡口。旧院水库投入使用，黔中水利枢纽建成蓄水，懒龙河、阿雨、松树林、茅草寨水库开工建设，新增蓄水库容11.16亿立方米、有效灌面5.51万亩，解决农村28.11万人饮水安全问题。小康电建设累计投资6.69亿元，用电可靠性进一步提高。建成通信光纤2175公里，行政村通宽带比例达100%。

新型城镇化顺利推进。围绕建设现代化精品城市的目标，坚持“做精城区、做特乡镇、做美村庄”，统筹推进城乡一体化发展。中心城区新增城镇人口6.1万人，城市建成区面积达16平方公里，城镇化率由2010年的31.2%提升到41.3%，提高了10.1个百分点。城市化功能不断完善，城区市政供水设计规模达6.36万吨/日，新建中心城区供水二期工程，新增供水能力3万吨/日，城区新增污水收集管网31999米，城镇污水处理率达85.1%。完成城区天然气主管网48公里，支管网78公里，天然气储配站供气设备安装调试完毕。实施中心城区亮化、绿化工程，建成2座人行天桥，实施完成城区背街小巷改造，美化了城镇。建成牂牁大道东段，开工建设牂牁大道西段和高速公路东、西互通连接道路。南部新区建设顺利推进，城南大道东段开工建设。启动智慧城市建设，建成天网工程，道路交通信号系统。小城镇面貌不断更新。郎岱、岩脚、木岗等特色示范小城镇“8+X”项目深入实施，建成郎岱、岩脚污水处理厂，启动木岗、龙河污水处理厂，小城镇承载能力进一步增强。

改革开放步伐明显加快。深入推进行政体制改革，提高政府机构服务质量，认真执行支持县域经济发展和扩权强县的各项政策措施。实施行政事业单位机构改革，行政部门由26个合并为24个，事业单位由652个更改为667个。撤乡设镇工作顺利完成，由5个镇14个乡，改为9个镇、3个街道办事处、6个乡（其中5个民族乡）。国有企业、财税、农村产权制度等重点领域和关键环节的改革进展顺利，改革红利不断释放。各类企业注册资本超过110亿元，是“十一五”的12.53倍，民营经济比重从34.9%提高到56.7%。整合参与“三变”资金8.6亿元，实现土地资源变股权12.31万亩，农民变股东4.24万户15.8万人。创新投融资体系，探索建立担保公司、银行和企业三方合作的新型融资组织，鼓励各类资本参与基础设施建设，拓展多元化的融资渠道，完善政府投融资平台体系。扩大开放合作领域，坚持对外开放与对内开放并重、引进来与走出去并举。推行产业招商、园区招商、以情招商、以商引商。五年累计引进项目369个，到位资金529.77亿元。招商引资项目到位资金在全省47个非经济强县综合测评排名第3位。

生态文明建设成效显著。二氧化硫、氮氧化物、化学需氧量、氨氮四项主要污染物总量减排指标完成上级下达任务。营造林34.38万亩，森林覆盖率达46%。治理水土流失面积53.73平方公里。围绕建设中等城市“盆景山城”的标准，大力实施城区绿化，城市绿地率达35.21%。淘汰落后产能269.4万吨，电力0.75万千瓦，涉及落后企业25户（其中：焦化10户，水泥6户，铁合金8户，电力1户），实施三岔河流域环境保护河长制工作，三岔河区内河段水质明显改善，达到国家和省规定的水环境功能区类别，水质达到地表水Ⅲ类水质标准。郎岱镇、木岗镇和岩脚镇试点实施了污水处理设施及配套管网工程。城市空气质量、集中式饮用水源地水质达标率均达到100%。

社会民生事业全面进步。2015年城镇居民人均可支配收入21315元，年均增长15.07%，农村居民人均可支配收入7114元，年均增长15.1%，提前完成小康社会预期计划。教育事业稳步发展。新建成四小、九中、七中、八中学校。学前三年毛入园率81.25%，九年义务教育巩固率85.18%，高中阶段毛入学率85.05%。卫生事业发展加快，扩建5个乡镇卫生院，启动中医院建设。卫生技术人员和卫生机构床位数明显增加，2015年为1987人和2797张，分别比2010年增加651人和1560张。扶贫开发工作取得新成效。率先在全市启动精准扶贫建档立卡工作。减少贫困人口10.85万人，贫困发生率下降到13.98%。陇脚、梭戛等11个乡镇实现“减贫摘帽”，58个贫困村完成整村推进。社会保险体系稳步推进，城乡居民社会养老保险、城镇居民医疗保险、职工医疗保险参保率均达到95%以上，新农合参保率达99.5%以上。城乡低保标准分别由“十一五”末的260元、1200元提高到545元、3132元。

二、存在问题

过去的五年，经济社会发展成果显著。站在新的历史起点上，也必须清醒地看到，特区经济社会发展中还存在一些深层次矛盾和问题，主要表现在：

发展基础仍较薄弱。六枝特区经济发展水平虽然处于贵州中上游，但经济总量较小。交通、通讯等基础设施仍较落后；城镇化率远低于全国平均水平，城镇档次和品位不高，规模较小，功能不全，吸引力和辐射力不强；市场发育不完善，开放程度和层次不高。

产业质量有待提升。六枝特区是上世纪六七十年代因煤而兴的资源型城市，多年来依靠丰富的煤炭资源开采带动整个城市经济的发展，与其他资源型城市一样，特区经济增长对资源依赖明显，产业层次低、链条短、产品附加值较低，精深加工不足，发展方式粗放，产业发展质量急需提升。

扶贫开发工作任重道远。六枝特区贫困面广量大，贫困程度深，贫困人口脱贫条件差，致贫因素复杂，脱贫后返贫问题突出，脱贫攻坚压力大。

第二节 “十三五”经济社会发展环境

“十三五”时期，是全面建成小康社会的决定性阶段。展望未来五年，经济社会将迈入工业化、新型城镇化、农业现代化、市场化互动并进的新阶段，全区正迎来前所未有的发展机遇，也面临着一定的挑战。

一、重大机遇

由于国际金融危机引发的全球经济深度调整，经济社会发展将面临重大转折，世界经济进入了新一轮调整转型期，总体上看我区仍将处于加快发展的重要战略机遇期，必须抢抓机遇，乘势而上，加快发展。

中国经济进入新常态，为我区推进经济转型升级带来新机遇。在适应和引领经济新常态的指引下，国家不再过多地强调增长速度，而对增长质量、社会民生等方面给予更多的关注，这对我区“十三五”推进经济转型升级带来了良好机遇。

全面深化改革的持续推进，为我区释放更多改革红利带来新机遇。在人口、土地和资本等投入要素红利逐渐减弱，旧的经济增长模式无法延续的情况下，新的最大红利就是改革。全面深化改革将为我区破除制约生产要素优化配置和生产力发展的体制机制问题，激发市场经济活力，提高发展效率，更大程度上解放生产力提供巨大动力。

中央高度重视贵州发展，为我区争取更多政策资金支持带来新机遇。党中央、国务院长期以来关心和支持贵州的发展建设，近年来，获得了“国发2号文件”、黔中经济区、贵安新区等国家层面的政策支持，六盘水市被国家评定为“循环经济试点”城市，我区作为其重要行政单元之一，必将进一步推动我区的经济社会发展。

长江经济带战略加快推进，为我区融入国家大战略带来新机遇。“长江经济带”是新一届政府的重大战略部署之一，深度参与长江经济带建设，成为区域经济发展不可或缺的重要组成部分，对改变贵州经济发展长期被边缘化的状态，融入经济发展的主流将会产生重大影响。国务院发布的《关于依托黄金水道推动长江经济带发展的指导意见》多次提及贵州，我区必然会在长江经济带建设中获得加快发展机遇。

“云上贵州”蓬勃发展，为我区培育新的经济增长点带来新机遇。以新一代信息技术、新能源技术、功能农业等生物技术为代表的新一轮科技创新和产业革命蓬勃发展，贵州乘势而上，大数据产业已经走到全国最前面，“云上贵州”的建设必将为我区培育新的经济增长点和新兴产业，加快转变经济发展方式带来难得的发展机遇。

国家实施扶贫开发战略，为我区打好脱贫攻坚战提供了重要支持。中国科学技术大学对口帮扶我区，将为我区提供功能农业、大数据等适用新兴科技，支持高端人才培训等，更新基层干部发展观念，开拓发展视野，为实现我区经济的创新驱动提供了有力支撑。

外部交通大发展大提速，为我区彻底解决制约经济发展的瓶颈带来新机遇。2014年底，贵广高铁开通运营，沪昆高铁贵阳至长沙段也即将开通。“十三五”期间，沪昆高铁贵阳至昆明段、渝黔高铁也将建成通车，成贵高铁、贵南高铁紧随其后，织密以贵阳为中心的高铁网。贵州逐渐站在了西部交通枢纽的位置上。便捷的交通凸显区位优势，为我区引进人才、发展旅游、对接产业和对外贸易提供了极大便利。

二、面临挑战

在国际国内形势深刻变化的背景下，“十三五”期间，我区发展也存在一些不容忽视的制约因素，面临许多严峻竞争和挑战，必须高度重视，妥善应对。

宏观经济下行压力不减，为我区持续保持中高速增长带来挑战。受国际复杂经济形势的影响，我国经济回升的内在动力仍然不足，经济下行压力依然存在。随着经济增速的放缓，我国工业生产领域产能过剩问题日益凸显，部分行业甚至出现了长期性和绝对的产能过剩。我区经济发展方式单一，技术含量不高、资源依赖性较大，受宏观经济整体下行的影响更大。

生态环境约束加大，对我区发展“三高”产业带来巨大挑战。面对资源约束趋紧、环境污染严重、生态系统退化的严峻形势，党的十八大从新的历史起点出发，做出“大力推进生态文明建设”的战略决策，对生态建设与环境保护提出了更高要求。在国家严格的资源环境新政策下，高耗能、高污染、高排放行业生产改造和环境治理成本将不断增加，甚至不允许上不符合要求的项目、关停不符合要求的生产，这对相关行业的准入和项目建设构成了强约束。“十三五”

期间，我区将面临保持经济较快发展和保护生态环境更突出的矛盾。

资源依赖型发展方式仍较明显，为我区产业转型升级带来一定挑战。近年来，我区“一煤独大”的格局已被打破，初步构筑了煤炭、电力、煤化工、建材、高新技术等为主导的新型工业体系。但总体来看，我区仍具有资源型城市的特点，资源依赖型经济发展方式仍较明显，彻底改变“资源诅咒”的路径依赖，实现增长方式由粗放向集约、数量向质量、传统向科技转变的目标，仍将面临较大挑战。

基础设施建设仍然薄弱，制约经济社会进一步发展。我区内主干道网络尚未形成，公路建设有待提升，旅游交通基础十分薄弱，电力和通讯设施也较为落后。总体上看，经济社会加速发展的环境需要进一步改善，协调城乡区域发展、推进城镇化和社会主义新农村建设等任务十分艰巨。

第二章 指导思想和发展目标

第一节 指导思想

高举中国特色社会主义伟大旗帜，深入学习贯彻习近平总书记系列重要讲话精神，全面落实中央、省委、市委的决策部署，按照“四个全面”战略布局，贯彻创新、协调、绿色、开放、共享五大发展理念，落实去产能、去库存、去杠杆、降成本、补短板五大任务，坚持加速发展、加快转型、推动新跨越主基调，积极适应和准确把握县域经济发展新常态，牢牢守住发展、生态、安全三条底线，突出抓好大扶贫、大数据、大健康三大战略行动和循环经济、农村改革、山地旅游三件大事，着力在走好山地特色产业生态路、山地特色现代农业路、山地特色健康旅游路、山地特色城乡一体“四条新路”上走前列，在实现循环经济发展、深化农村综合改革、生态产业化和产业生态化、城乡一体化、全面建成小康社会“五个前列”上当尖兵，到2020年与全国同步实现全面建成小康社会目标。

第二节 基本原则

一、坚持产业融合，创新发展

依托我区工业基础，加大招商引资力度，培强扶优龙头企业，整合区域矿产、优势农产品和旅游资源，延伸产业链，提高资源精深加工能力和产品附加值，加快发展特色工业产业集群，以二产辐射带动农业和服务业发展，促进经济增长向依靠三次产业融合带动转变。

牢固树立“科技是第一生产力”理念，鼓励“大众创业、万众创新”，把科技自主创新纳入我区发展的大战略大方针来统筹，科技是经济社会发展的强大动力，科技进步和创新是加快转变经济发展方式的重要支撑，是我区实现跨越发展重要抓手。

二、坚持产城互动，协调发展

抢抓贵州省推进山地城镇化的历史机遇，科学规划，全域谋划产业和城市发展架构，“围城造园、借园建城”，打造新型产业园和现代城镇综合体，加快建设市政基础设施，提高城市公共服务水平，破除主城区和小城镇发展体制机制障碍，提高城镇产业带动和人口承载能力，实现全区城镇化跨越式发展。

三、坚持生态保护，绿色发展

正确处理城市、产业快速发展与资源集约节约和环境保护的矛盾，与全国主体功能区规划和贵州生态文明先行示范区建设实施方案相衔接，充分考虑资源环境承载力，高度重视生态建设和环境保护，集约循环利用资源，突出发展生态高值型功能农业和健康养生旅游产业，大力发展循环经济，实现经济社会可持续发展。

四、坚持区域统筹，开放发展

优化空间开发格局，整合相关规划空间管制分区，按照一本规划、一张蓝图协调推进全区经济社会发展，严格遵循错位竞争、有序发展，加强对外开放和区域间合作，发挥自身比较优势，明确区域定位分工，加快融入贵安新区。

五、坚持改善民生，共享发展

立足让人民群众共享发展成果，把改善民生作为和谐发展的根本出发点和落脚点，切实加大对社会事业的投入，改善居民生活条件，努力促进和扩大就业，持续大幅度提高城乡居民收入，着力推进基本公共服务均等化。

第三节 发展目标

“十三五”期间，通过加快城镇建设、繁荣社会事业、强化法治保障、提升公共服务、保护生态环境等五大措施，努力在“十三五”时期将六枝建成六盘水融入黔中经济区的桥头堡、毕水兴经济区和黔中经济区之间的节点城市、宜居宜业宜游的现代化精品城市。

经济社会发展的总体目标是：经济增速保持平稳，经济增长效益显著提高，产业结构调整步伐加快，生态高值型功能农业成为全区现代农业的鲜明标签，创建我国首个山地功能农业（扶贫）综合示范区，工业主导产业更加多元化，旅游业异军突起，县域经济产业布局更趋合理，产城互动格局初步形成，水电路气网等基础设施保障能力显著增强，城乡公共服务水平和均等化程度进一步提高，民生社会事业稳步推进，人民生活水平普遍提高，资源循环综合利用和生态环境保护全面落实，生态文明建设成效显现。

——经济总体保持较快增长。到 2020 年，全区生产总值达到 272 亿元，年均增长 13%，其中第二产业增加值和规模以上工业增加值分别达到 114 亿元和 52 亿元；人均生产总值达 8250 美元以上；500 万元以上固定资产投资年均增长 20%；公共财政预算收入 17 亿元，年均增长 6%；社会商品零售总额 67 亿元，年均增长 13%。

——经济社会转型升级提速。农业结构调整成效显现，全区粮食作物与经济作物种植面积比达到 2:8；产业结构不断优化，第二、三产业增加值占地区生产总值的比重分别为 42% 和 43%，非农就业人员占比 50%，非公有制经济比重超过 60%；城镇化建设取得突破性进展，城镇化率达到 50%。

——公共服务质量显著改善。全区学前三年毛入园率 85% 以上，九年义务教育巩固率 95% 以上，高中阶段毛入学率达到 85% 以上；城镇登记失业率控制在 4.2% 以内，城镇基本医疗保险、失业保险和职工基本养老保险覆盖率均达 98% 以上，农村新型合作医疗参合率达 99% 以上，广播电视综合人口覆盖率达到 100%。

——人民生活水平稳步提高。全面完成脱贫攻坚任务，现行标准下农村贫困人口实现脱贫。城镇居民人均可支配收入和农村居民人均可支配收入分别达 36000 元和 12500 元，分别年均增长 11% 和 12%；城乡居民居住条件得到改善，人均居住面积达 35 平方米；人均预期寿命提高到 73 岁，年均人口自然增长率控制在 6‰以内。

——生态环境进一步优化。到 2020 年，森林覆盖率和中心城区绿化覆盖率分别为 60% 和 40% 以上，城乡生活垃圾无害化处理率和城镇污水处理率分别达 90%、86%；城市空气质量 AQI 优良率 85%，单位 GDP 化学需氧量排放强度、二氧化硫排放强度、氨氮排放强度和氮氧化合物排放强度均控制省市下达指标内。

表 1：“十三五”主要经济社会指标体系表

指　标	2015 年	2020 年	年均增长 %	属性
经济发展				
1. 地区生产总值（亿元）	147.89	272	13	预期
2. 第一产业（亿元）	30.03	41	8	预期
3. 第二产业（亿元）	53.05	114	13.5	预期
4. 第三产业（亿元）	64.81	117	14	预期
5. 规模（2000 万）以上工业增加值（亿元）	26.99	52	14	预期
6.500 万元以上固定资产投资（亿元）	161.23	401	20	预期
7. 一般公共预算收入（亿元）	13.04	17	6	预期
8. 社会消费品零售总额（亿元）	36.17	67	13	预期
转型升级				

指 标	2015 年	2020 年	年均增长 %	属性
9. 粮食作物与经济作物种植面积比	6:4	2：8	–	预期
10. 第二产业增加值占地区生产总值比重（%）	35.88	42	–	预期
11. 第三产业增加值占地区生产总值比重（%）	43.83	43	–	预期
12. 非农就业人员占全部就业人员比重（%）	–	50	–	预期
13. 非公有制经济比重（%）	56.7	>60	–	预期
14. 城镇化率（%）	41.3	50	–	预期
公共服务				
15. 学前三年毛入园率（%）	81.25	85	–	约束
16. 九年义务教育巩固率（%）	>85	95	–	约束
17. 高中阶段毛入学率（%）	>85	85	–	预期
18. 年均人口自然增长率（‰）	2.22	<6.0	–	预期
19. 城镇登记失业率（%）	<4.2	<4.2	–	预期
20. 城镇职工基本养老保险覆盖率（%）	98.26	98	–	约束
21. 城镇基本医疗保险覆盖率（%）	99.15	98	–	约束
22. 城镇失业保险覆盖率（%）	95.6	98	–	约束
23. 农村新型合作医疗参合率（%）	99	99	–	约束
24. 广播电视综合人口覆盖率（%）	99.07	100	–	约束
人民生活				
25. 城镇居民人均可支配收入（元）	21315	36000	11	预期
26. 农村居民人均可支配收入（元）	7114	12500	12	预期
27. 城乡居民人均居住面积（平方米）	–	35	–	约束
28. 人均预期寿命（岁）	71	73	–	预期
生态环境				
29. 城乡生活垃圾无害化处理率（%）	82.8	90	–	约束
30. 城镇污水处理率（%）	85.1	86	–	约束
31. 森林增长（%） 森林覆盖率（%）	46	60	–	约束
31. 森林增长（%） 城市绿地率(%)	35.21	40	–	约束
32. 城市空气质量 AQI 优良率（%）	–	85	–	约束
33. 单位 GDP 化学需氧量排放强度	–	控制在省市下达指标内		约束
34. 单位 GDP 二氧化硫排放强度	–			约束
35. 单位 GDP 氨氮排放强度	–			约束
36. 单位 GDP 氮氧化物排放强度	–			约束

第三章 夺取扶贫攻坚全面胜利

第一节 深入实施精准扶贫

突出扶持对象精准，对贫困人口实施精细化管理。坚持扶贫开发与全面小康建设同步推进、扶持产业发展与推进基础设施建设相结合的原则，重点抓好精准扶贫对象、精准扶贫规划、精准资金项目、精准脱贫措施、精准组织领导的“五个精准”。进一步抓好贫困人口建档立卡工作，摸清贫困人口详细分布情况，根据人口数量、贫困程度分出轻重缓急，进行分类指导，确保扶贫工作有的放矢，将各项帮扶措施分期分批落实到点到户到人。坚持整村推进、连片扶持与重点帮扶特困村、特困户相结合，做到一乡一策、一村一策，一家一户一本台账、一个脱贫计划、一套帮扶措施，确保扶到最需要帮扶的群众、扶到群众最需要扶持的地方。

因地制宜强化产业扶贫，围绕农村特色产业，搞好农村土地流转，实现连片规模开发。并抓住突出优势品种，以中国科学技术大学功能农业团队为科技支撑，支持大型龙头企业，创建我国首个山地功能农业（扶贫）综合示范区，大力提升我区农业企业核心竞争力和质量效益，从而带动贫困人口脱贫。推进产业开发与基础建设及生态建设有机结合。根据产业发展需要，不断改善、巩固、加强贫困地区的水利、电力、道路、仓储、信息等生产运输条件，切实降低相关产品的生产成本和流通成本。积极推动旅游扶贫。将旅游与文化生态、名镇古镇古村落、休闲观光农业有机结合起来，重点推进乡村旅游扶贫，着力打造一批既能促进老百姓脱贫致富、又可彰显新农村地域特色的示范项目，带动贫困地区脱贫致富。扎实推进农村基础设施建设、易地搬迁、危房改造等扶贫民生工程，加大金融扶贫工作力度，通过建立融资担保、风险补偿、小额信贷保险、贷款贴息等机制，确保贫困户“贷得着、用得好、还得上”。积极探索资源变股权、资金变股金、农民变股民的精准脱贫模式，更加重视带动贫困农户的数量和效果，体现扶贫到户的效益，使扶贫产业和项目效益真正惠及贫困农户，变“输血式”扶贫为“造血式”扶贫。

第二节 强化精准扶贫措施

认真落实“1+10+6”文件，深入实施精准扶贫、精准脱贫，对贫困人口实行精细化管理，做到精准滴灌、靶向治疗，确保我区 8.24 万贫困人口如期全部实现稳定脱贫。突出发展生产脱贫一批，大力发展山地功能农业、乡村旅游、电商扶贫、劳务经济等，用好用活“3 个 15 万”、精准扶贫“特惠贷”、支农再贷款、“3155”惠农贷等政策，引导和支持有劳动能力的贫困人口实现就地创业就业，通过发展实体经济脱贫；以“三变”改革为抓手，以实施“3155 工程”、产业园区建设、工业发展为平台，引导贫困人口通过土地入股、就地务工等方式实现脱贫。突出易地搬迁脱贫一批，对一方水土养不活一方人的 1.04 万贫困人口，以自然村寨整体搬迁为重点，按规划、分年度、有计划组织实施易地扶贫搬迁，整合各类项目资金，统筹解决好就业、教育、卫生以及各类社会保障问题，确保搬得出、稳得住、能致富。突出生态补偿脱贫一批，加大贫困地区生态保护修复力度，增加对生态功能区转移支付，扩大政策实施范围，让有劳动能力的贫困人口就地转成护林员等生态保护人员。突出发展教育脱贫一批，大力发展基础教育、职业教育，积极改善贫困乡村办学条件；将高中以上农村贫困学生资助经费纳入年度财政预算，做到“应助尽助、精准资助”。突出社会保障兜底一批，统筹协调农村扶贫标准和农村低保标准，实现“两线合一、减量提标”，对我区完全或部分丧失劳动能力的 2.9 万贫困人口由社会保障兜底脱贫。加强医疗保险和医疗救助，新型农村合作医疗和大病保险政策重点对贫困人口倾斜。

第三节 强化精准扶贫责任

认真落实“省负总责、市县抓落实、重点在乡村”的扶贫开发工作机制，强化“党委主责、政府主抓、干部主帮、基层主推、社会主扶、群众主体”的责任体系。实行各级党政一把手负总责，区、乡要成立由党政主要领导为双组长的扶贫开发工作领导小组，层层签订责任状、立下军令状。各级党政主要领导要切实履行扶贫开发工作第一责任人职责，带头安排部署、带头驻点联系、带头调查研究、带头检查督办。按照“省领导包县、市州领导包乡、县领导包村、乡镇领导包户、党员干部包人”的五级包保责任制，认真落实结对帮扶责任制，逐级明确脱贫责任人，做到不脱贫不脱钩。完善社会帮扶机制，积极引导企业、商会等参与贫困乡、贫困村包干扶贫，大力争取省市帮扶单位、对口帮扶城市、各民主党派及驻境部队对口帮扶，形成扶贫开发强大合力。

第四节 加强动态监督管理

严格落实财政专项扶贫项目资金监管责任，切实加强扶贫资金“事前、事中、事后”的全过程、全方位、全覆盖监管，从源头上堵塞资金管理漏洞。加大对虚报冒领、截留挪用、套取侵吞扶贫资金等违纪违法行为和腐败案件的打击力度，发现一起，查处一起，绝不姑息纵容。完善贫困人口退出机制，对已经脱贫的贫困户要及时销户，对已经脱贫的贫困户，要继续跟踪、强化管理，对返贫的群众要及时纳入贫困人口管理。对因灾返贫、因病返贫的家庭，要及时采取措施、及时有效帮扶，让他们尽快走出困境，再次实现脱贫。加强督促检查，建立督查制度，突出督查重点，加大跟踪督查、随机抽查、明察暗访等力度，强化督查问责，提高督查实效。

第四章 推动产业转型发展

第一节 走山地功能农业的特色现代农业路，做特一产

一、突出农业产业特色化

大力发展农业产业特色化。以“3155”工程为抓手，努力把茶叶、猕猴桃、车厘子、中药材等特色农业产业打造成我区农业支柱产业；到2020年，建设无公害优质茶园20万亩。沿六纳公路、安水公路两线的乡（镇）形成蔬菜（含魔芋）产业11万亩。建成精品果园60万亩，其中建核桃基地30万亩，建猕猴桃基地20万亩，建刺梨、桃、梨基地10万亩。种植中药材（含油茶、红豆杉）20万亩。粮经比达到20:80左右。

大力发展规模畜牧业，新建标准化生猪养殖场7个，养殖小区20个，到2020年达到年出栏生猪36万头。建优质肉牛基地12个，年出栏肉牛4.5万头。因地制宜，适度发展山羊养殖。建生态禽基地6个，年出栏家禽310万羽。种草及改良草地10万亩。大力发展水上生态观光休闲渔业和特色生态渔业养殖，光照库区、阿珠库区等建特色生态渔业养殖基地和生态观光休闲渔业场所。加强县、乡、村技术队伍建设，加大动物防疫基础设施投入，建成县、乡、村三级动物防疫体系，强化动物卫生监督执法。到2020年畜牧业产值占一产产值35%以上。大力推进农副产品产地初加工和深加工，提高农产品加工转化率。

二、突出农产品的功能化

以重点打造的特色农产品和优质主粮为载体，以中国科学技术大学功能农业团队为支撑，大力发展功能农业。以创建“六枝特区山地功能农业（扶贫）综合示范区”为目标，创新财政支农资金统筹使用，着力打造我国首个山地功能农业（扶贫）综合示范区，将农业产业转型发展和脱贫攻坚有机结合起来，在六枝特区挑选突出优势品种，按照功能农业“单品冠军”思路，分别建设“万亩功能农业示范区”，在示范过程中带动“一、二、三产”融合发展。

在六枝特区挑选重点作物和特色产品，5年内首先建设以富硒等为特色的万亩功能农业示范区3–5个，至2020年示范面积达到10万亩；家禽和牲畜类养殖达10万~20万只（头）；打造3~5个区域及全国功能农产品“单品冠军”；参与制定功能农业地方标准或行业标准3~5项；以培育上市企业为目标，培育1家以功能农业为主赢利点的国家级农产品现代化加工企业。2020年实现产值10亿元，决胜脱贫攻坚。远景至2030年，规模预计达到30~50万亩，产值达到50亿元~100亿元，在六枝特区培育打造出“功能农业百亿产业”。

三、突出农业产业品牌化

实施农产品品牌发展战略，开展农产品品牌意识教育。依托樱桃、猕猴桃、刺梨、核桃、茶叶等规模化种植园，与当地夜郎、少数民族文化特性相结合，充分挖掘我区农产品文化特质，培育优质农产品品牌。依托“九层山”牌天然富硒茶、“牛场辣椒”、郎岱酱、廻龙溪牌岩脚面条、夜郎贡米等有一定影响力的农产品品牌，大力发展“郎岱货”等线上营销平台，积极参加全国优质农产品展销周等各类农产品推介活动，组团宣传推介六枝特区区域品牌，加快农产品品牌集群体系建设。

四、突出农业产业规模化

以8个现代高效农业示范园区为基础，重点抓好茶叶、蔬菜、水果等高效园艺作物和高效畜禽标准化生产示范，突出区域优势产业和特色产品的发展，

打造山地功能农业发展先行区、样板区和优质、高效、生态功能农产品生产示范区。提升现有农业示范园区要素聚焦能力、资源整合能力、市场竞争能力、辐射带动能力。围绕生态绿色经济作物和山地鸡等健康禽蛋产品，打造一批集生产、销售、休闲为一体的特色产品综合开发产业带，结合山区沟域经济开发和牂牁江风景区建设，充分发挥农业景观、生态功能，形成特色鲜明的山地休闲农业带。深入推进“三变”改革，用股权纽带把分散的资源、资金、土地整合起来，大力培育家庭农场、专业大户、农民合作社和产业化龙头企业等新型农业经营主体，实现规模经营、集约化发展。

五、突出农业产业市场化

坚持以市场为导向，以被列入全省电商示范县为抓手，充分利用“互联网+”模式，坚持线下、线上并举，全面推进农超对接、农批对接等产销衔接模式，拓展商业服务，促进农产品销售，特别是加大对六枝中高端功能农业产品的推介，让更多高值特色农产品走出乡村、进入市场。围绕主打产品，建成一批农产品加工工厂，加快农产品精深加工。确立休闲农业作为全区农业转型发展的突破口。围绕樱桃、猕猴桃、刺梨、核桃、茶叶等规模化种植园和种植集聚区，建设果园茶园景观步道，开展观光、采摘、制作、认养等休闲农业服务。借助少数民族风情，加大梭戛长角苗景区和月亮河夜郎布依文化生态园宣传力度，大力发展民俗节庆、民族文化等乡村旅游项目。

六、突出农产品质量安全化

加大农产品安全检验监测能力建设，升级现有监测设备。大力推进农业标准化工作，使标准化成为我区广大农民的自觉行为。加强“三品一标”认证工作，努力推广全区无公害农产品、绿色食品和有机农产品的规模和品种，“三品一标”的认证比重达50% 以上。同时，建设功能农业产品检测认证中心，逐步完善质量控制，在全省率先实现功能农业产品的全程追溯。

率先在有机农产品和车厘子、魔芋等高品质农产品领域建设从田间到餐桌全过程监管制度，在标准化种植园推广测土配方施肥和绿色病虫防控技术。加强物流运输中农产品质量抽查措施，开展农产品销售市场专项整治行动。全面推进农产品加工和果蔬初加工企业 QS 认证，鼓励企业实施规范化质量管理与控制体系。大力推进农业综合执法，加强农业投入品安全监管，保障农产品质量安全，维护农民权益，促进农业和农村经济发展。

七、突出农业基础设施完善化

依托小型农田水利项目重点县工程，建设小水窖、水渠、山塘、泵站、堰闸等水利设施，推广喷灌、滴灌等节水设施。基本农田建设项目保护恢复灌面 2.28 万亩，修建小型农田水利建设项目修建渠道 97.2 公里，山塘总容积 0.9 万立方米，排洪沟 10.1 公里，河堤 1.5 公里，保护恢复灌溉面积 3.4 万亩。

第二节 走山地特色生态产业路，做强二产

依托资源和产业基础优势，以路喜循环经济产业园区、木岗工业园区、岩脚园区为载体，深入实施“工业强区”战略，推动工业转型升级。加大招商引资力度，积极引进环境影响小、经济效益好、带动能力强的大项目。推动煤炭工业向煤电化、煤电铝、煤电材及原煤的精深加工转变，大力发展新能源、新材料、高端装备制造、大健康医药、功能食品等战略性新兴产业，进一步增强工业对稳增长的支撑力。

一、推动煤炭工业转型升级

积极改造提升传统优势产业，加强传统产业链生态化。煤炭开采产业，推进煤矿企业兼并重组，支持大型现代煤矿建设；到 2020 年，全区各煤矿产能提升到 45 万吨 / 年，实现煤炭开采规模化、集约化、机械化。力争“十三五”末产能达 1255 万吨。提高原煤洗选效率，新建一批洗煤厂，洗选能力达到 1300 万吨。建成六枝电厂一期工程和路喜热电联产项目，装机为 202 万千瓦。力争开工建成六枝电厂二期工程。鼓励发展煤矸石综合利用项目，争取开工建设黑塘煤矸石发电厂，鼓励利用煤矸石兴办建材、煤矸石复垦回填、煤矸石提取化工产品等，减少环境污染。

推进煤炭工业向循环经济转型升级，继续把华润（六枝）电厂作为发展循环经济重点工程抓紧抓实，努力实现煤电就地转化，增加附加值，提高经济效益，建成六枝华润循环经济园区，打造煤 – 电 – 建材循环经济链。强化协调对接，深化企业合作共赢，帮助路喜园区渡过难关，推动六枝工矿改革改制。组建地方电力区域网，大力发展高载能无污染产业，促进电力就地转化。

二、大力发展清洁能源产业

做精常规能源产业。争取完成570口煤层气项目建设。2020年末，煤层气抽采量达到2.5亿立方米。开展煤层气提纯、煤层气的综合利用，通过管道建设拓宽煤层气民用范围，民用取暖、生活用燃料、公共交通等提高煤层气利用率。建立矿区煤层气和矿井瓦斯处理浓缩提纯液化装置及大型的煤层气提纯利用项目。建设一批CNG和LNG加工厂，作为新汽车能源开发推广利用的加气站点，在新场乡和牛场乡建设年加工30万m3/d的LNG煤层气加工厂。利用中缅天然气管道建成100×104m3/d天然气液化工厂。

积极发展新能源。发展风电、光伏产业，启动建设风电场，集中式、分布式太阳能光伏发电站。充分利用农林废弃物成型—工业燃料。发展生物质发电，气化发电、垃圾焚烧发电、垃圾填埋气发电、沼气发电等。启动建设集中供热、供气示范工程。

三、积极培育医药产业

充分利用六枝是贵州省地道药材生产地这一优势，加快技术进步和新产品开发，做大中药颗粒生产、输液系列产品生产，提升医药业规模和档次。支持宏奇制药、圣济堂药业等企业做大做强。以木岗工业园区为载体积极引进优强医药企业入园。充分挖掘、整合苗药资源，发展民族医药。加大天然营养保健品的研发和生产，开发魔芋、苦荞、黄精等保健产品。依托丰富的地道药材资源，与大型医药企业、科研机构合作，打造具有先进水平的药物研发技术平台，发展壮大医药企业规模，完善从种植到萃取等产业链，不断开发适应市场需求的高品质现代中药(民族药)制剂。

四、大力发展功能食品等食品工业

发展农产品精深加工，是推进农业产业化、扩大工业产值、推进服务业发展、提高农民收入的有效路径。发挥中国科学技术大学功能农业科技优势，依托丰富的农产品资源发展功能农产品深加工业，按分区布局、分步实施的总体思路，延长产业链，提高产品附加值。做大做强茶叶加工业，实施名牌战略，打造六枝特区的名优茶品牌，依托六枝特区九层山土特产开发有限公司、六枝天香茶业有限公司、六枝特区茶叶公司、贵州鸿森茶业发展有限公司等企业引领茶业产业形成集群优势，推动茶业产业跨越式发展。

进一步强化“九龙”牌系列白酒产品、“九层山”茶叶、“雾峰”牌苦荞系列产品、岩脚面、郎岱酱等特色品牌建设，重点支持特区九龙酒业有限公司年产5000吨浓香型系列白酒异地技改等项目。实施30万吨/年马铃薯全粉加工项目，3万吨/年苦荞加工项目，积极引进农产品精深加工龙头企业，实施粮食、茶叶等一批特色农产品和禽畜肉加工项目。在郎岱现代农业产业示范园研究规划一批立足本地资源的营养健康产业项目。加大水资源深度开发利用，力争建设木贡矿泉水厂、河头上矿泉水厂。

第三节 走山地特色健康旅游路，做优三产

充分考虑现代服务业发展趋势，适应人民物质文化生活的新需求，大力发展以旅游、商务、现代物流、金融、养老为主的现代服务业，同时加快提升传统商贸业、餐饮业发展水平，促进服务业全面优化发展。

一、推动旅游业快速发展

坚持“夜郎文化出精髓，三线文化出精神，民族文化出精彩，农耕文化出精致，生态文化出精品”的“五精”文化旅游产业发展战略，以筹办全市第四届旅游产业发展大会为契机，立足资源禀赋，加快推进牂牁江、廻龙溪、月亮河、洒耳、梭戛自然与生态苗族文化旅游示范区等景区景点建设，注重民族村落保护，不断完善“吃、住、行、游、购、娱”等配套要素，开启全域乡村旅游模式，全面提升六枝旅游产品的核心竞争力。充分利用牂牁江国家级湿地公园、黄果树瀑布源国家森林公园的资源优势，科学设计精品旅游路线，推动旅游产业升级发展，力争将六枝打造成为贵州西部旅游的重要节点、凉都六盘水的迎客厅、黄果树景区的扩散区。以岩脚、梭戛、牛场等乡镇为节点，突出抓好黔中水利枢纽库区、懒龙河库区等三岔河流域旅游后发优势，做大做强旅游产业。大力推进体育旅游化、旅游体育化，力争把老王山生态型多梯度高原运动训练示范基地打造成全国有吸引力的户外运动旅游基地。加快温泉资源深度开发，精心打造岩脚、落别等温泉项目，培育形成集疗养、度假、养生、娱乐为一体的温泉旅游产品集聚区。

二、培育发展大健康养老养生产业

利用气候核心资源优势，发挥功能农业产业的名片效应及对养老养生支撑优势，依托景区景点建设配套建设一批健康养生产业，全力发展大健康旅游、大健康养生养老等新兴产业，“十三五”期间建设牂牁江山地休闲园、廻龙溪温泉度假区、黄果树源·梦里泉乡温泉度假区、底溪老年养护楼。大力发展社区老年公寓，力争每个社区建一所日间照料中心，建成老年康复中心。采取多种形式引导和鼓励社会力量兴办社区老年活动中心、日间照料中心、老年公寓等各类养老服务设施。通过运营补贴、政府购买服务等方式，支持公建民营机构发展，大力鼓励社会资本进入养老服务业。加快农村养老服务业发展。重点中心镇要规划建设一个养老机构，并将运行管理工作经费全部纳入地方财政预算。在集体经济条件好的行政村建立 80~150 平方米、符合“四厅一厨”标准的老年人活动场所，建设老年活动室和文化活动室。

三、大力发展现代物流业

加快物流通道建设。加快六纳、六晴等高速公路出入境通道建设，大力构建方便快捷的综合交通运输体系，切实降低物流成本。强化园区带动作用，谋划建设现代物流园区，提升辐射带动能力。将木岗物流园区建成六盘水东部物流节点，在中心城区新区南部规划一个物流中心，构建功能齐全的物流配送体系。依托六枝特区特色农产品车厘子、樱桃、猕猴桃、刺梨等资源，建设完善农产品冷链物流，完善冷链物流基础设施，培育冷链物流企业，建设生产、加工、冷藏、配送一体化的农产品物流服务体系。依托牂牁江新建牂牁水上物流园。十三五期间新建物流中心 4 个，即：六枝东物流园、六枝西物流园、木岗物流园及岩脚物流园。

加快发展商贸流通。围绕煤炭、建材等本地大宗工业品和无公害蔬菜、茶叶等农产品的生产及交易，根据市场对各类产品重大需求，重点推进具有较强区域辐射带动能力的产销地批发市场建设。加快推进城市新区或物流园区附近区域的区域性批发市场建设。积极引进商贸流通企业，建立大型连锁超市。积极发展电子商务，发挥网络平台的作用，建设“数字市场”，推动大数据产业发展。提升市场信息收集、处理、传输能力；引入现代电子商务营销手段，推进网上交易，拓展绿色农产品对外销售渠道。促进有形市场与无形市场的有机结合，建立批发商与制造商、客户、物流服务的供应链条，实现资源共享、信息共用。引入现代企业经营模式。强化企业的创新意识、品牌意识和竞争意识，培育知名商户、名牌商品，并依靠优质服务塑造品牌专业批发市场，不断激发市场新的活力。

四、培育发展商务服务业

积极发展中介服务业。加快发展资产管理、兼并重组、财务顾问、后勤管理等企业管理服务；积极发展会计、审计、税务、资产评估、矿业权评估、认证认可、信用评估、经纪代理、市场调查等专业服务；积极发展信息服务业。以六盘水智慧城市建设为契机，重点发展以互联网、云计算为核心的电子商务、物联网等信息服务业。在中心城区建成一个大型电子商务中心，在落别、岩脚、郎岱建成电子商务次中心，其余的乡镇建成电子商务平台，每个行政村建有电子商务服务网点。积极培育服务业新业态。立足我区生态、气候、文化旅游等资源禀赋和特色产业发展需求，结合“凉都”品牌塑造，培育会展服务业发展，在中心城区规划建立一批有较高规格会议场所的高品位宾馆、度假会所等具有区域特色的会展中心，引进专业品牌服务机构，加强旅游展、民族文化节庆活动、特色工业产品系列展、绿色产品系列展、科技会展、贸易洽谈会等展会策划，不断提升会展区域影响力。大力发展中小规模的中高档会议，积极吸引企事业单位的培训会议，以及与疗养保健游、奖励旅游等结合的各类会议。发展检验检测服务，围绕我区能源、建材、装备制造、农业等重点产业和安全生产、公共安全等重点领域服务需求，提升检验检测水平，积极拓展新能源、新型建材等其他领域的检验检测服务。到 2020 年，力争第三方检验检测服务机构服务能力基本满足全区重点产业和重点领域服务需求，新建县级检验检查平台 1 个。

五、大力发展现代金融业

加快建设“开放金融、创新金融、市场金融、生态金融”，推进传统金融向现代金融转变。引进一批知名股份制商业银行，加快组建农村商业银行，进一步促使保险、融资租赁、金融仓储、创投基金等机构到六枝特区落户，积极稳妥发展小额贷款公司、融资担保公司和消费信贷公司，完善现代金融组织体系。鼓励金融机构开发符合区域金融需求特点的产品和服务，积极向上级行争取扩大全区各类分支机构的授信审批权限，提高信贷审批效率。完善“政银企”合作模式，强化金融与产业的结合，切实加强对现代农业、工业园区、高新技术企业、现代服务业的支持力度，创造有效信贷需求。

第五章 推进基础设施建设

第一节 推进综合交通体系发展

结合着力打造六枝成为节点交通枢纽和贵州西部现代精品城市的目标，建成安六城际铁路、纳雍经六枝至晴隆高速公路、六枝西经龙河至新华公路，建设毛口至雨格公路、新场互通至牛场公路、六枝至黄果树旅游公路、牛场至以角公路、大用至木岗快速通道，力争启动六枝至织金高速公路，规划建设沪昆高速普定至盘江（滇黔界）扩容工程。到2020年底，全区公路总里程达2700公里以上。加快国省道、县乡道提等改造步伐，重要产业园区、景区、乡镇实现二级路全覆盖。加强通村油路建设和管护，实现100%行政村通客车。通村油路实现网络化。完善“一江一河”内河航运体系。到2020年，我区内河航道里程达到152.5公里，其中四级航道达到67公里。

第二节 加快水利设施建设步伐

围绕解决工程性缺水问题，深入实施水利建设行动计划，规划建设一批骨干水源工程。建成懒龙河、阿雨、松树林、茅草寨等7个水库，完成头塘、湾龙坡、丁孝塘等水库前期工作并力争开工建设，以重点中小河流和重点山洪沟治理为重点，提高防洪减灾能力。对11个乡镇15条河流河道总长度140公里实施治理。争取建设龙场岔河、岱翁河河堤治理、水打桥排洪工程、河尾巴河道治理等防洪工程，修复大用镇骂冗、毛口半坡、中寨乡中寨村龙滩等渠道河堤水毁修复工程。实施综合治理水土流失面积94km2。继续实施农村安全饮水工程。新建供水工程85处，解决11.29万人饮水困难问题，提质增效（即改、扩建）供水工程52处，解决8万余人的饮水问题。实施农田水利配套工程，规划建设节水灌溉工程，提高农田灌溉保障程度。加强水质水量监测和管理，保证集中式饮用水水源地水质稳定达标。

第三节 加快电力、通信基础设施建设

继续开展电网升级改造工程，解决城乡供电“卡脖子”问题，建成110千伏店子、35千伏毛口、红旗、牛场等一批输变电工程，进一步提升供电能力，打造高效、可靠、智能、绿色的六枝电网。

加快骨干网络优化、城乡网络全覆盖、农村宽带延伸等重大信息基础设施建设，加快推进“三网融合”，深入实施“宽带贵州”行动计划，实现行政村“村村通宽带”并向自然村寨延伸覆盖。加快六枝中心城区及重点旅游景区手机免费无线上网工程建设。

第六章 推进新型城镇化

第一节 走好山地特色城乡一体路

按照“全域统筹、集聚集约、疏密有致、低碳生态”的要求，城镇紧凑布局、稳步扩大，农村点状开发、适度集中，形成紧凑城镇、开敞区域的布局结构，构建中心城区、特色小城镇、美丽乡村协调发展的城乡空间组织体系，优化城镇产业布局，实现产城互动发展。

一、提高中心城区承载能力

按照建设现代精品城市目标，注重规划设计风格，中心城区坚持“南扩、北改、东拓、西延”的拓展方向和“跳跃发展、协调布局”的原则，把中心城区建成连接黔中经济区的现代精品城市。依托山地特色，完善城市配套设施，以产兴城、以城促产、产城一体、融合发展。着力优化城市空间布局，加快旧城改造步伐，大力推进南部新区开发与建设，着力提高中心城区的首位度和带动力。加快基础设施建设，建成牂牁大道及东西互通与牂牁大道的连接线，推进城南大道、阳光路、六定路等城市道路建设。建成城际铁路车站、中心城区客运站。建成2–3个中心城区停车场。新建城区供水复线管网，扩建2座水厂，保证中心城区用水安全。推进中心城区现有垃圾填埋场改扩建，新建生活垃圾焚烧厂。新建六枝特区污水处理厂二期工程，设计日处理能力应为2.5万方/日，配套建设污水收集管网，扩大现有污水处理能力，争取到2020年实现中心城区污水和垃圾处理率超过85%。启动中心城区综合管廊建设，改造一批城市地下管廊，加快城镇给排水、供电等老旧管网改造，加强城镇地下排水管网、排涝泵站和排涝河道等基础设施建设改造，加快六枝河流域治理，建成左家寨水库，完善城镇排水与暴雨内涝防治体系，推进雨污分流改造。建立多元化能源供应体系，推进煤炭矿区较近的中心城区及其周边乡镇和北部乡镇使用煤层气，

加快建设城镇管道燃气项目。启动六枝公园建设。到2020年，南部新区建设雏形形成，拉伸城市框架，力争拓展城区25平方公里以上。中心城区人口达25万人以上。

二、加快重点小城镇建设

按照省级示范小城镇的标准要求，建设郎岱、木岗、岩脚、落别等一批“主业更突出、特色更鲜明、环境更优美、功能更完备”小城镇。扩建郎岱、岩脚、木岗三个重点乡镇供水工程，新增3000立方米/日水厂三座，配套输配水管网建设，加快建制镇供水项目建设，改变乡镇供水困难局面。新建或扩建一批垃圾填埋场和污水处理厂，力争开工建设大用、落别、月亮河、中寨、牂牁、关寨、牛场、新场等污水处理厂及配套管网，加强一般小城镇的生活垃圾收运设施建设，以郎岱镇、岩脚镇两个省级示范镇为两翼，以关寨镇、落别乡两个中心镇和木岗镇、牂牁镇等多个特色小城镇为支撑，以中部城镇组团、北部城镇组团和南部城镇组团为基础的“一心两翼、多点支撑、组团发展”新型城镇化多层次发展格局。

实施园区带城战略，推进产城景融合发展，搞好集镇布局，完善道路、水、电等基础设施建设，扩大城镇规模，增强城镇对农村人口及资源的吸引力，提升小城镇的综合实力。2020年，每个重点镇城镇人口达到2万–5万人。

三、构建“串点连线”的美丽乡村空间格局

继续强化“四在农家 · 美丽乡村”建设，加快推进新农村基础设施建设，完善“小康水”工程，全面推进“小康房”建设，拓宽升级乡村道路，硬化村内道路，有条件地方新建农村客运站，配套通信、供电、垃圾收集处理、文体活动场所等基础设施，加快互联网向农村延伸。以小康寨建设示范点和新型农民社区为支点，打造中心村、民族文化村，以国道、高速公路等交通干线和江、河、湖等风景线和山水线为骨架，建设诗画景观带、民俗风情带、旅游休闲产业带，打造交通便捷、主题突出、特色明显的美丽乡村精品线路，构建点状分布、点线结合、串点成线连片的村落布局结构。“十三五”期间全面完成我区全部村庄发展规划编制工作。80%以上的村庄“脏乱差”问题基本得到治理，村容村貌明显改观，基础设施配套更加齐备，公共服务设施更加完善，生态环境明显改善，乡村特色更加浓郁，农民生产生活条件改善提高。

第二节 创新城市管理，提升综合管理能力

建立健全规范高效的城市管理体系。切实转变政府对城市规划建设管理的职能，统筹协调，形成合力，发挥城市综合功能。动员居民群众和辖区单位参与社会公共事务和城市管理，共同创建文明家园。全面推进城市管理相对集中行政处罚权工作，建立城建、环卫、市政、房管、公安、文化、工商等多个执法主体参加的、行使综合行政执法权的机构，并将其纳入政府部门序列。按照政企分开、政事分开、放开市政公用事业投资和经营领域的思路，实现投资主体多元化、服务运营市场化。

加快推进数字化城市管理建设。以平安六枝、智能交通和数字城管为核心内容，尽快推进公安、交警、城管、消防、水电气等资源信息的整合，建设“数字六枝”应用系统，实现城市综合管理数字化、网络化、精细化、标准化，构建服务居民生活的高效平台。积极利用市场化运作手段，尽早启动网格化城管信息指挥系统向数字化城管监督指挥系统的升级，创造新信息实时采集传输的手段，创建城市管理监督中心和指挥中心两个轴心的管理体制，再造城市管理流程，从而实现精确、敏捷、高效、安全、全时段、全方位覆盖的城市管理模式。

第七章 推动生态文明建设

第一节 大力加强自然生态系统修复和环境保护力度

一、加强生态系统修复和保护

着力实施生态建设、生态恢复、石漠化治理、退耕还林和园区景区周边绿化等重点工程建设，大力建设山体绿化、山体公园、森林公园、滨河湿地公园、工业园区缓冲区绿化等生态景观，认真实施好巩固退耕还林成果、植被恢复等林业重点项目，不断提升森林覆盖率。继续实施封山育林、退耕还林、天保工程、石漠化综合治理等重点工程，加强森林资源保护。到2020年，生态环境明显改善，森林覆盖率达到60%以上，每年造林成活率达85%以上，城市绿地率达到40%以上。

二、加强环境保护和治理

加强三岔河流域、北盘江流域的污染治理，积极推进牂牁江的生态治理。完善城区生活污水处理厂收集管网，增加污水收集量，确保污水处理厂正常运行。建设水质检测中心，加大对城区供水水质及污水处理厂出厂水质和乡镇水厂水质及农村饮水安全工程供水水质总体监控力度。实施六枝特区城镇污水处理厂污泥处理处置项目，对污泥进行无害化处理处置。确保到“十三五”末，集中式饮用水水源地水质达标率达到100%，农村千人以上饮用水水源地水质达标率达到95%以上。城乡生活垃圾无害化处理率和城镇污水处理率分别达90%、86%；主要污染物二氧化硫和化学需氧量浓度控制在地区规定指标范围内，确保城市空气质量AQI优良率稳定在85%。

推进对农业、农村的生态环境保护和建设。加强对江河源头区、重点水源涵养区、水土保持重点区、饮用水源区、生态脆弱区和重要渔业水域等生态功能的保护和建设。加大农村生活污染治理力度，结合新农村建设，实施“一气三改”沼气池建设工程，处理农村人畜粪便及生活垃圾，改变村容村貌，改善农村生活污水和畜禽散养造成污染物乱排乱放的状况，切实改善农村生活质量。加强农业生产污染治理，引导群众使用有机肥，推广农作物生物防治技术，严把农药、肥料等投入品使用关，采用杀虫灯等措施减少农药使用，大力推广测土配方施肥技术，降低对化肥的依赖，到2020年化肥施用实现零增长，有效控制化肥污染。

开展矿山开发的环境治理，遏制新的重大生态破坏，逐步建立资源开发的环境监管体系，提高矿产、水利、水电、森林等重要资源开发的生态环境保护监管能力，统筹好利用与保护的关系，大力推进资源的节约集约利用和生态环境的保护。开展采煤沉陷区生态修复和治理工作，做好生态扶贫移民工程，以深山区、交通闭塞区、生态资源脆弱区、生态保护区、水库库区、沉陷区为主要迁出地，搬迁点新建小区的选址，结合我区小城镇建设发展规划和土地利用规划，原则上选择中心城区、小城镇建设范围内和向产业园区靠近，充分考虑居民工作和劳动场所，就近安居，避免搬迁量过大。

完善各类灾害监测网络，划定灾害重点防范区，增强灾害预警评估和风险防范管理能力。加强防灾减灾骨干工程建设，提高重特大灾害的工程防御能力。加强防灾减灾科技支撑能力建设。提升社会各界的防灾减灾意识，加强群测群防与专业防治相结合的灾害应急处置能力建设。

第二节 大力发展循环经济

按照“减量化、再利用、资源化”的原则，突出资源高效利用和循环利用，全面推行清洁生产，促进资源循环利用，推动生态产业链组合，倡导社会绿色消费，大力推进六盘水路喜循环经济产业园区建设。

一、积极构建循环经济产业体系

围绕煤化工、电力、建材等传统优势产业，实施清洁生产，促进源头减量，推动资源综合开发利用和大宗产业固废循环利用，构建循环型工业体系。以工业园区为依托，大力发展采煤、选煤、焦化、煤化产品深加工、电力、建材等产业，逐步构建煤－焦－化－电－材完整的循环产业链条。以农业园区为依托，大力建设生态农业，积极推广农业生态模式，着力发展循环型农业。加快发展煤层气利用、水电、风电、生物质发电等绿色能源开发运用。

二、大力推进企业清洁生产

引导企业内部和企业之间积极开展循环经济试点，通过原料替代、工艺改造、产品设计和强化管理，优先进行企业内部的物质和能量循环，引导产业内部及产业之间废弃物减量化、再利用和资源化。形成洗煤煤泥干化利用、矿井水治理回收利用、焦炉煤气掺烧发电、余热余压发电、粉煤灰制新型墙体材料、煤矿瓦斯发电及浓缩罐装民用、煤矸石发电等特色循环发展模式。不断改善管理和改进工艺以及采用先进的技术，提高资源利用率，减少污染物的产生和排放。

三、提高废弃物回收和再生利用水平

建立以社区回收为基础的废旧物资回收系统，建设废旧物资交易市场，提高废旧物资的再利用水平。以路喜园区和六枝电厂为龙头，加强对粉煤灰、燃煤炉渣等工业固体废弃物和建筑渣土等工程废弃物的管理和综合利用。强化资源的综合利用，建立城市生活垃圾资源化系统和主要废弃物资回收、再生系统，实现废弃资源循环化利用。完善再生资源和垃圾分类回收体系，建立再制造专业化服务体系。在中心城区、郎岱镇、岩脚镇各建设一处医疗废物集中处置中心。在新建住宅、公共建筑推广先进节能技术，到2020年率先在中心城区和中心镇实现新建建筑100%

达到绿色建筑标准要求。

第八章 实施科教兴区人才强区战略

第一节 优先发展教育

优化教育资源配置，推进教育事业全面发展，到2020年，各级各类教育普及程度达到全省中等以上水平，逐步向实现教育现代化目标迈进。

一、完善现代教育体系

以“多层次、高品质、广覆盖”为特征，构建和完善涵盖学前教育、义务教育、高中教育、职业教育为主的现代教育体系。实施学前教育突破工程。坚持以发展农村学前教育为重点，到“十三五”规划中后期，确保实现每个乡镇至少有一所公办幼儿园（大中型乡镇有2所以上幼儿园），每个城市社区、街道至少有一所以公办、民办公助、合作办学等形式的普惠性幼儿园。推动义务教育均衡发展。2020年实现全区乡镇及以上中小学“校校有塑胶运动场”的目标，实现农村小学寄宿率达30%、农村初中寄宿率达70%的目标。确保到2016年实现县域内义务教育初步均衡发展、2017年实现县域内义务教育基本均衡发展目标。加快普通高中教育发展。大力实施普通高中教育突破工程，加大示范性普通高中创建力度，力争“十三五”时期省级示范性普通高中达2所，“基本普十五”顺利推进。大力发展现代职业教育，建立职业教育与产业对话协作机制，完善企业参与职业教育联席制度，推进“产业园区+标准厂房+职业教育”办学模式，鼓励职业学校在工业园区或企业举办分校、实训基地。开展全体劳动者的职业培训，深入实施成人“双证制”教育培训，进一步提高城乡居民的学历层次。

二、提升教育信息化水平

加快宽带网络校校通、优质教育资源班班通、网络学习空间人人通及教育资源平台和教育管理平台等“三通两平台”建设。到2020年，我区基本公共教育服务水平达到全省平均水平以上，达到全国平均水平。“新两基”普及程度不断巩固提高。学前三年毛入园率85%以上，九年义务教育巩固率95%以上，高中阶段毛入学率达到85%以上。

三、全力提高教育资源均等化水平

科学规划、合理布局学前教育机构，加强边远民族地区乡村两级公办和普惠性民办幼儿园建设。主动适应扶贫开发、生态移民和城镇化建设需要，科学布局义务教育资源，改善义务教育薄弱学校基本办学条件，大力推进义务教育学校标准化建设。建立完善教师队伍建设长效机制，制定教师队伍专项规划，完善教师培训机制，提高边远山区教师福利待遇，落实教师激励政策，完善经费投入机制，加大边远贫困学生资助力度，全面提高教育资源均等化水平。

第二节 推进科技兴区战略

加强科普工作，提高科技创新能力，以科技为支撑，借助中国科技大学帮扶我区的契机，积极开展与科研院所的经济技术合作交流，建立利益连接机制，促进科研成果转化，推进适用技术在经济和社会各领域的应用和转化。建立健全适应市场经济、符合区情实际的科技创新体系，促进科技成果的转化力度，完善科技服务网络，营造“大众创新、万众创业”的氛围。

积极创造科技引进和创新条件，加大对科技经费的投入，进一步加大科技培训、创新发明、保护专利和知识产权等各项工作力度，培育开发技术市场。全面推进企业技术创新，增强企业新产品开发能力。依托省内外大专院校、科研院所和优秀企业，通过引进消化、吸收先进技术成果，对传统工业企业进行技术改造，以农业科技项目、高效农业示范园区为抓手，以绿色食品加工为核心，推进农业科技引进和普及，提高农业科技含量。充分发挥招商引资在工业企业技术改造中的作用，积极引进技术含量和装备水平高的项目。

第三节 实施人才强区战略

牢固树立人才资源是第一资源的观念，紧紧抓住培养、用好、吸引人才三个环节，留住本土人才、引进急需人才，着力加强党政、企业经营管理和专业技术三支人才队伍建设，健全人才市场体系，完善和落实优惠政策，形成科学合理的人才评价、选拔任用和激励机制，为各类人才发挥作用、建功立业营造良好环境。加快培育人才市场，推动人才合理流动。推进产学研相结合，完善高校与科研院所、行业、企业联合培养人才的新机制。加大人才资金投入，设立人才发展专项资金，用于人才“引进培养、补助补贴、创业扶持”等。到 2020 年，引进本科以上人才 500 人以上，使我区的人才比例高于全省、全市平均水平。

第九章 提升基本公共服务保障能力

第一节 提升卫生医疗服务水平

以全面提高城乡居民健康水平为目标，加大卫生事业的投入和建设力度，不断优化医疗资源配置，提高卫生现代管理水准，满足群众基本医疗卫生需求。到 2020 年，全区医疗服务均等化程度进一步提高，人民群众健康的主要指标达到全省平均水平以上。建立健全疾病预防控制、计划生育、妇幼保健、应急救治、卫生计生监督等专业公共卫生服务网络，完善突发公共卫生计生事件协调机制和工作网络，全面建成区统一的急救网络和急救指挥体系。全力做好慢性非传染性疾病综合防控工作。强化城乡（社区）卫生服务机构建设。完善以基层医疗卫生服务网络为基础的医疗服务体系提升公共卫生服务水平。医疗机构依法承担重大疾病和突发公共卫生事件监测、报告、救治等职责。继续完善区、乡、村三级医疗卫生计生、疾控等体系建设。建设区级医疗急救中心，统筹管理区域内医疗救护资源，强化医疗救护人才及能力培养，提升农村医疗急救能力。建立康复中心，提高老年病诊治能力和康复医疗水平。“十三五”期间力争全区每千人口病床数达 4 张，卫生技术人员每千人口达 4.5 人。居民平均期望寿命达到 73 岁，婴儿死亡率降至 8‰以下，5 岁以下儿童死亡率降至 12‰以下，孕产妇死亡率降至 10 万分之 30 以下。力争建成 1 家以上三级医院、4 家特色专科医院。

第二节 全面做好人口工作

以人的全面发展为目标，综合利用经济、法律、政策、行政等手段，加强人口宏观调控，提高人口素质，促进人口与经济社会资源环境协调发展。到 2020 年，全区人口自然增长率控制在 6‰以内。大力提倡和宣传优生优育优教，积极推进优生促进工程，强化孕前优生健康检查、出生缺陷社会化干预、0–3 岁科学育儿工作，改善和提高出生人口素质。

一、积极应对老龄化

扶持建设一批社区日间照料中心、农村互助养老活动中心、专业化养老机构，以及为有需求的失能老人家庭实施无障碍设施改造。坚持政府主导、社会参与，鼓励以公建民营、民办公助、政府补贴、政府购买服务等多种方式兴办养老服务业，培养专业养老护理员。推进“医养结合”，强化医疗卫生对养老服务的支撑。

二、完善留守儿童心理救助机制

对区内的留守儿童要建档跟踪，做到信息登记到位、救助服务及时、教育管理跟上。强化各级部门对留守儿童的责任意识、服务意识和管理意识。充分发挥各方力量，加大对留守儿童的心理关注和情绪疏导，创造留守儿童健康成长的良好环境。

三、全面推进二孩政策

全面做好二孩政策实施的宣传、引导和排查工作。加快计生卫生资源整合、技术人员培训，加强母婴保健技术服务人员服务资质的监督和助产技术服务的管理。进一步简化办理生育登记的程序，建立健全配套措施和制度，确保符合生育条件的家庭能够及时、方便、快捷地办理生育登记。

第三节 推动文化体育事业快速发展

完善公共文化服务体系，统筹服务设施网络建设，促进基本公共文化服务均等化。充分发挥我区历史文化深厚、民族文化丰富的优势，整合激活文化资源，促进文化事业发展繁荣和文化产业集聚壮大。到 2020 年，城乡一体化的公共文化服务体系基本健全，城乡居民多样化的文化体育需求基本得到满足。优秀历史、民族文化遗产得到保护传承，夜郎文化品牌形成影响力，文化产业形成一定规模。

一、完善公共文化服务体系

坚持公益性、均等性、便利性原则，加快推进各类公共文化服务网点建设，健全完善覆盖城乡的公共文化服务体系。推进基层文化建设，实现城乡文化的均衡同质发展。推进广播电视事业发展，以数字综合信息网为依托，继续加强广播电视基础设施建设，提高服务质量，办好两台（电视转播台、广播电台），全面完成“村村通”，基本实现“户户通”，广播电视的综合人口覆盖率力争达到 100%。加强文化市场管理，实施综合行政执法，确保全区文化市场繁荣有序、健康发展。

二、加强文化基础设施建设

重点抓好基层综合性文化服务中心建设、村文化活动室建设、社区文化活动中心建设，争取建成“三线建设”博物馆、彝族文化产业走廊，围绕民族民间文化建设民族文化展演剧场。力争启动建设妇女儿童活动中心。

三、打造区域特色文化产品

结合我区实际，加强馆办文艺团队建设，重点打造梭戛、月亮河、郎岱、牂牁、中寨、岩脚等乡镇文艺团队，创作生产一批融思想性、艺术性、观赏性为一体的，深受广大人民群众喜闻乐见的文艺精品力作。大力发展少数民族文化事业，重点传承和保护箐苗文化，深挖其独特稀有音乐元素，继续打造箐苗文艺精品。完成省级非物质文化遗产名录项目《梭戛箐苗社区文化空间》《苗族三眼箫音乐艺术》、《仡佬族吃新节》《布依族姊妹箫音乐艺术》的数字化建设。

四、推动全民健身运动

加大公共体育设施特别是城乡基层体育设施建设力度，完善面向大众的多元化公共体育服务体系。力争建成体育中心，积极发展竞技体育，申办各类体育赛事活动。到2020年，体育人口稳步增加，达到全区总人口的30%以上，95%以上的适龄学生达到及格以上标准，争取实现乡镇和村级农民体育健身工程全覆盖。

第四节 建立健全社会保障体系

围绕全面建成小康社会的目标要求，从人民群众最关心的实际问题出发，以保障和改善民生为主线，以提高城乡居民生活水平为核心，以增加困难群体收入为重点，多渠道扩大就业，提高城乡居民收入，建立健全社会保障体系。到2020年，形成与全面建成小康社会的总体目标相契合，实现人人享有基本保障、保障项目基本完备、待遇水平稳步提高、制度衔接顺畅有序、管理服务高效便捷的多层次社会保障体系。城镇职工基本养老保险覆盖率、城镇基本医疗保险覆盖率、城镇失业保险覆盖率均达到98%以上，农村新型合作医疗参合率达到99%。

一、稳定扩大就业

把扩大就业作为经济社会发展的优先目标，加大经济发展对就业的拉动作用，建立产业结构调整、就业结构调整以及人力资源开发有机结合的就业促进机制。实施积极就业政策，多渠道拓展就业岗位，促进非公有制经济和中小企业发展，进一步发挥服务业吸纳就业的作用。大力开发社区就业岗位，鼓励和规范非全日制、临时性、阶段性和弹性工作时间等灵活多样的就业形式。加快农村劳动力转移就业，鼓励以创业带动就业，充分发挥创业促进就业的倍增效应。健全城乡就业服务体系，建成统一开放、运行有序的人力资源市场。加强就业政策与保障政策联动，促进有劳动能力的低保人员积极就业。加大职业技能培训力度和补贴支持，充分发挥培训促进就业作用。“十三五”期间，城镇登记失业率控制在4.2%以内。

二、增加居民收入

围绕提高居民收入水平，推进“收入倍增计划”。一是着力提高低收入者收入水平。严格执行最低工资制度，按照经济社会发展的实际情况，逐步提高最低生活保障、最低工资和基本养老金标准。二是逐步扩大中等收入者规模。鼓励劳动者通过自主创业、技术创新等方式增加经营性和财产性收入。三是切实增加农民收入。贯彻执行各级对农民的各项直接补贴政策，加大对农业科技的投入，引导社会资金投向农业和农村，调动农民增加农业投入的积极性。因地制宜引导、培育、扶持发展山地功能农业、特色农业、观光农业、休闲农业等，努力拓展农民增收渠道。力争实现城镇居民人均可支配收入年均增长11%，农村居民人均可支配收入年均增长12%。

三、健全社会保障

推进社会福利、救灾、救济、优抚安置、拥军优属、拥政爱民和互助互济等社会保障事业健康发展，构建经济社会发展安全网。完善城乡居民最低生活保障制度，逐年提高城乡供养对象保障水平。整合新农保制度和城居保制度，建立公平、统一、规范的城乡居民养老保险制度。逐步提高医疗保障水平，继续完善多层次医疗保障体系。完善工伤保险政策和标准体系，建立工伤储备金制度。健全社会救助体系，加强社会福利事业建设，完善对被征地农民、下岗失业职工、城市住房拆迁居民等困难群众的救助政策。积极发展社会组织力量，建立社会慈善、社会捐赠、群众互助等多种形式的社会救助机制。发展二手房市场、住房租赁市场和保障性安居工程住房，适度增加单户保障性住房面积，探索把符合条件的有稳定就业的异地务工人员纳入住房保障范围。

第五节 加强安全底线建设

坚持“安全第一、预防为主”、标本兼治、综合治理理念，全面推进安全质量标准化建设，提高本质安全水平和事故应对能力，推动安全保障型社会建设。到2020年，安全监管监察与执法能力明显提高，安全生产法规标准体系、技术支撑体系、应急救援体系、培训体系和宣传教育体系进一步完善，企业安全生产主体责任有效落实，生产安全事故和职业病得到有效防范。单位国内生产总值（全区亿元GDP）生产安全事故死亡率比控制在0.4以内，工矿商贸就业人员十万人生产安全事故死亡率控制在10以内。煤矿百万吨死亡率控制在1以内。道路交通万车死亡率控制在4.3以内。

第十章 深化改革与开放

第一节 行政管理体制改革

进一步转变政府职能，加强政府社会管理与公共服务职能，取消和调整一批行政审批事项，提高行政效率。探索扩权强镇，赋予重点镇部分县级经济社会管理权限，增强镇域经济发展活力。按照“非禁即入”原则，建立“负面清单”制度。巩固政府机构改革成果，严格控制机构编制总量，合理调整机构设置和职能配置，不断提升行政效能。完善重大事项决策机制，建立健全公众参与、专家咨询、风险评估、合法性审查和集体讨论决定的决策程序，实行科学决策、民主决策和依法决策。深入推进政务公开，强化行政问责，提高政府执行力和公信力。完善行政执法制度，明确执法权限，完善执法程序，加快建立权责明确、行为规范、监督有效、保障有力的行政执法体制。

第二节 经济体制改革

推进供给侧改革，充分发挥市场在资源配置中的决定性作用，清除制约经济发展方式转变的体制障碍。进一步整顿和规范市场秩序，建立健全社会信用体系，完善行政执法、行业自律、舆论监督、群众参与相结合的市场监管体系。

切实加强监管，提高投资效益。用好政府投资，主要用于补短板、调结构、增加公共产品和公共服务的供给。拓宽民间资本投资领域，积极推广运用政府和社会资本合作模式。鼓励和引导社会资本进入公共服务、资源环境、生态建设、基础设施等重点领域，充分发挥社会资本特别是民间资本的积极作用。

用足用活上级政府的财政扶持政策，优化财政支出结构，规范财政转移支付，加大财政对民生领域的投入强度。引导各类金融机构向农村延伸业务，进一步优化和改善金融生态环境。完善税收征管机制，规范非税收入管理，确保财政收入稳定增长。

以管资本为主加强国有资产监管，确保国有资产保值增值。推动国有企业完善现代企业制度，以增强企业活力、提高效率为中心，不断提高国企核心竞争力，建立产权清晰、权责明确、政企分开、管理科学的现代企业制度。鼓励非公有制企业参与国有企业改革，鼓励发展非公有资本控股的混合所有制企业。支持非公有制经济健康发展，完善非公有制企业进入特许经营领域具体办法。

第三节 社会管理体制改革

进一步完善党委领导、政府负责、社会协同、公众参与的社会管理格局，形成党委和政府与社会力量互联、互补、互动的社会管理和公共服务体系。完善党和政府主导的维护群众权益机制，以群众工作统揽信访工作，落实领导干部接访、下访、回访制度。健全社区居民自治制度。加强对社会事业举办主体及其服务的监管。深化社会组织登记管理体制改革，逐步取消登记管理机关和业务部门双重管理制度，适度放宽经济类、公益类社团和基金的设立。理顺政府对社会事业的管理体制，切实推进管办分开，减少对事业单位的微观管理和直接管理。完善信息网络管理机制，提高舆情应对处置能力和虚拟社会引导管理水平。建立重大工程项目建设和重要政策制定的社会稳定风险评估机制，灵活创新调解机制。加强对流动人口的管理和服务，提高突发公共事件应急管理能力，健全自然灾害应急救援体系。

第四节 农村体制改革

深入推进农村“三变”改革，培育新兴农业主体。保护好农民“三块地”（农户的承包地、农民的宅基地和集体建设用地）的合法权益。在家庭承包经营的基础上，加快推进农村土地承包经营权的流转，实现农业产业化经营，同时保证农民通过土地流转获得稳定收益。充分用好城乡建设用地增减挂钩、低丘缓坡荒滩等未利用土地开发利用试点等政策，切实避免擅自扩大城镇建设用地规模，改善农村生产生活条件，提高节约集约用地水平。推动农村房屋权属登记，明晰农村房屋产权。健全农业投入保障制度，保证各级财政对农业投入的增速高于总体财政收入增速，大幅度增加对农村基础设施建设和社会事业发展的投入。加大对农村金融的政策支持力度，拓宽融资渠道，引导更多信贷资金和社会资金投向农村。扩大农业保险范围，发展政策性农业保险业务，建立农业贷款风险补偿机制。

第五节 完善社会主义民主法制建设

全面推进依法治区，改善政府管理和执法方式，规范执法行为，提高依法行政水平。完善法律服务体系，规范管理法律服务市场。实施“七五”普法规划，加大法律宣传力度，增强全民的法律意识。各级领导干部特别是执法人员要带头学法、用法、守法，坚持依法办事。农村的法制宣传要与民主法制建设结合起来，提高农村干部依法协调解决农村各类矛盾的能力，引导农民学好、用好法律，解决群众关心的热点、难点问题。

进一步扩大基层民主，推进基层民主建设，引导人民群众依法参与政治、经济、文化和社会事务的管理。完善村民自治制度和民主管理制度，提高村民自治水平。

加强社会治安综合治理，维护社会政治稳定。要以创建“平安六枝”为目标，坚持打防结合的方针，构筑和完善多警联动的治安巡逻防控体系。

继续做好禁毒工作，严厉打击涉毒等违法犯罪活动。建立健全各种形式的群防群治组织，重点排查不安定因素，消除各种不安定隐患，维护社会稳定。

继续做好关心下一代工作。注重青少年思想道德建设，引导青少年树立社会主义核心价值观；维护青少年合法权益，关爱和帮助贫困、残疾等困境儿童；营造良好的社会文化环境，支持和帮助青少年进步成才。

第六节 进一步扩大对内对外开放

进一步优化发展环境，解放思想、更新观念、改革创新，实行同企同策，加大招商选资、招才引智力度，引进带动性强、影响力大的龙头型、科技型项目。创新开发区体制机制，积极发挥开发区对外开放的示范带动作用。加强工业基础设施建设，优化营商环境。积极发展多种形式的对内对外贸易。扩大对内开放，主动对接中央和部省属大企业、大集团，争取更多的产业项目落地生根。在山地功能农业等主导性核心产业上，加大引资力度，吸引知名投资机构和大企业投资区内企业、产业。用好用足国家产业转移政策，根据我区经济发展实际吸引承接域外产业转移。积极融入贵安新区同步发展，承接黔中经济区的辐射带动作用。完善与周边省市县的区域合作机制，加强交通对接、工业协作、旅游联动、商贸流通、文化交流。

第十一章 规划保障与实施

第一节 加强组织实施

发挥市场配置资源的决定性作用，推动规划顺利实施。各级政府要正确履行职责，合理配置公共资源，引导调控社会资源，保障规划目标和任务的完成。重点骨干企业要充分掌握和领会规划纲要的战略意义，把规划目标与企业行为结合起来，积极主动地参与规划实施。

一、统筹进度安排

加强年度计划与本规划的衔接，对主要指标应当设置年度目标，充分体现本规划提出的发展目标和重点任务。年度计划报告要分析本规划的实施进展情况，特别是约束性指标的完成情况。根据“十三五”时期发展特点，合理把握规划实施的阶段重点和建设节奏，保持经济社会平稳健康发展。

二、加强专项规划落实

充实完善规划体系，针对发展的特定领域和薄弱环节，编制实施好专项规划，加强各规划之间的相互衔接，为规划纲要的顺利实施提供有力支撑。区人民政府各有关部门要依据《纲要》，编制实施好专项规划，明确该领域的“十三五”发展方向、发展目标、主要任务和重大政策举措。

三、做好规划衔接协调工作

正确处理经济社会发展规划与城乡规划、主体功能区规划、土地利用规划之间的关系，加强衔接配合，确保在总体要求上指向一致，在空间配置上相互协调，在时序安排上科学有序，形成一本规划、一张蓝图的发展总思路。

第二节 加强实施管理

进一步健全责任制，加强考核评价和民主监督，动员和引导社会广泛参与，确保规划分阶段有效落实和发展目标的如期实现。

一、完善考核评价

区人民政府各部门要按照职责分工，将《纲要》确定的相关任务纳入各部门年度计划，明确责任人和进度要求，切实抓好落实，并及时将进展情况向区人民政府报告。进一步改进考核方法，完善评价机制。

二、加强实施监督机制

进一步加强规划实施的监督，建立健全重大事项报告制度，定期将规划目标和主要任务的进展情况向区人大常委会报告，向区政协通报。加强规划的宣传，以多种形式、各种媒介广泛宣传“十三五”规划，使人民群众认知规划、关心规划、积极参与规划实施。增强规划实施过程的透明度和公开性，凡是涉及公共利益的重要事项和重大工程，要通过公示、论证、听证等形式，征求专家和群众意见，提高决策的科学性和民主性。要主动接受来自人大政协、上级政府行政机关、群众舆论、企事业单位和社会团体的广泛监督，协调解决规划实施过程中出现的问题。

三、加强规划监测评估

规划主管部门应跟踪分析规划实施过程，对规划实施情况和各部门应承办任务的完成情况进行监督检查，定期分析规划执行情况，定期组织对主要专项规划实施情况、重大项目进展情况等进行检查，对规划实施情况进行期中和期末评估，并将检查评估结果向区人大报告。按照“谁组编、谁组织”的原则，组织有关专家及部门对规划实施（3年左右）情况进行客观分析与评价，及时发现问题和提出改进意见，保障规划目标实现。

四、规划实施调整

本《纲要》由区人民政府组织实施。规划实施期间，由于国内外环境发生重大变化或由于其他原因，需要对规划进行修编调整时，由区政府提出调整方案，提请区人大常委会审议批准。

第三节 深化政策保障

围绕“十三五”发展目标和任务，集中力量在新农村建设、制造业升级、服务业提升、交通能源、生态环保、社会事业等领域，高水平、高效率、高质量地实施一批事关全局和长远发展的重点建设项目，充分发挥重大项目对经济社会发展的支撑和带动作用。落实配套相关政策，保障重点建设工作顺利实施。

公共财税政策。加大支出结构调整力度，保证公共基础设施、农村建设、科技、教育、文化、卫生、社会保障、生态环境等重点支出。明确产业发展导向，落实产业扶持政策，引导资金投向现代农业、特色轻工业、装备制造业、现代服务业等重点产业。建立更加规范的财政转移支付制度，提高基层政权的财力保障，切实增强财税对经济社会发展的调控能力。

产业导向政策。根据本区资源环境承载能力和国家产业导向目录，制定完善鼓励发展类、限制发展类、禁止及淘汰类行业的政策措施。对鼓励发展的产业，政府在供地、能源保障、基础设施配套等各方面给予支持和优先保证。对加快淘汰的产业，政府积极引导，妥善处置，确保社会稳定。不断优化投资环境，吸引高新技术、低能耗等大项目在本区落户，带动全区产业结构升级。鼓励和支持具有比较优势的本地企业，通过参股控股、收购兼并、合资合作、上市融资等途径，建立现代企业制度，尽快做大做强。

空间调控政策。严格执行生态空间用途管制政策，各类项目的选址，必须符合区域发展方向，并统一布局到工业园区，严格控制用地多、能耗高、污染排放严重的项目。对于城镇空间，要着力提高土地集约利用水平，提升单位国土面积的投资强度和产出效率。要控制工矿建设空间和各类开发区用地比例，促进产城融合和低效建设用地的再开发。对于农业空间，要强化农地保护，推动土地整理，促进农地规模化、标准化建设。要严格建设用地管控，优化整合农村居民点，繁荣历史文化村落，保护农村田园景观。对于生态空间，要实行严格的产业和环境准入制度，严控开发活动，控制开发强度。对其中的禁止开发区域，要划定生态保护红线，实施强制性保护。

投资保障政策。强化融资创新，加强银政合作和银企合作。创新投融资机制，充分发挥社会资本的积极作用，推广政府和社会资本合作（PPP）模式。提高项目协调服务水平，对关系我区经济发展的重大项目和关系民生的基础设施项目，政府要加强组织推动，予以重点实施。强化项目管理，按照“储备一批、实施一批、谋划一批”的项目发展思路，加强项目前期准备工作，加大项目前期工作经费投入，形成项目前期工作经费逐年增加的保障机制。切实抓好项目库建设和重大项目遴选、申报、扶持工作。加强项目后管理，建立和完善后评价制度，按照“开工一批、建成一批、发挥高效益一批”的工作要求，强化建成投产项目跟踪服务，及时帮助企业解决项目投产、达产、达效过程中存在的困难和问题。

六枝特区人民政府办公室文件

六府办发〔2016〕34号

六枝特区人民政府办公室关于印发六枝特区金融扶贫实施方案（暂行）的通知

各乡（镇）人民政府、社区服务中心，各园区管委会，特区人民政府各工作部门、各单位，区属及驻境省、市属行政企事业单位：

《六枝特区金融扶贫实施方案（暂行）》已经特区人民政府同意，现印发你们，请认真遵照执行。

六枝特区人民政府办公室

5202030004143

2016年3月23日

（此件公开发布）

六枝特区金融扶贫实施方案（暂行）

为创新发展扶贫小额信贷工作，切实解决贫困户贷款后有效使用资金，提高资金使用效益，确保资金保值增值，达到金融扶贫的目的，根据《关于创新发展扶贫小额信贷的指导意见》（国开办发〔2014〕78号）、《省人民政府办公厅关于印发〈贵州省创新发展扶贫小额信贷实施意见〉的通知》（黔府办函〔2015〕47号）、《贵州省扶贫开发办公室中国人民银行贵阳中心支行贵州省农村信用社联合社关于印发〈贵州省精准扶贫“特惠贷”实施意见〉的通知》（黔扶通〔2015〕96号）等文件精神，结合我区实际，制定本方案。

一、总体思路

按照“政府主导、银行协作、农户贷款、企业合作”的工作机制，充分发挥金融在促进扶贫开发、推动经济发展中的重要作用，强化政府部门与金融部门、担保公司、投融资公司、实体企业的协调配合、共促互动，提高资金使用效益、提升金融支撑作用。

二、基本原则

（一）政府主导。坚持政府主导、扶贫贴息、银行助力、精准扶贫的原则，引导金融资本向贫困区域、贫困户倾斜；建立健全政府主管部门及乡镇、金融机构的责任义务，落实信贷调查、贷款发放及资金使用等所有环节的责任，严格审核把关，规范操作，动态监管，最大限度发挥贷款资金使用效益和降低金融风险。

（二）诚实守信。建立健全诚信机制，大力倡导诚实守信理念，推动信贷农户、家庭农场、企业诚实守信，营造良好的金融环境。

（三）效益优先。积极探索，大胆尝试，加强监管，总结完善，提高贷款资金使用效益，确保贷款资金效益最大化。

三、金融扶贫扶持内容

（一）贫困户。特惠贷，政府贴息。根据贵州省扶贫相关政策及《贵州省扶贫“特惠贷”实施意见》（黔扶通〔2015〕96号）等文件精神，对特区扶贫部门精准建档立卡贫困户提供5万元（含）以下、3年期（含）以内的扶贫小额信用贷款。贷款利息由政府进行贴息，特区信合联社在发放贷款后，根据付息要求，由特区扶贫局、财政局及时拨付农户贷款贴息资金。

（二）普通农户和普通企业。针对普通农户和普通企业，根据其投资行业、投资规模、经营情况等，有贷款需求的，政府融资担保公司可按规定提供担保，并协调各金融机构提供小额贷款和信用贷款扶持，贷款由银行自行审查放贷，风险自担。

（三）对政府扶持的家庭农场、龙头企业和其他各类企业。对传统工业转型升级、循环经济、机械制造、加工业、五大新兴产业等政府扶持的企业，按《中共六枝特区委员会六枝特区人民政府关于进一步促进六枝特区实体经济发展的实施意见》（六特发〔2016〕2号）执行。

四、职责分工

乡（镇）政府、社区、村委、居委会。配合特区扶贫局、信合联社作好贫困农户建档立卡、信用评级等相关工作；负责作好贫困农户思想工作，遵循贫困农户贷款意愿，配合信合联社做好“特惠贷”放贷相关工作；贫困农户由所在村委推荐，乡镇政府批准；贫困农户通过“特惠贷”获得的贷款，由乡（镇、社区）负责制定经营方案。

特区扶贫局：指导乡（镇、社区）开展好贫困户建档立卡工作；配合金融机构作好金融扶贫贷款相关工作；指导扶贫开发投资公司落实金融扶贫相关工作。

特区财政局：负责风险补偿基金的落实并足额到位；配合金融机构作好金融扶贫贷款相关工作；指导政府融资担保公司抓好相关工作落实。

特区政府金融办：负责协调各金融机构作好金

融扶贫贷款相关工作；负责做好金融服务，对相关贷款业务作好指导。

人行六枝支行：负责金融扶贫相关金融政策指导；协调区内各金融机构加大对金融扶贫的支持力度。

信合联社：负责对建档立卡贫困户作好评级授信工作；负责对建档立卡贫困户“特惠贷”贷款的发放；配合做好金融扶贫其他贷款的放贷工作。

五、保障措施

（一）设立六枝特区金融扶贫风险补偿基金

1. 风险补偿基金列入财政预算，2016 年首次注入 500 万元，以后每年按本级财政一般公共预算收入增量的 5% 注入风险补偿基金，滚动使用；根据贷款业务发展需要，可考虑从省级按因素法分配切块到特区的财政专项扶贫资金中安排风险补偿基金；风险补偿基金的银行存款利息同时纳入风险补偿基金。

2. 风险补偿基金专户设在信合联社，由特区财政局、扶贫局共同管理，接受特区金融扶贫领导小组及相关部门的监督。

3. 风险补偿基金是对贫困户、政府扶持企业的贷款风险保障，若出现贷款损失，由风险补偿基金和贷款银行分别按 80% 和 20% 的比例承担。

（二）对贫困户信贷资金使用进行监管，确保资金使用安全，提高资金使用效益

对贫困户信贷资金的使用，由乡镇负责提出方案，报扶贫开发工作领导小组审定后实施。对有经营能力和投资风险小的经营项目，贫困户可以自己经营；对贫困户缺乏经营能力、投资收效没有保障的，采取委托经营。委托经营的具体方式为：

1. 乡镇组建专业合作社经营。由乡镇负责确定信贷贫困户，利用“特惠贷”将资金贷出后，将贷款资金统一交由组建的专业合作社经营。乡镇负责资金监管使用，负责信贷资金收回还款，负责资金使用费按时足额分配给贷款贫困户。经营企业资金使用费年利率为 7%，其中：分配给贫困户年利率为 6%，1% 作为“特惠贷”贷款利息扶贫贴息后的差额部分，按季支付。专业合作社在生产经营过程中，扣除相关成本费用后产生的利润，交由乡镇统筹用于扶贫工作；若因管理不当或经营不善造成风险，损失由乡镇全权负责。

2. 委托特区扶贫开发公司经营。由乡镇负责确定贷款贫困户，利用“特惠贷”将资金贷出后由乡镇委托特区扶贫开发投资公司经营。特区扶贫开发投资公司可以自己经营，也可以与其他龙头企业合作经营。特区扶贫开发投资公司自己经营的，由特区扶贫开发投资公司按时还款及支付资金使用费，资金使用费年利率为 7%，其中：分配给贫困户年利率为 6%，1% 作为“特惠贷”贷款利息扶贫贴息后的差额部分，按季支付。特区扶贫开发投资公司与其他企业合作经营的，由特区扶贫开发投资公司负责资金监管，负责信贷资金收回还款，负责资金使用费按时足额回收并分配，资金使用费与自行经营一致。每年末，在保证经营资金基本收益的基础上，根据企业经营状况，当年盈利的，按乡镇委托经营资金与合作企业投入资金的占比进行分成，乡镇分成资金列为“三变”资金，交由出资乡镇统筹用于扶贫工作。

（三）企业贷款，政府落实担保

企业信贷由政府担保公司提供担保的，担保公司按规定收取担保费。同时，贷款企业提供资产向担保公司进行反抵押和担保。反抵押担保包括财产抵押、财产或权力质押、保证金、企业的保证反担保等，政府担保公司根据企业和项目的实际情况，可采用一种或几种保证措施。企业提供抵押物、质押物的范围，按《担保法》的规定执行，并按有关规定办理抵（质）押登记手续。

六、其他

本方案由六枝特区扶贫开发工作领导小组负责解释。

抄送：六枝经济开发区管委会。

特区纪委，特区党办，特区组织部、特区宣传部、特区统战部，特区人武部。

特区人大办，特区政协办，特区人民法院，特区人民检察院。

特区工商联，各人民团体。

六枝特区人民政府办公室　　　　2016 年 3 月 24 日印发

共印 110 份，其中电子公文 105 份

中共六枝特区委员会办公室文件

六特办通字〔2016〕48号

中共六枝特区委办公室
六枝特区人民政府办公室
关于印发六枝特区2016年
易地扶贫搬迁工程实施方案的通知

各乡镇党委、政府，各社区党委、服务中心，特区党委各部门，特区国家机关各部门，特区人武部，各园区党工委、管委会，各人民团体，省、市属驻区有关单位，区属企事业单位：

《六枝特区2016年易地扶贫搬迁工程实施方案》已经特区党委、政府同意，现印发你们，请认真组织实施。

中共六枝特区委办公室
六枝特区人民政府办公室
2016年3月29日

六枝特区2016年易地扶贫搬迁工程实施方案

为切实解决“一方水土养不起一方人”地方的贫困农户发展问题，确保打赢科学治贫、精准扶贫、有效脱贫这场攻坚战，按照《贵州省2016年易地扶贫搬迁工程实施方案》的要求和特区党委、政府专题会议的安排部署，结合我区实际，制定本方案。

一、总体要求

（一）指导思想

全面贯彻落实党的十八大和十八届三中、四中、五中全会精神，认真贯彻习近平总书记考察贵州重要讲话精神，全面贯彻中央、省、市扶贫开发工作相关会议的决策部署，坚持群众自愿、积极稳妥方针，坚持新型城镇化相结合，对居住在“一方水土养不起一方人”地方的建档立卡贫困人口实施易地扶贫搬迁，以贫困发生率最高的自然村、组实施整体搬迁为主攻方向，搬迁对象精准落实到户到人，坚持分类施策，按照“搬得出、稳得住、能致富”的原则，把“建房、搬迁、就业、保障、配套、退出”作为易地扶贫搬迁工程建设的重要内容和关键环节落细落小落实，全面推进易地扶贫搬迁工程建设，努力实现扶贫攻坚、生态环境建设和农村城镇化三位一体发展目标。

（二）基本原则

1. 坚持政府主导、群众自愿。发挥政府在政策宣传、规划编制、资源整合、组织协调等方面的主导作用。尊重群众意愿，在搬迁对象、安置去向和安置方式的确定上充分听取群众意见。

2. 坚持统筹规划、保障基本。坚持规划引领，严格控制安置住房面积，合理布局住房、安置区水、电、路、气、网等基础设施，同步配套建设教育、卫生、文化等公共服务设施，制定移民产业培育和就业培训计划，防止出现搬迁致贫返贫。

3. 坚持先难后易、有序推进。优先搬迁贫困比例较高和地质灾害威胁大的自然村、组、寨，零星搬迁贫困程度深的农户，将“一方水土养不起一方人”的农户逐步搬出。

4. 坚持因地制宜、分类指导。综合考虑安置点的环境承载能力和搬迁群众的生存条件、经济能力、劳动技能、生产生活习惯和民族风情，因地制宜确定安置方式，不搞一刀切，科学编制实施方案。

5. 坚持八个精准、“362”整合方案。按照对象精准、选址精准、规模精准、规划精准、建房精准、配套精准、就业精准、节点精准的要求，将易地扶贫搬迁移民建房、城镇保障性住房（含廉租住房、经济适用住房和政策性租赁住房）和农村危房改造相结合，实现“三房合一”，将每个搬迁安置点与“四在农家·美丽乡村”基础设施建设六项行动计划组装实施，加大移民产业培育和就业培训。

6. 坚持以县为主、部门联动、乡（镇、社区）负责。特区人民政府是易地扶贫搬迁工程实施的责任主体，各乡（镇、社区）负责易地扶贫搬迁工程的具体组织实施，部门各司其职、各负其责、密切协作、合力推进，加强技术指导和督促检查，积极争取国家和省、市的大力支持，按期保质保量完成省、市下达的易地扶贫搬迁计划任务。

7. 坚持突出特色，落实保障。着力打造一批具有历史记忆、地域特点和民族文化特色的安置点。以就业为核心，统筹做好移民教育、就业、就医、户籍等后续保障工作。

（三）目标任务

2016 年全区易地扶贫搬迁 1403 户 6034 人。分两批实施：第一批实施 551 户 2534 人，具体为关寨镇堕却村中坝安置点 198 户 870 人（其中建档立卡贫困人口 445 人）；新窑镇桥梁村坝子安置点 122 户 500 人（其中建档立卡贫困人口 354 人），那玉村那玉坝安置点 231 户 1164 人（其中建档立卡贫困人口 1164 人）。第二批实施 852 户 3500 人，具体为梭戛乡实施 284 户 1137 人、牛场乡实施 134 户 504 人、龙河镇实施 434 户 1859 人，第二批实施的易地扶贫搬迁工程安置规模和建档立卡贫困人口数量以省下达的任务计划为准。

第一批实施的关寨镇、新窑镇要确保一季度全面开工建设；第二批实施的梭戛乡、牛场乡、龙河镇要在 3 月中旬完成对象核准、安置去向、方案编制等前期工作，确保 3 月底全面开工建设。

二、搬迁范围和对象

易地扶贫搬迁的范围为居住在全区深山、石山、高寒、石漠化、地方病多发、生态环境脆弱、生存环境差、贫困程度深、缺水缺电缺路等基础设施条件较差区域，以 50 户以下、贫困发生率较高的自然村寨整体搬迁集中安置为主，按照贫困发生率较高的自然村（组）先搬迁的原则确定整体搬迁对象；零星搬迁对象必须全部为建档立卡贫困户。

三、安置方式及规模

（一）安置方式。要统筹考虑水土资源条件，城镇化进程及搬迁对象意愿，采取集中安置与分散安置相结合的方式，以集中安置为主。集中安置主要包括行政村内就近集中安置、建设移民新村集中安置、依托小城镇或工（农）业园区安置、依托乡村旅游区安置。行政村内就近集中安置，依托靠近交通要道的中心村，引导本行政村内居住在生存条件恶劣地区的搬迁对象就近集中安置；建设移民新村集中安置，依托新垦或调整使用的耕地，在周边乡镇或行政村规划建设移民新村，引导居住在生存条件恶劣地区的搬迁对象就近集中安置；依托小城镇或工（农）业园区安置，结合新型城镇化建设，在中心城区、小城镇或工（农）业园区附近建设集中安置区，安置周边不具备基本生存条件且具有一定劳务技能、商贸经营基础的搬迁对象；依托乡村旅游区安置，挖掘当地生态旅游、民俗文化等资源，因地制宜打造乡村旅游重点或旅游景区，引导周边不具备基本生存条件地区搬迁对象适度集中居住并发展乡村旅游。

（二）安置规模。集镇集中安置每个安置点不少于100户，行政村就近集中安置每个安置点不少于50户。

（三）建设模式。包括基础设施建设和房屋建设两部分。一是基础设施建设部分由乡（镇、社区）统一征地、统一规划、统一设计、统一实施，集中安置点红线范围内配套建设水、电、路、气、讯等基础设施，方便搬迁群众生产生活。二是房屋建设部分以统规统建为主，统规自建为辅，房屋本着简约、美观、适用的原则进行设计，按照保本微利的原则进行建房，对达到投资规模要求的采取招投标方式确定施工队伍；达不到投资规模要求的，由乡（镇、社区）组织召开群众大会，推荐搬迁户代表参与落实施工单位，按照“一户一委托、一户一协议”的要求，组织搬迁户和施工单位签订代建住房委托协议书。

（四）建设标准。结合经济发展水平、当地居民生产生活习惯、移民自筹能力等因素，严格控制建筑面积，每户住房面积根据家庭实际人口合理确定，户均住房面积100平方米为宜。规划和设计方案要与新农村建设、小城镇建设全面结合、融合和整合，要简约、安全、实用，符合相关技术规范要求。

四、住房补助和奖励政策

建档立卡贫困人口人均住房补助2万元，整体搬迁中的非贫困随迁人口人均住房补助1.2万元；签订旧房拆除协议并拆除旧房的，以户为单位每人奖励1.5万元；基础设施人均补助2万元，由乡（镇、社区）统筹安排使用，不直接兑现给搬迁群众。

五、保障措施

（一）加强领导。成立由特区党委、政府主要领导任指挥长，分管领导任副指挥长，区直有关部门主要负责人和各乡（镇、社区）政府主要负责人为成员的易地扶贫搬迁工程指挥部，指挥部下设办公室于特区移民局，办公室成员从特区发展改革、扶贫、住房城乡建设、规划和城管等部门抽人组成。各项目乡（镇、社区）也要成立相应的指挥部，主要领导亲自抓，分管领导具体抓，指挥部要下设办公室，并落实人员和工作经费，充分调动包村、驻村干部、村支两委、网格员等力量抓好此项工作。

（二）落实责任。各乡（镇、社区）要组织干部进村入户摸底调查，对辖区内建档立卡贫困农户尤其是“一方水土养不起一方人”地方的贫困人口进行逐个排查、登记造册、落实到户到人，建立农户信息表册。2016年要优先搬迁贫困程度深的整村（自然村）、整组、整寨。区、乡两级都要落实领导干部包保责任制，建立“区级领导包乡（镇、社区），乡（镇、社区）领导包村，一般干部、村干部包户包人的包干工作制度，2016年拟实施的所有安置点、拟搬迁的所有农户，都要包干到人，各级包干干部负责协调各自包干范围内的易地扶贫搬迁一切事宜，因失职渎职造成重大失误的追究相关包干人员的责任。

（三）明确职责。各有关部门要认真履行职责，研究制定实施支持易地扶贫搬迁工程的配套政策措施，推动易地扶贫搬迁工程顺利实施。

特区移民局：负责牵头制定易地扶贫搬迁工程总体规划及年度实施计划和目标任务，负责易地扶贫搬迁工程实施的协调、调度和服务，会同扶贫局核准搬迁对象。

特区发展改革局：负责争取国家易地扶贫搬迁计划指标，按基本建设程序审批项目实施方案（代可研）。

特区财政局：负责按规定筹措县级配套资金，按要求作好资金拨付、监管。

特区扶贫局：负责争取易地扶贫搬迁财政专项扶贫资金用于安置点建设，按照精准扶贫要求审核、提供贫困对象，确保当年贫困人口搬迁任务完成，围绕集中安置区配套建设易地扶贫搬迁发展后续产业。

特区规划和城管局：负责组织和指导整合项目规划（含安置房建设规划），制定规划实施方案，编制项目规划设计条件，及时办理项目规划报建手续。

特区住房城乡建设局：负责结合农村危房改造、城镇保障性住房建设，指导各乡镇易地扶贫搬迁住房建设，监管建设工程质量，统筹推进集中安置区绿化、亮化工程和排污设施建设。

特区水务局：负责协调推进易地扶贫搬迁安置点人饮工程建设，解决移民饮水安全问题。

特区交通运输局：负责实施易地扶贫搬迁集中安置区外联道路建设。

特区国土资源局：负责易地扶贫搬迁工程建设用地保障及土地调规、土地复垦等工作，确保易地扶贫搬迁工程建设用地需求；研究制定农村宅基地退出政策，会同移民部门做好地质灾害隐患点农户搬迁工作。

六枝供电局：负责协调推进易地扶贫搬迁安置区供配电设施建设，根据易地扶贫搬迁推进实施情况及时做好供电保障。

特区教育局：负责保障易地扶贫搬迁户子女在迁入地就近入学并提供公平、优质的教育资源。

特区卫生计生局：负责易地扶贫搬迁医疗保险、卫生政策转移接续工作，优先安排移民集中安置区卫生室、卫生院项目建设。

特区林业局：负责做好迁出区生态修复，优先安排迁出区退耕还林项目建设。

特区民政局：负责移民社会保障和社区建设管理有关工作。

特区公安局：负责协调落实移民户籍相关工作。

特区人资社保局：负责移民劳动力职业技术培训和移民就业指导工作。

各乡（镇、社区）：为易地扶贫搬迁工程建设业主，负责做好项目选址、建设用地准备、搬迁对象确定和实施方案（代可研）编制、工程建设等工作，确保易地扶贫搬迁工程如期建成入住，并督促搬迁农户拆除旧房。

特区新闻单位及其他有关部门：要加强对易地扶贫搬迁的宣传工作；积极配合，支持易地扶贫搬迁工作。

（四）保障资金。易地扶贫搬迁是一项系统的民生工程，各部门要各负其责、密切配合，加大中央易地扶贫搬迁、中央财政专项扶贫资金争取力度。财政部门要按照年度实施计划落实好区级财政配套资金，各部门要按照渠道提前申报各安置点配套设施建设资金、力争更多项目资金整合到易地扶贫搬迁安置点。要加大国开行、农发行等政策性银行低息贷款的争取工作，保障易地扶贫搬迁资金需要。要更加重视移民后续发展，逐步建立后续扶持机制，通过迁出地宅基地拆除复垦与土地增减挂钩相结合，利用土地出让收益激励移民拆除旧房，结合扶贫、农业、退耕还林等政策，通过土地流转或专业合作社等方式发展迁出地特色农业，实现生态恢复和移民增收双赢。

（五）加强考核。特区党委政府督查室要加大督查力度，定期或不定期开展督查。同时，将各乡（镇、社区）易地扶贫搬迁实施情况纳入年度绩效目标单项考核，对工程实施过程中存在玩忽职守等行为的有关责任人进行问责。

（六）广泛宣传。各乡（镇、社区）要及时组织召开乡（镇、社区）、村、组易地扶贫搬迁工作动员大会，利用广播、报刊、电视、微信、网络等媒体，加大宣传力度，及时报道易地扶贫搬迁工作情况，总结推广好做法、好经验，营造全社会关心、支持和参与易地扶贫搬迁工作的良好氛围。

抄送：六枝经济开发区党工委、管委会。

六枝特区人民政府办公室　　2016 年 3 月 30 日印发

共印 80 份，其中电子公文 75 份

六枝特区人民政府办公室文件

六府办发〔2016〕51号

六枝特区人民政府办公室关于印发六枝特区深化标准化改革实施方案的通知

各乡（镇）人民政府、社区服务中心，各园区管委会，特区人民政府各工作部门、各单位，区属及驻境省、市属行政企事业单位：

《六枝特区深化标准化改革实施方案（2016—2020年）》已经特区人民政府同意，现印发你们，请认真贯彻执行。

六枝特区人民政府办公室

2016年5月3日

（此件公开发布）

六枝特区深化标准化改革实施方案（2016—2020年）

为深入贯彻落实《国务院关于印发深化标准化工作改革方案的通知》（国发〔2015〕13号）、《国务院办公厅关于印发贯彻实施〈深化标准化工作改革方案〉行动计划（2015—2016年）的通知》（国办发〔2015〕67号）、《省人民政府关于印发贵州省质量发展三年行动计划（2015—2017年）的通知》（黔府发〔2015〕15号）、《市人民政府办公室关于印发〈六盘水市深化标准化改革工作实施方案（2016—2020年）〉的通知》（六盘水府办发〔2016〕10号）精神，深入推进标准化工作改革，加快完善我区标准化管理体制机制，结合我区实际，制定本实施方案。

一、总体要求

围绕守底线、走新路、奔小康，全面推进全区标准体系和标准化管理体制改革，健全标准化统筹协调机制，积极创新标准制定、发布、实施、监督等“全链条”生产方式，精准服务“5个100工程”等重大工程、“五大新兴产业”等重点产业、“1+7”国家级重点开放创新平台等重要平台建设发展，为政府履行监管职责和推进标准社会共治提供优质技术支撑，为促进全区经济提质增效升级夯实质量发展基础。

二、目标任务

通过深化标准化改革，进一步激发市场主体活力和更好发挥政府作用，保障市场自主制定标准和政府主导制定标准的有效供给。到2016年，企业产品标准自我声明公开和监督制度初步实施，探索开展团体标准培育试点，市场自主制定标准工作机制更趋完善。到2018年，全面取消企业标准备案，建立地方标准化信息交换与资源共享平台，力争参与制定国家标准实现突破，改变政府单一供给的现行标准体系。到2020年，基本建成以贵州省“十大标准”体系为核心，支撑产业发展和社会进步的新型标准体系，基本形成统一协调、运行高效、政府与市场共治的标准化管理体制。

三、重点工作

（一）推进地方标准改革。原则上仅制定满足地方自然条件、与资源禀赋相契合、符合民族风俗习惯的特色技术要求及地方发展亟须的公益类推荐性标准。简化推荐性地方标准制修订程序，优化体系结构，加强对标准起草、征求意见、技术审查环节的指导，推动向政府职责范围内的公益类标准过渡，提升标准制定的效率和质量。组建全区地方专业标准化技术委员会，建立重要地方标准部门联合发布制度，保证标准制定的科学性和适用性，提升地方标准的广泛性和知名度。（责任单位：特区市场监管局，各乡〔镇〕人民政府、社区服务中心）

（二）培育发展团体标准。鼓励具备相应资质能力的各类社会团体法人协调相关市场主体共同制定满足市场和创新需要的标准。在标准管理上，实行自主制定发布、市场竞争优胜劣汰的管理机制。特区标准化行政主管部门会同特区有关单位制定团体标准发展指导意见，对团体标准进行规范、引导和监督。在工作推进上，选择煤炭装备制造，茶叶、中药材生产，大数据、检验检测、物流服务等市场化程度高、技术创新活跃、产品类标准较多的行业领域，先行开展团体标准试点工作。支持专利融入团体标准，推动技术进步。（责任单位：特区市场监管局、农业局、民政局、科协，各乡〔镇〕人民政府、社区服务中心）

（三）放开搞活企业标准。鼓励企业制定高于国家标准、行业标准、地方标准且具有竞争力的企业标准。企业标准完全由企业自主制定、实施和升级。建立企业产品和服务标准自我声明公开和监督制度，企业自我声明公开的标准，视同完成备案，逐步取消政府对企业产品标准的备案管理，落实企业标准化主体责任。鼓励标准化专业机构对企业声明公开的标准开展比对和评价，强化社会监督、推动标准共治。（责任单位：特区市场监管局、卫生计生局，各乡〔镇〕人民政府、社区服务中心）

（四）开展标准清理评估。按照简政放权、放管结合、优化服务的要求，全面梳理评估现行强制性地方标准及制修订计划，对不再适用的一律废止并向社会公告；不宜强制的转化为推荐性地方标准；确需强制的，向上级提出制修订强制性国家标准的工作建议。集中清理复审现行推荐性地方标准，对不再适用的予以废止；对仍然满足发展需要的，确认继续有效；对适用范围较小的，限定标准发布主体和适用范围；对不同层级间存在矛盾交叉的，根据复审结果进行整合修订。（责任单位：特区市场监管局、卫生计生局，各乡〔镇〕人民政府、社区服务中心）

（五）强化标准实施监管。完善县级标准化行政主管部门统一协调、各有关行业部门组织推动、标准应用单位具体实施的推荐性标准实施信息反馈机制。探索建立推荐性地方标准实施情况统计分析报告制度，组织开展各类标准化试点示范项目，大力提升标准化推广应用效果。充分发挥标准化服务机构在标准制定、宣传、培训、解读、咨询等技术服务工作中的积极作用，推动生产性服务业标准化发展。认真贯彻强制性国家标准，组织开展联合监督检查和监管执法，严肃查处违法违规行为。（责任单位：特区市场监管局、住房城乡建设局、环境保护局、农业局、卫生计生局、生态旅游局、安全监管局，各乡〔镇〕人民政府、社区服务中心）

（六）加快标准信息化建设。加快全区“质量云”的宣传及录入，同步推进金质工程项目“迁云”工作，依托“云上贵州”系统规划建设地方标准化信息交换与资源共享平台，利用大数据、物联网、云计算等手段推动地方标准的信息公开，确保信息透明和共享，及时向社会公开推荐性地方标准征集立项、起草评审、批准发布、实施反馈等过程信息，免费向社会公开地方标准文本并提供咨询服务。（责任单位：特区市场监管局、发展改革局、经济和信息化局、财政局，各乡〔镇〕人民政府、社区服务中心）

（七）推动六枝标准“走出去”。引导鼓励区内企业、科研机构、社会组织、职业院校积极采用或申报制定国际和国内先进标准，增强六枝标准话语权和影响力。强化国内外标准的应用、吸收、创新和输出，加快推动我区煤化工、能源、煤炭装备、中药材种植等重点领域标准“走出去”。加强标准化宏观战略研究。（责任单位：特区市场监管局、发展改革局、经济和信息化局、农业局、卫生计生局、住房城乡建设局、生态旅游局，各乡〔镇〕人民政府、社区服务中心）

四、实施步骤

坚持整体推进与分步实施相结合，按照逐步调整、不断完善的方法，协同有序推进各项改革任务。我区深化标准化改革具体分三个阶段实施。

（一）第一阶段（2015—2016年）。出台培育发展团体标准的指导意见，加大对团体标准化工作的指导力度。2015年12月前完善六枝特区地方标准制修订程序，优化标准立项和审批程序，缩短标准制定周期。2016年4月前梳理评估和清理复审现行强制性、推荐性地方标准。2016年12月前制定企业产品标准自我声明公开制度，企业标准自我声明公开数量达到80%以上。2016年12月前组建一批地方专业标准化技术委员会，建立健全标准化技术委员会管理制度。

（二）第二阶段（2017—2018年）。建成地方标准化信息交换与资源共享平台。2017年8月前培育满足市场和创新需要的团体标准，建立团体标准的评价和监督机制。2017年12月前取消企业产品标准备案，企业标准自我声明公开数量达到90%。2017年12月前全面完成我区现行强制性地方标准的清理评估。2018年12月前建立地方标准化技术服务专家库，标准化宏观战略和基础前沿技术研究取得实质性进展。2018年12月前组建专业标准化技术委员会。

（三）第三阶段（2019—2020年）。市场自主制定的团体标准、企业标准发展较为成熟，更好满足市场竞争、创新发展的需求。2019年6月前我区标准化对外交流合作成果丰硕，支撑大数据、大健康、特色旅游、现代山地高效农业等产业发展的贵州标准达到先进水平。2020年12月前政府主导制定的推荐性地方标准限定在公益类范围，基本建立统一协调、分工合作、运行高效、政府与市场共治的地方新型标准管理体制。

五、保障措施

（一）加强组织领导。建立特区政府分管领导牵头负责的特区标准化工作协调推进机制，统筹推进标准化重大改革，研究标准化重大政策，协调跨部门跨区域跨领域、存在重大争议标准的制定和实施。各乡（镇）人民政府、社区服务中心，区直有关部门和单位要对照职能职责，按照任务分工，制订工作方案，倒排时间工期，层层落实责任，确保按时保质完成任务；涉及多个部门的，由特区标准化行政主管部门牵头总协调，各部门全力配合抓好落实。

（二）加强宣传引导。标准化行政主管部门和相关行业部门要加大对标准化改革核心精神的宣传解释，充分运用电视媒体、平面媒体和网络媒体加大对地方标准化改革典型事例的宣传报道，提高全民标准化意识。有针对性地加大对标准化重大政策和重点工作的常识性、普及性宣传，强化标准化有关法律法规、规范性文件特别是强制性标准的宣贯力度，在全社会营造“学标准、做标准、用标准”的良好氛围。

（三）加强督促指导。特区政府将定期不定期组织有关部门赴各生产经营单位开展督导检查，标准化行政主管部门要同步建立督导台账，发现问题精准整改，公开接受社会监督，及时改进和提高标准服务质量。采取定期报告、情况通报、责任追究等形式，强化各级各部门深化标准化改革的责任意识，重大情况及时向特区政府报告，确保政策落实、目标落地。

抄送：六枝经济开发区管委会。
特区纪委，特区党办，特区组织部、特区宣传部、特区统战部，特区人武部。
特区人大办，特区政协办，特区人民法院，特区人民检察院。
特区工商联，各人民团体。

六枝特区人民政府办公室　　2016年5月4日印发

共印110份，其中电子公文105份

中共六枝特区委员会办公室文件

六特办通字〔2016〕145 号

中共六枝特区委办公室
六枝特区人民政府办公室
关于印发六枝特区 2016 年农业
产业结构调整工作安排意见的通知

各乡镇党委、政府，各社区党委、服务中心，特区党委各部门，特区国家机关各部门，特区人武部，各园区党工委、管委会，各人民团体，省、市属驻区有关单位，区属企事业单位：

《六枝特区 2016 年农业产业结构调整工作安排意见》已经特区党委、政府同意，现印发给你们，请认真组织实施。

中共六枝特区委办公室
六枝特区人民政府办公室
2016 年 9 月 29 日

六枝特区2016年农业产业结构调整工作安排意见

为确保全区现代山地特色高效农业健康有序发展，有力有效地推动脱贫攻坚工作，结合《六枝特区“十三五”特色产业精准扶贫规划》和各乡镇、社区实际，提出如下安排意见。

一、目标任务

（一）特色农业产业。计划发展29.9万亩，其中，茶叶2万亩、蔬菜2.3万亩（含魔芋0.3万亩、食用菌0.02万亩）、银杏3万亩、玫瑰1.5万亩、万寿菊2万亩、中药材0.3万亩（丹参、砂仁等）、刺梨5.45万亩、猕猴桃0.6万亩、特色经果6.75万亩（枇杷、李子、杨梅、柿子、热带水果等）、花椒1万亩、种草1.5万亩、竹子1万亩、其他特色产业2.5万亩（优质小麦0.5万亩、有机稻0.5万亩、薏仁1.5万亩）。

（二）传统种植业。传统农作物播面81.22万亩，其中，月亮河乡5.76万亩、梭戛乡3.38万亩、中寨乡4.29万亩、新场乡5.38万亩、牛场乡5.48万亩、落别乡4.62万亩、大用镇5.78万亩、木岗镇3.76万亩、新华镇6.22万亩、龙河镇6.61万亩、岩脚镇6.01万亩、新窑镇5.97万亩、关寨镇7.05万亩、牂牁镇1.85万亩、郎岱镇6.65万亩、塔山社区0.59万亩、九龙社区0.85万亩、银壶社区0.67万亩、那克社区0.3万亩。

二、规划布局

全区农业产业主要围绕“三线三区三带”规划布局，以第五届全省小城镇建设发展大会、全市第四届旅游文化产业发展大会为契机，以农业园区建设为载体，以现有产业基地为核心，以实施农业特色产业“3155工程”为抓手，依托政府平台公司，以农业企业或农民专业合作社为实施主体，着力打造六六高速、水黄公路、六郎公路等重要交通沿线、小城镇建设区、旅游景区景点周边产业，对现有产业基地进行优化提等升级，主要进行补植补种、补天窗、填空白、连断带，延伸生态产业链，实现经济效益最大化。

（一）主要布局

1. 茶叶（2万亩）。依托茶叶企业，主要以落别—大用—木岗、新华—龙河—新窑、郎岱—月亮河、牛场—新场—关寨四条茶产业带为重点，补天窗、连断带，逐步打造成为集中连片的高标准生态茶叶产业园。

2. 蔬菜（2.3万亩〈含魔芋0.3万亩、食用菌0.02万亩〉）。主要以中国网络菜市场为平台，依托企业，围绕九龙、木岗、岩脚、牛场等乡镇和社区现有成型的蔬菜基地重点实施，食用菌主要扩大花德河林场种植面积，魔芋重点围绕木岗抵岗、龙河陇木、新华鼠场等村实施。

3. 银杏（3万亩）。由企业牵头，主要布局在关寨、中寨两个乡镇及新窑、龙河、梭戛3个乡镇的易地扶贫搬迁点集中连片实施。

4. 玫瑰（1.5万亩）。依托企业，主要在落别建立育苗基地，以落别、木岗、大用为重点集中连片实施。

5. 万寿菊（2万亩）。主要采取套种、间作模式，以木岗、龙河、郎岱、岩脚为重点高标准集中连片发展。

6. 中药材（0.3万亩）。围绕现有基地发展砂仁、白芨和丹参等品种，主要在牂牁、牛场、月亮河等乡镇实施。

7. 刺梨（5.45万亩）。依托企业，在新场、牛场、梭戛、新华、新窑、岩脚、郎岱等乡镇实施。

8. 猕猴桃（0.6万亩）。依托现有基地实施，以瑞民公司为平台，在大用镇骂冗村、凉水井村新建猕猴桃产业园，依托市农投公司在龙河镇现有基地上向营盘村扩大种植面积。

9. 特色经果（6.75万亩）。主要围绕六六高速、水黄公路、六郎公路等重点公路沿线已有产业带进行补植补种，补天窗、连断面，并扩大建设规模，同时打造牂牁江景区产业带，沿村沿寨、沿江沿路实施，建成精品水果采摘园、体验园，丰富牂牁江景区旅游内涵。

10．花椒（1万亩）。依托四川利民公司，在郎岱镇平桥、头塘等村实施。

11．种草（1.5万亩）。主要依托养殖企业，围绕养殖基地集中连片实施。

12．竹子（1万亩）。主要围绕廻龙溪、阿珠库区、月亮河和新窑镇集中连片实施。

13．优质小麦（0.5万亩）。主要在岩脚镇建立高标准规范化种植基地。

14．有机稻（0.5万亩）。主要在月亮河乡原基地进行高标准规范种植。

15．薏仁（1.5万亩）。主要在梭戛、新场、牛场等乡镇规范化实施。

16．核桃。主要对已种植品种采取补植补种、嫁接等措施提等升级改造。

（二）任务分解

1．木岗镇（1.8万亩）。茶叶主要依托茶叶企业沿大木公路在现有茶叶基地的抵簸村、抵岗村、瓦窑村补天窗连断带0.3万亩；蔬菜以西红柿、生姜等品种为主，主要在戛陇塘、小黄桶、木岗冲等村种植0.2万亩；魔芋主要围绕现有产业基地在瓦窑村、抵岗村种植0.1万亩；玫瑰以戛陇塘村为核心，辐射木岗工业大道沿线种植0.5万亩；万寿菊以大木公路沿线为重点，以戛陇塘村为核心，辐射木岗冲、斗蓬、把仕等村高标准连片集中种植0.7万亩。

2．落别乡（0.7万亩）。茶叶主要依托茶叶企业以落别木厂茶叶基地为核心，在现有茶叶基地的木厂村、牛角村沿大用方向补天窗连断带0.2万亩；玫瑰产业在可布、长湾等村建玫瑰育苗基地，种植玫瑰0.5万亩。

3．大用镇（1.34万亩）。茶叶主要依托茶叶企业向大木公路沿线汨港村、耳贡村沿落别和木岗方向补天窗连断带0.1万亩；蔬菜在岱港村、耳贡村种植大蒜0.15万亩；玫瑰在大用、骂冗、凉水井等村连片种植0.5万亩；猕猴桃依托企业在骂冗村、凉水井村高标准集中连片种植0.5万亩，特色经果在骂冗村、凉水井村不适宜猕猴桃种植的山头实施樱桃等品种0.09万亩。

4．新华镇（1.49万亩）。茶叶主要围绕现有茶叶基地，由永兴合作社以田坝村为核心补天窗连断带0.3万亩；蔬菜由永兴合作社在新平村月亮大坡茶叶基地种植莴头0.1万亩；魔芋主要围绕现有产业基地在鼠场村种植0.05万亩；刺梨主要在双屯、新田等村新建0.64万亩；特色经果在双屯村大渡口、小渡口及成功村小水井种植桃树品种0.4万亩。

5．龙河镇（1.45万亩）。茶叶主要在新院村向新华方向连断带0.1万亩；蔬菜在新场坝村巩固现有基地0.02万亩，在红旗村以西红柿为主种植0.03万亩；魔芋主要围绕现有基地在陇木村种植0.05万亩；银杏整合扶贫项目资金在易地扶贫搬迁点龙场村集中种植0.05万亩；万寿菊以六六高速、卡凉公路为重点，以红旗村为核心，辐射沿线村集中连片种植0.6万亩；猕猴桃沿现有基地向营盘村扩建0.1万亩；精品水果在林场村、红旗村改造和种植杨梅东魁品种0.25万亩，在迎新村种植黄腊桃0.1万亩；竹子主要围绕阿珠库区依托永丰村、林场村现有基地向岩脚新桥方向沿河两岸连片种植0.15万亩。

6．岩脚镇（3.68万亩）。巩固现有蔬菜基地，依托企业在羊场、民乐、田坎等村种植蔬菜0.18万亩；万寿菊在六六高速、019县道沿线的岱瓮、高桥、岩脚、太和、羊场等村集中种植0.4万亩；刺梨主要在金星、水寨等村集中种植0.4万亩；精品水果在岱瓮、高桥、金星等村种植杨梅、冰脆李等品种1.1万亩；依托草原养牛场在草原等周边村集中连片种草1万亩；竹子主要从龙河镇至岩脚镇新桥沿河两岸连片种植0.1万亩；小麦产业依托合作社建高标准规范种植基地0.5万亩，为打造功能农业特色农产品奠定基础。

7．梭戛乡（2.06万亩）。银杏整合扶贫项目资金在易地扶贫搬迁点中寨村九组集中种植0.05万亩；刺梨依托现有基地在安柱、沙子、高兴等村补植补种并扩大种植面积1.51万亩；薏仁主要在梭戛中寨、平寨等村原产业基地上规范化种植0.5万亩。

8．牛场乡（2.52万亩）。茶叶主要以黄坪村为核心，向平寨、箐脚、新隆等村补天窗连断带0.1万亩；蔬菜以辣椒为主，在黔中、大箐、牛场、云盘、新隆等村种植0.6万亩；中药材白芨、丹参在尖岩、云盘等村种植0.02万亩；刺梨在懒龙河水库上游黔中至云盘区域种植0.9万亩；精品水果主要围绕牛—新公路种植0.1万亩；牧草依托垄鑫盛泰公司肉牛场在云盘、牛场等村种植0.3万亩；薏仁主要以牛场黄平村为中心，辐射周边村集中规范种植0.5万亩。

9. 新场乡（2.1万亩）。茶叶主要以仓脚村为核心，向周边村补天窗连断带0.1万亩；蔬菜由丰盈沅合作社在新场村、戛纳村种植0.05万亩；刺梨依托轩辕公司在白果等村种植1.3万亩，打造万亩刺梨基地；精品水果主要在六六高速、牛－新公路沿线种植0.19万亩；薏仁主要以新场两路口村为中心，辐射周边村集中规范种植0.5万亩。

10. 关寨镇（1.8万亩）。茶叶主要在毛稗田、过瓦等村补天窗连断带0.3万亩；银杏依托百灵集团和道地合作社银杏育苗基地和示范基地，在易地扶贫搬迁点堕却中坝及郎节坝、朗树根、荒田、箐口等村集中连片种植1.5万亩，建成万亩银杏基地。

11. 新窑镇（1.6万亩）。茶叶主要围绕现有基地沿龙河方向补天窗连断带0.1万亩；银杏整合扶贫项目资金在易地扶贫搬迁点桥梁村集中种植0.1万亩；刺梨主要在播雨村集中连片种植0.2万亩；精品水果主要在播雨、桥梁、联盟、鸭塘等村种植0.85万亩（梨0.5万亩、枇杷0.35万亩）；竹子依托竹编产业在新河、那秀、那玉、联盟等村种植0.3万亩。

12. 月亮河乡（2万亩）。茶叶由远洋、驰诚等合作社实施种植，主要在大坝村向严家寨、郭家寨、偏箐至郎岱方向补天窗连断带0.2万亩；食用菌由鸿霖农业发展有限公司在新春村和花德村生态林下种植仿野生菌0.02万亩；中药材主要在原基地上扩大种植面积0.03万亩；在把仕、直溜、折溪等村种植李子等品种0.8万亩；围绕沿河两岸连片种植竹子0.45万亩；有机稻主要在月亮河乡原有基地上规范种植0.5万亩，为发展功能农业富硒农特产品打基础。

13. 郎岱镇（3.2万亩）。茶叶主要围绕现有茶叶基地，由双文、驰诚合作社以驿陇村打铁寨为核心向青龙村二丫口、落马洞至月亮河方向补天窗连断带0.2万亩；蔬菜依托呈祥公司在驿陇、青龙等村实施高标准示范种植0.15万亩，魔芋依托宜枝魔芋公司在上寨、阿乐等村种植0.1万亩；万寿菊主要在水黄、六郎、郎关公路沿线的坝子、青龙、青菜塘、阿乐、石糯尾等村种植0.3万亩；刺梨主要围绕阿乐、石糯尾等村种植0.5万亩；精品水果0.93万亩安排在洒志村、平桥村生态移民搬迁点区域种植李子0.23万亩，在石糯尾村石板至青菜塘郎关公路、水黄公路沿线，打造花果山种植0.7万亩（桃树0.3万亩、杨梅0.4万亩）；花椒依托四川利民公司主要在平桥、头塘等村种植1万亩。

14. 中寨乡（1.41万亩）。整合林业项目资金在四方井等村集中连片种植银杏1.3万亩，建成万亩银杏基地；整合林业退耕还林资金在四方井、长寨等水黄公路沿线种植李子0.11万亩。

15. 牂牁镇（1.82万亩）。种植砂仁0.25万亩，分别由瑞如合作社在兴隆村1—6组种植0.1万亩，由鸿福合作社在鲁戛村1—4组、17组等种植0.06万亩，由农经合作社在鲁戛村12—16组种植0.02万亩，由君友合作社在扁朝村种植0.05万亩、沈家村种植0.02万亩。围绕牂牁江景区沿村沿寨、沿江沿路种植热带水果1.57万亩。

16. 九龙社区（0.55万亩）。以中国网络菜市场为平台，在五龙村蔬菜基地种植白菜、儿菜等速生蔬菜0.4万亩；在六六高速、六郎公路沿线小寨村、茶山村、波乍村种植梨子品种0.15万亩。

17. 银壶社区（0.31万亩）。在杨丰村杨家坡、石头寨种植白菜等速生蔬菜0.06万亩；在六六高速沿线补种枇杷0.05万亩；依托明生养殖场在东风村种草0.2万亩。

18. 塔山社区（0.08万亩）。在塔山村瓦厂种植白菜等速生蔬菜0.02万亩；精品水果主要围绕六六高速种植枇杷0.06万亩。

19. 那克社区（0.02万亩）。在青龙居委会种植白菜等速生蔬菜0.02万亩。

三、工作措施

（一）明确责任主体

1. 实行领导包保责任。特区党委分管领导包保茶叶、蔬菜、种草产业，特区党委副书记、木岗镇党委书记杨锦包保玫瑰产业，特区政府分管领导包保万寿菊、刺梨、特色经果和猕猴桃产业，特区人大联系领导包保中药材、竹子、花椒产业，特区政协联系领导包保薏仁、优质小麦、有机稻和特色养殖业。

2. 各业务主管部门要在区委区政府的统一领导下，统筹做好牵头产业的规划，督促指导乡镇、社区抓好落实，积极向上争取项目，解决产业发展中存在的问题，做好检查验收和考核评估工作。

3. 各乡镇、社区要将农业结构调整纳入重要议事日程，统筹谋划，周密部署，要经常深入企业、深入基地，解决存在的困难和问题；要结合当地资源禀赋，明确主导产业，制定工作措施，细化推进方案，对重点项目和重点任务明确到村到组、到人到户。

4. 各实施企业或合作社要在乡镇、社区的统一部署下，积极争取项目，保质保量、不折不扣完成产业发展任务。

5. 各平台公司要按照《六枝特区 2016 年农业产业结构调整任务分配表》的目标产业，积极做好融资工作，筹集产业所需资金，扶持企业或合作社注入资金，为产业发展提供资金保障，发展壮大产业。六枝特区强农农业发展有限公司负责茶叶、种草、养殖、薏仁、小麦、有机稻等产业；六枝特区扶贫开发投资有限公司负责猕猴桃、中药材、魔芋等产业；六枝特区顺发林业开发有限公司负责银杏、玫瑰、万寿菊、特色经果、花椒、竹子、林下食用菌等产业；六枝特区民生发展有限责任公司负责刺梨产业；郎岱农业产业园区开发建设投资有限公司负责郎岱园区猕猴桃基地融资工作。

（二）聚焦提质增效

按照市委市政府要求，今冬明春农业产业重点对现有产业进行补植补造，补天窗、填空白、连断带，进一步打造成规模连片、效益突出的高标准产业带和产业基地。

1. 做好补植补种。各乡镇、社区要深入开展“3155 工程”现有产业保存面积的调查摸底工作，明确补植补种面积、分产业面积，同时将任务细化分解到村、组及具体的地块，落实到具体的图斑，并进行补植补种。认真做好品种选择、地块整理、规范种植、幼树抚育等各重点环节工作，确保栽一株活一株、造一片成一片，并将调查摸底情况统计汇总后于 2016 年 10 月 20 日前报送特区“3155 工程”领导小组办公室备案。

2. 发展林下经济。围绕现有产业基地，超前做好特色产业项目区林下经济发展规划，明确主导优势产业，以林下种、养殖业来互补不能实施特色产业的区域，进一步连接断面，填补天窗，并向纵深发展，达到以经护林、以林促经、以耕代抚、以短养长、长短结合的目的，促进农业特色产业快速发展。

3. 加强后续管护。各业务主管部门、乡（镇、社区）要将管护责任转化为实实在在的行动，因地制宜、因时制宜、因种制宜做好管护工作，引导企业或合作社采取“三变”模式接管群众种植分散的产业，及时跟踪管理，重点加强施肥、除草、扶正、培土、剪枝、整形，对部分老化树、品质不好树种进行品种改良，确保苗木成活率和成林率。各乡（镇、社区）于 2016 年 10 月底前将管护的重点区域分产业落实到具体的村组并上报特区“3155 工程”领导小组办公室备案，特区将组织督导组定期开展督促检查。

（三）加强技术服务

1. 采取各种措施，加大力度，招大扶强，引进有实力的企业落户本地，投资农业产业，积极发展特色产业。

2. 金融部门要利用各种金融政策和产品，努力破解融资难题，为企业融资贷款提供必要的服务和帮助。

3. 加强与中国科技大学、贵州大学、西南大学、贵州农科院等科研院校的合作，为产业发展提供必要的科技支撑，以打造功能农业“单品冠军”和行业上市大龙头为目标，抢抓产业发展机遇，把功能农业作为六枝特区绿色发展与扶贫开发的首要抓手，编制功能农业规划、出台建设方案、启动 3—5 个“单品冠军”试验示范等项目。

4. 抓好苗木保障，业务主管部门和乡（镇、社区）要根据“3155 工程”的苗木需求量，加强苗木繁育基地建设，同时要做好苗木调运工作，要提前统筹、协调今冬明春实施产业所需苗木，抓好苗木调运的检验检疫工作。

（四）整合项目资金

充分利用精准脱贫及发展山地特色农业有利政策，积极向上争取资金，加大项目资金整合力度，做到资金效益最大化。

1. 继续实施奖励机制。按照《中共六盘水市委六盘水市人民政府关于农业特色产业发展“3155 工程”的实施意见》（六盘水党发〔2014〕2 号）、《中共六枝特区委员会六枝特区人民政府关于农业特色产业发展“3155”工程的实施意见》（六特发〔2014〕3 号）和《中共六枝特区委员会六枝特区人民政府关于进一步促进六枝特区实体经济发展的实施意见》（六特发〔2016〕2号）文件精神，落实扶持政策，执行奖励机制。

2. 积极争取项目支持。各部门要加强与省、市相关部门对接，积极向上争取相关项目支持产业发展，重点整合退耕还林项目发展茶叶、刺梨、精品水果、玫瑰、银杏、种草、竹子等产业。

3. 加大涉农资金整合力度，统筹使用涉农资金，最大限度地发挥涉农资金支持产业发展，促进脱贫攻坚工作的作用。根据特区财政局提供的可以整合的涉农资金数量，在扶贫局设立整合专户，把所有可以整合的资金存入该专户，由各产业牵头部门组织对实施的产业进行复核验收，根据复核验收结果，按照相关产业的补助标准，及时足额兑现给实施业主。

4. 发挥平台公司作用。各平台公司要积极为发展产业做好融资工作，今冬明春农业产业发展中，通过整合的资金不够支付经营主体的，通过平台公司融资解决，以满足产业发展需求。特区政府从政策方面支持平台公司融资贷款。

5. 金融机构要加大信贷支农力度，稳步推进“两权”抵押贷款实施。

6. 加大中央财政补贴农业保险力度，积极探索特色优势农产品保险试点建设，把茶叶、猕猴桃等产业纳入保险试点。

（五）深化“三变”改革

各乡镇、社区要以“三变”改革为统领，激活农村各类生产要素。

1. 筑牢工作基础。进一步加大工作力度，加快推进确权登记颁证、“三资”清理等基础性工作，加快建立完善农村产权交易平台和股权交易平台，强化和规范股权管理，开展村集体资产股份量化改革试点工作，为“三变”改革的深入推进奠定基础。

2. 用好“两权抵押”政策。进一步完善价值评估、风险补偿等体制机制，创新符合家庭农场、种养殖大户、农民专业合作社等农业经营主体融资需求的“两权”抵押信贷产品，尽快形成可借鉴可推广的经验。

3. 完善利益联结机制。进一步探索推广“产业平台＋村集体＋基地”、“产业平台＋农户＋基地”、“产业平台＋村集体＋农户＋基地”等“三变＋特色产业”生产模式，“保底＋股权分红”模式，解决老百姓的后顾之忧，形成“联产连业、联股联心”的发展格局。

（六）加强宣传培训

1. 做好宣传发动。各业务主管部门要深入实地广泛开展调研，与乡镇、社区合理规划产业布局，合理确定发展品种、种植模式，着力抓好六六、水黄、六郎等重点公路沿线产业带建设，优化提升沿线优势主导产业，确保今冬明春的目标任务能全面有效实施，使生态产业化，产业生态化优势更加明显；各乡镇、社区要深入村、组通过召开村组干部会、村民代表会、群众会、个别座谈等方式，广泛宣传各项强农惠农富农政策，提前让群众知晓，统一思想认识，提高参与度，营造良好的舆论氛围。

2. 加强技术培训，办好示范样板，充分发挥项目作为技术推广载体的作用，各乡镇、社区要办好样板点、示范区，抓好现有项目基地的补植补种，要率先普及无公害生产技术，推广病虫绿色综合防控、测土配方施肥、水肥一体化、有机肥料、降解薄膜等无害化生产技术和投入品。

（七）开展督导检查

1. 特区党委政府督查室、“3155工程”领导小组办公室要定期不定期对今冬明春农业生产工作开展情况进行督导检查，及时发现问题，以问题为导向倒逼各项工作落实，确保各项工作全面完成；对今冬明春农业生产工作不重视、推进不力，不作为、慢作为、乱作为和推诿扯皮的要严肃问责。

2. 建立健全考核机制。今冬明春实施的产业将作为2017年农业工作目标任务，纳入2017年度目标考核内容，各业务主管部门和乡镇、社区对实施情况要认真调度，每周及时报送1次实施进度（从10月8日开始，每周五上午报送到区“3155工程”领导小组办公室）。

六枝特区人民政府办公室　　2016年9月29日印发

共印110份

大事记

1月

8–9日 中国共产党六枝特区第十次代表大会第五次会议召开。特区党委书记杨昌显作工作报告。特区党委副书记、政府区长方裕谦作“十三五”规划建设说明。

25日 六枝特区2016—2017年度赛会志愿者培训开班仪式在六枝特区职校举行。

26日 六枝特区第一个汽车用气加气站建成并通过环保验收，标志着六枝特区汽车用清洁能源的正式使用。

27日 贵州亲连亲电子商务有限公司暨“贵州省‘乡里乡亲’电子商务有限公司六枝运营分中心”开业典礼活动在六枝特区举行。

28日 六枝特区党委常委班子召开“三严三实”专题民主生活会。会议学习贯彻中央政治局、省委常委会班子、市委常委会班子专题民主生活会和习近平总书记系列讲话精神，紧密联系生活实际，深入查摆问题，深化整改落实，巩固扩大专题教育成果。

31日 梭戛乡长角苗文化节在梭戛乡高兴村举行。

是月 六枝特区电子商务全面开启。

是月 岩脚镇岱翁村荣获2015“全国生态文化村”称号。

是月 六枝特区农村信合联社荣获中国银行业文明规范服务五星级营业网点和2015年度贵州省银行文明规范服务百佳示范单位称号。

2月

5日 六枝特区举行60周岁以上老年人优抚对象免费乘坐城区公交车启动仪式。

15日 六枝特区召开2016年全区经济工作暨农村工作会议。学习领会和贯彻落实中央、省、市经济工作会议及农村工作会议精神，进一步细化区委十届五次党代会确定的目标任务，总结2015年经济工作，部署2016年经济工作，确保实现“十三五”良好开局。

19日 六枝特区第十届纪律检查委员会第六次全体会议召开。区直有关单位主要负责人、各乡（镇）主要负责人参加会议，会议以电视电话会议的形式开到村居。会议强调，要严明党规党纪，强化监督执纪问责。

24–26日 中国人民政治协商会议第八届六枝特区委员会第二十一次常委会议在六枝特区政协三楼常委会议室召开。会议主要审议了中国人民政治协商会议第八届六枝特区委员会常务委员会工作报告（草案）；审议了中国人民政治协商会议第八届六枝特区委员会常务委员会关于政协八届四次会议以来提案工作情况的报告（草案）；审议了中国人民政治协商会议第八届六枝特区委员会第五次会议议程（草案）及其他有关文件。

29日 六枝特区召开2016年“三农”暨“三变”改革工作会议。深入贯彻落实中央、省、市农村工作会议精神，安排部署2016年六枝特区农业农村工作。

是月 六枝特区新窑小学李启芳和新窑乡四角田小学王昌华老师荣获2015年“中国名师联盟·希望工程园丁奖”。

3月

2日 六枝特区党委副书记、政府区长方裕谦率队赴广西百色百矿集团考察学习煤炭产业发展方面的先进经验和做法并商谈合作相关事宜。

4日《六枝特区志（1978—2011）》初审会在城市规划展览馆召开，《六枝特区志（1978—2011）》通过初审。

5日 六枝特区小城镇建设发展推进大会召开，会议的主要任务是：总结经验、查找差距，强化措施、破解难题，对筹备全省第五届小城镇建设发展大会的有关工作进行再安排、再部署。

8日 六枝特区党委书记杨昌显主持召开2016年全省项目建设观摩会六枝筹备工作调度会。会议传达3月7号市长周荣在全省第一次项目观摩会六盘水筹备会上的讲话精神，听取六枝特区项目建设观摩会筹备情况的汇报，并安排部署下一步的工作。

11日 六枝特区政协八届五次会议第二次全体会议在特区人民会场举行。本次会议主要有两项内容，一是委员作大会发言，二是召开特区政协优秀委员及提案工作表彰会。

10–14 日　六枝特区第十一届人民代表大会第五次会议召开。会议听取和审议了特区人民政府区长方裕谦所作的《六枝特区人民政府工作报告》。

15 日　贵州省委常委、副省长慕德贵到六枝特区就第五届全省小城镇建设发展大会筹备工作进行调研督导。

16 日　保护母亲河行动解放军青年林贵州六枝项目植树活动在六枝特区落别乡龙井沟正式启动。

是日　贵州省人民医院、六盘水市人民政府合作建设的贵州省人民医院揭牌仪式及贵州省人民医院对口支援六盘水市第二人民医院协议签约仪式在六枝特区举行。

19 日　安顺市委常委、副市长陈好理，市委常委、西秀区委书记郭伟谊率队到六枝特区落别乡考察小城镇建设和农村人居环境改善工作。

20 日　六枝特区在贵州饭店举行 2016“中国凉都·六枝红樱桃”布依文化旅游节新闻发布会。

22 日　中国水环境集团投资有限公司一行到六枝考察并召开座谈会。特区党委书记杨昌显，党委副书记邹振伟参加。会议初步确定双方相关负责人，相互配合协作，推动项目建设。

23 日　六枝特区 2014 年度中央财政小型农田“五小”水利重点县建设工程通过县级验收。

29 日　六枝特区第一届“云上牂牁杯”手工制茶技能大赛在六枝特区落别乡木厂村举行。

30–31 日　贵州省精准扶贫档案工作示范点建设工作会议在六枝特区召开。贵州省档案局局长田洪主持会议，六盘水市人民政府副市长范三川，六枝特区党委书记杨昌显，党委常委、政府副区长杨刚，省档案局、省扶贫办、贵阳市、遵义市、六盘水市、安顺市、毕节市、铜仁市、黔东南州、黔西南州等地州市档案及扶贫系统相关同志参加会议。会上，贵阳市档案局、六盘水市档案局、毕节市档案局、黔东南州档案局及省档案局业务二处分别作了交流发言 。与会同志还参观了六枝特区车厘子、凉都红樱桃、郎岱农业园区猕猴桃产业基地和落别乡抵耳村、郎岱镇精准扶贫档案示范点建设工作情况。

4 月

1 日　六枝特区“四创”暨“文明在行动·满意在凉都”活动誓师大会在新广场举行。六枝特区各单位及四个社区的干部职工群众共 2200 余人参加，各乡镇设立分会场，同步举行誓师活动。

7 日　贵州省副省长陈鸣明、省政协副主席陈海峰率 2016 年全省第一次项目建设现场观摩会第九组到六枝特区进行现场观摩。

18 日　贵州省召开同步小康驻村工作 2015 年总结表彰暨 2016 年动员部署电视电话会。党委副书记李卫杰、党委常委周合平、各乡镇（社区）、区直部门负责人，单位驻村干部在六枝分会场收看会议。会议回顾总结了 2015 年度全省同步小康驻村工作，安排部署了 2016 年度驻村工作，并对 2015 年优秀驻村干部进行表彰。

是日　六枝特区召开“两学一做”学习教育工作部署会暨组织工作会议，传达学习贯彻习近平总书记系列重要讲话精神和中央、省市“两学一做”学习教育工作部署会及全市组织部长会议精神，安排部署六枝特区“两学一做”学习教育和 2016 年组织工作。

23 日　“中国凉都红樱桃”布依文化旅游节开幕仪式在落别乡牛角村布依广场举行。

27 日　六盘水市农村敬老院管理工作现场观摩会在六枝召开。会议的主要任务是通过现场观摩交流学习，推进全市农村敬老院建设管理水平再上新台阶。

是日　六枝特区召开 2016 年军地联考评任务部署会。水城军分区政委贾荣杰到会指导，特区党委书记、人武部第一书记杨昌显出席会议。

5 月

3 日　六枝特区扶贫开发领导小组第三次会议召开。会议传达 4 月 26 日六盘水市扶贫开发领导小组会议精神。

6 日　六盘水市“四在学校·幸福校园”第一季度观摩会在六枝特区召开。

7 日　六枝特区同步小康驻村工作暨精准扶贫攻坚月安排部署会议召开。会议以电视电话会议形式开到各乡镇（社区）。 会上，安排部署了六枝特区的精准扶贫重点性基础工作及六枝特区同步小康驻村工作。

9日 六枝特区举行PPP项目推介会。特区政府向社会资本推介了14个项目。

13日 六枝特区组织召开迎接国务院安委会第七巡查组巡检动员部署会。会议指出，要提高思想认识，高度重视巡检工作；要严格落实责任，严肃责任追究；要加强组织协调和工作保障，确保迎检工作顺利完成；要加强安全检查，确保各行业领域生产安全。

15日 项目控制性工程桥梁工程T梁跨铁路架设成功搭接，标志着该项目全线贯通，预计2016年6月建成通车。

六枝东互通延长线（大用矿对外连接道路），起点与国道G356（贵烟路）K163+500处平交，向南延伸止于南环路东延伸线。道路全长2.1公里，路基宽度29米，设计桥梁2座，桥长597.45米；设计车速50 km/h，双向六车道，路面结构为沥青混凝土，总投资约2.3亿元。

20日 六盘水市2016年水稻机插秧现场会在凉都唯一的有机米生产基地——六枝特区月亮河乡月亮河村举行。

24日 六枝特区电厂一号组锅炉首次点火圆满完成。

26日 六枝特区召开脱贫攻坚工作安排部署会。六盘水市政府副市长付昭祥作工作安排，特区党委副书记、政府区长方裕谦主持，特区人大常委会主任王朝荣，特区政协主席夏明及其他在家的四大班子领导出席会议。

31日 六枝特区重点交通项目建设推进会召开。会议听取了中铁十八局“建养一体化”项目和军辉路桥公司G356大用至凉水井公路建设中存在的困难情况汇报、特区交通运输局关于交通重点项目工作情况及急需协调解决的问题情况汇报，各相关单位、乡镇分别就相关问题进行说明。

6月

1日 贵州省供给侧结构性改革推进大会电视电话会议召开，对全省供给侧结构性改革进行再部署再动员。

3日 “2016院士专家援黔行动—凉都行”活动走进六枝，中科院地球化学研究所研究员刘再华一行对牂牁江风景名胜区规划和开发情况进行实地调研考察。

6日 六枝首届“万步有约”职业人群健走激励大奖赛启动。

8日 六枝特区2016年“中国凉都·画廊六枝”旅游文化推介会在岩脚镇廻龙溪温泉度假区举行。

13日 六枝特区人民医院开展了首例远程医疗会诊，实现了县级医院与专家“面对面”。

14日 六枝特区政协八届第二十三次常委会议第一次全体会议在特区政协常委会议室召开。会议传达学习了全国“两会”和中央扶贫开发工作会议精神；听取了六枝特区人民政府关于精准脱贫、“三变”改革、教育“新两基”等工作情况通报。

是日 六枝特区与中科大签署战略合作。支持六枝特区打造功能农业强区战略。

15—16日 国务院扶贫办规划财务司副司长杨炼，主任科员杨玲一行到六枝调研产业扶贫项目，并开展精准扶贫工作成效第三方评估工作。

21日 贵州省评估组到六枝特区实验幼儿园开展省级示范幼儿园第二次评估。

25日 六枝特区举办2016“中国凉都·画廊六枝”首届杨梅节。

26日 六枝特区庆祝中国共产党95周年暨表彰大会在特区影剧院召开。会上，宣读了中共六枝特区委员会《关于表彰优秀共产党员、优秀党务工作者和先进基层党组织的决定》，对全区100名优秀共产党员、50名优秀党务工作者、50个先进基层党组织进行表彰，并为受表彰对象代表颁发奖牌证书。

25—27日 英国摄影师尼尔森一行赴六枝特区拍摄特色民族文化。

28日 六枝特区纳革水库、小坝田水库、河头上水库集中开工仪式在岩脚镇二道岩村烂坝田河头上水库举行。

是日 六枝特区组织召开2016年上半年暨第三季度安全生产工作会议。特区人民政府副区长周龙出席会议。会议指出，要认真总结半年安全生产工作，查缺补漏，对第三季度及下半年安全生产工作进行精心安排，结合当前雨水集中的特点，强化隐患排查治理和应急值守。

29日 2016年贵州省深化“平安家庭”创建暨贯彻实施《中华人民共和国反家庭暴力法》经验交流会在六枝特区召开。

是月 六枝特区高山种养殖农民专业合作社荣获全国农民合作社农产品加工示范单位。

7月

1日 六枝特区第一个跨区域联乡(镇)中共长流•牂牁联乡(镇)委员会在牂牁镇成立并举行揭牌仪式。

2日 六枝特区万寿菊现场观摩会在大用园区万寿菊种植点举行。

6日 六枝特区举行全省小城镇建设项目观摩会观摩点预观摩。

5–6日 贵州省人大常委会副主任周忠良一行到六枝特区考察牂牁江景区建设情况，并召开贵州省人大常委会立法和换届选举工作调研座谈会。

7日 共青团中央书记处第一书记秦宜智一行到六枝特区调研“三变”工作。

9日 2016年贵州屋脊•中国凉都六盘水消夏文化节系列活动之凉都月亮河“六月六布依风情文化节”隆重开幕。

12日 六枝特区党委副书记、政府区长方裕谦主持召开中国共产党六枝特区第十一次代表大会筹备工作领导小组第一次会议。

13日 六枝特区召开第五届全省小城镇建设发展大会工作调度会。会议听取特区小城镇建设各项规划工作和进展情况的简要汇报。与会人员就小城镇建设大局规划、进展情况和项目进展中迫切需要解决的困难问题提出工作要求和意见。

15日 岩脚镇老卜底电站#1机组完成首次并网发电。

17日 第五届全省小城镇建设发展大会筹备工作第二十九次联席会议召开。会议传达周荣市长到六枝调研小城镇建设的讲话精神，安排部署下阶段筹备有关工作。

是日 六盘水市委副书记、市长周荣到六枝特区就农业产业发展、脱贫攻坚等工作进行调研。

21日 六枝特区召开2016年全省易地扶贫搬迁现场观摩调度会。会议贯彻落实市委副书记魏雄军在六枝特区参加2016年全省易地扶贫搬迁现场会预观摩中的讲话精神，并就六枝特区当前2016年全省易地扶贫搬迁现场观摩会有关工作进行再安排、再部署、再强调。会议还简要汇报了六枝特区2016年全省易地扶贫搬迁现场观摩会的工作进展情况，回顾总结六枝特区前阶段易地扶贫搬迁工作情况。

22日 中石油、中石化加油（汽）站选址工作会议在特区政府六楼会议室召开。

25日 六枝特区创建环境保护模范城市工作会议在六枝宾馆五楼会议室召开。会上，传达了全市创模工作推进会会议精神；《特区创模工作组关于进一步明确六枝特区创建国家环保模范城市工作职责任务的通知》（六枝创模〔2016〕1号）文件精神；特区环境保护局局长李清洋汇报了六枝特区创模工作开展情况。

是日 2016年征兵工作会议在六枝特区人武部会议室召开。

27日 六枝特区召开推进领导干部能上能下暨“四位一体”从严管理干部试点工作动员部署会。本次会议的主要任务是，深入贯彻中央、省委、市委关于从严管理干部的决策部署和全市推进领导干部能上能下暨“四位一体”从严管理干部试点工作动员部署会议精神。

8月

1日 六枝特区党委书记杨昌显在“八一”建军节率拥军优属慰问团慰问特区人武部、消防支队、六枝武警中队等驻地军警。

3日12时零7分，六枝特区人民医院成功实施首例冠状动脉造影术。

是日 六盘水市委副书记、市长周荣深入六枝特区郎岱镇、岩脚镇、落别乡调研小城镇建设工作。

是日 中央党校调研组到六枝特区调研“三变”改革工作。

8日 全省第五届小城镇发展大会“四朵云”建设相关事宜专题会在特区党委政府六楼会议室召开。

9日 六枝特区电厂满负荷试运行成功。

10日 2016年中国门球冠军赛贵州赛区在六枝

开赛。

11 日　贵州省住房和城乡建设厅党组成员、副厅长宋丽丽率队到六枝特区调研全省小城镇建设发展大会筹备情况。

是日　六盘水市乡镇卫计院标准化建设项目现场会在六枝特区召开。

是日　六盘水市委、市政府在杭州举行 G20 到杭州浙江人游凉都——中国凉都·六盘水旅游文化推荐会期间，六枝特区党委副书记、政府区长方裕谦率队考察喜马拉雅科技有限公司并参加座谈会。

12 日　六枝特区不动产统一登记首证颁发仪式在特区不动产登记中心举行。特区政府副区长撒玉怀、特区国土资源局局长龙启江向市民颁发了“不动产权证书”。

15 日《六枝特区志（1978—2011）》复审在市地志办召开，《六枝特区志（1978—2011）》通过市级复审。

17 日　六枝特区举行党风廉政建设和反腐败斗争形势任务暨“一准则两条列”专题宣讲报告会。

18 日　六枝小城镇发展业态布局推进会召开。会议听取了郎岱镇、岩脚镇、落别乡小城镇发展业态布局的工作情况汇报。乡镇相关负责人汇报了小城镇建设的推进情况和小城镇发展业态布局中存在的困难和问题。

19 日　六枝特区召开严肃换届纪律专题谈话会。会议宣读相关换届的相关文件精神，与会人员观看警示教育片《镜鉴》。会议强调，全区要严格遵守中央“八项规定”和省市“十项规定”，不断形成风清气正的政治生态。

是日　六枝特区团委初步确定六枝特区首个青年之家落户岩脚。

22 日　六盘水市委副书记、市长周荣深入新窑镇指导该镇党委班子换届工作。

24 日　六枝片区六盘水市政协委员视察六枝特区旅游产业。此次视察选择以旅游产业发展情况为主题。

26 日　六盘水市委常委、副市长张兵到瓦窑村开展扶贫调研工作。

27 日　区委十届常委会 2016 年第 40 次会议召开，传达学习 8 月 24 日市委常委（扩大）会议和 2016 年全市易地扶贫搬迁现场观摩检查会精神，研究六枝特区贯彻落实意见。

28 日　六枝特区扶贫开发领导小组第七次会议召开。会议汇报了六枝特区万寿菊种植、收购工作情况，安排土地确权颁证工作，通报近期脱贫攻坚工作开展情况并部署下一步工作。

是日　埃及政党干部考察团赴六枝特区落别乡考察布依民族文化。

是月　上半年六枝特区经济发展综合排位居全省非经济强县第二位。

是月　贵州省军区组织召开 2014—2016 年贵州省军地联考联评总结表彰大会。六枝特区被表彰为“制度性考评优胜单位”。

是月　六枝特区梭嘎乡高兴村纳入 2016 年中国传统村落。

9 月

1 日　区委十届常委会 2016 年第 41 次会议在六枝宾馆五楼会议室召开。会议传达学习省委十一届七次全会和六届市委第 224 次常委会议精神，研究六枝特区贯彻落实意见。并听取六枝特区卫生计生工作和庆祝第 32 个教师节暨表彰大会的情况汇报，研究《六盘水市木岗园区移动终端（智能设备）产业总部基地项目合作框架协议》。

是日　国务院第三次大督查迎检工作协调会召开。会议传达《省人民政府关于转发〈国务院关于开展第三次大督查的通知〉的通知》及六盘水市迎检工作协调会会议精神，牵头单位汇报自查情况，与会领导结合各自分管的工作，提出具体的安排部署。

7 日　十一届人民政府第 71 次区长办公会议召开。会议研究六枝特区煤层气勘探开发综合利用项目建设工作相关事宜，传达全省整合使用财政涉农资金会议精神，并研究六枝特区贯彻落实意见。

是日　六枝特区十一届人民政府第 39 次常务会议召开。会议传达全市第十届村（居）“两委”换届工作会议精神，传达全省创建国家卫生城镇工作现场推进会议精神，研究《2016 年六枝特区创建国家卫生县城攻坚重点整治工作方案》；传达全省扶贫办主任会议精神，并研究六枝特区贯彻落实意见。

8 日　六枝特区政协八届二十四次常委会议召开。

会议通过了本次常委会议议程（草案）、日程（草案），组织学习习近平总书记在庆祝中国共产党成立95周年大会和在全国卫生与健康大会上的讲话精神，听取特区人民政府关于大旅游、大健康产业发展工作情况的通报、听取特区人民政府关于政协八届五次会议以来提案办理工作情况的通报。特区政协主席出席会议。

是日　六枝特区举行庆祝第32个教师节暨表彰大会。会上，对5个教育先进集体和219名优秀教育工作者、优秀教师、教坛新秀等先进个人进行表彰。

12日　六枝特区人民医院成功实施六盘水市县级医院首例脑血管造影术。

是日　六枝特区召开区委十届常委会2016年第42次会议。会议传达学习六盘水市第十届村（社区）“两委”换届工作电视电话会议精神，研究六枝特区村（社区）“两委”换届工作有关事宜。

14日　《六枝特区志（1978—2011）》终审会在贵阳召开，《六枝特区志（1978—2011）》通过省级终审。

20日　六枝特区召开2016年“中国凉都·六盘水牂牁江”国际滑翔伞邀请赛暨全国滑翔伞优秀选手赛新闻通气会。特区宣传部、政府办、牂牁江风景名胜区等5家单位负责人及人民网、《贵州日报》、《贵州都市报》等十多家新闻媒体出席会议。

21—23日　六枝特区召开第十一届人大会常委会第36次审议会。会议分组审议了《六枝特区人民政府关于特区十一届人大常委会第32次会议审议意见通报落实情况的报告》《特区人民政府关于2015年财政决算的报告》《特区人民政府关于2015年财政预算执行和其他财政收支的审计报告》《特区十一届人大五次会议代表所提的议案、建议、批评和意见办理落实情况的报告》《特区人民政府关于电子商务发展情况的报告》《特区人民政府关于生态文明建设情况的报告》《特区人大常委会关于批准六枝特区2015年财政决算的决定（草案）》《特区人大常委会关于确定区、乡两级人大代表选举日的决定（草案）》和六枝特区人民政府关于提请贺建贤任六枝特区监察局局长、马武荣任六枝特区司法局局长等人事任免事项。

27日　六盘水市农业结构调整暨“3155工程”推进会在六枝特区召开。会议强调，全市各级各部门要咬定2018年全面脱贫，再用两年时间巩固提升，到2020年与全国全省同步小康的目标，统一思想、凝聚共识，坚持以“生态产业化、产业生态化”为引领，以“3155工程”为抓手，深化拓展“三变”改革，大力推进农业结构调整，全力决战脱贫攻坚、决胜同步小康。

28日　经六盘水市旅游景区质量等级评定委员会审查，六枝廻龙溪度假区、牛角布依风情体验区两景区评定为国家3A级旅游景区。

是日　贵州省“文明在行动·满意在贵州”活动暨“多彩贵州文明行动”整脏治乱专项行动六盘水市现场推进会观摩组走进六枝。

28—30日　2016年“中国凉都·六盘水牂牁江”国际滑翔伞邀请赛在六枝特区牂牁江风景名胜区牂牁镇文化广场举行。

28—30日　北京电视台《四海漫游》摄制组到六枝拍摄，推出六枝文化风情，提高六枝特区的知名度和美誉度。

10月

10日　六枝特区党委召开第十届委员会第十三次全体会议。研究部署中国共产党六枝特区第十一次代表大会相关工作。会议表决通过《中国共产党六枝特区第十一届委员会委员、候补委员及纪律检查委员会委员组成原则、名额分配及产生程序工作方案（草案）》和《中国共产党六枝特区第十一次代表大会结构和议程调整方案（草案）》。

22日　六枝特区召开“全国教师管理信息系统部署与启用工作县级培训会”。标志着六枝特区所有教师将建立电子档案并确保“一人一号”进行管理。

25日　中国共产党六枝特区第十一次代表大会换届纪律培训会议在六枝特区人民会场召开，全体党代表、列席人员、来宾及大会工作人员参会。会议主要目的是进一步学习中央、省委和市委有关换届工作的纪律要求，进一步统一思想，明确任务，聚焦换届工作，严明换届纪律，通过会前培训准确把握换届纪律的各项要求和具体规定，做到先学先行、入脑入心，进一步提高认识严肃换届纪律的重要性和必要性，增强做好换届工作的责任感和使命感，确保本次党代表大会取得圆满成功。

26-29 日 中国共产党六枝特区第十一次代表大会（三次全体会议）在特区人民会场召开。会议的主要任务是，高举中国特色社会主义伟大旗帜，深入贯彻习近平总书记系列重要讲话精神，回顾总结六枝特区第十次党代会以来的工作，讨论制定今后五年的奋斗目标和主要任务，选举产生中国共产党六枝特区第十一届委员会和纪律检查委员会。会议通过了大会选举办法（草案）；通过了大会选举总监票人、监票人、总计票人建议名单。正式选举了中国共产党六枝特区第十一届委员会委员、中国共产党六枝特区第十一届委员会候补委员和中国共产党六枝特区第十一届纪律检查委员会委员。

29 日 中国共产党六枝特区第十一届委员会在特区城市展览馆二楼会议室召开第一次全体会议。中国共产党六枝特区第十一届委员会委员出席会议，中国共产党六枝特区第十一届委员会候补委员、纪律检查委员会委员列席会议。

会议选举杨昌显、方裕谦、王光全、龙超、杨刚、周合平、姚斌、郭萌、詹勇、潘静为中国共产党六枝特区第十一届委员会常务委员会委员，选举杨昌显为中国共产党六枝特区第十一届委员会书记，方裕谦、王光全为中国共产党六枝特区第十一届委员会副书记。会议同意了中国共产党六枝特区第十一届纪律检查委员会选举产生的纪委常委、书记和副书记。

是月 六枝特区首个村级光伏发电试点成功。

11 月

5 日 六枝特区人民医院开展了首例微创腹腔镜下胃癌根治术。

6 日 六盘水市第四届旅游文化产业发展大会六枝特区筹备工作第三次联席会议召开。会议听取各参会部门、乡镇、施工单位、平台公司关于旅游项目推进情况的汇报，总结目前面临的困难和问题。参会领导对下一步工作提出整改意见和要求。

9 日 六枝特区召开三类城市语言文字工作评估推进会。会议传达学习了《六枝特区三类城市语言文字工作评估实施方案》，并对评估迎检工作进行安排部署。

是日 六枝特区十一届人民政府党组会议召开。特区党委常委、政府副区长郭萌、夏文彧、陈少鸿，政府副区长谭枫，政府党组成员蒋家梁参加会议。

会议传达学习 11 月 8 日全市党员领导干部大会会议精神，传达学习《中共中央办公厅关于认真学习宣传党的十八届六中全会精神通知》《中共六盘水市委办公室关于认真学习贯彻陈敏尔同志在省委常委会听取六盘水市工作汇报时重点讲话精神的通知》《中国共产党第十八届中央委员会第六次全体会议公报》《10 月 29 日省委常委扩大会议精神》以及《六届市委第 239 次常委扩大会议精神》，并研究其他有关工作事宜。

是日 六枝特区第二次地名普查工作推进会在银壶社区会议室召开。会议通报了六枝特区地名普查工作取得的实质性进展和阶段性成效，指明了工作面临的形势和存在的问题，对下步的工作进行了安排部署，明确了工作的时间要求和重点任务。

12 日 六枝特区“两学一做”学习教育工作推进会暨协调小组第四次全体会议召开。本次会议的主要任务是，贯彻落实市“两学一做”学习教育推进会暨协调小组第四次全体会议精神，对六枝特区“两学一做”学习教育前一阶段的工作进行总结，对全市第四次调研督导情况和六枝特区第二次专项调研督导情况进行通报，进一步总结经验，找出差距，安排部署下一步工作。

12—13 日 贵州省散文学会一行到六枝特区岩脚古镇进行采风。

16 日 2016 年六盘水市未成年人思想道德建设暨乡村学校少年宫建设管理现场推进会在六枝特区召开。

是日 市人民政府正县级督学余龙江率市督导评估考核团赴六枝特区复查“新两基”暨“两项督导”工作，并召开反馈会。会议宣读了六枝特区义务教育初级均衡市级验收复查报告。

是日 六枝特区政协八届二十五次常委会议召开。会议组织学习中央十八届六中全会精神和特区第十一次党代会精神；协商讨论特区人民政府工作报告（征求意见稿）、计划报告（征求意见稿）、财政报告（征求意见稿）；协商决定中国人民政治协商会议第九届六枝特区委员会第一次会议召开时间；审议通过中国人民政治协商会议第八届六枝特区委员会常务委员会工作报告、提案工作报告，并决定报告人；审议通过中国人民政治协商会议第九届六枝特区委员会第一次会议议程、日程及其他有关文件；协商决定政协第九届六枝特区委员会委员；会议还研究有关人事事项。

是日 农业部副部长余欣荣率队到六枝特区考察耕地轮作休耕制度试点工作。

21—22 日 六盘水副市长范三川率市工商局、综治办、文明办等相关部门负责人到六枝特区评估验收“无传销县区”创建工作。

23 日 贵州省煤矿安全监察局副局长陈富庆率队到六枝特区调研煤层气抽采利用及安全生产工作。

24 日 毕节市百里杜鹃管委会副主任官玮带队赴六枝特区落别乡、郎岱镇、岩脚镇考察小城镇建设及美丽乡村建设。

26 日 六盘水市委常委、市政府常务副市长尹志华到关寨镇调研脱贫攻坚工作。

28 日 六枝特区大扶贫战略行动监测评价工作布置暨业务培训会议召开。来自 19 个乡（镇、社区）及特区扶贫工作领导小组 12 个成员单位分管领导及扶贫工作业务骨干等 60 余人参加会议。本次会议旨在贯彻落实贵州省大扶贫战略行动监测评价工作会议精神，布置六枝特区大扶贫战略行动监测评价工作。

29 日 六枝特区召开六枝特区党委系统办公室工作会议。会议传达学习全国、全省党委秘书长会议和全市党委系统办公室主任会议精神，研究解决工作中存在的问题，安排部署当前和今后一段时间办公室的主要工作。各乡（镇）、各社区、各部门分管办公室工作的领导和办公室负责人，以及特区党办、归口管理单位股级以上干部职工参加会议。

是日 六枝特区“529”脱贫攻坚中部战区第一次会议召开。会上，新窑镇、塔山社区、银壶社区、九龙社区分别汇报脱贫攻坚工作开展情况，参会人员结合本单位本部门实际作发言，为脱贫攻坚工作献言献策。

是日 梭戛自然与生态苗族文化旅游示范区意向性规划设计汇报会在六枝宾馆五楼会议室召开，市民族宗教委员会主任吴君隆、特区党委常委、宣传部部长姚斌、特区人大常委会副主任王道洪、特区政协副主席吴文英出席会议。

12 月

6 日 6 日 中国共产党六枝特区党代表会议第九届第一次全体会议召开。

9 日 政协第九届六枝特区委员会第一次会议预备会议在特区人民会场召开。会议听取政协第九届六枝特区委员会第一次会议筹备工作情况报告；审议通过政协第九届六枝特区委员会第一次会议主席团成员及秘书长名单；审议通过政协第九届六枝特区委员会第一次会议议程、会议日程；通过政协第九届六枝特区委员会第一次会议决议起草委员会名单、议提案审查委员会名单；宣读政协第九届六枝特区委员会第一次会议副秘书长名单、委员名单、邀请出席人员名单、列席人员名单；宣读政协第九届六枝特区委员会第一次会议小组划分办法及召集人名单、主席台就座人员名单；宣布政协第九届六枝特区委员会第一次会议主席团常务主席名单；宣布政协第九届六枝特区委员会第一次会议大会主席团会议及主席团常务主席会议主持人名单。

10 日 六枝特区“两会”中共党员大会在特区人民会场召开。出席“两会”人大代表、政协委员、工作人员中的中共党员参加会议。

是日 六枝特区第十二届人民代表大会第一次会议预备会议在特区人民会场召开。 会议表决通过六枝特区第十二届人民代表大会第一次会议议程草案、六枝特区第十二届人民代表大会第一次会议主席团成员及秘书长名单、六枝特区第十二届人民代表大会第一次会议议案审查委员会组成人员名单草案、六枝特区第十二届人民代表大会第一次会议财政经济审查委员会组成人员名单草案、六枝特区第十二届人民代表大会质询办法、六枝特区第十二届人民代表大会议案建议办理办法。

13 日 六枝特区第十二届人民代表大会第一次会议第二次全体会议在特区人民会场召开。会议最后表决通过六枝特区第十二届人民代表大会第一次会议选举办法（草案）。

14 日 中国人民政治协商会议第九届六枝特区委员会第一次会议举行第二次全体会议。通过投票选举，吕荣当选政协第九届六枝特区委员会主席，余红亚、黄秋英、黄世杰、吴文英、叶发伦、卢启达当选政协第九届六枝特区委员会副主席，胡平当选政协第九届六枝特区委员会秘书长。马燕等33人当选政协第九届六枝特区委员会常务委员会委员。

15日 六枝特区第十二届人民代表大会第一次会议第三次全体会议在特区人民会场召开。会议表决通过了大会总监票人、监票人名单(草案);投票选举了六枝特区第十二届人大常委会主任、特区人民政府区长、特区人民法院院长、特区人民检察院检察长，六枝特区人大常委会副主任、特区人民政府副区长、特区人大常委会委员，出席六盘水市第八届人民代表大会代表。

通过无记名投票选举，王朝荣当选六枝特区第十二届人大常委会主任，方裕谦当选六枝特区人民政府区长，肖健当选六枝特区人民法院院长，余松当选六枝特区人民检察院检察长，根据相关规定，六枝特区人民检察院检察长余松的选举结果须报市人民检察院检察长提请市人民代表大会常务委员会批准。王菁、王道洪、何益贵、周金平、谭枫、撒玉怀 当选为六枝特区第十二届人民代表大会常务委员会副主任；杨刚、杨强、周龙、郭萌、彭良国、蒋家梁当选六枝特区人民政府副区长；王元礼等28人当选六枝特区第十二届人民代表大会常务委员会委员。

于鹏磊等75人当选六枝特区出席六盘水市第八届人民代表大会代表，并报送六盘水市人大常委会代表资格审查委员会进行代表资格审查。

是月 在2016(第四届)中国生态年会暨城乡魅力生态成果发布会上，六枝特区被评为2016年“中国生态魅力区”。

概 况

六枝特区政区概况

【自然条件】1966年2月22日，经中共中央、国务院中发〔1966〕第119号文批准，成立六枝特区，六枝特区和郎岱县均属安顺专区管辖。1970年12月2日，经国务院批准，郎岱县与原六枝特区合并为六枝特区。六枝特区地理坐标为北纬25° 59′ ~ 26° 33′；东经105° 08′ ~ 105° 43′之间，总面积1799.48平方公里，耕地面积101.3万亩，属亚热带季风温暖湿润气候，全年平均气温14.5℃，城市环境空气质量达标率达100%，属于“中国十佳生态旅游城市”。辖区内矿产资源主要有煤炭、黑色金属铁和有色金属铅、锌、铝及萤石、冰洲石、重晶石、水晶石、石膏、石灰石等非金属矿藏。

【政区划分】 六枝特区辖银壶、塔山、九龙、那克4个街道办（社区），郎岱、岩脚、大用、木岗、新窑、关寨、龙河、新华、牂牁9个镇，落别、新场、牛场、月亮河、中寨、梭戛6个乡；245个村(居)委员会，有汉、彝、苗、布依、仡佬等32个民族。2016年末总人口72.77万人，计划生育人口出生率为8.25‰，人口自然增长率为3.69‰。

【经济状况】 2016年，六枝特区生产总值完成165.3亿元，按可比价格计算，增长13%。其中：第一产业增加值32.7亿元，增长6.3%；第二产业增加值55.6亿元，增长12.3%；第三产业增加值76.9亿元，增长16.5%。工业增加值完成46.5亿元，同比增长11.3%，其中：规模2000万元以上工业增加值完成28.9亿元，同比增长10.8%。固定资产投资500万元以上投资完成196.4亿元，同比增长21.8%。社会消费品零售总额完成41.0亿元，同比增13.1%。财政总收入完成15.6亿元，同比下降0.69%，其中：一般公共财政预算收入完成12.7亿元，同比增0.44%。农村居民人均可支配收入达7878.6元，同比增长11%；城镇居民人均可支配收入达23457元，同比增长10%。

【产业发展】 加快农业转型。农业增加值完成32.74亿元，同比增长6.3%。非粮农业结构更加优化。六枝特区通过实施“3155”工程，大力发展山地特色农业，建成现代高效农业示范园区8个、万亩产业基地12个、规模养殖场87个、大型农产品加工厂16个，农业产业链条不断延伸，有力促进特色优势农业的发展。发展工业经济。工业增加值完成46.55亿元，同比增长11.3%。依托华润六枝电厂，加快推进煤矿复工复产，煤炭资源就地转化率达80.6%。大力发展新能源产业，建成地面抽采煤层气参数井4口、生产井10口，煤层气开发利用率达41%；移动智能终端项目落地木岗园区，全国500强民营企业葵花药业落户六枝特区。优化提质第三产业。第三产业增加值预计完成76.93亿元，同比增长16.5%。旅游业持续井喷式增长，旅游收入完成27.86亿元，同比增长66.2%。

【基础设施】 都香高速六镇段建成通车，安六城际铁路建设进展顺利，纳雍至晴隆高速公路可研通过省级评审，沪昆高速扩容工程普定至盘县段列入全省高速公路网加密规划，六枝进入“高速”时代。国省干线攻坚全面提速，G356六枝至石板沟公路、S214六枝至郎岱公路改造竣工，S310新华至老卜底、G356大用至凉水井、S215郎岱至毛口、大用至木岗连接公路建设快速推进。建成通村水泥路1300公里。全区公路网总里程达2608公里，路网密度达1.43公里/平方公里。完善航运设施，建成牂牁江、阿珠库区航运码头3座、渡口27个、渡口和水库连接线33条。完善水利设施。实施“水利建设三大会战”，黔中水利枢纽工程下闸蓄水，旧院水库建成供水，懒龙河、阿雨、松树林、茅草寨、河头上等水库开工建设，新增蓄水库容11.16亿立方米、有效灌面5.51万亩。建成中心城区供水二期工程，新增日供水能力3万吨。新增小水窖96口，实施饮水安全工程208处，解决农村27.69万人饮水安全。完成中小河流治理9处19.7公里。生态治理成效明显。认真落实“大气十条”。推广使用清洁能源，建成汽车加气站1座，在建1座，投入使用新能源公交车32辆、油气混合出租车241辆，淘汰黄标车及老旧车2195辆。开展城区餐饮油烟治理，城市环境空气质量（API）优良率达100%。认真落实“水十条”。强化水环境治理，建成郎岱、木岗、岩脚污水处理厂，启动建设龙河镇污水处理厂，城镇污水处理率达86.28%，集中式饮用水水源地水质达标率达100%，连续4年在全省“河长制”目标考核中保持最高分。认真落实“土十条”。城乡生活垃圾无害化处理率达82.8%。治理石漠化11.37万亩、水土流失8.06万亩，完成营造林59.2万亩，森林覆盖率达50.5%。

2016年六枝特区副县级以上名录

杨昌显（苗）六枝特区党委书记，六枝经开区党工委书记，六盘水木岗园区党工委书记，六盘水路喜园区党工委书记

方裕谦 六枝特区党委副书记、政府区长，六枝经开区委员会主任，六盘水木岗园区委员会主任，六盘水路喜园区委员会主任

邹振伟 六枝特区党委副书记（2016年1月—10月）

王光全 六枝特区党委副书记

杨　刚 六枝特区党委常委、副区长（分管常务工作）

幸雪梅（女）六枝特区党委常委、宣传部部长（2016年1月—8月）

姚　斌（白族）六枝特区党委常委、宣传部部长、统战部部长

杜安祥（彝族）六枝特区党委常委、纪委书记（2016年1月—9月）

龙　超（彝族）六枝特区党委常委、纪委书记

安长辅 六枝特区党委常委、政府常务副区长（2016年1月—8月）

郭　萌（女 白）六枝特区党委常委、副区长

潘　静（女，布依族）六枝特区党委常委、组织部部长、党校校长

周合平 六枝特区党委常委、落别乡党委书记

叶　圣 六枝特区党委常委、政法委书记、公安局局长（2016年1月—10月）

詹　勇 六枝特区党委常委、政法委书记、公安局党委书记、局长

王朝荣 六枝特区人大常委会党组书记、主任

周金平 六枝特区人大常委会党组副书记、副主任

何益贵 六枝特区人大常委会党组成员、副主任、六枝经济开发区党工委副书记、管委会副主任（分管常务工作）

龚鸿文 六枝特区人大常委会党组成员、副主任（2016年1月—2月）

王　菁（女，布依族）六枝特区人大常委会党组成员、副主任

王道洪 六枝特区人大常委会党组成员、副主任

撒玉怀（回族）六枝特区人大常委会副主任、工商联主席

谭　枫（苗族）六枝特区人大常委会党组成员、副主任

周　龙 六枝特区政府党组成员、副区长

蒋家梁 六枝特区政府党组成员、副区长

杨　强（苗族）六枝特区政府党组成员、副区长

彭良国（穿青族）六枝特区政府党组成员、副区长

夏　明 六枝特区政协党组书记、主席（2016年1月—10月）

吕　荣（白族）六枝特区政协党组书记、主席

余红亚 六枝特区政协党组副书记、副主席

黄秋英（女）六枝特区政协副主席

黄世杰 六枝特区政协副主席

吴文英 六枝特区政协党组成员、副主席，六枝特区总工会主席

叶发伦 六枝特区政协副主席

卢启达（彝族）六枝特区政协党组成员、副主席，六盘水路喜循环经济产业园区党工委专职副书记

肖　健（满族）六枝特区党委政法委副书记、人民法院院长

余　松（蒙古族）六枝特区党委政法委副书记、人民检察院检察长

李学刚 六枝特区公安局党委副书记、政委

陈俊松（壮族）六枝经济开发区党工委副书记

王文明 （彝族）六枝经济开发区党工委委员、管委会副主任

何啟筠 （彝族）六枝经济开发区党工委委员、管委会副主任

周定忠 （仡佬）六枝经济开发区党工委委员、纪工委书记

郭旭照 六盘水路喜循环经济产业园区管委会专职副主任

肖忠学 （彝族）六盘水牂牁江风景名胜区党工委书记、牂牁镇党委书记

陈　刚 （彝族）六盘水牂牁江风景名胜区管理委员会主任

赵孝和 （布依族）六盘水木岗产业园区党工委专职副书记

杨　彬 六盘水木岗产业园区管委会专职副主任

张　卓 （彝族）六盘水郎岱农业产业园区管委会主任

韩学智 六枝矿区社区服务管理局局长

林　海 六盘水市第二人民医院党委副书记、院长

周福良 六盘水市第二人民医院党委书记、副院长

侯东何 六盘水市第二人民医院党委委员、纪委书记

陇文菊 （女，彝族）六盘水市第二人民医院副院长

张　旗 六盘水市第二人民医院副院长

王世其 六盘水市第二人民医院副院长

王选进 六盘水市第二中学党委书记、校长

刘　容 （女）六盘水市第二中学副校长，六枝特区第一中学校长

陈永军 六盘水市第二中学党委委员、副校长

陶玉国 （彝族）六盘水市第二中学党总支专职副书记

樊小华 六枝特区党委常委、人武部政委

金　芬 （女）六枝特区人大常委会副主任、工商联主席

李德兴 六枝特区人大常委会党组成员、副主任

党政群团

中共六枝特区委员会

【领导名录】

特区党委书记 杨昌显（苗族）

特区党委副书记、人民政府区长 方裕谦

特区党委副书记 邹振伟 *王光全 李卫杰（挂职） 杨锦（苗族）（挂职）

特区党委常委、组织部部长 吕荣*（白） 潘静（布依族，女）

特区党委常委、人武部部长 李海燕*

特区党委常委、宣传部部长 幸雪梅*（女） 姚斌（白族）

特区党委常委、人民政府常务副区长 安长辅

特区党委常委、纪委书记 杜安祥*（彝族） 龙超（彝族）

特区党委常委、政法委书记、公安局局长 叶圣

特区党委常委、人民政府副区长 杨刚

特区党委常委、人民政府副区长 郭萌（白族，女）

特区党委常委、落别乡党委书记 周合平

特区党委常委、政法委书记、公安局局长 詹勇

特区党委常委、人民政府副区长（挂职） 徐烽 贾应华 夏文彧 陈少鸿（土家族）

【概况】2016年，中共六枝特区委员会在省委、市委的坚强领导下，坚持以马克思列宁主义、毛泽东思想、邓小平理论、“三个代表”重要思想、科学发展观为指导，全面贯彻落实中共十八大、十八届三中、四中、五中、六中全会和省、市党代会及全会精神，坚持主基调、主战略，扎实开展“两学一做”专题教育，坚持守底线、走新路、奔小康，奋力攻坚、锐意进取、创新超越，全区政治、经济、文化、社会、生态文明和党的建设取得新成效。一年来，特区党委常委会团结带领全区上下深入学习贯彻习近平总书记系列重要讲话精神，统筹推进“五位一体”总体布局和协调推进“四个全面”战略布局，认真贯彻落实新发展理念，牢牢守住发展、生态、安全三条底线，弘扬”三线“精神，深化”三变“改革，统筹做好稳增长、促改革、调结构、惠民生、防风险等各项工作。夯实基础、狠抓作风、强力反腐，党要管党、从严治党全面加强。在特区党委常委会的领导和示范带动下，全区上下政通人和、心齐气顺，展现出一幅奋力赶超、进位争先、风清气正、和谐稳定的生动画卷，打好了“十三五”的开局战。

【开展“两学一做”学习教育】一是主抓中心任务。着眼于加强理论武装，夯实思想基础，制定学习计划坚持突出重点、突出培训、突出宣讲、突出讨论、突出党课学习，紧紧围绕近期新精神新要求，认真学习党章党规，采取党委中心组、宣传宣讲、专题讨论等多种方式，整合各类资源，深入学习“两学一做”相关知识，将党章党规、习近平总书记系列重要讲话精神内化于心，外化于行，转化为果。二是紧扣岗位实际。把合格党员标准具体化到岗位职责中，弘扬工匠精神，勇于担当善作为，在推进全面建成小康社会、决战脱贫攻坚中展现新作为、创造新业绩，做“四讲四有”合格党员，争当“五个先锋”。召开庆祝中国共产党成立95周年暨表彰大会，表彰优秀共产党员100名、优秀党务工作者50名、优秀基层党组织50个。积极开展“送党章、佩党徽、亮身份”活动，引导广大党员时刻铭记党员身份，增强服务意识，为民服务。三是紧盯问题导向。按照“学”要带着问题学，“做”要针对问题改的要求，真查实改，着力解决基层党组织和党员队伍存在的突出问题，永葆党的先进性和纯洁性。查“八个方面的问题”，促组织强劲、队伍纯洁；查各党组织和党员自身存在的问题，促作风转变、素质提升；查学习教育中存在的问题，促工作推进、学有成效。2016年，分两期选派80名党员领导干部到中国科技大学学习，组织53名党务干部到井冈山干部教育学院学习，组织2期121名党员发展对象参加培训班，分两期对361名村党支部书记、“第一书记”、村主任进行“两学一做”及相关知识专题培训。开展“两学一做”大宣讲39场1500人次，各级宣讲167场11100人次。46名县级党员领导干部上党课67次，带动各级党组织负责人上党课938次，参加学习党员领导干部共31700余人次。

【贯彻学习总书记系列重要讲话精神】一是在

学深学透中武装头脑。坚持第一时间学、领导带头学、联系实际学，认认真真读原著、悟原理，准确把握精神实质、领会核心要义。通过理论武装，对中国特色社会主义理论有了更深刻的理解，进一步坚定道路自信、理论自信、制度自信，团结带领全区70余万各族人民群众，朝着同步小康的奋斗目标不断迈进。通过理论武装，进一步强化了责任担当，围绕脱贫攻坚、转型升级、生态环境、改善民生等重大问题，谋划发展“扣扣子”，履行职责“担担子”，落实工作“钉钉子”，把人民群众对美好生活的期待一步一步变为现实。通过理论武装，进一步贯彻落实中央、省委、市委决策部署的坚定性和自觉性，紧紧围绕协调推进“四个全面”战略布局，在全国全省全市发展大局中找准定位，在脱贫攻坚中奋起直追，奋力谱写新形势下六枝发展新篇章。二是在用好用活中指导实践。习近平总书记系列重要讲话，具有普遍指导性和现实针对性，是我们谋划工作的行动指南。坚持用战略思维谋划六枝发展，围绕与全国全省同步全面建成小康社会，常委带头开展重大专题调研，广泛听取各方面意见建议，特区党委常委召开3次专题会议，研究全面建成小康社会决战决胜阶段的重大思路、重点任务和重大举措。坚持系统思维谋划发展新路，出台守底线、走新路、奔小康实施意见，召开特区党委工作会议，系统研究区发展的基础和条件、优势和劣势、机遇和挑战，坚持以落实“五大发展理念”和推进供给侧结构性改革为主线，牢牢守住发展、生态、安全三条底线，弘扬“三线”精神，深化“三变”改革，深入实施“六大攻坚战”，统筹做好稳增长、促改革、调结构、惠民生、防风险各项工作，奋力攻坚克难，圆满完成既定目标任务，全区经济运行平稳健康较快发展，实现了“十三五”良好开局。三是在实干巧干中推动发展。我们把习近平总书记系列重要讲话精神转化为推动发展的精神力量，增强行动自觉。推动经济持续向好，2016年，预计地区生产总值完成166亿元，同比增长13%；500万元以上固定资产投资完成193亿元，同比增长20%。推动脱贫攻坚持续向好，精准识别贫困人口8.32万人，顺利通过国务院扶贫办组织的第三方评估和国务院督查组的督查。深入实施“36661”扶贫攻坚行动计划。发放“特惠贷”1.39亿元，扶持贫困户3575户。2016年预计减少贫困人口3万人，贫困发生率下降5.02个百分点。推动民生改善持续向好，教育、医疗、就业、社保、住房、文化等公共服务体系进一步健全，城镇新增就业2.22万人，转移农村劳动力就业1.88万人，开展就业统筹培训4566人。各项社会保险累计参保36.99万人，参保率覆盖率均达95％以上。推动生态建设持续向好，编制完成《六枝特区2016年度重点流域环境保护河长制实施方案》。建成煤矿污水处理设施19家。落别乡抵耳村和可布村2个行政村集中式饮用水源地环境综合整治工程完成验收。集中式饮用水源地水质达标率达100%，环境空气质量AQI优良率达99%。完成石漠化治理121.24平方公里、水土流失治理12平方公里，完成营造林166283亩，森林覆盖率达51.5%。

【强力推动科学发展，经济社会持续向好】面对经济下行巨大压力，特区党委顶住压力、精准发力，直面困难和挑战，认真贯彻执行中央宏观调控政策，主动适应新常态，引领新常态，统筹做好保增长、调结构、促改革、惠民生、防风险各项工作。主要经济指标呈现良好运行态势。2016年，预计地区生产总值完成166亿元，同比增长13%；500万元以上固定资产投资完成193亿元，同比增长20%；金融机构人民币存、贷款余额分别达136亿元和120亿元，同比增长分别为30.14%、31.46%；一般公共预算收入完成12.65亿元，同比增长-4.78%；社会消费品零售总额完成41亿元，同比增长12.5%；城镇居民、农村居民人均可支配收入分别达23750元和8041元，同比增长分别为11.4%、13%；以县为单位全面小康实现程度预计达94.1%。

【持续深入改善民生，社会事业稳步推进】保障体系不断健全。城镇新增就业2.22万人，转移农村劳动力就业1.88万人。开展就业统筹培训4566人。发放小额担保贷款1002户6155.66万元，带动就业1803人。城镇登记失业率为3.91%。各项社会保险累计参保36.99万人，参保率覆盖率均达95％以上。新农合参保50.3万人，参保率达99.29%。救助体系不断健全，发放农村低保金9193.37万元25158户45291人。提升人口计生优质服务水平，常住人口符合政策生育率达95%以上。 脱贫攻坚更加扎实。紧紧围绕“两不愁、三保障”目标，认真开展“五定五看”

工作，精准识别贫困人口 8.32 万人，顺利通过国务院扶贫办组织的第三方评估和国务院督查组的督查。深入实施“36661”扶贫攻坚行动计划。发放“特惠贷”1.39 亿元，扶持贫困户 3575 户。发展核桃、猕猴桃、中药材、茶叶等扶贫产业 56.8 万亩，带动 3 万余贫困户增收。新开工建设易扶搬迁点 6 个，搬迁对象 1424 户 6034 人。补偿报销医疗健康精准扶贫对象 7110 人次，补偿比例达 94.26%，有效遏制因病致贫因病返贫现象的发生。教育精准扶贫补助 2566 人 762.68 万元；对 2.85 万“两无”人口实行政策性兜底保障。2016 年预计减少贫困人口 3 万人，贫困发生率下降 5.02 个百分点。教育事业加快发展。特区七中、八中、九中、五小、一幼、东方龙城幼儿园等项目建成并投入使用，建成留守儿童之家 4 个，实现 15 个乡镇 3 个街道办 1 个社区乡村学校少年宫全覆盖，成功承办 2016 年六盘水市第一季度“四在学校 • 幸福校园”现场会。“新两基”工作有序推进，学前三年毛入园率 88.68%，九年义务教育阶段巩固率 88.53%，“三残”儿童少年入学率 90.3%，高中阶段毛入学率 87.6%。医疗卫生有序推进。有序推进特区中医院选址建设、康宁医院迁建、博大医院建设，标准化建设 6 个乡镇卫生院及有序开展 48 个村卫生室建设，完成 2017 年中央预算内投资申报工作和三年滚动计划项目库录入工作。探索组合建立医联体，进一步提升乡镇卫计院医疗卫生服务能力，为分级诊疗的有序开展提供坚实的保障基础。逐步建成远程医疗服务体系，特区人民医院远程医疗会诊中心正式投入运营，并成功开展了全市县级医疗机构首例远程医疗会诊，实现了县级医院与省内知名专家“面对面”，填补了六盘水市县级医院远程医疗会诊的空白。在全区 19 个乡（镇、社区）卫生计生院均实施国家基本药物零差率销售，国家基本药物制度实施稳步推进。文体事业成效显著。梭戛生态博物馆入选第五批全国民族团结进步教育基地。建成 15 个乡镇级、125 个村级农民体育健身工程，建成全民健身路径工程 29 个、文化广场 6.56 万平方米。新窑竹编加工厂成为六盘水唯一申报成功的高端规划文化产业项目。大力实施精神文明建设，开展道德讲堂宣讲活动 2322 堂次，参与人员 15.5 万人次。荣获“贵州省文化产业扶贫‘千村计划’试点县”称号。

【抓好信访维稳，严控信访增量】开通信访专线和书记、区长信箱，增设信访接待窗口，建立区、乡、村、组四级联动调处机制，配齐配强村级矛盾纠纷调解员，进一步畅通民意诉求渠道。高度重视，狠抓落实。严格落实领导接访责任制和领导包案化解责任制，落实领导包案 94 件，其中信访积案 63 件，信访案件 31 件。分三轮落实领导包案，其中，第一轮集中包案 21 件；第二轮集中包案 60 件，第三轮集中包案 13 件。现已化解 94 件，化解率为 100%，推动一批信访积案和信访案件得到有效化解，降低了信访积案存量。突出重点，狠抓关键节点。强化特殊时期的稳控机制。利用思想疏导、有理部分采取政策解决、经济解决或民政解决等方式，着重解决集访、越级访、重复访问题，坚决把可能发生的各类矛盾、纠纷化解在萌芽状态，实现了全国“两会”、党的十八届六中全会、G20 杭州峰会和省“两会”、市“两会”、“全省第五届小城镇建设发展大会”和“特区第十一次党代会”期间等重大敏感时期全区社会稳定。

【抓好公共安全保障，提升严打和整治成效】以“三个严打”为抓手，坚持“源头预防、重在治本”，深入开展“8•31”“6•27”“十百千万”工程等专项活动，严厉打击各种违法犯罪活动，截至 11 月 30 日，全区共破获毒品案件 63 起，打击处理毒品犯罪嫌疑人 87 人，缴获各类毒品 8263.3 克，确立省目标案件 2 起，破获 2 起；确立目标案件 1 起，查处吸毒人员 662 人，强制隔离戒毒吸毒人员 538 人。吸毒人员动态管控方面，社区戒毒社区康复执行率为 94.99%、出所管控率为 91.56%、就业安置率为 89.15%、戒断三年未复吸率为 37.31%、强戒执行率为 92.53%。全面筑牢社会防控网络。制定《六枝特区社会治安防控体系建设实施方案》，明确了“党委政府主导、综治统筹、公安主抓、部门联动、社会参与”的工作格局，组建了视频巡查小组和合成作战室在指挥大厅合署办公，形成指挥调度、视频分析、情报研判、视频监控、服务实战五位一体的“指情一体化”实战模式，健全反恐维稳常态化工作机制，成立反恐怖工作大队，全面加强社会防控。着力坚守安全生产底线。制定《六枝特区安全生产“五级五覆盖”“五落实五到位”责任体系实施办法》，进一步细化明确了乡（镇、社区）、村（居）一级工作职责和处理规定，扎实推进“五级五覆盖”工作规范化、法制化建设，夯实了安全生产管理法制基础。严格落实24小时领导带班值班制度，切实加强节假日和重要时段应急值守，编制应急处置方案、预案，畅通信息渠道，确保发生险情及时处置，保障了节假日期间和重要时段的安全稳定。煤矿领域实现“零死亡”。不间断开展消防安全检查，全年无亡人火灾事故发生。着力抓好社会治理。民族宗教工作进一步加强，成功承办全市2016年民族宗教工作现场观摩暨上半年工作总结会。“六五”普法顺利通过验收。深入开展信访维稳“百日攻坚战”和严打整治、社会治安防控、安全生产“三场战役”，人民群众安全感和满意度分别达96.92%、99.6%。

【深入推进改革开放，有效激发创新活力】特区党委常委会紧紧围绕中央、省委和市委全面深化改革战略决策部署，召开5次全面深化改革领导小组会议或特区党委常委会议研究改革事宜。确定改革任务33项，出台改革文件或举措50余件，获国家和省批准现行先试改革试点2项。深化“三变”改革。全区“三变”改革已覆盖18个乡（镇、社区）213个村、3个居委会和8个省级高效农业园区、189个经营主体。实现土地资源20.09万亩、房屋28100平方米、水域面积9240平方米、运输车辆59辆变资产。整合各级资金4.91亿元（其中财政资金变股金1.22万元）参与“三变”改革，撬动12.25亿元社会资金投入。实现6.64万户农户入股经营主体成为股东，入股受益农民24.41万人（其中：贫困户2.44万户8.08万人），占全区农业人口的41.37%，参与“三变”贫困人口占全区现有贫困人口的97.12%，带动农户务工13827户22023人，实现入股农户每年人均增收1800元。新增村集体农民专业合作社200个，促进128个村村集体经济积累达10万元以上、28个村村集体经济积累达50万元以上，6个村集体经济积累达100万元以上。深化农村体制改革。推进农村土地承包经营权确权登记颁证工作，被列为全国农村承包土地经营权抵押贷款试点县。成立农村土地承包仲裁委员会，下发《六枝特区农村承包土地经营权抵押贷款试点方案》。农村土地承包经营权确权登记颁证工作涉及15个乡镇3个街道220个村2352个村民组16.37万户，涉及二调国土面积101.33万亩。2016年，累计完成外业入户（实测矢量化）调查82.31万亩，占国土二调面积的81.23%。农村承包土地经营权抵押贷款正在有序开展。深化医疗卫生改革。推进医疗卫生体制改革，实施人民医院县级公立医院综合改革试点。组织协调5000余平方米作为特区人民医院基础设施建设用地，同时融资1.5亿元用于该项目建设，为三级综合医院评审申报提供了强有力的基础保障。根据《六盘水市县级公立医院部分医疗服务价格调整方案（试行）》（六盘水府办发电〔2015〕98号）精神，特区人民医院调整部分医疗服务价格。特区人民医院远程医疗会诊中心正式投入运营，并成功开展了全市县级医疗机构首例远程医疗会诊，实现了县级医院与省内知名专家“面对面”，填补了六盘水市县级医院远程医疗会诊的空白。特区人民医院、市二医分别与新场乡卫计院、落别乡卫计院探索组合医联体，进一步提升乡镇卫计院医疗卫生服务能力，为分级诊疗的有序开展提供坚实的保障基础。建立和完善县级公立医院绩效考核办法、完善人员管理信息系统、医用耗材、服务价格调整、建立第三方调解机制。四是深化公务用车改革。按中央、省、市、车改有关要求，特区公务用车制度改革工作有序推进，在车辆封存停驶工作结束后临时组建六枝特区车辆综合保障中心，从全区留用车辆中抽出29辆作为非中央核定的执法执勤部门提供综合执法执勤用车保障，对已封存停驶的公务车辆进行鉴定评估，通过评估后选择89辆具有使用价值的车辆除保障参改单位下属事业机构工作用车，其余20辆进入市场拍卖，对黄标车、老旧车、无整备使用价值的车辆一律按规定报废。五是推进社会体制改革。稳步推进殡葬改革，生态安葬率达34%。深化“放管服”改革，严格落实“先照后证”“一照一码”等商事登记改革制度，提高市场准入效率。深化行政审批制度改革，清理审批服务事项法定时限2978个工作日，精简审批环节75个，办理环节数精简到1106个，优化率10.08%。推行“互联网+政务服务”，实现“一网受理、联网审批、统一监管”。深化户籍制度改革，新增城镇人口73144人。加快创新能力提升。大力推动“大众创业·万众创新”，放宽市场准入条件。强化创新驱动战略，推动科技成果加快向生产力转化，组织企业申报发明专利4项，综合科技进步水平指数达46%，新增科技型企业备案3家。新登记市场主体3308户，同比增长28.02%。新增微型企业330户，注册资金2.39亿元，带动就业1151人。

【狠抓民主法治建设，着力改善发展环境】 特区党委认为民主法治是深入推进依法治区的重要保障。坚持把党的领导和人民当家做主有机结合，以法治建设保障人民民主，凝聚各方力量参与经济社会建设。全力加快推进依法治区进程。以中共的十八大和十八届三中、四中、五中、六中全会精神为指导，深入推进依法治区各项工作，使宣传预防与综合治理有效结合，为全区经济发展和社会稳定营造和谐法治环境。成立依法治区领导小组和特区党委依法治区办，建立依法治区决策咨询专家库，加强对依法治区的组织领导，提出了依法治区的总体目标、工作举措和责任分工。建立和完善行政权力清单制度，完善政府权力公开透明运行机制。深入开展法治宣传教育，推动全民学法用法尊法守法，全面完成“六五”普法规划任务。大力支持特区人民法院和检察院依法独立行使审判权和检察权，为社会公平正义提供良好法治环境。扎实推进基层民主法治化建设，提高基层法治化管理化水平。全力支持人大依法履行职责。加强和改进党对人大工作的领导，全面贯彻中央、省委、市委关于坚持和完善人民代表大会制度的要求部署，采取广播、电视、报刊、网络等多种方式拓宽人大代表知情知政渠道。人大听取和审议专项工作报告、开展法律监督、任命干部监督。加强和改进党对人大工作的领导，特区党委常委会先后多次听取特区人大常委会党组，讨论并通过了《六枝特区人大常委会2016年工作要点》等文件和其他相关事宜。及时调整和补充人大机关人员配备，为人大依法履职奠定良好基础。积极支持特区人大依法加强对“一府两院”工作的监督，开展对宪法和法律实施情况的监督检查，顺利召开特区十二届人大一次会议，完成人大、“一府两院”换届，选举产生新一届人大、政府、政协班子及人民法院院长、人民检察院检察长。对事关全区经济社会发展和涉及人民群众切身利益的重大事项、重大改革举措及相关人事任免，及时提请特区人大作出决议和决定，使党的主张和人民意志统一起来，提高决策的科学性和民主性。督促抓好人大代表提出的议案、建议、批评和意见的办理落实。积极支持人大围绕全区经济发展工作开展监督和专题调研。三是积极引导政协发挥重大作用。坚强和改进党对政协工作的领导，全面贯彻中央、省委、市委关于坚持和完善政治协商和广泛民主的要求，使政协参政议政、民主监督、政治协商职能得到充分行使。积极听取政协党组有关工作情况汇报，研究和通过了《政协六枝特区委员会2016年工作要点》等文件和其他相关事宜。完善政协机关人员配备，保证政协参政议政作用得到发挥。积极引导政协发挥参政议政作用，顺利召开政协九届一次会议，审议政府工作报告，完成政协委员，选举产生新一届的政协委员和常务委员会班子成员。坚持重要决策、重大问题、重点工作、重要人事安排、重大资金使用等政治协商机制，积极支持政协围绕全区经济社会发展重大问题开展协商议政和视察调研。认真听取和积极采纳政协提出的意见和建议，支持政协依照章程开展工作和加强自身建设，确保政协的职能、作用得到充分发挥。扎实推动统战、群团和武装建设。充分发挥统一战线的重要法宝重用。高度重视和加强统战工作，将统战工作纳入年度综合目标考核，在换届中，为15个乡镇配备了统战联络员。积极支持民主党派、工商联和无党派人士参与经济社会发展各项工作。全面贯彻落实党的民族、宗教、侨务政策。高度重视重视党的群团工作。大力支持工会、共青团、妇联、残联、计生协会、关工委等人民团体、群众组织依法依规依矩开展工作，定期听取群团组织工作情况汇报，群团组织服务经济社会发展的桥梁纽带作用明显增强，不断巩固党的执政基础。深入推进军民融合发展。认真落实党管武装制度，深入推进国防后备力量建设，抓好双拥共创，军政军民关系更加融洽。

【把握意识形态导向，宣传文化亮点纷呈】 高度重视宣传思想文化工作，紧紧围绕习近平总书记系列重要讲话精神，以学习宣传贯彻中共的十八届六中全会、省委十一届八次全会、市委第七次党代会精神及《党委、党组意识形态工作责任制实施办法》《党委、党组意识形态工作责任制实施细则》为主线，以特区党委、政府中心工作为重点，因势而谋、应势而动、顺势而为，夯实党对意识形态工作的掌控权，为全区经济社会发展提供坚强的思想保证和舆论环境。突出主题，深入基层，大力加强思想理论建设。按照市委宣传部的安排部署，围绕特区党委、政府中心工作，以《中国共产党章程》《中国共产党廉洁自律准则》《中国共产党纪律处分条例》《习近平总书记系列重要讲话读本(2016版)》、中共的十八大和十八届三中、四中、五中、六中全会精神等为主要内容，确定了中心组学习专题。2016年，共组织特区党委中心组集中学习4次。注重理论宣传与文化惠民活动紧密结合，通过理论宣讲，把政策、文化送进千家万户。制定《中共六枝特区委宣传部关于做好学习贯彻党的十八届六中全会精神宣讲工作的通知》《中共六枝特区委宣传部关于学习贯彻党的十八届六中全会精神宣讲的工作方案》，组织开展学习宣传贯彻党的十八届六中全会“走基层”、“两学一做”学习教育大宣讲、“党的声音进万家、总书记话儿记心上”、“社科理论走基层”主题报告会等活动1400多场，组建100多支群众宣讲小分队深入社区、企业、校园、院落开展送文化、送政策活动1250多场，受众达10.02万余人次。把握导向，精心谋划，大力营造良好舆论氛围。坚持团结稳定鼓劲和正面宣传为主的方针，充分发挥新闻媒体和宣传阵地的作用，加大对内对外宣传力度,形成了舆论宣传强势。微信平台《微视六枝》、手机客户端APP《智慧六枝》及腾讯微博《牂牁广电》结合，对全区重大项目建设、重要会议、重大活动、“创卫”工作、“社会主义核心价值观”、平安建设、基层群众先进事迹及禁毒、社会治安综合治理、教育、卫生计生、项目建设等各项工作进行了大力宣传。逐步完善特区党办、宣传、政法、公安等部门共同参与处置舆情的工作联动长效机制，构建了区、乡、村三级政务微博集群体系，从严从实进行网络管理，做到早发现早报告早处置，2016年，处置舆情478件。深入挖掘，高端推介，推动文化产业健康发展。坚持一手抓舆论引导，一手抓文化产业推进，大力促进宣传文化事业的协调发展。借助文博会平台，推广我区文化产品，不断使我区刺绣、剪纸、竹编等走向海外市场，我区“箐林之声”乐队演唱的《打亲》歌曲到长沙、武汉、重庆、成都、辽宁、广州、深圳进行巡演，深受欢迎；加大文化产业扶持和宣传力度，邀请了中央、省市媒体大力宣传我区长角苗跳花节、“中国凉都红樱桃”“六月六”“杨梅节”、牂牁江“国际滑翔伞”等文化产业项目，展示六枝特区独特的民族风情及浓郁的原生态文化魅力。梭戛乡长角苗示范新区项目建设成功进入省“十三五”重大文化项目，成为六盘水市唯一申报成功的项目；积极参与清华设计院对地宗矿老矿区的规划设计，打造“六枝记忆·三线公园”；建立3个农民文化专业合作，发展壮大文化产业企业。部门联动，配合有力，精神文明建设向前推进。加强城乡联动，深入持久地开展群众性精神文明创建活动，着力培育和践行社会主义核心价值观，进一步提升了社会文明程度，向全省文明城市目标迈进。结合“两学一做”教育实践等活动，在全区深入开展“明礼知耻·崇德向善”“十在”活动，积极引导广大党员干部群众从自身做起、从现在做起，从身边小事做起，实实在在做一个遵守社会公德、履行职业道德、践行家庭美德、提升个人品德的六枝人。

【从严从实强化党建，管党治党成效显著】围绕中央、省委、市委关于党要管党、从严治党的工作要求，全面贯彻落实中共的十八届六中全会精神，认真履行从严治党主体责任，全面加强常委会自身建设、队伍建设、组织建设、纪律建设、作风建设和反腐倡廉建设，为全区经济社会发展提供风清气正的政治环境和政治生态。全面加强常委会自身建设。紧紧围绕“两学一做”学习教育有关要求，深入开展学习教育，并作为全区党建工作的龙头任务和整治任务来抓。调整修改《中共六枝特区委“书记专题”会议制度》，完善《中共六枝特区委常委会议制度》和《六枝特区党委中心组学习制度》，把权力关进制度的笼子。党委常委会班子充分认识到廉洁从政、干净做事的重要性，严格以信念坚定、为民服务、勤政务实、敢于担当、清正廉洁的好干部标准来要求自己。认真履行党风廉政建设“一岗双责”责任。坚持带头严守党的政治纪律和政治规矩、严明党的组织纪律，坚决贯彻执行中央、省委、市委各项重大决策部署，确保政令畅通。带头坚决贯彻执行中央八项规定和省委、市委、区委十项规定。充分发挥党委统揽全局，协调各方的领导核心作用，顺大势、识大体、谋大局、议大事。一年来，共召开常委扩大会议4次、常委会56次，深入研究事关全区改革发展稳定全局的各项决策部署，坚持发挥民主集中制原则，常委会民主决策，科学决策、规范决策和领导全区经济社会发展的本领显著增强。全力夯实基层组织基础。召开庆祝中国共产党成立95周年表彰大会，对15个先进基层党组织、15名优秀党务工作者及50名优秀共产党员进行表彰。实行区、乡、村三级党组织书记抓基层党建工作“双向承诺”制度，对排名靠后、党员群众满意率较低的后3名基层党组织负责人进行谈话诫勉和工作问责。推进“水黄高等级公路、六六高速、六镇高速”党建示范带建设，培育郎岱镇、落别乡、岩脚镇、月亮河乡、大用镇等5个市级党建扶贫示范乡镇，着力打造了花脚村、抵耳村、岱瓮村、补雨村、骂冗村等5个市级党建扶贫示范基地。对不适应、不胜任工作的12名软弱涣散村党组织书记和47名贫困村党组织书记进行调整，选派区直单位101名干部到村任第一书记，下派28名乡镇年轻干部到村任支书，拿出60个事业编制，面向社会公开招考村文书，充实基层一线力量。成立贵州省首个跨市州联乡（镇）党委—中共长流·牂牁联乡（镇）委员会，组建23个联镇、联村党委，覆盖81个村21.2万人、20个非公企业、10个专业合作社党组织。建立党员创业带富示范基地83个，区、乡两级成立农村青年致富带头人协会16个，带富群众24485人，示范、影响和带动8万余农民成为懂技术、会经营的新型农民。提升非公和社会组织党建工作的科学化水平，非公企业和社会组织党组织覆盖率分别达到50%和100%。稳步提高村干部报酬，扎实做好基层党员发展工作，不断完善党员教育和管理机制，注重在基层培养、锻炼及选拔干部，干部队伍结构进一步优化、工作动力活力进一步激发，基层党建基础进一步夯实。大力抓好干部和人才队伍建设。认真贯彻执行党的干部政策，坚持正确用人导向。认真学习和执行《贵州省严肃干部选拔任用工作纪律暂行办法》等规定，紧紧围绕“信念坚定、为民服务、勤政务实、敢于担当、清正廉洁”的好干部“五条标准”要求，着力建设高素质的领导班子和干部队伍，真正把想干事、能干事的干部选出来，坚持和发扬民主集中制，制定《六枝特区单位和领导干部实名向党组织推荐干部暂行办法》。坚持选育并重原则，切实选优配强领导班子。坚持培训教育、实践锻炼、选拔任用一起抓，把从严要求贯穿干部工作全过程，努力建设高素质的执政骨干队伍。2016年，共开办10期主体班培训，共培训干部1261人，广大干部的大局意识、纪律意识、宗旨意识、看齐意识进一步增强。在乡镇领导班子换届中，从区直机关提拔年轻干部12人，从乡镇事业编制人员、优秀村干部、大学生村干部、优秀村党支部“第一书记”、驻村干部中提拔18人。使一批基层工作经验丰富的年轻干部得到提拔使用，激发了干部干事创业的激情。注重班子整体功能发挥，不断加强妇女干部、少数民族干部、党外干部、年轻干部的培养选拔，统筹推进干部提拔使用和轮岗交流。分级分类建立后备干部库，2016年，新增副科级后备干部53人。强化人才队伍建设，构建外引内养选用机制。参加第四届“中国贵州人才博览会”引进19人，引进具有国家级注册规划师资格和高级工程师专业技术职称人才1人。招录引进各类人才301人。2016年，交流调整干部135人，提拔使用123人，其中基层一线干部31人。从严监督管理，着力构建良好政治生态。出台《六枝特区关于推行工作目标、岗位责任、正向激励保障、负向惩戒约束“四位一体”从严管理干部试点工作的实施方案》，综合运用提醒、函询、诫勉、召回管理、组织处理、绩效惩罚等方式，推进领导干部“能上能下”。2016年，被调整下来的干部共43人。严肃换届纪律，确保换届风清气正。加强党对换届工作的领导，严格执行换届纪律，规范操作流程，层层压实责任，全力以赴推进换届选举工作。通过短视频、新闻媒体、发放卡片等方式，广泛宣传换届纪律“九严禁”，开通“12380”监督举报专线和短信平台，广泛接受社会监督。按照着眼长远、优势互补、综合研判、通盘考虑的原则，注重发挥各年龄段干部作用，按比例配备少数民族干部和妇女干部，配优配强各级领导班子。截至2016年，区、乡两级换届选举工作及村级党组织换届工作，六枝特区出席市党代会代表、“两会”代表和委员的选举工作已圆满完成，村（居）委员会换届工作正按计划有序推进。竭力进行反腐倡廉斗争。强化责任担当。特区党委始终把认真履行全面从严治党主体责任作为各项工作的重中之重，不断强化一把手负总责、班子成员齐抓共管、主体责任层层落实的工作格局，带头履行、带头推动、带头落实、带头考核，不断推动全区党风廉政建设和反腐败工作深入开展。确实做到四个强化：强化宣传教育。把《中国共产党章程》《巡视工作条例》《廉洁自律准则》《纪律处分条例》等党规党纪作为宣传教育的重中之重，深入开展理想信念教育、纪律规矩教育、案例警示教育。促进广大党员干部受警醒、知敬畏、守底线，树立勤政为民务实良好形象。组织开展党委中心组集中学习暨“两学一做”专题研讨2次，在其他工作安排会上，党委班子成员时时开展廉政教育，确保将党风廉政建设管在日常、抓在日常。强化民生监督。坚持把发生在群众身边的腐败案件作为查处的重点，全区发现民生问题464个，问题资金1285.47万元，民生领域立案187件201人。强化正风肃纪。深入开展“四风”突出问题自查自纠、党风廉政建设集中专项整治和党风廉政建设“大约谈”等活动。共约谈党员干部10271人次；立案218件237人，同比增长68.99%；给予党政纪处分223人，同比增长51.7%；移送司法机关10人，同比下降16.67%；累计处理违反作风建设规定人员128人，“一案双查”12起20人。强化案件查办。持续保持惩治腐败高压态势，以零容忍的态度惩腐肃贪。共受理信访举报570件（次），立案152件169人，结案149件168人，给予党政纪处分168人，移送司法机关16人，收缴违纪资金698万余元，挽回直接经济损失1537.75万元。

中共六枝特区委办公室

【领导名录】

特区党委常委、党办主任　杨刚 *

特区党办主任　杨强（苗族）

特区党办副主任　卢昱龙

特区党办副主任、党委政研室主任　付应荣

特区党办副主任　江明权　付锡清

特区党委政府督查室主任　杜应良

特区“三变”改革办主任　王鹏（穿青人）

特区党委机要局局长　徐贵恒

特区国家保密局局长　方志萍（布依族，女）

特区党委政府督查室副主任　卢红梅（女）

特区党委政府督查室副主任　陈诗贤

特区党委政研室副主任　陈平亮

特区全面小康建设服务中心主任　杨明维（女）

特区依法治区办专职副主任　胡　颖（彝族，女）

特区“三变”改革办副主任　白红梅（女）

特区“三变”改革服务中心副主任　彭家国

【概况】六枝特区党委办公室是六枝特区委的综合办事协调机构，承担着参政设谋、督查落实、综合协调、后勤保障等诸多重要职能，是确保党委正常运转、党委决策贯彻落实的重要机构。特区党委办公室下设9个职能股室，分别是秘书股（三个股室）、文书股、信息股、行政股、政工股、政研股、改革办、小康办、“三变”办、党委政研室、党委政府督查室；3个归口单位分别是特区党委机要局、特区国家保密局和党委政府联合信访办公室。

【文稿工作】2016年，本着严谨、准确、精炼的原则，认真分析，综合提炼，切实发挥以文辅政作用。全年完成各类文件起草、审核、呈批、校对、印制、分发共700余份，并加强监督跟踪，及时处理中央、省、市来文共720余份、区直各单位来文500余份，及时办结率为100%，完成党委领导讲话稿及各类汇

六枝特区党委系统办公室工作会议

报材料50余份。

【信息工作】2016年编发《六特信息》15期；完成省委办公信息报送分值220分；完成市委办信息报送分值174分。认真落实24小时值班制度和领导带班制度，健全重大突发事件应急处置机制，完善全区重大紧急信息报送网络，全年没有发生重大紧急信息迟报、漏报、瞒报的情况。加强网络舆情监控，跟踪办理网络舆情30件，处理省、市网络舆情交办件18件，为舆情处置赢得先机。

【会务工作】在各种重要会议、重大活动及工作开展中，按照沟通在先、协调到位、服务全程，确保各项工作取得实效。特别是在第五届全省小城镇建设发展大会等会务中切实做到上下共振、左右联动，形成合力，圆满完成区内各种大会的筹备和服务工作。按照细致、精致、极致的有关要求认真筹备中央、省、市召开的各种电视电话会12次，筹备召开特区党委常委会57次，常委（扩大）会议6次，党代会2次，党代表会议1次，党委全会10次，经济工作会2次，党委各种专题会40余次。在筹办会议、接待等过程中，没有发生较大以上失误。

【后勤保障工作】牵头接待区外领导、重要客商和嘉宾60余批次，赢得了与会领导、来宾和客商的一致好评。尤其是空成接待团中央书记、省委书记陈敏尔到区调研指导工作和黔东南、水城县等党政代表团赴区考察学习、召开全市“3155”现场观摩会等工作任务，得到中央、省、市及相关单位的一致好评。

【机要保密工作】从维护国家安全的高度出发，对密码电报和密件严格实行跟踪管理、清退销毁制度。2016年，译传办理各类电报812份，其中：密码电报526份，明传电报286份，发报23份，中央传电30份；清退销毁2015年度密码电报501余份；集中销毁2015年全区各级各部门密件3119份（因工作需要留存备查54份）；同时，加强重大节假日及重大会议和重要节点期间的通讯、保密管理和服务工作。一年来，全区上下未发生丢失、压误、错办、漏办机要密件等责任事故和失泄密事件。

【深化改革和依法治区工作】研究制定了《六枝特区2016年全面深化改革和全面依法治区领导小组工作要点》，确定了82项改革任务和依法治区领导小组工作任务，谋划重点专题9个。2016年，出台重点专题方案4个，启动推进年度改革任务64项，出台相关方案、政策33个。

【“三变”改革工作】出台《六枝特区“三变”改革工作考核管理办法》《六枝特区“三变”改革专项资金使用方案》等20项工作机制，彻底激活农村资源资金的潜能和聚集效应，拓宽群众致富渠道。编制2016—2017年“三变”项目库，初步拟定项目19个，总投资140.39亿元，涉及旅游、农业等领域，覆盖农户2.91万户11.26万人。圆满完成2016年“三变”改革各项工作的预期目标。

【督查工作】进一步健全督查工作机制，积极构筑“大督查”格局。一年来，联合有关单位开展各项专项督查60余次，编发督查通报63期、督查交办30期、督查通知61期、督查快报2期、督查专报4期，内容涉及经济、文化、教育、民生、项目、作风建设等方方面面，有效促进了各项重大决策和部署的贯彻落实。结合分解督办工作实际，积极向领导和上级报告工作。一年来，向市委办、特区党委报告各种交办件办理落实情况30余件次，进一步提升了战略决策部署的落实力和知晓率，实现上情下达。

【党的建设工作】健全“四位一体”管理机制。

开展“两学一做”暨党风廉政专题教育活动约谈会

按照市委和特区党委关于“四位一体”从严管理干部要求，结合办公室实际，探索建立办公室“四位一体”从严管理干部机制，实行干部职工岗位责任清单一日一登记、一周一调度、一月一签订，对岗位职责建立台账、对账销号，共建立“岗位责任清单”100余份，工作完成台账150余份。深入开展“两学一做”。按照中央、省委、市委、特区党委“两学一做”要求，贯彻执行习近平总书记系列重要讲话精神，学习党章，按照合格党员标准，积极开展“手抄党章100天”活动，同时为办公室每名干部职工购买《习近平总书记系列重要讲话读本》。强化管理水平。严格党员教育管理，严肃党内组织生活，做好发展党员工作，完善党员教育管理制度，坚持“三会一课”、目标管理、岗位职责、公开承诺、联系服务群众、谈心谈话等基本制度，实现党员教育管理经常化、常态化。对支部党员进行全程管理，成立了3个党小组，加强党费收缴和管理，无漏报瞒报等现象。加强支部流动党员教育管理的有效方式和途径。

【党风廉政建设工作】始终把党风廉政建设工作同办公室中心工作紧密联系，同安排、同部署。组织观看《镜鉴——湖南衡阳、四川南充破坏选举警示录》，学习换届纪律“九严禁”和破坏换届选举案例选编，发放换届纪律应知应会小册子60余份，发放“九严禁”换届纪律卡片120余。坚持全面从严治党，全面从严治理办公室，制定办公室《推进“两个责任”约谈常态化方案》和《推进正向激励、负面惩戒、岗位责任清单“四位一体”从严管理干部方案》，并将相应的规章制度落实到日常工作中。一年来，全体干部职工没有发生一起违反廉洁自律相关规定的情况，拒腐防变能力进一步巩固。组织开展“一把手”上廉政党课2次、党规党纪月月讲11次、观看《镜鉴——湖南衡阳和四川南充破换选举》等专题警示教育片5场（次）、专题学习讨论2次、警示教育2次、集中约谈4次。

【脱贫攻坚帮扶工作】紧紧围绕同步全面建成小康社会总目标，选派1名党员干部到岩脚村工作；研究制订《精准扶贫结对帮扶工作方案》，组织全体党镇担任同步小康驻村工作岩脚分队队长，认真开展好同步小康驻员干部职工180人（次）到岱瓮村、二道岩村、草原村开展遍访贫困村贫困户、建档立卡和结对帮扶工作，建立贫困档案174份，协调解决项目6个，解决群众实际生产生活困难40余个，看望慰问困难留守儿童3名。

与此同时，明确专人负责办公室人口计生、综治维稳、安全、禁毒、信访、“四创”等单项工作，定期召开会议研究工作中存在的困难、问题和调度工作进展情况，确保单项工作与主要业务工作同步推进。

组织工作

【领导名录】

部长 吕荣*（白） 潘静（女）

副部长 周定忠*（仡佬） 姚世明 刘延和（回 人事局局长兼） 陈方（女 离退局局长兼）

部委委员、人才办主任 齐丽娜（女）

部委委员 肖华兰（女）

非公党建办专职副主任 张东明

党代表联络办专职副主任 谭达鑫

远教办专职副主任 洒海林

纪检组长　王闰（女）

【干部选任】认真贯彻执行党的干部政策，坚持正确用人导向。紧紧围绕“信念坚定、为民服务、勤政务实、敢于担当、清正廉洁”的好干部“五条标准”要求，着力建设高素质的领导班子和干部队伍，真正把想干事、能干事的干部选出来。坚持民主议事决策，从严执行干部选任程序。制定《六枝特区单位和领导干部实名向党组织推荐干部暂行办法》《六枝特区干部考察员工作管理暂行办法》《干部选拔任用工作全程记实暂行办法》《六枝特区干部选拔任用征求意见办法》等，促进干部选用工作规范化、制度化。坚持培养选育并重，切实选优配强领导班子。坚持培训教育、实践锻炼、选拔任用一起抓，把从严要求贯穿干部工作全过程。选派区直单位101名干部到村任第一书记；交流调整干部135人，提拔干部123人，其中基层一线干部31人；在乡镇领导班子换届中，从区直机关提拔年轻干部12人，从乡镇事业编制人员、优秀村干部、大学生村干部、优秀村党支部“第一书记”、驻村干部中提拔18人。加强妇女干部、少数民族干部、党外干部、年轻干部的培养选拔。六枝特区共有科级干部997人，其中，正科级290名，副科级707名；党外干部117人，占11.73%；少数民族干部320人，占32.09%；妇女干部209人，占20.96%；35岁以下干部95人，占9.52%；研究生学历的55人，占5.51%；大学学历的170人，占17.05%。现19个乡镇（社区）党政正职平均年龄39岁，年龄最大的51岁，最小的30岁；特区乡镇领导班子中35岁以下的24人，占乡镇总体领导班子成员的16%；区直部门“一把手”平均年龄45岁，年龄最大的53岁，最小的31岁。坚持从严监督管理，着力构建良好政治生态。出台《六枝特区关于推行工作目标、岗位责任、正向激励保障、负向惩戒约束“四位一体”从严管理干部试点工作的实施方案》。

【组织工作】以“思想和作风”引领基层组织。优化“五个一批”精准路径方法，大力实施“十大工程”，推进“水黄高等级公路、六六高速、六镇高速”党建示范带建设，培育郎岱镇、落别乡、岩脚镇、月亮河乡、大用镇等5个市级党建扶贫示范乡镇，着力打造了花脚村、抵耳村、岱瓮村、补雨村、骂冗村等5个市级党建扶贫示范基地。围绕“抓远教、增智力、惠民生、促发展”目标，充分发挥远程教育网络信息优势，着力在“建、管、学、用”等方面精准发力，提高远程教育服务发展、服务基层、服务群众的科学化水平。以“组织和能力”为引领建强基层组织。对不适应、不胜任工作的12名软弱涣散村党组织书记和47名贫困村党组织书记进行调整，下派28名乡镇年轻干部到村任支书，充实基层一线力量。成立贵州省首个跨市州联乡（镇）党委—中共长流·牂牁联乡（镇）委员会，组建23个联镇、联村党委，覆盖81个村21.2万人、20个非公企业、10个专业合作社党组织，将分散的生产要素和资源进行重组，提高资源配置效率，联村后脱贫7188人，实现统筹发展、连片脱贫。以“产业和市场”为引领建强基层组织。按照生态产业化、产业生态化的思路，大力发展一批具有市场竞争优势的特色产业，形成一批具有六枝特区地理标志的品牌。建成万亩茶叶基地7个，核桃、红豆杉基地29.8万亩，猕猴桃基地5.27万亩，车厘子、玛瑙红樱桃特色经果产业带10.25万亩。同时，结合地域特色建成商品蔬菜基地4.96万亩、刺梨基地9.96万亩、油茶及花卉苗圃基地6.11万亩，中药材、牧草等其它产业16.91万亩，畜牧业规模养殖场87个。

【“两学一做”】坚持“五个突出”，确保“学”在深处。各参学单位着眼于加强理论武装，夯实思想基础，制定学习计划，采取党委（党组）中心组、支部“三会一课”、宣传宣讲、专题讨论等多种方式，实行“晨会”、“夜学”等制度开展学习。坚持“四个注重”，确保“做”在实处。把合格党员标准具体化到岗位职责中，弘扬工匠精神，勇于担当善作为，在推进全面建成小康社会中展现新作为、创造新业绩，做“四讲四有”合格党员，争当“五个先锋”。开展以“亮身份、亮职责、亮牌子、亮工作，为群众承诺办实事”为主要内容的“四亮一诺”活动，梳理任务清单，亮出工作业绩，接受干部群众监督，更好地服务群众。坚持“三查三促”，确保“改”在真处。按照“学”要带着问题学，“做”要针对问题改的要求，真查实改，着力解决基层党组织和党员队伍存在的突出问题，永葆党的先进性和纯洁性。一查“八个方面的问题”。二查各党组织和党员自身存在的问题，促作风转变、素质提升。三查学习教育中存在的问题，促工作推进、学有成效。坚持“四个强化”，确保“督”

在严处。着眼“两学一做”学习教育目标任务，加强领导，分类指导和强化督导，扎实推进学习教育。制定《六枝特区“两学一做”学习教育督导工作方案》，特区“两学一做”协调办联合特区党委政府督查室及有关单位，组建督导检查组，深入单位部门开展“两学一做”学习教育专项督查。

【换届工作】“五字诀”扎实推进换届工作。本着“忠”字为党，“公”字作派，“严”字当头，“信”取于民，“活”动机制，开展各级换届工作。“四举措”完善任用过程监督。切实强化干部选拔任用工作全程监督，严格标准、严密把关、严肃检查、严厉惩处，确保选准人、用好人。制订《关于加强换届风气监督的工作方案》。积极开展“一片一书一卡”换届纪律学习教育，始终保持严肃换届纪律的高压态势。

宣　传

【领导名录】

部长：幸雪梅*（女）　姚斌（白族）

常务副部长：李万军

创建办主任：陈本义

网信办副主任：李正东

文产办副主任：曹伦

文明办副主任：程慧（女）

报社负责人：王良豪（布依）

办公室主任：宋慧（女）

【机构设置】内设机构有办公室、理论股、宣传股、网信办、文明办、文产办、报社。

【理论宣讲】理论宣传注重与文化惠民活动紧密结合，通过理论宣讲活动，把政策、文化送进千家万户。今年来，组织开展学习宣传贯彻十八届五中全会、省委十一届六次全会、市委六届九次全会、区委十届九次全会精神“走基层”、“两学一做”学习教育大宣讲、“党的声音进万家、总书记话儿记心上”、“社科理论走基层”主题报告会等活动1400多场，组建100多支群众宣讲小分队深入社区、企业、校园、院落开展送文化、送政策活动1250多场，受众达10.02万余人次。

【对内宣传】围绕特区党委、政府中心工作，精心谋划实施选题，推出了大旅游、大扶贫、大生态、大健康、大数据等系列栏目。同时，以各种大型观摩会、现场会、民族节日、国际赛事、地方特色经果节等活动节日为载体，推出“1＋N”宣传系列，即一个会议或一个活动一个重点选题，N个相关纵深报道，收到了一定效果。《六枝报》共发行了48期（总151期），刊发稿件1500余条，“微六枝”微信144期。六枝广播电视台采用传统媒体广播电视与新媒体微信平台《微视六枝》、手机客户端APP《智慧六枝》及腾讯微博《牂牁广电》结合，对全区重大项目建设、重要会议、重大活动、“创卫”工作、“社会主义核心价值观”、平安建设、基层群众先进事迹及禁毒、社会治安综合治理、教育等各项工作进行了大力宣传，六枝广播电视台共播出《六枝新闻》243期、稿件2200条。其中微视六枝每天阅读量在5000人次左右，进一步扩大了区内媒体宣传的覆盖面。

【对外宣传】2016年，六枝特区共在市级以上报刊台刊播新闻稿件5246余条。其中，中央电视台、中央人民广播电台33条次，新华网用稿700条，中新网150条，人民网用稿15条，光明网用稿750条。其他央级媒体用稿10条；省级媒体《当代贵州》用稿12篇，《贵州日报》刊用15篇，贵州广播电视台用稿38条、多彩贵州网用稿2068条；市级主流媒体六盘水广播电视台用稿555条，《六盘水日报》用稿

新华网走基层进凉都大型采风活动到六枝特区梭戛生态博物馆采风长角苗民族风情

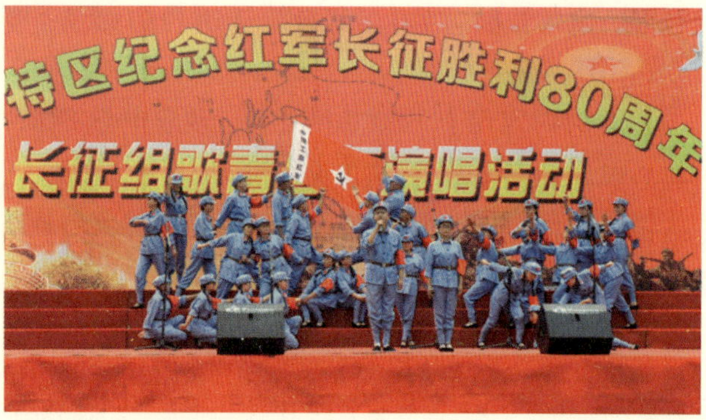

六枝特区纪念红军长征胜利 80 周年演出活动

900余篇，其中，部分优秀稿件在市报14个头版头条、77个头版和6个整版刊发。其中，新华社发的“贵州六枝：近10万群众欢庆首个樱桃节”点击达41.5万；“六枝杨梅喜迎四方客”在中央电视台4频道“中国新闻”栏目播出后，反响不断。《六枝特区：脱贫速度“快起来”》等一系列新闻被多彩贵州网评为好新闻。充分利用微博、微信对春节、清明节、端午节等传统节日进行广泛宣传，弘扬中华民族传统美德。积极组织岩脚镇太和村、落别乡牛角村、郎岱镇青菜塘村参与人民网“2016贵州十佳美丽乡村”评选活动。

【网络管理】逐步完善区委办、宣传、政法、公安等部门共同参与处置舆情的工作联动长效机制，构建了区、乡、村三级政务微博集群体系，从严从实进行网络管理，做到早发现早报告早处置，处置舆情478件，其中百度贴吧257条，微博121条，人民网地方领导留言板55条，网站及QQ空间45条。举办一期突发舆情处置与媒体应对专题培训班，对90余名全区舆情信息员进行系统培训，并陆续选派舆情信息员到省市培训20多人次。

【文化产品】一高端巡演，借助文博会平台，把全区文化产品推出去，“箐林之声”乐队演唱的《打亲》歌曲到长沙、武汉、重庆、成都、辽宁、广州、深圳进行巡演，深受欢迎。二高端推介，组织特区文化及相关职能部门到深圳参加第十二届国际文化产业博览会推广文化产品，刺绣、剪纸、竹编等走向海外市场。三高端创建，积极争取省、市文化产业发展资金，加大迴龙溪温泉、新窑竹编、月亮河景区等的扶持力度，不断壮大文化产业。四高端推广，加大文化产业宣传力度，邀请了中央、省市媒体大力宣传长角苗跳花节、“中国凉都红樱桃”、“六月六”、“杨梅节”、牂牁江“国际滑翔伞”等文化产业项目，展示独特的民族风情及浓郁的原生态文化魅力。

【文化产业】项目申报实。积极申报“千村计划”项目，成功申报了新窑竹编加工厂，是六盘水唯一申报成功的高端规划文化产业项目，获得扶持资金近100万元。加快推进梭戛乡长角苗示范新区项目，梭戛乡长角苗示范新区项目建设成功进入省十三五重大文化项目，成为六盘水市唯一申报成功的项目；项目谋划精。积极参与清华设计院对地宗矿老矿区的规划设计，打造“六枝记忆·三线公园”，现已进入规划阶段。随着第五届小城建设发展大会召开，郎岱古镇、岩脚古镇、落别乡城镇面貌焕然一新，依托三个镇的夜郎文化、盐商文化、布依文化，文旅融合呈现新亮点，为文化产业的发展注入了新的活力；项目落实快。投入文化产业扶贫资金20万元，打造岩脚镇岱瓮村文化产业基地，现成效初显。建立了3个农民文化专业合作，发展壮大文化产业企业。积极参与每年的跳花节、樱桃节、杨梅节、布依六月六、彝族火把节、仡佬族吃新节等节日节庆的举办，丰富了文化产业的内容。

【价值观宣传】结合“两学一做”教育实践等活动，在全区深入开展“明礼知耻 崇德向善”“十在”活动（即“在机关、在校园、在家庭、在乡村、在窗口、在企业、在商户、在交通、在旅游”），积极引导广大党员干部群众从自身做起、从现在做起，从身边小事做起，实实在在做一个遵守社会公德、履行职业道德、践行家庭美德、提升个人品德的六枝人。

【精神文明】以先进为引领，命名表彰特区党校等25家“文明单位”，郎岱镇阿乐村等6个“文明村”，授予了4个创建文明乡（镇）工作先进乡（镇）、22个创建文明村工作先进村、29个单位为先进单位。以创建为目标，根据上级有关文明城市创建要求，统筹全区各单位对标作战，为2017年申报“全省文明城市”创建奠定基础。以讲堂为阵地，全区共建道德讲堂515个，共开展活动2322堂次，其中道德讲堂总堂（含流动道德讲堂总堂活动）开展活动19次，参与活动人员15.5万人次，做好贵州省“宣传部长上讲堂”数字化信息平台信息录入工作，共录入847堂。以节日为载体，组织开展“我们的节日”、推荐身边好人、祖国好家乡美、网络文明宣传、爱在凉都·

心手相传志愿活动等，以可操作性强的载体实现虚功实做。以项目为推手，上报批复建设了特区一小、二小、郎岱一小3个乡村学校少年宫，新窑镇那玉村等6个村综合文化服务中心。实现了15个乡镇3个街道办1个社区乡村学校少年宫全覆盖。

工商联

【领导名录】

工商联主席（会长）金 芬（女）

工商联党组书记、副主席（副会长） 杜昌黎

工商联副主席（副会长） 马 燕（女）

不驻会副主席（副会长） 宋全海 朱全龙 牟廷翠（女） 陈帮卫（女） 赵强 刘俊 温礼国 魏林 邓少芬（女）刘助邦

【内设机构】 六枝特区工商业联合会内设机构为：办公室（行政）、非公有制经济服务中心（事业）。现有干部职工7人（其中行政编5人，事业编2人。不驻会副主席（副会长）10人。

【理论学习】 利用每周例会组织全体干部职工进行政治理论学习，先后学习了马列主义、毛泽东思想、邓小平理论、“三个代表”重要思想、科学发展观、习近平总书记系列重要讲话精神、中国的十八届三中、四中、五中全会和“四个全面”战略布局、《中国共产党廉洁自律准则》、《中国共产党纪律处分条例》、《中国共产党问责条例》、《关于新形势下党内政治生活的若干准则》、《中国共产党党内监督条例》和省、市、特区全会精神。学习各级纪委会议精神和违反中央“八项规定”典型案例通报，在生活和工作中，讲品行重原则，讲风格重自律，讲廉洁重奉献，讲垂范重制度。坚决执行民主集中制。不搞一言谈，通过主席办公会议研究解决问题。通过学习教育，不断提高了思想认识，增强了“四个意识”和理想信念。

【理想信念教育实践活动】 组织开展非公经济人士“守法诚信，坚定信心”为重点的学习教育实践活动。3月10日，在特区政协八届六次会议经济界（工商联）分组讨论时，利用召集会议之机向与会的

基层商会开展“扶贫济困”活动

经济界（工商联）、非公经济人士传达学习了习近平总书记参加全国政协十二届四次会议民建、工商联委员联组时重要讲话精神。了解了政商关系的内涵，懂得了“亲”和“清”的辩证关系，特区工商联在集中学习时连续3次传达学习了习近平总书记的讲话内容。工商联积极探索为非公经济发展做好依法维权服务的新路子、新方法。1月7日，正式聘请六盘水市中心法律事务所律师担任法律顾问，首次探索聘请法律顾问，帮助依法管理，依法维权，加大为民营企业提供高效优质的法律服务，依托专业法律服务资源和平台，为六枝非公经济发展提供更全面的法律服务支持。增强了工商联的吸引力、凝聚力和影响力。6月17日，牵头组织40余名非公经济人士在六盘水征途技能培训学校参加“六盘水市‘两学一做’学习教育大宣讲”；12月25日，利用召开六届五次执委会之机，宣讲了中共的十八届六中全会精神。同六枝特区人民检察院联合开展服务非公经济发展的“两长”（检察长、董事长）座谈会和组织企业家参加市服务非公经济发展的“两长”（检察长、董事长）座谈会。通过以上各种有效载体学习教育，非公经济人士素质得到了进一步提升。提高了干部职工及非公有制经济人士的思想认识，增强了“四个意识”和共产主义远大理想和中国特色社会主义共同理想。

【千企帮村】 引导非公企业积极参加新农村建设。以“三变”改革为引擎，积极引导非公企业参加新农村建设、“千企帮村”等活动，采取因地制宜、因企制宜、产业联村、项目带村、智力扶村、文化兴村等方式，切实助推农业产业结构调整和新农村建

设。自活动开展以来，全区176家民营企业投入项目资金6.7亿元，实施项目184个，覆盖人数10多万人，通过典型引路、示范带动，广大民营企业实现了由“要我帮”向“我要帮”的转变。

【光彩事业】按照省委统战部、省工商联《贵州省民营企业“千企帮千村”精准扶贫行动实施方案》和市委统战部、市工商联《2016年六盘水市民营企业“帮村脱贫”行动实施方案》的部署和区委、区政府要求，7月7日配合区委统战部召开了六枝特区民营企业“帮村脱贫”行动座谈会，落实20家民营企业结对帮扶20个贫困村。工商联积极引导非公经济人士参加六枝经济建设和社会公益事业活动，组织非公企业积极开展“千企帮村”，“美丽乡村建设”、扶贫救助等活动，为光彩事业发展献策献力。鼓励非公有制企业参与社会公益事业，积极投身“光彩事业”，引导开展“致富思源，富而思进”的活动，自觉履行回馈社会责任。通过协调等方式支持、引导民营企业积极参与社会公益事业活动4次。春节期间组织湖南商会会员开展慰问贫困户活动，共慰问贫困户20余户，慰问金1万余元；组织会员企业“六一”节到工商联同步小康驻村的郎岱镇青菜塘村东山小学捐款捐物价值3000余元。组织干部职工积极参与精准脱贫，工商联干部职工2016年累计捐款捐物近4000元资助精准扶贫。协调六盘水总商会到六枝新窑镇二塘小学开展捐赠助学活动。10月24日六盘水市总商会福建商会向二塘小学捐赠校园广播系统1套、办公室电脑3套、办公室桌椅10套、学生校服160套、初小教学用品若干及部分课外读物等共计价值4.5万元，用于资助二塘小学及150余名贫困学生。积极配合组织民营企业参加扶贫日捐赠活动，民营企业捐款达40余万元。

【商会建设】2016年，工商联新增会员22个；现有11个商会组织。其中乡镇分会2个（郎岱、木岗）、行业商会3个（产业发展互助会、医疗行业商会、砂石行业商会）、同业公会2个（运输同业公会、饮食同业公会）、外来商会3个（浙江商会、湖南商会、川渝商会）、其他商会1个（青年商会）。行业商（协）会涉及制造、种植、养殖、农产品加工、服务等各个行业。原19个乡镇已成立分会14个，现因机构调整和人员变动，已建基层分会名存实亡。11月16日，

六枝青年商会到箐口小学开展爱心助学活动

组织召开“五好”工商联建设暨基层商会组织建设工作推进会，安排部署乡镇（社区）在12月前完成设立工商联基层分会工作，并将各职能局成立的各种商（协）会纳入特区工商联下属商会，实现商会全覆盖。

【对外交流】积极组织民营企业家参加特区党委政府组织的“情系家乡 共谋发展”新春恳谈会。积极与省内外工商联（商会）缔结友好商会。9月22日与钟山区工商联（商会）缔结为友好商会。根据《缔结友好商会协议书》的规定，双方将定期组织会员交流互访，增进了解，取长补短，共拓商机，以促进地方经济发展，扩大六枝与外地经济合作领域，树立良好的亲商护商形象。邀请省内外工商联（商会）到六枝考察，为六枝民营企业寻找商机牵线搭桥。5月20日，云南省麒麟区工商联（商会）组织20余家会员企业来六枝开展友好工商联（商会）走访交流，特区党委常委、政府常务副区长安长辅、特区人大常委会副主任、工商联主席金芬、特区政协副主席黄秋英出席了走访交流座谈会。此次活动为宣传六枝、推介六枝、展示六枝对外形象发挥了积极作用；11月5日，铜仁市工商联来六枝考察学习玫瑰花种植。加强同已建友好商会的交流合作。10月13日组织工商联干部职工赴盘县工商联（商会）走访交流暨学习“五好”工商联建设。牵头做好“2016中国·贵州中小企业走出去对接会”经贸外联活动，深入企业了解情况，填报了52家企业信息，其中六枝宏奇制药、宜枝魔芋两家企业信息被中国银行选登其网站。组织4名民营企业家参加贵州省贵商大会。

【学习培训】2016年，组织民营企业家参加省

工商联举办的“全省民营企业家优秀成长计划班”培训2次，提高非公经济人士综合能力，同时为企业提供了优秀人才和相互认识、交流、学习的机会。组织干部职工参加“全省经济统战工作‘大数据.大扶贫’工作研讨培训班”学习，提高干部职工在服务非公经济方面的能力；组织民营企业、干部职工参加市工商联举办的供给侧结构性改革培训，推动了非公有制经济供给侧结构性改革，促进了非公企业健康成长。组织民营企业家参加国家发改委中国经济导报社，中联民族产业研究院、北京民营经济发展促进会共同主办第二届中国民营经济华西论坛。通过各种培训，进一步提高了非公经济人士的政治素质和理论水平。

统 战

【领导名录】

部 长：吕荣（白）* 姚斌（白）

常务副部长：赵勇

副部长、台办主任：陈芳

【内设机构】 中共六枝特区委统一战线工作部（含中共六枝特区委台湾工作办公室、六枝特区人民政府台湾事务办公室），简称六枝特区统战部，设办公室，业务股。行政编制5名，工勤人员编制1名。2016年六枝特区归侨侨眷联合会成立（简称六枝特区侨联），为正科级事业单位，归口六枝特区统战部统一管理。六枝特区侨联定事业编制4名。

【队伍建设】 新形势下的统战工作，要求更严、标准更高、任务更重，区委统战部强化看齐意识，进一步加强自身建设、完善工作机制、增强工作合力，为圆满完成各项工作任务打下坚实的基础。一是增强看齐意识，建设一个坚强有力的领导班子。二是增强宗旨意识，建设一支信念坚定的党员队伍。三是增强担当意识，建设一支干事创业的干部队伍。四是增强廉洁意识，建设一个勤政廉政的统战部门。

【民主党派工作】 深入推进民主党派开展中国特色社会主义“五学三贡献”学习实践活动。推进民主监督，支持民主党派建言献策，区委统战部按照“党委出题、党派调研、政府采纳、部门落实”的工作机制，分别为九三学社六枝支社和民盟六枝总支各确定了两个调研课题，并从人员、经费上为民主党派开展工作提供保障，解决两个民主党派工作经费各3万元。2016年，共组织民主党派传达学习各级会议精神9次，民主党派撰写调研报告5篇，向特区政协递交提案45件。

【党外干部工作】 加强与组织部门的配合，结合市、县、乡三级人大、政府、政协换届，全面落实中央、省委和《条例》相关要求，选配符合条件的党外代表人士进入同级人大、政府、政协。政协第九届六枝特区委员会委员中党外人士比例达60.75%，常委会组成人员比例达65.85%。7个政府职能部门（经信局、水务局、林业局、旅游局、财政局、教育局、城管局）配备党外领导干部，其中两个政府部门（经信局、财政局）配备了党外行政正职。10月，与贵州省社会主义学院联合举办党外干部培训班，组织全区各乡镇、各单位部门50名党外干部赴贵阳学习。基本建立了500名党外代表人士数据库。

【非公有制经济工作】 紧紧围绕促进非公有制经济健康发展和非公有制经济人士健康成长，开展“两个健康”行动。深化全区民营企业家守法诚信教育实践活动，通过举办守法诚信大讲堂、企业沙龙、知识竞赛等丰富多彩的活动，树立宣传一批创业、创新、转型升级的非公企业和典型人物，引导非公经济人士做到政治上自信、守法上自觉、发展上自强。进一步落实非公有制经济代表人士综合评价工作制度，

六枝特区统战部引领非公经济人士开展“帮村脱贫”行动座谈会

从细从实做好非公人士综合评价工作，为非公人士政治安排筑牢基础，推荐、协商合适的非公经济人士担任人大代表候选人和政协委员。

【“帮村脱贫”工作】紧紧围绕“三变”改革，开展“帮村脱贫”行动。支持、引导、鼓励民营企业向山地特色农业、山地特色旅游业、大数据大健康产业转型发展。制定行动方案，明确帮村任务，进一步动员有经济实力、有一定规模的非公企业积极参与到“千企帮千村”精准扶贫行动中来，因地制宜采取形式多样的帮扶模式，促进农民增收致富、农村经济发展。通过精准扶贫行动培养非公经济领域领军人物，发挥他们在推动村级经济发展和农民脱贫致富中的示范带头作用，开展非公经济人士担任联村党组织书记、村支部书记、村委会主任、名誉主任工作。8月，组织开展“泛海助学行动”，协助中国泛海控股集团在六枝特区资助139名贫困大学新生，每人发放入学资助5000元。12月，组织新华联集团、重庆宗申集团、广东圣丰集团、贵州兴伟集团联合向六枝特区精准扶贫建档立卡贫困户子女捐赠爱心书桌1200套。

【民族宗教工作】加强民族团结进步创建工作。推进民族地区社会事业繁荣发展。全面推进宗教关系和谐示范区建设工作。抓好以“规范”为主题的宗教关系和谐示范区创建工作。

【对台及海外工作】加强两岸交流，增进两岸同胞感情。根据实际，拟组织了医疗卫生团、农业旅游文化团、经贸团三个赴台交流团，其中医疗卫生团已于5月组团成型上报，其他两个团因5月20日后两岸关系发生变化暂时中止了组团。热情接待回乡探亲的台胞，深化两岸同胞感情。11月，台属涂前友因病去世，其女台湾大陆新娘涂永梅女士回六枝。特区统战部、台办领导获知情况后，带着工作人员到现场送了花圈，慰问看望了其家属，帮助协调解决相关困难，接待了回乡大陆新娘涂永梅女士，与她进行了亲切交谈，希望她今后经常回来看望亲人，加强往来，不断增进两岸同胞感情。加强走访调研，为台资企业搞好服务。8月，区委统战部常务副部长赵勇，统战部副部长、台办主任陈芳一行，在六盘水郎岱农业产业园区有关领导的陪同下，到台资企业--贵州吉园生物科技有限公司走访调研。

【侨联筹建工作】六枝特区统战部在党委常委会上提出相关议题，建议成立六枝特区侨联，经特区党委研究同意，六枝特区编委办已在机构编制上设立了六枝特区归侨侨眷联合会，调入侨联工作人员2名。

【春节慰问】春节期间，组织慰问组慰问统战代表人士94人。与统战代表人士亲切联系，关注他们的身体健康状况和生产、生活情况及非公有制企业的生产经营情况，发给慰问金，送去党委政府的关怀和温暖。

直属机关工委

【领导名录】

书　记　韦如电（布依）

副书记　杨　珂（苗）　余福泰（蒙古）

【内设机构】内设机构有办公室、离退休党员管理中心、目标考核指导中心，编制12人，实有11人。

【思想政治建设】2016年，结合“两学一做”学习教育，采取集中学习、中心组学习、个人自学等多种形式，认真学习党的十八大、十八届五中、六中全会、党章党规、《胡锦涛文选》、习近平总书记系列重要讲话精神。提高全体干部职工的政治理论水平和思想政治素养。同时，要求各机关党组织深入学习贯彻党的十八届五中、六中全会精神，认真领会省、市、特区各级党代会和“两会”精神，坚定机关党员干部政治理想信念，营造机关党员人人自愿学习、人人自觉学习的良好氛围，积极建设学习型机关。为区直机关180余个党组织和5000余名党员征订了《中国共产党章程》《中国共产党纪律处分条例》《中国共产党廉洁自律准则》《习近平系列重要讲话选编》《中国共产党党内监督条例》及《关于新形势下党内政治生活的若干准则》等，要求各党组织深入学习贯彻。

【党风廉政建设】按照党风廉政建设“两个责任”的总体要求，直属机关工委结合实际制订印发了《六枝特区直属机关2016年党风廉政建设和反腐败斗争工作要点》，按照中央、省、市和特区党委党风廉政建设和反腐败斗争工作部署，坚持“两个没有变”，保持“四个足够自信”，把纪律和规矩挺在前面，把握运用监督执纪“四种形态”，坚定不移推进区直机关党风廉政建设和反腐败斗争，为推动区直机关各项工作任务的落实提供纪律保障。2016年因发展党员违反程序受约谈的2人，对5个党组织进行书面通报；全年共约谈130人次，其中党工委约谈88人次，纪工委约谈42人次；在机关党组织中开展作风督查4次；按规定给予3名党员开除党籍处分；接转特区纪委转交信访件1件。

【建党95周年活动】 为开展好建党95周年纪念庆祝活动，“七一”前夕，下发了《关于开展庆祝中国共产党成立95周年系列活动的通知》（六特直通字〔2016〕15号）进行专门的安排部署，组织开展“红霞颂党情”活动、“两学一做”知识竞赛活动等大型纪念庆祝活动。并开展了慰问活动，集中走访慰问部分生活困难党员32名，每名慰问金额2000元，共计64000元。同时要求区直机关各党组织结合实际，采取召开座谈会、上党课、到烈士陵园缅怀先烈、重温誓词等多种形式进行爱国主义教育。

【基层组织建设】根据《中国共产党章程》和《中国共产党党和国家机关基层组织工作条例》的规定，加强对区直机关各党组织“撤、并、建”换届选举工作的指导和督促，对软弱涣散的基层党组织进行撤换和优化，对届满的基层党组织及时督促指导换届选举工作，对符合条件的单位及时指导和帮助建立健全党的基层组织。截至2016年11月底，共督促指导40个区直机关党组织进行了届满换届、1个区直机关党组织进行了改选、8个区直机关新成立党组织、9个区直机关党组织补选、成立文广局机关党委、对13个区直机关党组织委员进行了任命，使各基层党组织的凝聚力、战斗力得到了增强。

【党员发展对象培训】 为提高发展党员质量，2016年3月、5月、9月和11月机关工委联合特区组织部、党校举办了四期发展对象培训班，区直机关共计49名发展对象参加了培训，培训特邀市委党校教授以及特区有关领导对发展对象进行授课。授课内容包括：《中国共产党党史》《端正入党动机，争取做合格党员》《新形势下的党风廉政建设和反腐败工作》《习近平总书记系列讲重要话精神》《国学讲座》《中国共产党章程》等内容，并进行了理论考试，培训不合格的一律不吸收入党。通过教育使党员的党性观念、宗旨观念坚定不移，使发展党员程序更规范。

直属机关工委庆祝中国共产党建党95周年暨“两学一做”学习教育知识竞赛

【评选表彰】 “七一”前夕，区直机关对2015年以来及“两学一做”学习教育中涌现出来的一批优秀共产党员、优秀党务工作者和先进基层党组织进行表彰，表彰优秀共产党员75名，优秀党务工作者28名，先进基层党组织19个。推荐获得特区表彰优秀共产党员38名，优秀党务工作者12名，先进基层党组织15个；获得市级表彰优秀共产党员4名，优秀党务工作者4名，先进基层党组织6个；获得省级优秀共产党员1名。

【机关目标考核管理】2016年，机关工委根据《六盘水市市直机关目标考核办法》，结合六枝目标考核工作实际，经目标考核领导小组会议研究，对《六枝特区2016年度工作目标管理考核方案》进行了修改完善，较往年在考核分值和内容、考核单位、考核方式和考核等次方面都有所创新。同时，工委在区直各机关单位预定的目标基础上，按照区直各机关单位的职责和职能，结合涉市目标、2016年区委、区政府工作报告以及各项重要任务、重大工程、重点项目的分解任务等，对区直机关工作目标进行了修改、审查，报领导小组修改、审定后下发执行。

【驻村帮扶及党建扶贫】为开展好驻村帮扶工作。工委主要领导亲自带队到挂帮的落别乡板照村开展节前慰问帮扶活动。为10户困难户送去了慰问品（每户棉衣1件、棉被1床、大米20公斤、食用油10公斤、面条8公斤）和慰问金（每户200元）；走访了王方点、罗仕玉等7户精准扶贫结对帮扶联系户。6月4日，到党建扶贫联系点月亮河乡郭家寨村开展“送党章、佩党徽、讲党课”活动，并对留守儿童进行慰问，送上了书包、作文书、文具盒、铅笔等学习用品。在郭家寨村党支部，机关工委将党徽、《中国共产党章程》、《中国共产党廉洁自律准则》和《中国共产党纪律处分条例》一一送到各位党员手中。活动中，韦如电书记为郭家寨村党支部上了一堂题为《学党史 强党性 做合格党员》的党课，就“两学一做”教育活动的内涵、意义等内容进行了深入细致的说明，讲解了中国共产党在历史上重要的几次会议，从守纪律、懂规矩，觉悟要高，要懂科技，能够带头致富、依法治村几个方面详细说明了如何做一名合格的农村共产党员，并对不同类型的农村党员如何做提出了相关要求，并带领大家重温了入党誓词。

六枝特区党校在全省党校系统首届理论研讨会上荣获三等奖

特区党委常委、组织部部长、党校校长吕荣到党校与全体教职工座谈

党校

【领导名录】

校 长 吕荣（白）

常务副校长 周龙

副校长 龚小龙 杨娟（女）

【机构设置】办公室、图书资料室、总务科、教务处、网络信息办、科研办、法学教研室、中共党史党建教研室、科学社会主义教研室。在职人员32人，事业人员15人，含高级讲师2人、讲师4人、助理讲师5人、无职务2人、待定2人，参公13人，工勤4人。

【思想建设】开展集体学习。按照年初计划，坚持周一政治理论学习，采取集体学习与个人自学相结合、专题讲座与宣讲辅导相结合、新课试讲与研讨交流相结合的方式，强化学习。组织集体学习40余场次，深入贯彻学习中共的十八大和十八届三中、四中、五中、六中全会精神以及习近平总书记系列重要讲话精神、“两学一做”学习教育规定篇目。组织教职工聆听市委书记李再勇专题讲座1场，组织党员干部参加十八届六中全会专题研讨会1次，参加党校主要领导上党课1次，人均记写学习笔记2万字。开展专题调研。围绕区委、区政府的中心工作，组织党员干部开展专题调研，撰写了《六枝特区“三变”改革问题探析》《六枝特区小城镇建设》《六枝特区垃圾处理分析》《基层党建工作的探索与思考》和《山地特色旅游产品开发》等6篇调研文章，其中《山地特色旅游产品开发》被确定为六盘水市社科院课题。此外，积极参加省、市委党校的各种科研活动。通过调研学习，党员干部理论水平、思想觉悟、业务素质有了新的提高。继续加强《中共六枝特区委党校学报》的管理工作。2016年校科研办先后4次面向校内校外发送征稿启事，现已印刷出版党校《学报》四期。以学报为阵地，以理论文章为依托，切实提高教师的科研能力和理论水平。扎实有效地开展“两学一做”学习教育。按照区委、区政府的统一部署，采取抄写党章、学习讨论交流、撰写心得体会等多种形式，开展“两学一做”学习教育，促进全校各项工作稳步推进。学习讨论交流10场次、撰写心得体会文章32篇，推动全体教职工不断深入学习党章党规和习近平总书记系列重要讲话，使全体教职工的政治意识、大局意识、核心意识和看齐意识得到增强。五是开展好“道德讲堂”活动。围绕“道德讲堂”活动目标，结合工作实际，把“道德讲堂”建设摆在突出位置。积极开展“最美个人”“最美家庭”推荐活动；清明节祭英烈活动；警示教育活动；弘扬社会主义核心价值观；公务员形象与礼仪修养；廉政文化建设、坚持依规治党与以德治党相结合等专题讲座学习。

【开展培训、宣讲】开办了乡镇公务员培训班、基层党组织第一书记和村（居）党支部书记脱贫攻坚专题示范培训班、发展对象培训班（1–4 期）、科级干部培训班、妇联锦绣计划培训班、雨露计划持家女培训班、雨露计划锦绣女培训班、副科级后备干部培训班、党外干部培训班、远教站点操作管理员暨“万村千乡”网页管理员培训班、机关党支部书记培训班等共十五期主体班，培训人数 1300 人次。培训坚持理论联系实际，按需施教，学用一致，讲求实效的原则，采取授课、研讨互动、自学和考核相结合等方式进行，确保完成具体的学习任务。为提高培训效果，还安排了小组讨论、学员论坛、观看电教片等活动，确保培训质量。根据中央、省、市精神，配合区委的安排部署，深入宣讲党的路线、方针、政策。积极配合区委宣传部、组织部，大力做好全区的十八届五中、六中全会精神和“两学一做”学习教育等宣讲工作，先后派出多名教师到各乡镇（社区）机关单位开展宣讲。共开展宣讲 40 场，培训 2897 人次，受到各乡镇（社区）、区直单位的好评，取得了良好的效果。启动了学习贯彻党的十八届六中全会、省委十一届八次全会和市委第七次党代会、特区第十一次党代会精神集中宣讲活动。

【团队建设】一是加强组织建设，认真执行“三会一课”制度。定期召开党员大会和支委会，按规定过好组织生活会。修改完善领导班子议事规则、谈心制度，规范决策程序，推进议事决策的民主化、科学化、规范化。加强党费交缴管理工作，做到严格按《党章》规定，按时按标准交缴党费。二是加强队伍建设。通过选派教师参加中央党校、省委党校、市委党校业务培训；到贵州省社会主义学院跟班观摩学习；到廉政教育基地开展实地调研；参加市委党校开展的优质课评比活动；在校开展校园大讲堂；到乡镇挂职锻炼等途径，提高教师能力素质。力求通过学习锻炼，提升教师授课、科研与班级管理水平。认真执行“四位一体”从严管理干部的有关要求，及时兑现科研奖励，严格制度约束、强化教育监督。重阳节时，邀请退休教师座谈，及时掌握了解退休干部生活状况；结合“两学一做”学习教育，对退休教师送学上门，征求他们对党校班子和领导干部的意见建议，并对退休党员进行走访慰问，送去党组织的温暖。采取灵活多样的方式，主要领导和班子成员、班子成员之间、班子成员和党员干部之间进行了深入细致的思想交流，使干部职工之间互通情况，加强了解。“七一”前，开展“优秀共产党员”评选活动，向特区党委推荐评选优秀党员 1 名、优秀党务工作者 1 名、优秀基层党组织 1 个。

共青团六枝特区委员会

【领导名录】

书　记 罗 文 * 韩林君（女）

副书记 韩林君 *（女） 周琰琰（女） 王 勇

【内设机构】内设办公室、青农部、志愿者服务指导中心 3 个职能部（室），定行政编制 5 名，事业编制 3 名，行政工勤编制 1 名。

【青少年思想引领】紧紧围绕青少年思想引领这条主线，以活动为载体，不断加强对广大青少年的爱国主义、集体主义、中华优秀传统文化和社会主义核心价值观的引领。开展第八届红领巾舞蹈大赛、“青年月”经典诵读、清明祭英烈、心理健康大讲堂进校园、禁毒知识竞赛、抵御艾滋系列活动、法制宣传进校园等大型主题活动共 14 次。

【服务青年发展】紧紧围绕服务青年这个主题，以青年为中心，以青年为主角，结合青年的实际需求，进一步加强对青年的有效服务和引导，认真履行服务青年职能。全力助推青年事业发展，成立区级农村青年致富带头人协会及其团工委，表彰优秀农村青年致富带头人 10 名，组织青年参加各类培训及政策宣讲活动共计 4 次，创建“青年文明号”集体 5 家；全力促进青年成长成才，举办五四青年素质拓展、大学新

"携手欢庆六一·播撒关爱阳光"走进特殊学校慰问活动

生宣讲会、青年联谊活动、"青年之声·共话画廊六枝"演讲比赛、"一二·九"公益跑等大型活动共5次；全力推进青年阵地建设，按照团中央要求扎实推进"青年之家"创建，不断完善服务青年工作平台，岩脚镇"青年之家"已挂牌成立，其余14个乡镇创建工作积极推进。

【志愿者服务】 围绕服务党政工作大局，团结带领广大青年为全区经济社会发展作出积极贡献。组织青年志愿者参与全省项目建设观摩会、第五届全省小城镇建设发展大会等省、市、区级重大赛会服务，培训志愿者6批次1300余人次，组织志愿者1300余人（次）参与服务24次；组织300余辆爱心车辆开展高考志愿送考公益活动，组织200余名青年参与志愿植树活动，组织大学生志愿者开展"暖冬行动"服务返乡旅客1500余人次；组织100余名青年志愿者参与"四创"、禁毒、综治、关爱弱势群体等志愿服务活动共20余次；认真做好大学生西部计划志愿者的岗前培训、考核鉴定、评先选优、就业统计、返乡探亲等日常管理工作。

【帮扶助困】 围绕服务青少年成长成才职能，整合社会资源，动员社会力量关爱帮助困难青少年群体。拍摄首部留守儿童题材微电影《守望的幸福》并引起强烈社会反响；组织开展走访慰问留守儿童、困难儿童、特殊儿童等关爱活动共10次，覆盖人数315人；健全完善"连心桥"凉都公益平台信息，完成1800名留守儿童的信息录入，为精准帮扶奠定基础；积极申报并建成新窑镇中学留守儿童自立自强中心项目；申请牂牁镇中心小学希望工程电脑室建设经费6万元；开展"习酒·我的大学""国酒茅台"、"春风计划"公益助学及新寨村助学金发放活动，共计资助困难学生451名，金额160.32万元；开展"送温暖"活动，共慰问困难党员、困难群众、孤寡老人、贫困计生户等群体27户，送去慰问金3000元以及大米、面粉、食用油、棉衣棉被等物资。

【新媒体宣传】 围绕当前时代发展的新特点，

六枝特区2015年度团内表彰大会暨2016年新团员入团仪式

创新宣传方法、丰富宣传形式，全面、及时、真实的反映共青团工作的新经验和新成效，提升共青团组织的活力和影响力。充分利用"六枝青年"微信公众号发起"纪念五四·手抄团章"、"最美家乡"随手拍摄影、"经典诵读"线上展播等活动，2016年，共推送微信245期1300余条，单条最高阅读量达10万余次，公众号热度在全省县级团组织排行榜中长期排名前六；依托微信公众平台，打造"青年之声FM·六枝青微电台"，通过电台传播党团声音；着力打造"青年之声"互动社交平台和"网上共青团"，进一步加强与青年的联系，努力打造工作网、联系网、服务网"三网合一"，拓展共青团组织开展青年工作的新空间。

【组织建设】 围绕着力加强团的组织建设，改进工作方式和工作作风，进一步提高团的工作水平。加强团员队伍管理，开展"学团章、唱团歌、过团日、缴团费、上团课，做合格共青团员"专题教育活动和"手抄团章"活动，落实"坚持标准、控制规模、提高质量、发挥作用"总要求，进一步规范团员发展和管理工作，2016年度新发展团员3128名；强化团干部队伍建设，开展团干部"1+100"直接联系青年工作，并大力开展线上线下活动，组织28名团、队干部赴大连参加培训，不断提升团、队干部工作水平；强化基层团组织建设，全面摸清全区各机关单位、非公企业35周岁以下青年及团员青年底数，稳步推进各级团组织建设，力争早日实现“有青年人的地方就有团组织”的目标，同时，扎实推进农村产业链团建工作，坚持应建尽建的原则，对于符合条件的企业采取“团支部＋合作社”“团支部＋产业项目”等多种模式建立团组织。

【大事记】 3月16—17日 团中央书记处书记徐晓到大用生态观光园青年创业示范基地、郎岱现代农业产业园区青年电商创业基地及猕猴桃基地走访调研青年创业就业助力脱贫攻坚工作。出席了保护母亲河行动绿色长征解放军青年林贵州六枝项目启动仪式并为项目揭牌。

7月7日，共青团中央书记处第一书记秦宜智到六枝调研产业发展和共青团工作，实地走访落别凉都红樱桃基地和浪哨园。

红十字会

【领导名录】

常务副会长 陈米突（女）

专职副会长 王丽娟（女）

【概况】 2016年，始终坚持以邓小平理论和“三个代表”重要思想为指导，深入贯彻落实科学发展观，认真履行《中华人民共和国红十字会法》（以下简称《红十字会法》）赋予的各项职责，不断拓展红十字服务领域。

【自身建设】 为适应新形势的需要，提高红十字队伍素质，把提高自身建设，发展基层组织，扩大红十字队伍作为工作的重中之重来抓。按照“终身学习”的要求，以政治上高标准、思想上高境界、业务上高水平、工作上高成效为目标，组织单位干部职工学习党的方针政策、业务知识，举办红十字会专职干部参加业务培训班3期。

【宣传】 2016年，向市红十字会上报信息9期，向特区上报简报9期，采用新闻4条；在“5•8”红十字博爱周宣传日期间开展宣传活动，发放《中华人民共和国红十字会法》《中国红十字会章程》《贵州省省红十字会条例》《红十字会运动基本知识》《艾滋病防治知识手册》《红十字急救常识》《中华人民共和国疾病控制法》，造血干细胞等宣传资料5000余份；为特区分管领导及基层红十字会征订《中国红十字报》6份。通过一系列的宣传，取得了良好的社会效果，提高了广大公众对红十字会的认知度。

“5•8”世界红十字日宣传

【救护培训】 卫生救护培训工作是红十字会四大核心工作之一，是开展自然灾害及突发公共事件现场救护的基础，为增强学生应急、避险、自救、互救的意识和能力，分别在市二中、特区职业技术学校举办初级卫生救护培训进校园活动，1000余名师生参加培训和现场演示，培训内容涉及红十字基本知识、心肺复苏技能、呼吸道异物阻塞排除、创伤救护、止血包扎、骨折固定、常见危重急症及意外伤害的应急处置等知识。

【开展基层“送医、送药、送健康”活动】 联合市第二人民医院、特区疾控中心、特区中心血库、岩脚民康医院、郎岱仁吉医院组成志愿服务队到梭戛乡、郎岱镇开展红十字“送医、送药、送健康”主题活动。活动期间，发放《中国红十字会法》《无偿献血》、造血干细胞捐献、健康知识防治等宣传资料6000余份，现场接受诊疗和获赠免费药品的群众3000余人次，向群众讲解预防保健知识，并针对患有高血压、糖尿病、气管炎等疾病的群众讲解防治方法，免费赠送中、西常用药品价值8000余元。

【开展“红十字博爱送温暖”活动】 弘扬红十字“人道、博爱、奉献”精神，2016年2月1日—2月18日，组织特区30余家单位和部门到乡镇组织开展“博爱送温暖”活动，向贫困家庭分别送去大米、面粉、面条、棉被、食用油等慰问物品价值8万余元，发放慰问金2.55万元，密切了党群、干群关系，把党和政府的关怀、红十字会的关爱真正送到困难群众手中。

机构编制委员会

【领导名录】

主　任 卢刚

副主任 吴文娣（女）　周小玲（女）

事业单位登记管理局 曾正美（女）

域名中心主任 罗春英（女）

【概况】 六枝特区编委办内设2个内设机构，即行政机构编制管理股和事业机构编制管理股，分别负责全区所有行政机构和事业机构编制管理工作。六枝特区事业单位登记管理局内设一个综合股，负责编委办办公室日常工作。六枝特区机构编制信息域名管理中心内设一个业务股，负责域名管理中心相关业务工作。

【行政区划调整后各乡镇、街道办党政机构编制的设置】 理顺六盘水市公安局六枝经济开发区分局与特区公安局的管理体制，六盘水市公安局六枝经济开发区分局人员工资及工作经费自2016年2月起由特区财政保障，公安分局相应的警务职能由特区公安局承担，公安分局的人员和业务工作由特区公安局统筹管理。分别将乡镇设置的党政内设机构“规划建设环保办公室”更名为“国土资源和规划建设环保办公室”，并增加“协调国土资源开发、利用和保护工作”职责，“社会管理综合治理委员会办公室”更名为“社会治安综合治理委员会办公室”，维持其机构性质、主要职责、领导职数等不变。依据《中共六枝特区委办公室六枝特区人民政府办公室关于创建国家卫生县城2016年攻坚任务分解和开展卫生乡镇、村（居）创建工作的通知》要求，将六枝特区爱国卫生运动委员会办公室行政编制调整为3名。乡镇区划调整后，对郎岱镇、岩脚镇、中寨乡等15个乡镇的中小学名称进行了更名，对原平寨镇的17所学校也分别进行了更名。将六枝特区那玉煤炭产品验票站更名为六枝特区岩脚煤炭产品验票站。继续做好乡镇行政管理体制改革有关统计上报、上级调研、自查汇总等工作。

【机关、事业单位机构设置，撤并、领导职数设置】 配合特区组织部，认真做好领导干部的调配工作。配合特区人资社保局，做好公务员招考、事业单位人员招考、行政事业人员调动的编制审核工作。理顺特区民政局相应内设机构职能，撤销“六枝特区拥军优属拥政爱民工作领导小组办公室”和“六枝特区民间组织管理所”两个事业单位建制，在六枝特区民政局机关设“六枝特区拥军优属拥政爱民工作领导小组办公室”，负责“双拥办”日常工作，并定主任职数1名（副科级），同时在增设“民间组织管理股”为特区民政局正股级机构，挂牌于其内设机构“社会事务股”，负责民间组织相关工作。为推动六枝特区公安局情报信息和反恐怖工作，撤销六枝特区公安局指挥中心（办公室）下设“情报信息股”，在六枝特区公安局增设内设机构“情报信息大队”和“反恐怖工作大队”，各核定领导职数为：大队长、教导员各1名（副科级）。为特区民政局“双拥办”核定主任职数1名（副科级），为特区公安局增设内设机构“情报信息大队”和“反恐怖工作大队”，并核定大队长、教导员各1名（副科级）。增加中共贵州六枝经济开区工作委员会贵州六枝经济开发区管理委员会副主任职数1名，同时核减六枝经济开发区党工委、管委会职能机构住房和城乡建设局副局长职数1名。根据《贵州省委关于认真市县乡领导班子换届工作的通知》及《中共六盘水市委关于做好县乡领导班子换

编委办干部职工参加特区妇联组织的“家庭助廉”活动

编委办组织全体干部职工重温入党誓词

届工作的指导意见》精神，积极向市编办报送六枝特区关于乡镇领导班子换届职数配备的征求意见函，根据《六盘水市乡镇领导班子换届职数设置方案》，认真研究六枝特区乡镇领导班子换届职数设置工作。将六枝特区公安局交通警察大队（公路巡逻民警大队）下设的平寨平台中队更名为岩脚中队。成立了六枝特区电子商务发展服务中心、六枝特区养老服务中心、六枝特区思源实验学校、六枝特区史志馆、六枝特区预警信息发布中心、六枝特区预防未成年人犯罪教育中心、六枝特区妇女儿童活动中心、六枝特区学生考试中心、六枝特区志愿者服务指导中心和九龙、银壶、塔山三个社区国土资源所共12家事业单位。在六枝特区供销合作社联合社增设“农村电子商务股”。按照“控制总量，盘活存量，分级管理，动态核编”的原则，根据六枝社会经济发展需要，在总量控制的前提下，对相关部门、重点单位的机构编制进行适当调整，为六枝特区投资促进局增加事业编制5名；六枝特区人民政府金融工作办公室增加事业编制3名；为六枝特区基层财政管理局增加事业编制6名；为六枝特区区委政策研究室（全面深化改革领导小组办公室）、六枝特区全面小康社会建设服务中心、六枝特区委员会办公室信息中心分别增加事业编制1名；为六枝特区第七中学、六枝特区第九中学、六枝特区第二幼儿园、六枝特区思源实验学校等14所学校增加事业编制共181名。

【乡镇、区直机关机构编制统计年报】根据市编办机构编制年报工作的统一部署，特区编委办认真学习领会机构编制年报统计工作会议精神，正确理解填报范围、填报内容以及各项机构编制统计指标，并拟发文件对全区机构编制年报工作进行了安排部署，明确了年报工作的方式、统计范围、内容及上报时间，按要求完成了2016年度机构编制年报数据收集、统计汇总、录入数据库和上报数据等工作。

【六枝特区机构编制实名制及控编减编工作】根据中央、省、市编办有关加强机构编制实名制管理要求，积极采取措施加强机构编制实名制管理工作，以编委办名义印发了《关于完善机构编制实名制网络管理信息系统的通知》，对全区实名制管理工作进行了安排部署，根据全区机构动态和人员调动或退休、自然减员等人事变动情况，对各单位实名制网络管理信息系统中的机构和人员信息进行完善，并做好人才引进、事业单位招考、公务员考录等人员的列编工作，实时对系统进行更新与维护，实行信息动态管理，使编制与人员一一对应。为实现2013–2017年财政供养人员只减不增这一政治任务，确保完成全区事业编制控减目标，以各事业单位现编制数为基础，依据贵州省机构编制实名制管理信息系统中各单位编制和实有人员情况，各事业单位现有空编和今后自然减员空出编制，统一收回管理，并建立完善编制、职数使用申报长效机制，各事业单位用编和使用职数时，必须严格执行《人员编制、职数使用申报制度》，按程序进行申报。第一个季度以来退休、辞职、解聘共65人，收回空编65名。

【事业单位登记管理】积极开展2015年度的事业单位法人年度报告工作，截至2016年3月31日，已登记的事业单位法人共348家，已年度报告公示340家，注销登记11家，完成年度报告公示率100%。办理设立登记6家，办理证书补领1家，办理变更登记146家。

【机构编制管理证的核发、换证】根据《地方各级人民政府机构设置和编制管理条例》以及《中共贵州省委办公厅贵州省人民政府办公厅关于进一步加强和完善机构编制管理严格控制机构编制的通知》文件精神，为规范和加强机构编制管理，按照机构编制实名制管理工作要求，特区编委办在机构设置、人员列编、人员上下编的同时，完善机构编制实名制管理信息系统，积极开展“机构编制管理证”新证核发、换证等工作，对行政事业单位机构编制执行情况进行了有效管理和监督。2016年，共为151家行政事业单位核发新证和办理换证手续。

【招考和人员调动的编制审核】为解决一部分大中专毕业生就业，向行政事业单位补充新生力量，在全区公务员和事业单位人员招考中，编委办严格按机构编制管理规定和控编减编工作相关规定，严格对单位报送招考岗位编制情况进行审核，2016年来共审核招考乡镇公务员57名、政法机关公务员21名、事业单位人员招考234名、人才博览引进104名。同时，为解决人员在单位间的合理调配，编委办在人员调动审核工作中，按规定对单位编制、人员结构、人员素质等进行审核，共对11名行政、73名事业单位人员调动编制情况进行了审核。

离退休干部

【领导名录】

局　长：陈方（女）

副局长：何健华　伍江

关工委办公室主任：王选祥

【概况】2016年，离退局在特区党委、政府的正确领导和市委离退局的指导下，以“让党委放心，让老干部满意”为目标，按照十八大提出“全面做好老干部工作”的要求，深入学习习近平总书记有关重要论述和老干部工作方针政策，服务大局，强化担当，切实加强离退休干部思想政治建设，落实“两项待遇”，进一步丰富离退休干部精神文化生活，更好地激励老同志为党的事业增添正能量，为促进全区社会和谐发展做出了积极努力。

【思想教育】2016年，开展“道德讲堂”进机关等活动4期、出黑板报9期，通过邀请老干部上党课、写好学习《习近平关于严明党的纪律和规矩论述摘编》、“两学一做”、《十八届六中全会公报》心得体会，观看《庆祝中国共产党成立95周年大会》直播等活动，“一把手”上党课2次、廉政警示教育2次，开展重温入党誓词爱国主义教育活动1次；开展党员干部“四亮一述”、“对党说句心里话”活动，发挥共产党员的先锋模范作用，促使党员干部进一步优化服务标准，展示了文明风采。深化“五型”机关建设，塑造有形象、过得硬的老干部工作者队伍。推选2名优秀干部担任领导职务，1名同志为副科级后备干部；局党支部被评为2015年度“先进基层党组织”，一名党员被评为全区“优秀共产党员”。提升职工道德修养，树立诚信文明、风清气正的政风行风形象。

【党风廉政建设】认真落实中央“八项规定”，省委、市委、特区“十项规定”，组织干部职工学习党章、“两条例一准则”等文件精神，明确领导班子及干部职工责任，抓好“两个责任”的落实。开展落实“两个责任”暨严肃换届纪律集体约谈、层层约谈、全体党员干部签订承诺书。严格执行“三重一大”月报告季公示、党政务公开等制度。清明期间联合特区总工会等十一家单位组织党员干部到落别廉政教育文化长廊、六枝看守所接受警示教育，开展“一把手”上廉政党课、“落实两个责任”6次集体约谈；10月10日联合特区老年大学等6家单位召开专题会议，邀请特区纪委常委、监察局副局长殷琼解读《中国共产党问责条例》；10月至11月组织观看八集党风廉政建设专题片《永远在路上》。通过学文件、看视频等活动，进一步加强机关作风建设。

特区四大班子领导出席情况通报会

【征文撰写】2016年，结合庆祝中国共产党成立95周年、红军长征胜利80周年，在全区离退休党员干部中开展了以“我看凉都+”为主题的征文活动，10名老干部撰写歌颂党的建设新的伟大成就，展示家乡发展变化。

【调研活动】根据省委老干局工作部署，7月中旬在老干部中开展“我看从严治党新气象”调研活动，组织30余名离退休老干部召开了座谈会，上门访谈老干部12人次。老干部们对中共十八大以来党中央“从严治党”取得的成效积极点赞。

【参政议政】充分发挥老干部“经验丰富、有广泛人脉关系、关心经济发展、关心干部成长”的四大优势，组织老干部积极参政议政。老干部参加特区党代会65人次、“两会”35人、领导干部会22人次。组建老干部“智囊团”，通过座谈会、参观、视察、调研等活动形式，积极为党委、政府，相关部门和单位出主意、想办法、当参谋，先后献“金点子”20余条，为特区党委、政府提供了决策参考。

【送学上门】把集中学习与送学上门、送学进医院等多种方式灵活结合在一起。学习内容主要有中共十八届四中、五中全会精神、特区党委、政府对重大事项的决定等。全年送学上门360余人次，送学习资料560余份；组织学习4次、120余人次参加。

为老干部送党章、党徽，送“两条例一准则”、《晚晴》等学习资料。3月22日组织老干部学习全国“两会”精神及《关于进一步加强和改进离退休干部工作的意见》（中办发〔2016〕3号）；5月29日组织老干部参加“六枝特区‘两学一做’学习教育大宣讲”；6月13日组织老干部参加“六盘水市‘两学一做’学习教育大宣讲”；6月21日组织学习《习近平总书记系列重要讲话读本》、“两学一做”相关文件精神，并进行知识测试、签订“做合格党员”承诺书。9月13日组织学习《习近平总书记系列重要讲话读本》，观看发扬传播正能量视频《红色传承·不忘初心》；11月15日学习中共十八届六中全会公报、习近平总书记在纪念红军长征胜利80周年大会上的重要讲话

召开老干部中秋节座谈会

等。

【参观考察】4月13日至15日，组织14名老干部赴息烽、遵义参观考察，先后参观了息烽集中营旧址、遵义会址、娄山关战斗遗址，考察了息烽县立碑村、遵义县鸭溪镇杨柳村和枫香镇花茂村，重温革命足迹、感受新农村变化；10月19日组织20余名老干部参观钟山区月照休闲养生谷，体验六盘水国际休闲生态旅游景区及养生产业园区建设。

【文体活动】在重大节庆日组织开展适合老年人特点的比赛及文体活动。春节期间开展老干部迎新春游园活动、“五一”期间承办“安康杯”全民健身体育活动（羽毛球、乒乓球比赛），组织老干部参加市、特区门球比赛，6月18日组织开展网球比赛，8月10日至13日协办中国门球冠军赛贵州赛区比赛；10月8至22日重阳节期间，以“传承中华美德，弘扬敬老文化，展示健康心态，释放正能量”为主题，开展乒乓球赛、网球赛、文艺演出等系列文体活动。10月15日，组织老年摄影队开展“醉美六技”摄影比赛活动。老体协还组织开展了门球比赛、斗鸟比赛等多项体育活动，60余名离退休干部参加。积极推动了全区中老年体育事业的普及与提高。

【扶贫】走访贫困户200余人次，困难群众160余人次 ，召开支委会5次、村组会9次，协调推进党建扶贫。慰问贫困党员、计生户60人次、留守儿童44人次，发放慰问金15000元、大米19袋、棉被20床、棉衣16件、奶粉20盒。推进万寿菊栽种280亩，投资7余万元；茶叶300亩，投资10余万元；枇杷栽种200亩，投资8余万元。支持1万元活动经费、2000元“计生关爱基金”及文体活动器材。到扶贫村送党章党徽，与村党支部联合开展迎“七一”重温入党誓词、知识竞赛等活动。

总工会

【领导名录】

主　席：吴文英

副主席：娄成江 蒋红（女）

经审委主任：杨协（苗）

【概况】2016年，紧紧围绕区委区政府“四条新路”、“五个前列”战略目标和省、市总工会2016年工作部署，坚持以中共十八届五中全会精神为指导，认真学习贯彻习近平总书记系列重要讲话精神，以推进“工业强区·工人当先——工会组织在行动”为载体，广泛开展创先争优建功立业活动，大力构建和谐劳动关系，主动依法科学维权，充分保护、调动和发挥广大职工的积极性、主动性和创造性，围绕中心，服务大局，为推动全区经济社会发展做出了积极贡献。特区总工会有直管和代管工会50个(其中:机关工会8个、系统工会11个、乡镇(园区、社区)工会21个、行业工会1个、企业工会9个)，辖498个基层工会，涵盖基层法人单位4475个；其中：国有、集体企业工会46个，非公企业工会169个，煤矿工会36个，有工会会员4.98万人，农民工会员2.1万余人。

【“当好主力军、建功‘十三五’活动”】

2016年，大力实施职工素质提升工程，把提高职工技术素质、开展岗位技能竞赛作为职工经济技术创新工程的核心内容来抓，充分发挥了工人阶级主力军作用。围绕特区党委、政府的工作部署，组织动员全区广大职工开展区域性、行业性劳动竞赛和重点工程、重点园区、重点项目劳动竞赛，不断推动劳动竞赛向社会管理、行政服务、新兴产业、现代服务业和非公有制企业拓展，竞赛活动覆盖到全区所有企事业单位。3月，联合特区农业局工会在落别乡木厂村成功举办六枝特区第一届“云上牂牁杯”手工制茶技能大赛，来自六枝特区鸿森茶叶有限公司、天香茶叶有限公司、翱嘉澂种养殖农民专业合作社等20余家本地制茶企业选送的40名选手参加了比赛。通过层层选拔，从40名选手中择优选拔出10名选手代表六枝特区参加“水城春·富硒茶杯”2016年六盘水市职工职业技能手工制茶大赛，10名参赛选手有7名获奖，取得了优异成绩。6月，选派3名选手参加“中国梦·劳动美”女职工在行动—2016年贵州省美容美发化妆技能大赛，分别获得美容组二等奖、美发组三等奖的成绩，同时3名选手都获得晋升相应职业资格等级的机会。11月，组织12名职工参加六盘水2016年度“恒信杯”汽车维修服务行业职工职业技能竞赛，4名职工获得3等奖，集体荣获组织奖。继续深化创建“工人先锋号”活动。把创建“工人先锋号”活动与加强班组建设紧密结合起来，充分发挥“工人先锋号”在竞赛活动中的示范引领作用，使创建与竞赛融为一体，2016年的“工人先锋号”创建活动中，推荐六枝特区市场监管局行政许可股、六枝特区水务供排水公司客户服务中心、六枝特区公汽公司贵BU4021、贵BU4343等4家班组、服务窗口、公交线路上报市总参与评选，预计获评4家。积极开展以“当好主力军、建功‘十三五’、和谐奔小康”为主题的职工群众性经济技术创新活动和建功立业活动。全区各企事业单位结合工作实际，开展了不同形式的岗位比武、技术创新、提合理化建议、节能降耗等竞赛活动，充分调动广大职工的生产和工作积极性。2016年，开展“节能减排大参与”宣传活动2次，参与职工人次达300余人；开展“节能减排‘金点子’合理化建议评选”活动3次，提出合理化建议50余条，创经济价值300余万元。认真细致在全区评选2011—2015市级劳动模范申报评选工作，评选出市级劳动模范、先进工作者27名并参加市表彰。27名劳模结合自身实际，纷纷在乡镇、社区、机关、企业掀起“劳模上讲堂”活动，大力宣传讲解职工思想道德建设，弘扬中华民族传统美德和新时期六枝精神。今年以来，开展“劳模上讲堂”活动26堂，参与职工人数达2000余人。推荐5名劳模到井冈山、息烽疗养，把党和政府以及社会各界对劳模的关心和帮助落到实处。

【创新机制　构建和谐】按照主动、依法、科学维权的新要求，不断完善机制，创新工作载体，扎实做好帮困救助和保障工作，全面推进新时期劳动关系和谐企业建设，在全区营造了和谐稳定的劳动关系。加强民主管理和民主监督工作，大力完善了以职代会为载体的厂务公开制度，保护了职工群众的知情权、参与权，畅通利益诉求渠道，行使职工民主权力。进一步规范平等协商集体合同制度，帮助指导职工签订劳动合同。广泛开展“创建劳动关系和谐企业”活动，会同人事劳动部门对50多家用工单位集体合同、劳动合同的签订履约情况进行了大检查，参与调解劳动仲裁案件43件，调解24件，涉案金额367万元。利用三方协商机制平台，建立健全了以人事劳动和社会保障局、总工会和经信局为成员单位的劳动关系三方协调会议制度，积极将涉及职工劳动权益的切身问题递交三方协商联席会议讨论，并能够得到及时处理和解决。四是积极开展丰富多彩的群众性业余文化体育活动。在“三八”期间，联合特区妇联共同举办了“相约美丽在春天·六枝巾帼在行动”庆“三八”系列活动；5月8日，联合特区文体广电新闻出版局和贵州六枝经济开发区总工会举办六枝特区“文明在行动·满意在凉都”2016年“安康杯”全民健身系列活动，来自全区各乡镇(社区)、园区、机关单位、群团部门、企事业单位等126个基层工会3000多名职工参与男女篮球、拔河、5公里健身跑等项目竞赛角逐。“八一”期间，组织全体干部职工到六枝特区朝华农业科技有限公司，开展双拥工作联谊系列活动，为该公司的退伍军人送上节日的祝福和亲切的慰问。五是积极开展“维权月”活动，采取悬挂宣传横幅、标语、发放宣传资料、设置专题展板、义务法律咨询等形式，走上街头，深入社区，加大工会“维权月”活动的宣传声势。

【基层工会建设】基层工会组建步伐加快。以发展农民工入会为重点，广泛深入开展宣传发动工作，采取多种方式方法，正确引导农民工自愿加入工会组织。2016年，共新组建基层工会组织3个，新增会员100余人，发展农民工会员1.7万人。加快乡镇工会联合会组建和标准化建设步伐。在巩固好去年已建6家乡镇工会联合会三年完成标准化建设的基础上，全面完成其余13家乡镇工会联合会标准化建设，提前一年完成上级工会下达任务，拨付补助款39万元。

【帮扶 排忧 解难】深入开展“送温暖”工程。2016年“两节”期间协调组织资金97.14万元慰问特困职工2320人、省级劳模2人、市级劳模3人、困难企业4家。累计发放困难职工大病救助资金5.5万元，救助职工16名；女职工关爱基金2万元，解救女职工3名；“六·一”发动各基层工会开展多形式的关爱慰问和帮扶活动，筹集资金2万余元，慰问困难职工、农民工、计生困难家庭子女110余人。“金秋助学”活动资助54名困难职工、农民工子女上大学，发放资助金14.4万元。深入实施工会品牌“雁归圆梦”行动计划，大力扶持返乡农民工创业。为六枝特区振兴服装厂等4家企业申请省、市级贴息资金133249.6元、本级配套42166.4元帮助企业在运转中遇到的问题，发挥了工会组织在小康建设进程中的作用。

【自身建设】加强机关作风建设。认真组织机关干部职工加强政治理论和业务知识学习，努力做到用科学的理论武装工会干部的头脑，使机关干部职工在行为实践上有明显的改观，工作作风有明显的转变，宗旨意识、服务意识明显增强；签订了年度工作目标责任书，落实了工作任务，使人人有目标、工作有重点、任务有时限，确保了阶段目标工作任务如期实现。加强工会干部队伍建设。将工会法纳入“七五”普法规划，列入工会干部职工学法用法和考试内容，以此推进依法治会进程；按照工会干部岗前必培训的要求，通过各种方式方法，加强对全区工会干部的教育培训。创新举措，将工会经费收缴纳入工会目标考核。截至12月5日，本级工会完成工会经费收缴116万元，完成任务数的72%，预计12月底将全面完成。依法开展本级工会经费审查审计，审计基层工会13家，提出整改问题8个，基层工会经费使用合理化大大提高。精心组织，工会如期完成换届。选举产生新一届工会领导班子，党的组织意图顺利实现。全面推行职工普惠服务和职工医疗互助活动，涉及职工切身利益的福利待遇得到落实。

妇女联合会

【领导名录】

主　席：李玉萍（女）

副主席：罗涛（女 布依族） 蒋兴春*（女 白）陈丽（女）

【机构设置】六枝特区妇女联合会内设妇女儿童工作委员会办公室。

【宣传】结合全区机关女职工庆祝“三八”国际劳动妇女节106周年文体活动，开展以宪法为核心、以妇女权益保障法和女职工劳动保护条例为主体的保障妇女权益和促进男女平等的各项法律法规宣传活动，引导广大机关女职工学法、尊法、守法、用法。结合同步小康驻村工作，到帮扶村开展宣传咨询及进村入户走访慰问活动，向广大群众宣传妇女维权法律法规，切实做到“万家联动·送法到‘家’”，有效地向广大群众传播了法律知识，培育了法治理念，为推进依法治区、共建和谐六枝营造了良好氛围。结合特色家庭创建活动，在全区上下倡导家庭新风尚，组织广大领导干部配偶到戒毒所、看守所进行警示教育，引导广大干部家属争当“廉参谋”“廉管家”“廉内助”“廉模范”，用实际行动把好自家门，管好自家人。结合扩大基层妇联组织成员工作，把更多的知妇女群众、懂妇女群众、爱妇女群众，有做妇女群众工作本领和经验的优秀妇女吸纳到基层妇联组织中，壮大基层妇联干部队伍，让她们政治上有名分、组织内有身份、工作上有责任，提高基层妇联组织的影响力、凝聚力和战斗力，更好地把妇女群众最广泛、最紧密地凝聚在党的周围，引领广大妇女群众听党话、跟党走，夯实党执政的群众基础。结合第五届全省小城镇发展大会，积极开展好“三新一清洁”工作和民族商品业态布置工作，推动乡村特色旅游发展，打造“画廊六枝·盆景山城”、“美丽乡村·醉美六枝”。组织老年大学、离退局、科协、红十字会、史志办开展“问责条例”专题解读和对“党的声音进万家，总书记话儿记心中”宣讲活动。

【“三女”培训】2016年4月，分别在六枝黔灵女家政服务公司和特区党校举办了“家政女”“持家女”“锦绣女”培训班各1期，180名贫困、留守妇女、贫困骨干绣娘和刺绣蜡染巧手等参加了培训。

培训期间还组织到落别、贵阳等地进行实地教学。通过培训，有效地提升了农村贫困妇女的综合素质，提高妇女就业技能，拓宽妇女就业渠道，培育懂技能、懂政策、懂礼仪、懂育儿的新型女农民，逐步消除农村“零就业”贫困家庭，真正实现“职业培训 1 人、就（创）业 1 人、脱贫 1 户”。

【公民道德宣传实践活动】在全区范围内组织开展“明礼知耻·崇德向善在家庭”主题实践活动之寻找“最美家庭”及评选十佳“慈母”“贤妻”“孝女”活动，倡导良好的文明家风，进一步推进“平安家庭”创建工作，有效地为广大妇女儿童和家庭营造平安环境。2016 年，全区共推荐 51 户“最美家庭”，经组委会认真评选，共评选出 6 户上报到市参评。

【绣娘参加各类活动及展演】为充分展示六枝少数民族服饰手工艺品，推进民族民间特色手工产业与妇女事业同步发展。4 月 23 日，特区妇联依托特区“樱桃节”平台，组织绣娘参加 2016 年“中国凉都红樱桃”布依文化旅游节民族服饰展演展示活动，充实了中国凉都红樱桃布依文化旅游节活动内容。7 月 9 日，以落别乡“六月六布依风情文化节”活动为依托，在牛角村民族文化广场上举办了“锦绣计划”民族手工技艺展演赛暨手工产品展销会活动，参赛绣娘 84 人，共评选出“十佳绣娘”10 名，“优秀绣娘”20 名。7 月 28 日，在 2016 年中国凉都六盘水消夏文化节系列活动—凉都锦绣计划百佳绣娘手工技艺展演赛上，六枝绣娘在众多参赛选手中脱颖而出，喜获佳绩。其中“十佳绣娘”4 名，“优秀绣娘”2 名。推荐绣娘参加省妇联举办的“巧手脱贫·锦绣圆梦”妇女手工技能大赛，2 名少数民族绣娘获得本次大赛刺绣类优秀奖。9 月 28 日，组织部分绣娘参加 2016 年“中国凉都·六盘水牂牁江”国际滑翔伞邀请赛暨全国滑翔伞优秀选手赛特色产品展示。这些活动充分挖掘了民间手工艺品遗存，传承了民族文化，促进六枝民族手工艺品发展，丰富人民群众精神文化生活，提高少数民族妇女增收致富。

【亲子阅读活动】 5 月 4 日，六枝特区妇联联合六枝园林幼儿园开展“我爱我家·同悦书香”亲子阅读活动，并邀请了 36 组家庭参与活动。活动旨在通过亲子阅读活动传递科学的家庭理念，引领亲子阅读风尚，让广大家长、儿童感受阅读魅力，培养阅读习惯，营造书香氛围。

【“三八”维权周活动】“三八”节期间，特区妇联以“万家联动·送法到‘家’”为主题，与特区宣传部、科协、司法局、市场监管局、卫生计生局、综治办等 20 多家成员单位到落别乡联合开展第 17 个“三八”妇女维权周宣传咨询活动，努力提高妇女自觉学法、守法、用法的意识和能力，切实为妇女办好事，做实事，多方位维护妇女权益，营造了尊重妇女权利、维护妇女权益的良好社会氛围。宣传期间共悬挂了宣传横幅 10 余条，发放妇女权益保障法、反家暴法宣传小册子和宣传资料 1000 余份。

【妇女小额担保贴息贷款】2016 年，积极争取特区党委、政府支持，将妇女小贷工作纳入全区涉农贷款的重点项目，由分管副区长主持召开了全区小额贷款工作会议，要求各相关部门按照全市妇女小额担保贴息贷款协调会议精神及相关文件要求，结合实际，进一步深化部门协作，加强组织领导和宣传引导，采取“担保灵活，范围放宽、额度增大、服务优质”的妇女创业小额担保贷款模式开展工作，共发放妇女小额担保贷款 310 笔，发放金额 2124.02 万元，使千余名妇女实现创业就业。

六枝特区妇联组织妇女维权暨心理健康知识讲座

【未成年人思想道德建设教育】特区妇儿工委与关工委、教育局、文明办、民政局等单位和部门携手，深入开展“童心向党”歌咏活动。由特区教育局牵头，组织全区各学校采用集体歌唱的方式歌颂“中国梦”、描绘“中国梦”、放飞“中国梦”，引导广大儿童自觉把个人成长与祖国未来发展联系在一起，树立远大理想，从小立志为实现“中国梦”而奋斗。开展“多彩凉都欢迎你·我是文明小导游”活动。六枝特区妇联牵头、教育局、文明办，特区二小携手举办“多彩凉都欢迎你·我是文明小导游”选拔活动。

来自区 5 个乡镇、13 所区直学校的 29 名中小学生参加了选拔，通过评比产生中、小学组一等奖各 2 名，二等奖各 3 名，三等奖各 3 名，并将评选出的一等奖选送到六盘市参加“多彩凉都欢迎你 • 我是文明小导游”比赛活动，区选送的 4 名选收分别获得六盘水市小学组二等奖 2 名，中学组二等奖 1 名，三等奖 1 名的好成绩。派出代理家长参与特区公安刑侦部门对未成年人审讯案件，到特区法院参与陪审未成年人及妇女判决案件等。四是与特区一小、检察院联合邀请吕萍老师在一小为 200 名家长开展“一年级很重要”专题讲座。五是参加特区一小“祖国好，家乡美”主题实践教育活动——第六届“诵读中华经典，唱响中国梦”读书节暨汉字书写大赛。六是开展“蒲公英助学行动”，为 5 名家庭贫困、考取二本以上、品学兼优的大学生争取到蒲公英助学金，金额为每人 5000 元，共计 25000 元。

【“儿童快乐家园”创建】2016 年，特区妇联申请创建了 3 个省级“儿童快乐家园”示范点——落别乡牛角村、岩脚镇岱瓮村、郎岱镇青菜塘村，争取到省妇联资金各 10 万元。

史 志

【领导名录】

主　任　焦兴敏（女）

副主任　黄继洪（苗）　田文媛（女）

【机构设置】六枝特区史志办公室设股室 5 个：综合股、政策法规股、党史研究股、地方志股、资料股。核定事业编制（参公）13 名，在职人员 13 名。

【二轮修志】根据 2016 年工作安排，推进《六枝特区志 (1978--2011》第二轮志书编修工作。组成编修专班，对《六枝特区志 (1978--2011》初稿进行认真的修改，几易其稿。于 2016 年 3 月 4 日召开了特区二轮志初审会，8 月 15 日召开了复审会，通过了市级专家评审，9 月 14 日召开了终审会，通过了省级专家评审。并对省、市提出的评审意见进行修改和完善，在推进特区二轮志工作的同时，启动了六枝特区乡（镇）的编修工作。

【地方综合年鉴】《六枝年鉴》2012 年启动，每年出版。《六枝年鉴》是全面、系统记述六枝特区行政区域自然、政治、经济、文化、社会等方面情况的年度性资料。在省志办组织 5 年一次评比中，《六枝年鉴（2013）》获得省评比三等奖。

【党史编研】根据《中共中央关于加强和改进新形势下党史工作的意见》（中发 [2010]10 号）文件和各级党史工作会议精神，按“一突出、两跟进”的要求，以地方党史正本编研为重点，积极推进地方党史的征编、研究。执政纪要编纂。已出版 80 万字的《中共六枝特区委执政纪要 2014 卷》，已完成 80 万字的《中共六枝特区委执政纪要 2015 卷》编纂，2016 年底交付印刷。党史资料的收集、录入。收集、录入改革开放后（2000 年一 2010 年）党委工作报告、重要会议的决定、决议等资料 5 万字，累计完成 1978 年以后六枝党史资料 60 万字，为编写六枝第三卷党史作好资料准备。完成了《解放初期的郎岱》初稿 20 万字，完成了《“三线”建设在六枝》初稿 20 万字。大事记的编写。以时间为序，记载了区内重大决定、活动、重要事件，并收录文字 6 万字。做好先进典型的记载。选择了发展好的村和非公企业，做了社会主义新农村和非公企业带头人口述史历史。

史志宣传

完成六枝特区革命遗址普查登记工作。以乡镇为基本单位，实地展开革命遗址调查工作，编制革命遗址档案，制定革命遗址名录。共登记9个乡镇革命遗址，革命遗址总数26个，其中重要历史事件和重要机构旧址12个，重要历史事件及人物活动纪念地3个，重要领导人故居2个，烈士墓1个，纪念设施7个，省级文物保护单位1个，市级文物保护单位2个，县级文物保护单位3个，市级爱国主义教育基地3个，县级爱国主义教育基地5个。

【史志馆建设】为开发利用党史和地方志资源，为推进六枝地方文化的发展，展示和提升六枝文化软实力，促进六枝经济社会发展，六枝特区史志馆的建设得到立项，现已建成。馆内将开展区情资料库建设、组织地方志网上服务、地方文献开发利用和地方史志文化的展示。

【史志宣传】2016年，向特区党政领导、机关部门、企业、乡镇、赠送了《中国共产党六枝特区历史》《六枝特区爱国主义教育读本》《中共六枝特区委执政纪要》《六枝年鉴》等书籍，与相关部门联合开展史志宣传教育进机关、企业、学校、军营、社区、乡（镇）活动，在清明节、建党节等重大节日及纪念日，为机关、企业和学校讲解区内重大革命事件和英烈事迹，为各级领导干部、党员及广大群众了解地方党史，热爱家乡、建设家乡，促进地方经济社会发展起到了积极作用。

【扶贫】根据特区的安排部署，做好单位派驻岩脚镇木贡村的扶贫及关寨镇社勒村的党建工作，抽调人员驻村，及时了解派驻村的基本情况及村民的生产和生活情况，协助谋划好村发展规划。开展走访工作，全办干部职工走访贫困户多次，对贫困人口进行调查，分析贫困情况，为木贡村配送电脑2台、桌椅一套、送去扶贫起动资金9000元、计生关爱基经3000元、慰问老党员、贫困党员、计生和留守儿童4000多元，协调农体项目4万元。5月，根据组织部门调整，史志办党建扶贫点为关寨镇的社勒村，6月为三位老党员及留守儿童送去慰问金与学习用具共计1000多元，协调8万修建村级体育活动中心。

残疾人联合会

【领导名录】

理事长 张 辉

副理事长 杜昌祥

【机构设置】内设机构有办公室、教育就业股、康复股、就业服务中心。编制9人，其中：参公编制7人，事业编制2人。

【残疾人同步小康创业就业】2016年，全区新创建残疾人创业就业示范基地10家，经省市考评，列为省级示范点2个，市级示范点2个，每个示范点都解决了5个以上残疾人就业，为任务数3个的233%。以每户2000元资金扶持45户残疾人家庭创业，为任务数15户的300%。共年审行政事业单位134家，

理事长张辉到残疾人示范基地了解发展情况

征收残疾人就业保障金165.53万元，企业征收53.37万元，共计征收218.9万元，为任务数200万元的109.45%。

【残疾人精准扶贫】按照“五定五看”的要求，认真开展残疾人遍访工作和建档立卡工作，通过各乡（镇、社区）及扶贫单位的遍访和核查，纳入精准扶贫建档立卡数据库的残疾人2246人。以残工委发（2016）3号文件明确特区各部门及乡（镇、社区）的帮扶和脱贫计划，计划在2016年脱贫193人，完成193人脱贫，为任务数100%。

【残疾人社会保障】认真落实省、市两项补贴的有关要求，报请特区政府出台了《六枝特区困难

残疾人生活补贴和重度残疾人护理补贴实施方案》。已通过社会化发放方式每月按时足额发放一级护理补贴费1165人，二级护理补贴3362人，生活补贴费农村5686人，城镇902人；

【残疾人权益保障】2016年，出台《六枝特区残疾人保障规定》，并按相关规定组织实施。安排残疾人无障碍设施改造5户，每户补助5000元。发放机动车燃油补贴的303人，78780元。

对共建结对社区党员干部进行培训

【残疾人康复】 2016年，完成中央彩金智力康复项目救助15人，为任务数15例的100%；完成“七彩梦行动计划”聋儿康复训练2例，为任务数2例的100%;完成聋儿助听器安装2例，为任务数2例的100%；完成盲人定向行走对象15名，为任务数15例的100%；完成贫困精神残疾人住院治疗4例，为任务数4例的100%；完成8例智力残疾儿童康复治疗，为任务数8例的100%；完成不享受医保报销贫困精神残疾患者服药救助20例，为任务数20例的100%；完成享受医保报销的贫困精神残疾患者服药20例，为任务数20例的100%；发放儿童轮椅3台，手摇三轮车2台，普通轮椅5台，助行器20个，坐便器4台，洗浴椅3台，防压疮垫6台。为任务数43台的100%。

【特殊教育】 2016年，与特区教育局联合行文下发了《六枝特区残疾人儿童少年义务教育安置工作方案》。加强了未入学残疾儿童少年教育安置，落实了《特殊教育提升计划》。全区7至16周岁以下的视力、听力、智力残疾儿童210人，其中：在特区特殊学校就读的三残儿童128人，在各乡（镇、社区）随班就读的23人，在外就读12人，送教上门3人，共计166人，丧失学习能力的26人，“三残”儿童入学率达到90.22%，高于目标数据0.22个百分点。

【残疾人竞赛】组织了残疾人游泳运动员5名参加全省残疾人游泳锦标赛，取得1个第三名、2个第五名、1个第六名的好成绩；组织1次全区残疾人象棋比赛。

【残联基层组织建设】 2016年，已办残疾人证36144人，办证率为65.7%，高出目标任务45%的20.7个百分点。残疾人档案健全，管理规范，持证残疾人每人有档案，每份档案有申请表、残疾评定表、身份证或户口本复印件，办证程序、办证时限、残疾状况和评定等级相匹配。现19个乡（镇、社区）均配有专兼职残联理事长和专职委员，基本上实现“三有”目标。落实了残疾人专职委员待遇，乡(镇、社区)残联专职委员由特区残联每人每月下拨200元，各乡（镇、社区）配套300元，村（居）专职委员特区残联每人每月下拨80元，各乡（镇、社区）配套70元。

【残疾人职业技能竞赛】2016年，组织了19人参加了六盘水市第二届残疾人职业技能竞赛，取得了2个第一名、1个第二名、2个第三名的好成绩。

老年教育

【领导目录】

校　长 刘佐祥

副校长 杨　冬(女)

【内设机构】内设办公室、教务处。

【学科设置】六枝特区老年大学开设有声乐、戏曲、书画、舞蹈、体育健身、器乐、信息技术等七大专业，按学员需求和学科层次设置23个班。乡(镇)、村(社区)老年学校不仅开设时事、保健、舞蹈、门球、音乐、太极等学科，还开设了具有地方特色的地戏、花灯、文琴戏等学科。全年上课达36周。

【队伍建设】六枝特区老年大学本级校聘用教师21人，常年在校学员1195人。组建了乐队、骄阳映梅社、学委会。全区从事老年教育的教职工共有165人。

【指导督促】制定下发《六枝特区2016老年教

育工作要点》、《中共六枝特区委办公室关于转发六枝特区老年教育发展“十三五”规划（2016–2020年）的通知》，对全区老年教育工作进行了全面安排部署。10月，组成两个督查组对乡（镇）、社区贯彻落实省、市、特区老年教育十三五规划和老年学校教学情况进行督查。通过督查，有力推进老年教育向基层拓展。

【人员培训】开展了文明礼仪教育活动。学校对学员干部、志愿者组织了一次文明礼仪培训，邀请人大领导授课，组织学员干部参加特区妇联、团委举办的文明礼仪培训2次。

【思想教育】通过廉洁警示教育，提升干部法治素养。参加了离退局、特区机关工委、科协、妇联、史志办、档案局、工会、发改局、红十字会等十家单位共同举办的清明缅怀革命先烈等系列活动，活动以“弘扬先烈精神、秉承先烈遗志”为主题，结合“两学一做”活动，在落别抵耳廉政文化长廊里听取特区纪委殷琼主讲的廉政党课、参观廉政文化长廊；向大用革命烈士陵园的烈士献花圈，面对庄严的英雄纪念碑重温入党誓词；在特区看守所接受警示教育。通过重温革命先辈的事迹和反面典型的警示教育，使全校党员干部的内心受到震撼和洗礼，更加坚定理想信念，提高党性觉悟，进一步增强政治意识、大局意识、核心意识、看齐意识，坚定正确政治方向，进一步树立清风正气，严守政治纪律政治规矩，进一步强化宗旨观念，勇于担当作为，在工作、学习和社会生活中起先锋模范作用。加强师生思想教育立德树人工作。把开学典礼作为道德大讲堂，邀请特区分管老年教育的特区党委、组织部部长、统战部部长吕荣同志给老同志们讲政治课，鼓励老同志们快乐学习，并希望老同志们主动关心时政，关注六枝发展，为社会提供服务，传递正能量，促进社会和谐稳定，为特区经济社会全面发展发挥余热，做出应有的贡献。学校领导与老同志们探讨“来老年大学干什么、学什么、怎么学、如何学以致用”四个问题，就新学期新任务提出树立文明校风、党员学员发挥先锋模范作用等新要求，学员们积极参与互动，气氛热烈融洽。组织召开老师、班干部工作会3次，贯彻落实中央、省、市老年教育工作会议精神、“两学一做”学习教育活动以及平安建设满意率测评、四创动员安排工作等。

【校园文化建设】校园文化是老年大学的灵魂，是老年大学精神之所在，对增强学校创新能力，提升学校发展软实力意义重大。学校注重发挥校园文化的引领作用，坚持围绕弘扬和践行社会主义核心价值观，不断加强校园文化建设，增强老年大学的凝聚力和向心力。注重加强精神文化建设。学校培育和形成了“求知、求乐、求健、求为”的办学理念，教育引导师生员工坚定理想信念，保持良好的精神状态。加强行为文化建设。健全完善各项规章制度，对师生员工的行为进行规范，促进学员自觉养成文明的行为习惯。深入班级，召开班会，加强班级管理工作，抓好学员日常行为教育和规范教师教学行为工作。加强校园文化载体建设。加强老年教育网站、微信平台、校刊、校园橱窗、文化走廊等建设，弘扬社会美德，传播先进文化。引导和支持社团、班级开展交流活动5次，既丰富活跃了老年学员的文化生活，又使学校的凝聚力和影响力上升。组织交谊舞班学员参加由贵州省体育局、黔南州人民政府主办，黔南州体育局、都匀市人民政府承办的国际体育舞蹈公开赛暨贵州省体育舞蹈锦标赛，通过紧张角逐，获得团体舞第6名，学员夏平、欧正惠获三步踩组交谊舞第六名。京剧班学员参加在云南腾冲县举办的全国京剧票友会和平坝县老年学校举办的“五一”节票友会演出。骄阳映梅文艺社、交谊舞班分别参加特区、乡镇举办的文艺演出，大力宣传老年教育的文化养老精神。12

文艺会演

月份参加贵州省老年教育领导小组组织的创新大赛，获优秀奖。

【课外活动】以“明礼知耻 崇德向善”助学志愿服务为主题，开展“双关爱”活动，制订了活动方案。活动携手特区红十字会、六枝志愿服务联合会和2家爱心小微企业。红十字会为敬老院老人们捐赠大米200公斤并送上祝福语，老年大学志愿者给老人表演歌舞节目，辅导老师不厌其烦、一字一句地教老人们唱红歌，标致美发店店员躬着身坚持了1个小时，周到细致地给老人们理发，格林黛娜健康修复中心医生认真给每一位老人量血压，不断地叮嘱老人如何保健，并捐赠价值2000余元的保健品。敬老院的老人高兴地唱起《没有共产党就没有新中国》，表达对党和政府的感激之情。6月8日，特区老年大学志愿服务团组织17名学员到特区福利院开展“心连心关爱生命”活动。学员们为福利院老人、孩子表演唱歌、舞蹈、花灯等节目，还给老人们上音乐课，让音乐带给老人们快乐，让老人们重拾生活的希望，感受生活的美好。学校志愿团参与“多彩贵州文明行动－满意在六枝”誓师大会的街道卫生清扫活动，参与“四创”文明街道整治和包保责任区域的日常工作。加强健康教育，提升老年人健康素养，邀请市二医康复中心主任朱明友到学校开展中医养生和保健课。

【远程老年教育】2015年，投入经费1.5万元为落别乡老年学校购买远程老年教育设备，提供快捷的远程教学服务。在360网络云端上传大量的教育教学资料，让全区老年教育系统实现老年教育资源共享，在特区党建网开设“老年教育”视频窗口，播放老年教育课件，方便老年人学习。建立“微课堂”，在学校“微信公众信息平台”和六枝老年教育微博，发布工作动态、教学视频和时政新闻。各班级建立微信群，学校通过手机快捷地将海量的学习信息第一时间传给学员，微信群里学员们也相互上传教学视频和学习情况，相互切磋技艺。学校的传统学科书法、绘画采取网络视频学习与教师指导的线上线下相结合方式，提高了学习效率，得到学员推崇。学校开设的葫芦丝网络班，就是采取网络视频教学，学员边学边交流，相互得到了提高，培养了学习骨干，极大地激发了其他学员的学习兴趣，踊跃参与学习。建立老年教育系统QQ群，乡镇社区老年学校通过QQ群了解老年教育工作动态，上传工作信息。

六枝特区人大常委会

【领导名录】

人大常委会主任： 王朝荣

副主任：周金平 何益贵 王菁（女、布依族）王道洪 谭 枫 撒玉怀 李德兴* 金 芬*

办公室主任 杨朝荣

办公室副主任 吴开敏（女）

选任联委主任 杜娟（女、彝族）

教科文卫委主任 向忠花（女）

教科文卫委副主任 赵永红（女）

财经委主任 李开学

财经委副主任 王 荔（女）

民宗侨农委主任 王元礼

副主任 左 玲（女）

信访办主任 王 毅（彝族）

法工委主任 喻 勇

法工委副主任 肖丽娟（女）

环资委主任 胡小单（女）

【机构设置】内设机构有办公室、选任联委、教科文卫委、财经委、民宗侨农委、信访办、法工委、环资委。

【特区十二届人大一次会议】 会议于12月9日至15日召开，此次会议对特区人大、“一府两院”进行换届，选举产生新一届人大、政府班子及人民法院院长、人民检察院检察长，选举产生市八届人大代表。大会筹备成立了大会秘书处，下设行政、秘书、会务、宣传、保卫、医务、信访维稳七个工作组，由有经验、工作能力强的委室主任分别任组长，并抽调有关单位部分人员参与。常委会牵头负责领导多次召开会议，安排工作，各组各司其职，各负其责，以高度的政治责任感，认真负责地做好各项工作。

【监督工作】加强对财政经济工作的监督，特区人大常委会听取和审议了特区人民政府关于国民经济和社会发展计划、财政计划执行及预算和财政决算、财政收支审计等工作情况报告。提出了要加强财源建设，促进财政收入持续增长；有效运用审计结果，充分发挥审计作用等意见。加强对生态、旅游工作的监督，听取和审议特区人民政府关于发展旅游业、生态文明建设情况的报告，提出了要坚持政府主导与发挥市场机制作用相结合，加大招商引资力度，引进企业参与景区建设、管理，对全区旅游发展进行科学规划，准确定位，合理布局，做好自然生态、民族文化两篇文章，做到自然景观与人文风情的有机结合，打造浓郁的民族文化风情；要理清工作思路，明确工作措施，建立部门联动机制，切实加大环境执法力度。加强对小城镇发展工作的监督，听取和审议特区人民政府关于小城镇建设情况的报告，提出了要坚持规划引领，强化规划执行，严禁擅自调整和变更规划，完善城镇功能，改善市民生活环境，增强城镇承载力和吸引力，提升城镇品位等意见。加强对民生事业的监督，听取和审议特区人民政府关于人口与计划生育、学校体育、电子商务、精准扶贫工作开展情况的报告，提出了要积极调整工作思路，改进工作方法，发挥卫、计融合优势，推进计划生育转型发展；组建专业团队，精心策划，明确目标，形成共识，着力推出名、优、特产品，走出大山，走进市场；认真贯彻落实《学校体育工作条例》，严格按照教学大纲开展体育教学，适时组织开展全区性的青少年运动会；认真贯彻落实《贵州省大扶贫条例》，做到扶贫对象精准、底数精准、帮扶精准和脱贫精准，确保如期同步全面建成小康社会。加强对法律法规贯彻实施情况的监督，听取和审议六枝特区人民政府关于《中华人民共和国道路交通安全法》贯彻实施情况的报告，提出了要加强执法队伍建设，增强法纪意识，责任意识，服务意识，提升工作效率；加大对农村非法营运车辆的整治力度，有效解决农村群众出行方便与安全保障问题等意见。

【信访工作】 坚持用法治思维接访处访，认真区别诉讼与信访交织，少数群众“信访不信法”，甚至“弃法转访”“以访代法”等情况，保护合法信访，制止违法闹访。常委会主任、副主任按时到特区信访局值班接访，到包保乡镇化解信访积案。坚持人大机关信访接待日制度和信访约见制度，不断完善定期汇总分析信访工作制度，对涉法涉诉上访案件依法转办、跟踪督办、限时办结，确保事事有回音、件件有落实，努力做到维护人民群众合法权益与维护司法权威的统一。来信来访 175 件，转办、交办 13 件，现场疏导 162 件。

【督办代表建议、批评和意见】 特区十一届人大五次会议代表共提出建议、批评和意见 90 件。特区人大常委会将 90 件建议、批评和意见进行了分类整理，转交特区人民政府办理。特区人大常委会 36 次会议听取特区人民政府关于办理落实情况的报告。90 件代表建议已全部办理答复完毕。其中，已经办理落实的 18 件，占建议总数的 20%，正在办理和列入计划办理落实的 49 件，占建议总数的 54.4%，因条件所限或其他原因不能办理落实的 23 件，占建议总数的 25.6%。

【代表专题调研】 组织辖区内的市七届人大代表、部分特区人大代表共 100 余人于 7 月 27 日至 29 日对六枝特区 2016 年脱贫攻坚工作进行专题调研。本次调研活动听取了特区人民政府 2016 年脱贫攻坚

就职宣誓

代表调研汇报会议

市、特两级人大代表视察环城公路建设

工作情况汇报，深入到岩脚镇、落别乡、月亮河乡、新窑镇就六枝特区大扶贫战略落实情况，采取听取汇报、实地察看等方式，对华润六枝电厂、落别螃蟹峡、落别山泉湿地公园、月亮河猕猴桃基地、新窑镇桥梁生态异地扶贫搬迁点进行全面了解，并对汇报内容及调研情况进行了讨论。对相关工作提出了建议：好顶层设计，出台政策措施，完善精准识别、精准帮扶、精准退出工作机制，并加大督促和检查，确保脱贫攻坚工作落到实处；加大脱贫攻坚工作相关惠民政策和法律法规的宣传力度，营造浓厚的脱贫攻坚工作氛围，让群众真正了解并积极主动参与脱贫攻坚工作；以华润六枝电厂工程建设投产为契机，发挥传统支柱产业优势，加强协调，制定出台扶持措施，帮助煤矿企业解决生产中存在的问题，加快现有煤矿复产达产，确保用煤供应；加大旅游基础设施建设，完善配套设施；强化政府引导和监管，组织相关农户外出考察学习，认真借鉴外地先进的经营理念和服务理念，努力创造一个优质的旅游服务和消费环境；加强旅游管理者、导游、乡村旅游人才的培养，结合民族民间文化，采取多种方式进行培训，培养造就一支具有地方特色的旅游人才队伍；农业产业发展要科学决策、民主决策、依法决策，充分尊重农民意愿，尊重科学规律，做好试验示范，搞好效益分析；大力推进和发展电商工作，把六枝优势特色产品上线营销，缩短业务运转时间、降低库存成本，促进资金流动，提高产品的经济效益；生态移民搬迁要结合农户的实际，采取有效措施，使农户搬得出、稳得住、能致富、不反弹；充分利用六枝的气候、交通等资源优势，向上申请争取部分体育竞技活动主办，有效宣传、推介六枝带动和助推旅游事业的发展；做好农产品精深加工，加强冷链系统建设，促进产销衔接，提升六枝农产品对外的知名度、美誉度。

【乡镇人大工作的指导】 制定《六枝特区人大常委会指导和联系乡镇人大工作办法》，印发《六枝特区人大常委会关于乡镇人大规范化建设有关制度的通知》，规范了乡镇人大主席团工作及代表闭会期间活动。一是加强对乡镇换届选举工作的指导，做到资料规范、程序合法。二是对乡镇人大主席、街道人大工委主任、社区议事主任进行培训，提升综合素质；三是不断完善乡镇人大工作目标考核办法，增强考核内容的针对性和实效性，促进乡镇人大工作质量的稳步提升。

六枝特区人民政府

【领导名录】

政府区长 方裕谦

政府常务副区长 杨 刚

政府副区长 郭 萌（女 白） 撒玉怀（回）* 谭枫（苗）* 周龙 蒋家梁 彭良国 杨 强

【概 况】 2016 年，全区地区生产总值完成 165.3 亿元，同比增长 13%；一般公共财政预算收入完成 12.66 亿元，同比增长 0.44%；500 万元以上固定资产投资完成 196.4 亿元，同比增长 21.8%；金融机构人民币存贷款余额分别完成 140.67 亿元、127.02 亿元，同比分别增长 34.61%、39.16%；社会消费品零售总额完成 40.9 亿元，同比增长 13.1%；以县为单位全面小康实现程度预计达 94.1%。在全省经济发展综合测评中，位列全省县域经济第一方阵第 17 位。

【农业产业结构调整】 2016 年，全力推进供给侧结构性改革，着力调整产业结构，加快优化功能布局，三次产业比为 19.88:36.14:43.98。农业升级增效。农业增加值完成 34.5 亿元，增速 6.3%；非粮农业增加值占一产增加值比重达 90.51%，粮经比 25:75。畜牧业增加值达 8.6 亿元。完成“3155 工程”种植面积 121.26 万亩，新增农业特色产业 38.7 万亩。发展林下经济 17.02 万亩。建成现代高效农业示范园区 8 个（其中省级 3 个）、万亩产业基地 12 个（其中茶叶基地 7 个、精品水果基地 5 个）。引进和培育企业 126 家，其中市级及以上龙头企业 24 家；培育农民专业合作社 187 家。15 个大型茶叶加工生产已建成投产。农业亿元项目入库 10 个，完成投资 15.42 亿元。创建山地功能农业（扶贫）综合示范区，新增无公害农产品认证面积 14.9 万亩，新增无公害产品认证 7 个。

【工业经济】 2016 年，工业增加值完成 49.5 亿元，同比增长 12.5%；2000 万元及以上规模工业增加值预计完成 28 亿元，同比增长 11%。规模以上工业企业入库 17 户，占市计划的 113%。实施淘汰落后产能，关闭六枝（工矿）电厂，完成煤炭去产能任务 45 万吨。强力推进煤矿企业复工复产 10 处产能 225 万吨，华润六枝电厂 1、2 号成功投产，累计发电 16.8 亿度，2 号机组即将试运行。建成地面抽采煤层气参数井 4 口、生产井 13 口，六枝至水城天然气支管建成通气，推进城区天然气管网利用工程项目建设，煤层气开发利用率达41%，煤炭就地转化率达80.6%。通过PPP模式启动新能源汽车充电项目建设。投入5.23亿元完成27家企业“千企改造”工程。成功引进移动智能终端项目落地木岗园区。宏奇药业改扩建项目建成投产，圣济堂药业进行试生产。贵州六矿瑞安水泥有限公司完成技改扩能，产能300万吨/年。全国500强民营企业葵花药业落户六枝。

【旅游产业】 2016年，旅游总收入预计完成27.86亿元，同比增长66.2%，完成目标任务数22亿元的126.64%。成功举办牂牁江国际滑翔伞大赛、月亮河六月六布依风情节、落别红樱桃文化旅游节及首届中国凉都杨梅文化节。建成落别乡牛角村、抵耳村美丽乡村布依民族文化乡村旅游示范点。入选第二批“国家全域旅游示范区”，荣获“全国十佳休闲生态旅游城市”“全国十佳文化生态景区”称号。大力发展大健康运动产业，贵州（老王山）国家生态型多梯度高原运动训练示范基地项目加快推进。大力发展健康养老业，特区老年养护楼、廻龙溪老年养护楼、底溪老年养护楼项目建设顺利推进。

【电子商务】 2016年，建成六枝特区电子商务运营中心、贵农网六枝特区电商服务运营中心2个县级电商运营中心和197个农村电商服务站，成功引进颐高集团实施众创空间建设，上行交易额3082万元，被列为省级农村电商综合示范县。大力发展物流业，建成城东汽摩机电城、郎岱冷链物流等物流中心。

【交通建设】 2016年，安六城际铁路建设进展顺利，纳雍经六枝至晴隆高速公路可研通过省级评审，沪昆高速扩容工程普定至盘县段列入全省高速公路网加密规划。国省干线攻坚全面提速，G356六枝至石板沟公路、S214六枝至郎岱公路改造竣工，S310新华至老卜底、G356大用至凉水井、S215郎岱至毛口、大用至木岗连接公路建设快速推进，东西互通延长线和牂牁大道东、西延伸线建成通车。实施县乡道改造项目4个57.6公里、撤并建制村通硬化路150公里、通村沥青（水泥）路13.7公里、窄路面公路拓宽改造工程61公里。开工建设城乡便民码头1座，新开工建设乡镇渡口6个。

【水利建设】 加快推进懒龙河、阿雨、松树林、茅草寨水库建设，开工建设河头上、小坝田、纳革水库，2015年、2016年小农水项目全部完工。投入622.5万元建成六枝特区洒志项目区簸箕田小流域治理工程，投资225万元实施梭戛乡抗旱应急引水工程，投资3086.25万元实施农村饮水安全巩固提升工程，解决57687人农村人口和4200名学生饮水安全问题。

【电讯事业】 投入2742万元实施中心村、低电压台区改造及易地扶贫搬迁点电网建设，投入3667万元实施新一轮农村电网改造升级。坚定不移实施大数据战略行动，着力打造电商云平台、农业云大数据平台、食品追溯云平台等，信息产业规模总量预计达9.3亿元，同比增长23%。中心城区用户实现20兆宽带覆盖。投入35万元实施月亮河乡木厂村通信网络全覆盖工程。实施信息基础设施建设三年行动计划，宽带、3G网络覆盖100%行政村，4G网络覆盖30%行政村。

【镇村建设】 成功承办第五届全省小城镇建设发展大会，整区推进小城镇“8+X”“1+N”镇村联动等基础设施项目建设，建成落别云上六枝运营中心、岩脚明清盐商文化步行街、太和广场和火焰山乡村公园及郎岱迎祥广场、夜郎百草园等项目，有力提升了小城镇品位。郎岱镇入选首批中国特色小镇，岩脚镇、木岗镇跻身全国重点镇，城镇化率达43.12%。投资10.0912亿元实施“四在农家·美丽乡村”基础设施建设六项行动计划：小康路完成投资42978.5万元，占计划的100%；小康水完成投资9467.1万元，占计划的100.01%；小康房竣工438户、农村危房改造竣工3408户，完成投资28622万元，占计划投资的101.36%；小康电完成投资3667万元，占计划投资的100%；小康讯完成投资35万元，占计划投资的100%；小康寨完成投资16142万元，占计划的128.04%。加强农村环境整治，采用膜处理等工艺治理村庄污水，打造落别乡牛角村新寨组人居环境整治试点，建成落别乡水塘寨80吨/天和岩脚镇太和村100吨/天污水收集处理系统。郎岱阿乐村、落别牛角村获全国、全省文明村称号，岩脚岱瓮村获全国生态文化村称号、岩脚太和村获中国美丽宜居村庄称号。

【生态建设】 编制完成《六枝特区2016年度重点流域环境保护河长制实施方案》。建成煤矿污水处理设施19家。落别乡抵耳村和可布村2个行政村集中式饮用水源地环境综合整治工程完成验收。集中式饮用水源地水质达标率达100%，环境空气质量AQI优良率达98.6%。积极推广使用清洁能源，建成汽车加气站1座，在建1座，淘汰老旧车、黄标车辆

1451 辆，31 辆公交车和 243 辆的士车使用清洁能源，中心城区天然气用户达 3100 余户。新、改、扩建投产项目环保“三同时”执行率达 100%。完成石漠化治理 121.24 平方公里、水土流失治理 12 平方公里，完成营造林 166283 亩，森林覆盖率达 51.5%。

【“三变”改革】 整合 4.91 亿元财政资金参与“三变”，撬动社会资金 12.25 亿元，实现土地资源变资产 20.09 万亩，6.64 万户农户成为股东，受益人数 24.41 万人。推进农村土地承包经营权确权登记颁证工作，被列为全国农村承包土地经营权抵押贷款试点县。

【民生事业】 城镇新增就业 2.22 万人，转移农村劳动力就业 1.88 万人。开展就业统筹培训 4566 人。发放小额担保贷款 1002 户 6155.66 万元，带动就业 1803 人。城镇登记失业率为 3.91%。各项社会保险累计参保 36.99 万人，参保率覆盖率均达 95 % 以上。新农合参保 50.3 万人，参保率达 99.29%。救助体系不断健全，发放农村低保金 10861.15 万元 25158 户 45291 人。提升人口计生优质服务水平，常住人口符合政策生育率达 95% 以上。

【脱贫攻坚】 紧紧围绕“两不愁、三保障”目标，认真开展“五定五看”工作，精准识别贫困人口 8.32 万人，顺利通过国务院扶贫办组织的第三方评估和国务院督查组的督查。深入实施“36661”扶贫攻坚行动计划。发放“特惠贷”1.39 亿元，扶持贫困户 3575 户。发展核桃、猕猴桃、中药材、茶叶等扶贫产业 56.8 万亩，带动 3 万余贫困户增收。新开工建设易扶搬迁点 6 个，搬迁对象 1424 户 6034 人。补偿报销医疗健康精准扶贫对象 7110 人次，补偿比例达 94.26%，有效遏制因病致贫因病返贫现象的发生。教育精准扶贫补助 2530 人 751.842 万元；对 2.85 万“两无”人口实行政策性兜底保障。2016 年预计减少贫困人口 3 万人，贫困发生率下降 5.02 个百分点。

【教育事业】 特区七中、八中、九中、三小、四小、五小、十一小、二幼、四幼、东方龙城幼儿园等项目建成并投入使用，建成留守儿童之家 18 个，实现 15 个乡镇 3 个街道办 1 个社区乡村学校少年宫全覆盖，成功承办 2016 年六盘水市第一季度“四在学校·幸福校园”现场会。“新两基”工作有序推进，学前三年毛入园率 88.68%，九年义务教育阶段巩固率 88.53%，“三残”儿童少年入学率 90.2%，高中阶段毛入学率 87.6%。

【文体事业】 梭戛生态博物馆入选第五批全国民族团结进步教育基地。建成 15 个乡镇级、125 个村级农民体育健身工程，建成全民健身路径工程 29 个、文化广场 6.56 万平方米。新窑竹编加工厂成为六盘水唯一申报成功的高端规划文化产业项目。大力实施精神文明建设，开展道德讲堂宣讲活动 2322 堂次，参与人员 15.5 万人次。荣获“贵州省文化产业扶贫‘千村计划’试点县”称号。

【民主法治建设】 加强和改进党对人大、政协工作的领导，全面贯彻中央、省委、市委关于坚持和完善人民代表大会制度的要求部署以及协商民主广泛多层制度化发展的要求，采取广播、电视、报刊、网络等多种方式拓宽人大代表知情知政渠道，人大听取和审议专项工作报告、开展法律监督、任命干部监督和工作监督以及政协参政议政、民主监督、政治协商职能得到充分行使。高度重视和加强统战工作，积极支持民主党派、工商联和无党派人士参与经济社会发展各项工作。全面贯彻落实党的民族、宗教、侨务政策。以中共的十八大和十八届三中、四中、五中、六中全会精神为指导，深入推进依法治区各项工作，使宣传预防与综合治理有效结合，为全区经济发展和社会稳定营造和谐法治环境。支持工会、共青团、妇联、残联、计生协会、关工委等人民团体、群众组织依法依规依矩开展工作，不断巩固党的执政基础。认真落实党管武装制度，深入推进国防后备力量建设，抓好双拥共创，军政军民关系更加融洽。

【“两学一做”学习教育】 将“两学一做”学习教育作为全区党建工作的龙头任务和政治任务来抓，紧紧围绕“学、做、改、督”四个字，精心组织，扎实推进，全力推动党内教育从“关键少数”向广大党员拓展、从集中性教育向经常性教育延伸，广大党员干部的政治意识、大局意识、核心意识、看齐意识全面增强。截至 2016 年，特区层面共开展大宣讲 39 场 1500 人次，各级宣讲 167 场 11100 人次；组织召开特区党委中心组学习 4 次；县级党员领导干部上党课 67 次，带动各级党组织负责人上党课 938 次，参学党员领导干部 31700 余人次；各级党委（党组）共查找班子及班子成员和基层党建中存在的突出问题 1220 个，制定整改措施 3660 余条，现已完成问题整改 407 个，正在整改 813 个。

【基层党建】 始终把加强基层党建作为提升执政能力、巩固执政基础的重要抓手，大力整顿软弱涣散基层党组织，不断加强“三支队伍”建设，稳步提高村干部报酬，扎实做好基层党员发展工作，不断完善党员教育和管理机制，注重在基层培养、锻炼及选拔干部，干部队伍结构进一步优化、工作动力活力进一步激发，基层党建基础进一步夯实。2016年，全区共选派101名“第一书记”到基层锻炼，交流调整干部135人，提拔使用123人，其中基层一线干部31人；对排查出来的17个软弱涣散村党组织，明确10名县级党员领导干部联系指导，开展专项整顿。

六枝特区人民政府办公室工作

【领导名录】

政府办主任 金波*

政府办副主任 李新 吴辉刚 王光耀 兰钰涛 王春（女） 闫秀明* 李丽（女）

国教办主任 敖勇

国教办副主任 田锦坤

外事侨务办主任 李新

外事侨务办副主任 彭青

法制办主任 龚代彪

法制办副主任 蔡敏（女）

人防办主任 吕阳光

人防办副主任 金霞（女）

机关事务局局长 吴国琴（女）

机关事务局副局长 谢全文

电子政务办公室主任 张家祥

政务服务中心主任 李志军（女）

政府金融办主任 宋加荣

【办文办会】 认真做好办文、办会服务，提升办文、办会质量。严格把好行文、政策、内容、文字、核稿、印制关，力求严密有序、精益求精，确保政府文件的规范性、权威性和严肃性。做好特区政府的文字材料起草工作，层层落实责任，建立纠错罚款责任制，树立“最后一道关口”意识，力求周密细致，严谨高效。呈文做到“急事急办、特事特办”，进一步方便部门办事，严格实行“一个口子进、一个口子出”，在用好电子公文OA平台的同时，规范各种文件报送。制定《关于政府会议会务工作的有关规定》《六枝特区人民政府办公室关于进一步规范公文处理工作提高办文质量和效率的函》《六枝特区人民政府办公室关于进一步规范和加强“三办”工作有关事项的通知》等规章制度，严格落实精文简会各项要求，大力开展“文山会海”专项整治，精减发文和会务数量。2016年，成功筹备政府常务会13次、区长办公会16次、党组（扩大）会17次、专题会议45次、其他各类会议100余次。

【信息工作】 2016年，编发《政务信息》15期，调研信息52篇，撰写调研报告11篇，采用各乡（镇、社区）、部门报送信息230余条，获特区政府领导批示2期2次；收集整理上报市政府办190余条信息及完成市约稿信息150条，市政府办通报采用我区政务调研信息1条、要情动态4条、政务动态13条、约稿信息41条；直报省信息25条，省政府办公厅通报采用1条。

【督查督办】 紧紧围绕当前领导最关心、群众最关注、社会反映最强烈的重点、难点、热点问题，真督实查，叫板求真，采取电话催办、分项督查和集中督查等方式，确保跟踪督办常态化，逐项逐件抓落实，进一步提高政府公信力和执行力。对中央、省、市重大决策部署进行挂图作战、反复督查，制定目标推进进度表，明确时间进度，卡死时间节点，实行台账式管理，做到件件有着落、事事有结果。2016年，共开展督查督办70余次，下发《督查通报》等18期，《督办通知》30期，编辑《值班快报》16期。办理特区人大政协建议、提案264件。

【公务用车制度改革】 按中央、省、市、车改有关要求，特区公务用车制度改革工作有序推进，在车辆封存停驶工作结束后临时组建六枝特区车辆综合保障中心，从全区留用车辆中抽出29辆作为非中央核定的执法执勤部门提供综合执法执勤用车保障，保障四大班子领导下乡调研、重要接待、召开重要会议、重大突发事件的应急处置等工作用车；对各参改单位上报的车改方案认真审核并进行批复；对已封存停驶的公务车辆进行鉴定评估，通过评估后选择89辆具有使用价值的车辆除保障参改单位下属事业机构工作用车，其余20辆进入市场拍卖，对黄标车、老旧车、无整备使用价值的车辆一律按规定报废。

【公务接待】 规范接待范围、标准、审批程序和相关的工作流程，严格实行公务接待定点。一是指导配合省、市、特区级各类现场会和各种活动的公务接待工作20余次。指导配合3月30日全省精准扶贫档案工作省级示范点建设工作会议在六枝召开的会务后勤等工作；完成4月6—7日全省第一次项目现场观摩会后勤保障筹备工作；负责6月14—18日六枝特区精准扶贫工作成效第三方评估迎检后勤保障工作；配合完成11月3—4日第五届全省小城镇建设发展大会的会务后勤接待工作等等。二是加强六枝宾馆的公务接待管理工作，紧紧围绕"安全、接待、服务、经营"四大主题，求真务实，开拓进取，以软硬件建设为基础，以精细化服务为手段科学管理做好公务接待工作，同时严格把握接待关，保证了机关服务工作的顺利开展。

法制工作

【行政审批制度改革】 与特区政务服务中心积极开展行政审批制度改革工作，将行政审批事项统一纳入政务服务中心进行办理。为杜绝乱设行政审批事项，加强对行政审批事项的管理，规范行政权力的运行，印发《六枝特区人民政府法制办公室关于严格控制新设行政许可的通知》。同时，为了加强动态管理，印发《六枝特区人民政府法制办公室关于进一步对行政审批权事项进行核查的函》，已核查完毕。

【权力清单和责任清单梳理公布】 根据省、市有关编制权力清单和责任清单文件精神和总体部署，由法制办和编委办分别负责统筹权力清单编制和责任清单编制工作。两办反复会商，统一组织编制权责清单，率先实现"两单合一"。两办共同制定并印发了《关于印发〈关于编制2015年区级部门行政权力清单和责任清单工作方案〉的通知》（六府法发〔2015〕7号）文件，要求各部门在"三项清理"及行政处罚、行政强制权力清单清理的基础上开展"9+X"权责清单编制并在网上公布。已有27家区直单位公布了2456项权力清单和责任清单。同时，9月启动了乡（镇）政府权力清单和责任清单的梳理编制工作，与特区编委办联合印发了《关于印发〈关于编制2016年乡镇行政权力清单和责任清单工作方案〉的通知》，对编制工作进行安排。

【合法性审查】 积极开展合法性审查工作，对各单位出台的规范性文件进行备案登记，特区政府及特区政府办公室出台的文件，积极进行合法性审查。对规范性文件的制定程序、可设定内容等进行规范，严格限定规范性文件的设定事项范围，对部门制定的规范性文件，严格要求进行备案审查登记，对政府制定的规范性文件，严格按程序报市政府备案。2016年，已向市人民政府和特区人大常委会报送了2个规范性文件进行备案登记。

【法律顾问】 2016年，经特区人民政府同意，聘请贵州法治时代律师事务所作为特区政府的法律顾问单位。同时成立了律师服务团，为特区48家单位提供法律顾问服务。截至目前，审查合同及相关文件150余份，其中出具专门编号的法律意见书已经达到了26份。

【法制宣传教育】 2016年，积极开展法制宣传教育工作，在相应场所悬挂横幅3条，发放宣传资料500余份，接受群众咨询100多人次。法制办同志还担任实验中学法制副校长，开展相关法制教育宣传活动，同时还受邀为特区财政局等2家单位上课，就依法行政方面开展法制教育工作。

【行政复议案件】 2016年，特区政府共受理行政复议案件12起，均已办结。在案件办理过程中，严格按照规定程序进行文书的送达，对于重大案件进行实地调查了解。同时，代特区政府积极办理以特区政府作为被申请人的行政复议案件4件。

【行政执法监督】 为了做好特区行政执法监督工作，向各部门下发《六枝特区人民政府法制办公室关于认真开展2016年案卷评查工作的函》（六府法函〔2016〕9号），要求各单位对2015年7月1日至2016年6月30日这一期间的行政许可和行政处罚卷宗进行评查，并将评查结果报特区政府法制办，2016年10月10日，已将工作开展情况报市政府法制办。

政府政务服务中心

【领导名录】

主　任 周平凹＊ 李志军（女）

副主任 陈欢 喻石 肖成波

【办件工作】 2016年，特区进驻中心事项审批390项、实进354项。公共服务事项59项，实际进驻52项，中心受理11653件，办结10952件，办结率为94%。各部门按照要求梳理审批环节、优化审批流程材料，要明确了岗位职责、权限、时限要求等。清理审批服务事项法定时限5578工作日，压缩后时限2600工作日，压缩2978工作日，平均压缩率53.39%。原有审批环节1230个，优化后4.24个环节，减少75个环节，办理环节数由原来的1230个精简到现在的1106个，优化率10.08%。受理、发证环节原法定时限为1602、1790个工作日，压缩后时限为798、809个工作日，压缩数804、981个工作日，压缩率50.18%、54.8%。承诺办事效率提高近2倍。

【事项审批】 根据省、市对事项精简和流程优化的要求，牵头对中心390项行政审批及政务服务事项进行了逐一审查，内容涵盖事项名称、事项类型、设定依据、办理时限、办理流程、前置条件等方面。共取消33个单独事项，合并3个事项，取消32个事项的前置条件32项，取消128个事项的128份申请材料，压缩35个事项的办理时限合计280天。本着方便企业群众、利于监管服务的原则，清理公共服务事项59项，委托27项审批服务事项到乡镇（社区）、10项服务事项到村（居）办理，并一律进入乡镇（社区）政务服务中心和村（居）便民服务中心办理，实现“一个窗口”对外。

【基层政务平台建设】 按照省、市关于政务服务平台的统一部署要求，出台《六枝特区乡镇（社区）政务服务中心管理实施方案》，基层政务服务管理制度化建设进一步加强。全区19个乡镇（社区）服务中心，事项、办公设施、人员配备基本完整，均全部接入贵州省行政审批网。8月30日，15个乡镇通互联网，建成乡镇便民服务中心19个，进驻事项27项，进驻人员共139人，大厅平均面积60平方米。244个村居，87个村居通互联网，157个村居未通互联网，建成便民服务代办点244个，可办理事项10项，进驻人员582人，大厅平均面积45平方米。完善网上办事指南及办事流程等录入工作，完成各代办点人员培训，乡（镇、社区）政务服务中心及村（居）便民服务中心已正常投入使用。

市场监管局窗口收到锦旗

【“互联网+政务服务”工作】 政务服务中心按照“以行政权力瘦身为市场主体强身，最大限度精简办事程序，简化办事环节，缩短办理时限。实现县乡村行政事务‘一张网’，畅通群众办事‘最后一公里’，让‘信息多跑路’‘群众少跑腿’，变‘群众来回跑’为‘部门协同办’的具体要求”。实行网上办理，按照“公开、公平、公正，规范、高效、廉洁”的要求和“互联网+政务服务”的理念，构建覆盖省市县三级的政务、商务、事务“三位一体”的贵州省网上办事大厅平台，实现全省“一网受理、联网审批、统一监管”的网络服务全覆盖，提升政务服务水平。在网上办事大厅网页开通微信平台，在中心大厅设立网上申报窗口和信息公开查阅场所，方便群众查阅、网上申报。凡具备网上办理条件的事项，都要推广实行网上受理、网上办理、网上反馈。协调各部门将行政许可事项100%纳入网上办事大厅系统办理并开通在线申请，积极引导群众通过网上办事大厅系统办理相关事项，提高网上申报率，审批过程和结果数据及时在网上办事大厅公开。网上办理事项390项，网上可申报率达100%，2016年申报31件，同比增加300%，网上可办理事项累计42件。

开展延时服务

【队伍建设】 牵头制定并组织实施行政效能“窗口大厅工作人员月度考核办法”。印发《六枝特区人民政府政务服务中心关于严格落实“窗口大厅工作人员月度考核办法”的实施意见》，在常驻17个部门和事业单位及15个乡镇（社区）设立了首问责任岗，拓展和畅通电话、网络、信箱等投诉渠道3个，实现按时办结率100%，现场办结率100%，办事群众评价率90%以上，评价满意率达99%，承诺提速率50%等，投诉逐渐减少。强化政务审批服务电子监察。印发《六枝特区政务服务中心“四位一体”从严管理干部实施细则》；将常驻17个部门政务审批服务每月进行综合评估，树立典型，充分调动窗口工作人员的积极性和主动性。为确保政务服务质量，提升政务服务形象，对进入中心窗口的工作人员严格把关，建立政务服务窗口工作人员的准入和退出机制，选派职能部门素质高、业务精、能力强的同志到政务服务窗口工作。积极组织窗口工作人员开展形式多样的培训和宣传教育，如：审批应用系统使用培训、普通话培训、服务礼仪培训等，牢固树立 以民为本、以客为尊 的政务服务理念，提高窗口工作人员的业务能力、服务水平，以提升政务服务窗口整体服务质量。为提高中心人员业务能力，中心先后组织到六盘水市政务服务管理局每人1个月的跟班学习、选派业务能力强的2名同志赴北京西城区、山东新泰、开阳等地进行参观学习，与其共同交流，相互借鉴，掌握了政务服务工作先进管理方法及标准建设的先进做法，提高了服务水准。中心设立了监察投诉台、投诉举报箱等投诉设施，公开行政效能及投资软环境投诉电话，畅通政务服务投诉渠道，在服务第一线直接听取办事群众的意见，及时发现问题、化解纠纷、解决矛盾。政务审批服务效能得到全面提升。

档案工作

【领导名录】

局　长 蔡兴忠

副局长 王剑梅（女　彝）　潘盛璇

【机构设置】 六枝特区档案局内设三股一室一中心（档案管理股、业务指导股、宣教法规股、办公室、现行文件阅览中心）。有在职参公管理人员8人，事业人员4个，工勤人员1人。

【精准扶贫档案建档】 2016年，根据黔扶通（2015）115号文件关于印发《关于推进精准扶贫档案工作的实施意见》《贵州省精准扶贫档案管理办法》等文件要求，成立了专门的业务指导组，分别负责联系和指导扶贫局及各乡镇、社区服务中心的精准扶贫档案，编制了《六枝特区精准扶贫档案档号编制方案》，建立了《精准扶贫档案收集制度》《精准扶贫档案管理制度》《精准扶贫档案保密制度》等十一个制度，指导和帮助扶贫局和试点乡（镇）及各村对本级实际工作中产生的文件材料进行归档。参与整理特区扶贫局项目档案322盒；郎岱镇综合管理类10盒90件（永久：6盒71件；30年：2盒11件；10年：2盒8件），村级综合管理类42盒479件，脱贫管理类2065盒（件），特殊载体类照片档案1册27张；落别乡综合类41盒206件，“一户一档”2087盒（件）；银壶社区综合类9盒48件，“一户一档”692盒（件），照片档案一册22张；大用镇综合类档案22盒222件，一户一档987盒(件),照片档案一册32张；龙河镇综合类档案25盒156件,一户一档两个村286盒(件)；新窑镇综合类档案22盒182件,一户一档11个村1680盒(件)；岩脚镇综合类档案78盒338件；木岗镇综合类档案14盒143件，一户一档正在整理中的新华镇、梭戛乡、九龙社区、关寨镇、塔山社区、新场乡、牛场乡、中寨乡、月亮河乡、牂牁镇工作已经开展，正在积极整理中。3月30—31日，贵州省精准扶贫档案工作省级示范点建设工作会议在六枝召开，全省9个地（州）市档案、扶贫部门60余人到郎岱镇参观学习了精准扶贫档案，此项工作得到各级领导及参会者的一致好评。11月17—19日，国家档案局经科司农业农村处两位副巡视员到六枝调研精准扶贫及土地确权颁证档案工作，对六枝档案工作给予高度评价，充分肯定了六枝档案工作的成绩。

【农村土地确权颁证档案建档】 六枝特区确权颁证工作涉及15个乡(镇)、4个社区，245个村

全省精准扶贫档案工作省级示范点建设工作会议在六枝特区召开

（居），2352 个村民组，163644 户农户，涉及国土面积 1013445 亩。按照国家、省、市关于承包地确权档案工作的部署要求，切实把档案管理作为承包地确权的一项重要工作抓紧抓好，把承包地确权档案工作纳入年度计划和年度考核的重要内容，制定了具体的实施方案并组织实施。在开展调研、分析、研究、论证等基础上，结合实际制定了六枝特区《农村土地承包经营权确权登记颁证档案档号编制方案》等操作流程，并成立 2 个业务指导组，实现专门机构专职人员专抓承包地确权档案工作，使乡、村承包地确权档案的收集、整理、归档工作更加完善。建立健全了《承包地确权档案人员岗位责任制》、《承包地确权档案收集制度》等 11 项制度，为全区承包地确权档案工作提供了重要的遵循。特区人民政府将工作经费纳入预算安排，在县级财政较为困难的情况下，划拨 59.75 万元专项资金用于统一购置专门的扫描仪、电脑、档案盒、图筒等设施设备，确保承包地确权档案工作做到“五专”，即有专门的档案室、专门的档案柜、专门的档案盒、专门的档案员、专门的档案管理制度。

【重点建设项目档案建档】2016 年，对交通局、住建局、农业局、水务局、六盘水市戒毒所等单位重点建设项目档案进行了业务指导 15 次 22 人。5 月，对六枝特区兴城环卫有限责任公司的“六枝特区生活垃圾填埋场项目“档案进行了指导，形成档案 163 卷；7 月，对六枝特区电视转播台的“高山发射台项目“档案进行指导，形成档案 7 卷。9 月，下发了《关于做好国家重点建设项目档案管理登记工作的通知》，对重点建设项目档案登记工作作了明确的规定和要求。

【开发区档案工作】2016 年，对六枝经济开发区、路喜园区、木岗产业园区、郎岱农业产业园区、牂牁江风景名胜区和大用园区等单位的档案业务工作进行了督导，共指导 5 次 8 人，开发区 2015 年文书档案已整理完毕，共整理文书档案永久 572 件，30 年 30 件。

征集彝族服饰

【易地扶贫搬迁档案建档】根据档案法的相关规定，按照六盘水易扶指办（2016）6 号《关于完善 2016 年易地扶贫搬迁“一户一档”资料的紧急通知》的要求，档案局对新窑镇、关寨镇的易地扶贫搬迁档案进行业务指导，编制了“六枝特区易地扶贫搬迁档案档号编制方案”，确定了易地扶贫搬迁“一户一档”的基本内容。指导并亲自参与易地扶贫搬迁档案建档工作，建立“一户一档”923 户，项目档案 25 卷，照片档案 1 册 51 张，光盘档案 1 册 51 张。配合特区移民局、扶贫局等单位筹备全省易扶搬迁观摩会，档案工作得到与会人员的一致好评。

【档案业务监督指导】为巩固社会主义新农村建设档案示范区工作成果，做好机关、乡（镇）、社区、村（居）2015 年档案的立卷归档工作，我局采取多种方式推动档案工作开展。本年对特区党办、政府办、机关工委、纪委、总工会、国土局、农业局、扶贫局、住建局、党校、郎岱园区、兴城环卫公司及各乡镇、社区服务中心、郎岱镇、落别乡、银壶社区服务中心等 83 家单位的文书档案和项目档案进行了业务指导，共计指导 65 次 301 人，形成机关文书档案永久 1266 件，30 年 1230 件。乡镇永久 433 盒 9564 件，定期 381 盒 3338 件。

档案局、史志办联合到沿河县档案局（馆）交流

【档案查阅利用】2016 年，共接待利用 532 人次、提供档案 1808 卷。其中：工作查考 1039 卷（次），学术研究 31 卷（次），其他 723 卷（次），编史修志 15 卷（次）。内容涉及人事任免、劳动保障、土

地承包、政策法规等，为我区经济建设、编史修志、落实政策、机关查考、调解纠纷等提供了大量翔实的第一手资料，解决了大量的问题，得到社会各界广大人民群众的认可及好评。

【重点档案征集建档】2016年，档案局继续加强对六枝特区少数民族服饰的征集工作。经走访民间手工艺传承人，共征集到大花背苗、喇叭苗、四印苗、彝族、歪梳苗、布依等少数民族服饰共81件、首饰5件。

【档案信息化建设情况及项目申报】2016年，完成省档案局重点档案信息采集工作，即清朝、民国0号全宗1-10号目录档案的统计核实录入工作，核实卷内文件20053件，57930页。完成“十三五”期间“国家重点档案保护与开发项目”申报工作，申报项目4个，申报项目资金110万元。

【法制宣传】6月12在街心花园开展了为期一天的“国际档案日”大型宣传活动。围绕社会和公民依法保护、利用档案的权利和义务，深入宣传以《中华人民共和国档案法》《中华人民共和国档案法实施办法》和《贵州省档案条例》为核心的档案法律法规体系，重点宣传档案的保护、利用及价值。活动当天发放相关图片及资料1000余份。

【教育培训】2016年，围绕精准扶贫及土地确权颁证档案工作，巩固社会主义新农村建设档案示范区工作成果等共培训、指导8个乡（镇）、社区档案员共计31次238人。培训内容包含档案整理业务和档案法律法规知识。通过培训，档案室人员准确理解和掌握新的《机关文件材料归档范围和文书档案保管期限规定》和相关档案法律法规知识，提高档案人员的实际操作水平，促进了各项档案工作的有序开展。

信访工作

【领导名录】

主　任（局长）王晟

副主任（副局长）朱兴江　刘家祥

联合接访中心主任（投诉受理中心主任）田鹏

信访督查专员　李荣琼（女）　柏平

【内设机构】特区群众工作中心（信访局）人员编制21人，其中行政编制5人（含工勤人员1名），下设六枝特区联合接访中心（六枝特区投诉受理中心），设有办信股、接访股、督办股、人民群众意见建议征集股、信访工作联席会议事务股。

【群众信访】2016年，全区群众到各级走访总量503批次1526人次，同比批次、人次分别下降6.85%、22.1%，集体访89批次887人次。分别为：进京访录入系统数为3批次3人次。赴省访175批次417人次，同比批次、人次分别下降3.31%、47.34%。其中，20人以上50人以下集体访3批次90人次；20人以下5人以上11批次90人次；无50人以上集体访；到市访21批次76人次，同比批次、人次分别下降66.21%、69.23%，集体访5批次51人次；到区访305批次1030人次，同比分别上升10.9和16.38%。其中，集体访70批次656人次。总体呈现出“四降一升”的良好发展态势。

【矛盾纠纷排查】建立区、乡、村、组联动机制，把矛盾纠纷的排查的触角延伸到基层最底部，服务到群众的神经末梢，创新矛盾纠纷多元调处工作机制，落实保障工作经费，成功调解案件按照难易程度分别奖励，配齐配强村级矛盾纠纷调解员，最大限度预防和降低各类不稳定因素的发生。强化各乡镇（社区）各部门在实施矛盾纠纷、信访问题排查化解“三个四级个案台账”管理体系机制中应承担的责任。以特区、乡镇（社区）两级“三个四级个案台账”管理体系机制为依托，将矛盾纠纷、信访问题和重点人员的排查工作与包村（居）工作同安排同部署。以农村自然村寨、村民组和城镇社区、机关、厂矿、居民院落等为基础，以乡镇（社区）为基本框架，进行精细、准确、全面滚动排查，做到不少一人、不漏一户、不缺一案，全面录入管理台账，做好分析研判，及时提出应对措

全区信访工作业务培训

施。注重日常排查和集中排查的有机结合，定期将排查矛盾纠纷录入网上平台管理，做到案件清底数清、情况明。

【案件查办】强化网上办信办案力度。对国家、省、市交办的要结果信访案件和网上信访事项，实行网上受理信访制度。建立网下办理、网上流转的群众信访事项办理程序。对群众的网上信访事项，实现了办理过程和结果可查询、可跟踪、可督办、可评价，增强了办案工作的透明度和公正性。并在办案过程中，逐步推行信访事项办理群众满意度评价，受到了信访群众的高度称赞。通过专项疑难资金化解。运用上级特殊疑难信访问题专项资金，结合区财政投入，对那些“无头案、钉子案、骨头案”等特殊疑难信访个案实施适度救助，推动一批久拖不决的信访问题息诉息访。2016年，通过信访疑难问题专项资金化解重点信访案件7件，划拨特殊疑难救助金43.7万元，推动了一批疑难信访问题的化解。三是狠抓信访积案化解。以化解信访积案为重心，积极争取市级的大力支持，通过各方配合协调，分批集中解决了一批长期困扰全区信访工作的“骨头案”“钉子案”，解决各类积案、难案、老户等问题22件，有力地推动了信访积案的化解。

【县域管理创新】制定出台《六枝特区创建县域信访管理新模式实施方案》，按照“12349”创建要求，细化责任，明确分工，制定时间表和路线图，确保各项责任按期完成。在多元化解矛盾纠纷新框架下，创建以塔山社区多化解新模式为全区“亮点”，召开全区现场观摩学习，示范带动全区各乡镇、部门不断创新，推动矛盾纠纷化解重心下移，关口前移，压实基层责任，把问题处理在萌芽状态。

【包案化解】按照“七个一”和“六个清楚”包案化解责任制，结合“两学一做”学习教育，加强领导重视力度，落实重大信访问题由主要领导包案化解，一般问题由副职包案化解的方式，对省、市领导包案和省、市联席办交办以及特区集中排查的疑难案件进行责任分解，分类落实领导包案进行化解。截至2016年，93件矛盾纠纷和信访积案已化解88件，办结45件。其中，省领导包案3件，已经化解3件办结2件；省联席办交办35件，已经化解30件，办结12件；市领导包案18件，已经化解18件，办结6件；特区联席办交办37件，已化解37，办结25件。

中国人民政治协商会议
六枝特区委员会

【领导名录】

主　席：夏　明＊ 吕　荣（白）

副主席：余红亚　黄秋英（女）　黄世杰　吴文英　赵孝和（布依）＊ 叶发伦　卢启达

秘书长：胡　平（彝）

政协办公室主任：胡　平（彝）

副主任：陆会（女）

提案委主任：邓进仁（苗）

副主任：郭　丽（女、彝）

文史委主任：马淑元（女）＊ 陈本义

副主任：刘安康（彝）

社法委主任：陈　华

副主任：张南凯（穿青人）

经科委主任：王道平

副主任：吴庆华（女）

政协委员联络办主任：陈学武（穿青人）

智力支边办主任：艾　妮（女）

【机构设置】中国人民政治协商会议六枝特区委员会（以下简称特区政协）内设：办公室、提案委员会、社会法制教育文卫委员会、经济科技委员会、学习文史联谊委员会、政协委员联络办公室5个专门委室。机关现有在职干部职工29人，其中行政编制19人，参公事业单位3人，工勤编7人。

【政治协商】2016年，共召开全会1次、常委会议4次、主席会议10次、对口协商会4次，分别就特区政府年度工作报告、“十三五”规划纲要及有关报告、特区“两院”工作报告、城镇建设、“三变”改革、教育“新两基”、大旅游、大健康、提案办理、交通基础设施建设、项目建设、石漠化综合治理工程林业项目实施情况、食品安全监管、法院利民便民服务等事关全区经济社会发展大局的议题和群众关心的热点难点问题认真协商建言，共商富民强区大计。向特区党委、政府及有关部门提出意见建议300余条。

【民主监督】推进提案监督。八届五次全会以来共收到提案119件，经审查立案106件，内容涉及经济、政治、文化、社会和生态文明建设等方方面面。通过重点督办、联合督查、座谈协商、联合办理等形式，有效推动提案办理落实，促进相关问题解决。组织视察监督。按照促进发展、关注民生的要求，选择特区开发建设重点和关系民生的热点难点，通过政协常委会议和有关专委会组织政协委员对落别螃蟹峡休闲养老产业园区、特区第三中学教育教学、南环路西段工程建设等情况进行视察，提出了大量意见建议，认真梳理形成视察报告报送特区党委、政府及有关部门决策参考，有力助推相关工作。组织六枝片区市政协委员对六枝旅游产业发展情况进行视察，就如何深入挖掘旅游资源潜力、丰富旅游产品种类、加强旅游资源开发进行协商讨论，及时形成视察报告报市政协转市委、市政府决策参考。拓展特约监督。围绕群众关注的热点难点问题，选派政协委员担任各类特邀监督员、参加特区有关工作情况督查、座谈会、测评，对特区人资社保局、教育局有关考聘工作进行巡视，推荐政协委员旁听特区人民法院有关案件庭审等，提出意见建议，为促进部门和行业转变工作作风、提高服务质量、推进机关效能建设积极发挥作用。

【参政议政】选择重点课题调研建言。紧紧围绕特区党委、政府中心工作和群众关切的热点问题，结合实际选取专题，组织政协委员深入基层、企业和项目建设一线开展调研，了解实际情况，找准困难和问题，认真思考对策，提出意见建议，努力为特区改革发展出实招、谋良策。先后组织政协委员和区直有关单位负责人，就全区中小型水库建设管理、茶产业发展、特区第三中学教育教学、食品安全监督管理、乡村文化、提案工作等重要课题，深入基层、企业和项目建设一线开展调研，收集困难和问题，认真思考对策，形成调研报告报送特区党委、政府及有关部门。积极参与党政工作。特区政协领导班子成员牢固树立全区一盘棋思想，按照分工，积极与特区党委、政府相关分管领导协调配合，加强对党政部门工作的联系，共同协调、督促、指导全区各项工作。特区政协领导班子成员深入所联系部门、园区、乡镇、村组调研指导工作，帮助协调处理项目建设、“四创”、农业农村、党风廉政、人口计生、安全生产、精准扶贫等工作中存在的困难和问题。在招商引资工作中，利用政协各种会议和活动，广泛宣传动员广大委员参与招商引资，联系客商与特区政府及其部门洽谈投资事宜，促进六枝转型跨越发展。

【交流协作】本着促进发展、扩大交流、热情大方、厉行节约的原则，积极加强对外交流往来。认真做好甘肃省临泽县政协、山西临县政协、黔东南州政协、册亨县政协和省、市政协到特区政协开展的交流活动和调研考察的协调服务工作，通过交流汲取先进经验，增进友谊，开阔视野，拓展思路，扩大对外宣传，搭建相互合作的平台，为促进区经济社会跨越发展发挥了积极作用。

【民生事业】积极主动参与精准脱贫工作，响应中央、省委、市委和特区党委关于打好精准脱贫“攻坚战”的号召，加强对脱贫工作的调研，加强对所联系乡镇（社区）工作的指导，按要求开展贫困村、贫困户遍访和贫困户核查工作，开展与贫困户结对帮扶，为贫困户如何搞好生产生活、尽快脱贫想办法、出主意，助推同步小康。严格按照特区党委、政府的要求，做好机关干部驻村选派工作，支持选派干部开展工作。充分发挥政协联系面广、渠道畅通的优势，深入联系乡镇、党建扶贫点，察民情、集民意、帮民需、解民忧，切实为基层群众办实事好事，促进民生问题的解决。

【思想政治建设】始终坚持把理论武装摆在突出位置，不断强化理论学习，以政治理论武装头脑，以共同信念凝聚人心，以科学思维促进工作，筑牢团结奋斗的思想政治基础。采取灵活多样的形式，深入学习领会中共十八大及十八届三中、四中、五中全会精神和党章党规、习近平同志系列重要讲话精神，学习中央、省委、市委和特区党委的重要会议文件精神，学习政协、统战工作方针政策和理论知识，不断提高政治理论素养，增强政治把握能力，增进对中国特色社会主义思想政治认同，强化中国特色社会主义共同思想政治基础，确保中央、省委、市委和特区党委的决策部署在政协的贯彻落实。以“两学一做”学习教育为契机，通过制定方案、上党课、开展专题学习讨论等方式，认真学习党章党规、习近平同志系列重要讲话精神，认真贯彻执行中央、省委、市委和特区党委相关部署要求，认真查摆和整改领导干部自身存在的问题，干部职工政治意识、大局意识、核心意识、看齐意识进一步增强，履职服务能力得到提升。

【队伍建设】通过行文安排学习、订阅报刊、会议学习、集中培训等方式，不断加强委员的学习培

农村饮水安全项目资金专项检查业务培训会

训，提高履职的能力和水平。通过走访、到委员所在乡镇、单位调研联系工作时联系委员等方式，加强与委员联系联谊，不断增强政协的凝聚力，激发委员的履职活力。按照《六枝特区政协委员履职保障办法（试行）》，强化组织纪律性和委员履职服务保障，增强委员履职的责任感，促进委员主体作用发挥。积极开展优秀提案表彰，调动委员提案工作积极性。探索委员列席政协常委会议工作机制，扩大委员发挥作用的平台。强化委员协调服务职能，加强对乡镇（社区）政协工作联络组工作的调研指导，促进联络组工作的开展。

【专委会建设】充分发挥专委会在政协履行职能中的基础性作用。各专委会围绕政协常委会工作要点，认真制定工作计划，精心组织委员开展对口协商、调研、视察活动，并做好服务保障工作。开展专委会走访联系委员活动，帮助解决委员在履职中的困难和问题，鼓励委员积极撰写提案和反映社情民意，激发委员履职热情。把握党委、政府工作动态，加强与党政有关部门联系，深入开展对口协商，积极履行参政议政职能，推动了政协工作整体水平提高。

【机关建设】始终坚持以思想建设为核心，制度建设为保障，努力提升政协机关的学习意识、责任意识、创新意识和服务意识。安排政协机关多名干部分别到培训机构培训，拓展视野，更新观念，丰富学识，增强履职能力。深入贯彻执行中央、省委、市委和特区党委关于改进工作作风、密切联系群众相关规定精神，严格执行各项纪律，进一步转变作风，提高政协机关服务质量和工作效率。

六枝特区纪律检查委员会

【领导名录】

书　记：杜安祥（彝族）*　龙超（彝族）

副书记：王将（苗族）　贺建贤（监察局局长）

常　委：郭永发*（彝族）　彭德刚　殷琼（女）　王显圣（蒙古族）　陈爱梅（女）

【机构设置】内设机构有办公室、干部室、宣传教育室、纪检监察干部监督室、第一纪检监察室、第二纪检监察室、第三纪检监察室、第四纪检监察室、第五纪检监察室、案件监督管理室、案件审理室、党风政风监督室、信访室、非公经济投诉中心以及第一、二、三、四、五、六纪工委监察分局，委局机关行政编制24个，纪工委监察分局行政编制35个，事业参公5个、工勤4个、定书记职数1名（由特区党委常委兼任），副书记2名，特区监察局局长职数1名（特区纪委副书记兼任），副局长职数2名。

【干部队伍建设】2016年，调整充实纪检监察干部29名，其中，提拔17名，调整岗位12名，新进入纪检监察系统9名。深入开展“两学一做”专题教育，认真开展纪检干部“手抄党章100天”“手抄条例100天”。采取以案代训、跟班轮训、专题培训等方式，着力提升纪检干部业务能力，组织500余人（次）纪检干部、村级纪检员开展农村饮水安全项目等专项监察业务培训，举办为期3天的全区纪检监察系统“两学一做”暨业务培训班。

【廉政教育】在六枝门户网站、六枝纪检监察网、

《中国共产党问责条例》集中学习

六枝电视台、六枝报、微视六枝等主流媒体开辟宣传专栏；为全区党员干部发放《中国共产党廉洁自律准则》《中国共产党纪律处分条例》《关于新形势下党内政治生活的若干准则》《中国共产党党内监督条例》2万余册，印发《党风廉政建设警示教育读本》1万余册。2016年，中纪委网站采用特区党风廉政建设综合信息6条，省纪委网站采用28条，市纪委网站采用140条，《中国纪检监察报》采用1条，3项专项工作获得市纪委主要领导签批肯定，市纪委通报特区典型案例10余起。制作民生监督工作证400余个发给民生监督员，印制民生监督连心卡6万余张，便民服务宣传单4万余张发放给各村（居）群众。组织100余名妇女领导干部、女家属到看守所、戒毒所、党风廉政教育基地参观，引导“半边天”争当“廉内助”。抽调新提拔干部及部分后备干部参与执纪审查陪护，身临其境接受警示教育。在全区纪检监察系统开展“两学一做”电视竞答·演讲大赛，着力营造学习党章党规党纪和总书记系列重要讲话的良好氛围。

【作风检查】 紧盯年节假期，持续强化监督检查，推进作风建设常态化、长效化。在元旦、春节、“五一”、中秋、国庆等重要时间节点，检查乡镇（社区）、园区、部门200余家次，走访餐馆、宾馆、酒店、超市等公共场所90余家次，盘查疑似公车190余辆次，查处了一批违纪违规问题。采取“科技＋协作”方式，充分利用税务管控平台、“天网工程”等平台，加强对公款消费和公车使用等情况的监督检查。2016年，累计处理违反作风建设规定158人，其中：查处违反中央“八项规定”精神问题29起37人，党政纪处分34人，党政纪处分比例达91%。充分发挥典型案例的教育、警示、震慑作用，推进通报常态化。点名道姓通报违反中央“八项规定”精神问题21起26人，释放了“四风”整治弛而不息、一抓到底的强烈信号。

【民生监督】 将民生监督工作作为推进民生领域整治铸廉、净化基层政治生态、推动全面从严治党在基层落实的重要抓手，持续巩固、深化、提升民生监督工作。2016年，民生领域立案212件230人，同比增长52.52%，占立案总数的87.24%。先后对农村饮水安全项目资金、信贷扶贫资金、少数民族发展资金等开展专项监察，确保民生资金运行安全。专项监察发现问题443个，问题资金1468.43万元，立案134件146人，占民生领域案件数的63.21%。将发现问题、督促整改贯穿民生监督工作始终，强化专项监察成果运用，先后向特区市场监督管理局、扶贫局、水务局、民宗局等民生项目资金主管部门下达监察建议，提出工作建议20余条，督促主管部门建章立制、堵塞漏洞，进一步规范民生资金使用和管理。在案件发生村（寨）现场通报案情，以案说纪、案说民生。2016年，各民生监督组召开院坝会议200余场，参与群众2万余人，通报曝光民生领域典型案例100余起，调动了群众参与监督的积极性，让群众成为民生监督工作的参与者、推动者、受益者。

【查办案件】 坚决贯彻执行执纪审查“依纪依规底线、保密红线、安全文明生命线”要求，强化办案基础设施规范化建设。2016年，先后投入30余万元打造提升乡镇教育谈话室，为乡镇教育谈话室安装监控设施等，把教育谈话室打造成实践“四种形态”的重要阵地。充分发挥反腐败协调领导小组作用，通过召开反腐败协调领导小组会议，建立线索移交、案件移送、重大案件研判等协作机制。2016年，全区各级纪检监察机关共收到信访举报425件（次），同比下降25.44%；立案243件266人，同比增长59.87%；结案254件，同比增长68.21%；党政纪处分275人，同比增长61.76%。移送司法机关11人，同比下降31.25%。

9月26日平安六枝宣传进校园活动

卫生和计划生育局

【领导名录】

局　长 杨强＊ 王春（女）

副局长 高奎星 卢德荣 徐恒

【概况】2016年，特区卫计局在特区党委、政府的坚强领导和特区人大、政协的关心、支持下，在上级卫生计生业务部门的指导下，认真组织卫计系统广大干部职工认真学习党的十八大、十八届三中、四中全会、五中全会习近平总书记、省委赵克志书记、市委李再勇书记等系列讲话精神及“党风廉政建设”等要求的有关文件和必读篇目内容，组织开展党风廉政建设、“两学一做”学习教育活动；认真贯彻执行卫生、计划生育工作方针政策和法律法规，统筹规划全区卫生和计划生育服务资源配置，突出问题集中专项整治。进一步提高广大职工的思想认识，认真查找存在的突出问题，剖析产生问题的原因，树立和强化广大医疗卫生工作者爱岗敬业、忠于职守、开拓进取、文明行医的行业风尚和依法行政、勤政务实、廉洁高效的为民服务意识。

【党风廉政建设】坚持把党风廉政建设责任制与业务工作紧密结合起来，始终本着标本兼治、综合治理的原则，突出抓好主体责任落实，努力提高“一岗双责”意识，实施有效监管，系统党风廉政建设与业务工作相互促进，和谐发展，各项工作稳中有进。全面二孩政策有序推进，全区医疗卫生事业健康发展，公立医院改革稳步实施，政风、行风、作风建设更一步加强，医药购销程序日趋完善规范、民生项目资金、新农合资金、“三公经费”等使用管理力度不断加大，违规违纪问题得到有效遏制。

【医改工作】1. 医药卫生体制改革工作顺利推进。一是县级公立医院医改工作全面推进。特区人民医院作为“百院大战”项目建设之一，组织协调5000余平米作为特区人民医院基础设施建设用地，同时融资1.5亿元用于该项目建设。根据《六盘水市县级公立医院部分医疗服务价格调整方案（试行）》（六盘水府办发电〔2015〕98号）精神，特区人民医院调整部分医疗服务价格。特区人民医院远程医疗会诊中心正式投入运营，并成功开展了首例远程医疗会诊，实现了县级医院与省内知名专家“面对面”，填补六盘水市县级医院远程医疗会诊的空白。六枝特区人民医院、市二医分别与新场乡卫计院、落别乡卫计院探索组合医联体，进一步提升乡镇卫计院医疗卫生服务能力，为分级诊疗的有序开展提供坚实的保障基础。 2. 城市公立医院机构工作稳步推进。2016年，市二医作为城市公立医院改革之一，通过前期一系列科学谋划，年初提前部署、认真梳理，列出改革清单，进一步完善绩效考核、单位内部用人制度等配套政策，已完成改革基线调查工作和服务价格信息采集等工作，为下步改革工作提供了科学有效的数据支撑和依据。3. 重大项目工程有序推进（特区中医院、康宁医院迁建项目、博大医院建设项目）。标准化卫生院建设6个（牛场乡、洒志乡、木岗镇、月亮河乡原陇脚、折溪卫生院和关寨镇原箐口卫生院）及48个村卫生室建设有序开展，完成2017年中央预算内投资申报工作和三年滚动计划根据项目库录入工作，六枝特区人民医院ppp项目挂网招标。医联体工作良序发展（浙江省衢州市人民医院、六盘水市人民医院对口支援特区人民医院，六盘水市妇女儿童医院对口支援中寨乡卫生计生院，首钢水钢总医院对口支援关寨镇卫生计生院、牂牁镇卫生计生院，六盘水市第二人民医院对口支援落别乡卫生计生院、木岗镇卫生计生院，六枝特区人民医院对口支援新场乡卫生计生院，六盘水市第二人民医院与贵州省人民医院，特区人民医院与贵州医科大学附属医院、塔山社区卫计院与六枝大众医院医联体构建体系）。远程医疗服务体系逐步建成（市二医、特区人民医院、木岗、新场等8家卫生计生院实现远程医疗服务）。国家基本药物制度实施稳步推进。在全区19个乡（镇、社区）卫生计生院均实施国家基本药物零差率销售。4. 积极鼓励和引导社会办医。2016年，已引进了博大、民康两家二级民营医院及六枝健康体检中心、六枝口腔医院、六枝瑞康精神病院、六枝康宇妇产医院。正在引进六枝康杰医院迁建项目和六枝康杰医院养生养老中心两个项目。

【基本公共卫生】1. 居民健康档案：累计新建健康档案2766份，其中：规范化电子健康档案累计建立数2508份。2. 健康教育：各乡镇均设立健康知识宣传栏，定期开展卫生咨询和健康讲座，累计发放宣传教育资料 273741 份，播放音像资料 9049 次，更换健康教育宣传栏 1072 次，开展健康主题日咨询活动 191 次，接受健康咨询 19458 人次，举办健康教育讲座 1053 次，开展个体化健康教育 35526 人。3. 预防接种：一是基础免疫（卡介苗、脊灰苗、百白破、麻苗类、乙肝疫苗、A 群流脑疫苗、乙脑）接种率均达到 99% 以上。二是加强免疫（1 岁半至 2 岁百白破疫苗、麻苗类、脊灰疫苗 4 岁组加强、白破疫苗 6 岁组加强、乙脑加强、A 群 C 群流脑疫苗、甲肝疫苗）接种率 99% 以上。4. 儿童保健：为儿童建册 4247 份，新生儿访视 3309 次，新生儿满月管理 3428 人次，0–3 岁儿童健康管理 23076 次，0—3 岁儿童系统管理 5518 人，4—6 岁儿童健康管理 15941 人次，0—6 岁儿童口腔保健 9243 人。5. 孕产妇保健：孕产妇系统管理人数 1371 人，早孕建卡 2683 人，孕早期随访 2563 人次，第一次早期随访体检人数（完成实验室检查）660 人，孕 16 周—20 周随访 2447 人次，孕 21 周—24 周随访人次数 2434 人次，孕 25 周—36 周随访 2461 人，孕 37 周—40 周随访 2453 人，产后访视 3067 人，产后 42 天体检人数 3007 人。6. 老年人保健：为老年人建立健康档案 2665 份，完成实验室检查 15559 人。7. 重性精神疾病管理：重性精神病人规范管理 1682 人。其中，新建立健康档案 179 份，随访 4782 人次，患者体检人数（完成实验室检查）242 人，患者显好人数 1582 人。8. 高血压病例管理：高血压患者规范管理人数 36236 人，其中，35 岁以上居民首诊测血压 82887 人次，高血压患者主动发现数 1445 人，高血压患者新建建档数 1414 份，高血压患者随访人次数 115013 人次，高血压患者体检人数 19496 人。9. 糖尿病病例管理：糖尿病患者规范管理 12939 人，其中，测血糖为 57413 人次（发现 716 人），糖尿病患者建档 680 份，随访 41389 人次，体检数 6497 人。10. 传染病及公共事件卫生应急处置：六枝特区 2016 年 1–10 月无甲类传染病报告。共报告乙、丙类传染病 16 种，发病 1080 例，发病率为 214.86/十万（任务数为全年发病率控制在 500/10 万以内，控制在指标范围内），死亡 10 例，病死率为 0.93%，死亡率为 1.98/10 万，与去年同期 1180 例相比下降 8.47%。成功创建省级卫生应急示范区，积极有效处置木岗镇禽间禽流感疫情、非法疫苗排查清理等突发公共卫生事件。11. 中医药健康管理：中医药健康管理服务目标人群覆盖率达 30% 以上。

【卫生监督工作】2016 年，共出动卫生监督员 570 人次，监督检查各类公共场所 700 户次，督促公共场所从业人员进行健康体检 2500 余人；完成公共场所经营单位的卫生监督“一户一档”档案管理工作 292 户；受理核发《公共场所卫生许可证》169 个，《放射诊疗许可证 3 个，《生活饮用水卫生许可证》4 个；监督检查城区集中式供水单位 10 户，乡镇集中式供水单位 8 户，自建水厂 2 户。截止目前，共查办卫生案件（无证行医案件、医疗废物案件、职业卫生案件、消毒产品案件、放射卫生案件、医疗卫生案件、餐饮具集中消毒案件、公共场所案件）214 件，累计罚款金额 25.8 万元。

【无偿献血工人】2016 年，共有 2295 人次无偿献血 3924U，比上年同期增加 0.4%。临床用血 100% 来源于自愿无偿献血，无 1 例血液安全事故。

【新农合工作】1. 新农合筹资工作。2016 年，全区应参合人数 506554 人，实际参合 502968 人，参合率 99.29%。个人筹资 90 元 / 年，各级政府补助 420 元 / 人，共筹集资金 2.51 亿元。2. 新农合服务协议签订工作。对六枝特区各定点医疗机构进行核定，签订了 45 份《六枝特区新型农村合作医疗定点医疗机构服务协议书》。3. 新农合业务培训工作。2016 年 2 月 26 日组织特区新农合定点医疗机构负责人及新农合业务相关人员、乡镇（社区）新农合办、特区新农合经办中心人员进行《六盘水市 2016 年度新型农村合作医疗补偿实施方案》业务培训。2016 年 3 月下旬，分片区完成特区乡镇（社区）乡村两级 2016 年新农合业务培训工作。4. 新农合宣传工作。免费为参合群众发送提高农村贫困人口医疗救助保障水平促进精准扶贫试点工作的相关政策，通过温馨短信提醒的方式，让就医群众了解在定点医疗机构就医“三重医疗保障”的报销明细、何时到账等基本信息，从而减少参合群众多头问政的现象。加快六枝特区新农合网站建设，让广大参合群众第一时间掌握政策及流程，特别是方便了外出务工人员随时了解医疗救助报销的情况。利用新农合网站将医疗机构及参合群众报销费用进行公示，方便群众查询，同时更好的接受社会监督。5. 大病理赔工作。2016 年，产生新农合大病 1706 人次，产生保内医疗总费用 3515.28 万元，报销 2795.02 万元（其中新农合报销 2041.19 万元，新农合大病保险报 753.83 万元），大病保险报销在新农合基本医疗报销的基础上提 21.44%。6. 新农合二次补偿工作。完成 2015 年 15291 名参合人员新农合二次补偿 2841.96 万元的发放工作。7. 新农合补偿报销工作。截至 2016 年 10 月 23 日，新农合就诊人次为 42.48 万人次，补偿报销新农合资金 15305.34 万元。受益率 84.47%。按 2016 年筹集基金的 90% 计算，基金使用率为 87.01%。（含购买新农合大病保险支出 15.8.91 万元及新农合二次报销支出 2841.96 万元）8. 医疗健康精准扶贫工作。截至 2016 年 10 月 23 日，对精准扶贫医疗救助对象进行"一站式"新农合基本医保、大病保险报销、民政医疗救助 7227 人次，产生保内总医疗费用 3233.77 万元，报销金额 3047.65 万元（其中新农合报销 2418.77 万元，新农合大病保险报销 35.45 万元，民政救助报销 593.43 万元，计生扶助报销 12.73 万元），补偿比达 94.24%。完成市级 2428 人因病因残健康信息采集上报工作和省级 4330 人因病致贫因病返贫调查系统录入上报工作。9. 新农合督查工作。按照"月抽查、季覆盖"的原则，开展新农合定点医疗机构专项督查工作。2016 年，日常审核扣减 2220 人次，扣减金额 6.97 万元，追缴协议违约金 34.85 万元。完成 2016 年新农合第一、二季度新农合督查，督查出不合理费用 2.83 万元，协议处罚 14.15 万元。

【计划生育工作】1. 出生率、符合政策生育率、政策外多孩率控制在年度人口和计划生育工作目标之内。六枝特区期初户籍人口 718708 人，期末户籍人口 743804 人，年平均户籍人口 731256 人，期初常住人口 546900 人，期末常住人口 597796 人，年平均常住人口 573348 人，总出生 5779（常住人口出生 4720 人，流动人口出生 1059 人）人，人口出生率 8.25‰，控制在省、市目标值 12.9‰以内。常住人口出生 4720 人，政策内出生 4306 人，符合政策生育率 91.23%，高于省、市目标值（89% 以上）2.23 个百分点；流动人口出生 1059 人，政策内出生 964 人，流动人口符合政策率为 91.03 %，高于省、市目标值（89% 以上）2.03 个百分点。政策外多孩出生 137 人，政策外多孩率为 2.37%，控制在省、市目标值（8%）以内。2. 出生人口性别比保持正常水平。共出生 5779 人，其中：男孩出生 2986 人，女孩出生 2793 人，出生性别比为 106.91，控制在正常值域（103-107）以内。3. 全区共有现孕妇女 2791 人，其中常住人口现孕妇女 2353 人，常住人口现孕妇女统计数占前三年常住人口出生平均数比例为 62.14%，同比上升 21.28 个百分点，高于省目标值（50%）12.14 个百分点。4. 长效避孕措施落实率与及时率有待提高。二孩长效避孕措施落实率 82.11%，低于市目标值（85%）2.89 个百分点，新增二孩长效避孕措施及时率仅达到 69.03%，低于市目标值（85%）15.97 个百分点；多孩长效避孕措施落实 88.71%，低于省市目标值（90%）1.29 个百分点，新增多孩长效避孕措施及时率仅达到 73.40%（正指标），低于省市目标值（90%）16.60 个百分点。5. 按时序超额完成免费孕前优生健康检查工作。共完成免费孕前优生健康检查 2505 对 5010 人次，覆盖率达 111.33%，比市下达任务数 2250 对 4500 人次多完成了 255 对 510 人次，覆盖率比任务数（91.07%）高出 20.26 个百分点。6. 计生协会工作情况。一是以九龙社区河湾居委会家庭服务中心为龙头，带动 19 个个乡镇家庭服务中心示范创建。

【创建国家卫生县城工作】贵州省爱卫办组织对 2016 年申报创建国家卫生县城的 10 个县和申报创建"国家卫生乡镇"的 115 个乡镇进行了综合评审。经评审组综合审定，决定对六枝特区待命名"国家卫生县城"。

【招商引资】2016 年，完成 5 个 10 亿元项目储备。目前，已完成招商引资投资 19923 万元，其中 1-10 月份累计完成：六枝医疗康复医院完成 9288 万元，六枝安宁医院完成 4660 万元，六枝中医院完成 4930 万元，六枝口腔医院完成 1815 万元，六枝博大医院新建项目完成 2220 万元。

人力资源和社会保障局

【领导名录】

局　长 刘廷和

副局长 陈家富 田孟琴（女） 戴文生

【概况】2016年，人力资源和社会保障局在特区党委、政府的领导下，在上级业务部门的指导下，以科学发展观、党的十八届六中全会、第十一届省委八次全会、中共六盘水市第七次党代会、中共六枝特区第十一次党代会及习总书记系列重要讲话精神为指导，以深入开展“两学一做”主题教育活动为契机，很抓“四位一体”，改进“四风”及工作作风，紧紧围绕全区经济发展和全面建设和谐社会的总体目标，立足于工作实际，认真履行部门职能，始终把人才队伍建设、加强就业再就业工作、稳步推进社会保险体系建设和社会保障的社会化管理水平为重点，牢固树立人才是第一资源、社会和谐稳定是基础的思想，不断开拓创新，进一步改进工作作风和工作方法，使人事人才、劳动、社会保障工作取得新的突破。

【就业创业工作】1、城镇新增就业。完成22206人，完成任务数21954人的101.15%。其中失业人员再就业1226人，完成目标任务1050人的116.77%；解决就业困难人员就业856人，完成目标任务840人的101.9%；促进大学生就业745人，完成目标任务720人的104.47%。就业途径主要为个体工商户、灵活就业、社区服务业、行政事业单位公益性岗位、非公有制企业及行政事业单位、特岗教师、高校毕业见习岗位等。2、农业富余劳动力转移就业。转移就业完成18758人，目标任务18400人的101.19%，转移方向主要为江苏、浙江、福建、广东、重庆、贵阳和省内部分县市及省外其他地区。3、城镇登记失业率。登记失业人员4216人，同期从业人员103715人，登记失业率为3.91%，有效控制在4.2%以内，安置24户“零就业家庭”成员在公益性岗位就业，全面动态消除“零就业家庭”。4、职业技能培训。开展统筹培训4566人，完成任务数4500人的101.47%，其中创业培训2040人；培训工种有计算机操作员、岗前培训、手工珠绣工、电子仪器仪表装配工、电商技术，以及农村致富带头人培训、旅游景区从业人员培训、城镇贫困居民脱贫培训等。5、小额担保贷款。发放小额担保贷款1002户6155.66万元，占区级目标任务6000万的102.59%，带动就业1803人，拉动社会投资8955.32万元。

【社会保障工作】2016年，特区各项社会保险累计参保36.99万人，各项社会保险覆盖率达95 %以上，基本实现应保尽保。全区城乡居民养老保险核心指标考核综合位次在全省排名第8位。城乡居民养老保险实际参保20.00万人，是市目标任务数18.50万人的108.11%，60周岁以上养老保险发放率为100%；城镇职工养老保险参保3.7万人，完成市目标任务数2.89万人的136.67%；失业保险参保1.57万人，完成市目标任务数1.30万人的120.76%；医疗保险参保2.6万人，完成市目标任务数2.3万人113%；工伤保险参保2.14万人，完成市目标任务数2万人的107%；生育保险参保2.04万人，完成市目标任务数2万人的102%。社会保险基金征缴：收缴城镇职工基本养老保险基金征缴9600万元，完成下达目标任务9500万元的101%；收缴城乡居民养老保险基金1468万元，完成下达目标任务1460万元的100%；收缴职工基本医疗保险基金6699万元，完成下达任务6000万元的111.65%；收缴失业保险基金1040万元，完成下达目标任务1200万元的84.25%；收缴工伤保险基金479万元，完成下达目标任务450万元的106.44%；收缴生育保险基金361万元，完成下达目标任务280万元的128.93%。城乡居保覆盖总人数20万人。城乡居民基本养老、医疗保障覆盖率均保持在92%以上。

【人事人才工作】1、按照干部管理权限，做好干部的任免、调配、处理（处分）、公务员职务职级审批等工作。一是认真贯彻执行《公务员法》，做好公务员及参照公务员法管理事业单位工作人员日常管理工作。二是做好公务员职务与职级晋升工作。2016年以来完成369人申报公务员职务与职级晋升、转津补贴事宜。三是完成申报公务员（参公）登记的申报工作16人。四是2016年以来干部任（免）职149人、干部调配315人、解除聘用合同51人、开除公职3人、试用期考核256人，对违反干部人事纪律的干部职工，严格按照有关政策，依法上报特区政府进行处理（处分）5人，双推产生股级干部151任，免去股级干部7人，违反计划生育政策现处理期满上报特区人民政府请求恢复工作3人。2、全面推行招录（聘）用人员新机制。按照“公开、平等、竞争、择优”的原则，严格招聘程序，做好六枝特区2016年第一批面向社会公开招聘事业单位招聘工作。计划招聘234人，实际招聘182人，已到工作岗位。完成六枝特区2016年第四季度面向社会公开招聘事业单位270个岗位的网上报名、笔试工作。2016年度赴省内外高等院校引进教育、医疗卫生紧缺专业技术人员工作，现31人已全部到岗。完成2017年六盘水市第二中学、六枝特区第七中学赴省内外高校引进教师工作（其中：六盘水市第二中学签约23人、特区七中签约16人）。组织参加中国贵州第四届人才博览会为全区引进高层次和急需紧缺人才19名，已全部到岗。完成六枝特区2016年高层次和急需紧缺人才综合评审工作，20人进入体检环节。3、工资业务工作。一是完成2015年机关（参公）单位年终一次性奖金审批工作。共审批73家单位，2059人享受2015年年终一次性奖金。二是2016年，全区共有715人正常晋升级别工资，人均增资50元；共有1316人两年考核合格晋升级别工资档次，人均增资86元；共有6652人考核合格正常晋升薪级工资，人均增资56元。三是办理机关及参公单位岗位变动，职务调整人员的工资变动共354人，月增资额55886.5元。办理事业单位岗位变动，职务调整人员的工资变动共1685人，月增资额278386.5元。办理警衔津贴提高标准388人，月增资286702元；办理农业卫生津贴提高标准228人，月增资51762元。四是办理干部退休151名，工人退休21名，退职人员3名。审核办理116名同志的高龄补贴，月增金额7720元。五是审核办理413户476人遗属生活困难补助费，月补助金额902281元。审核办理行政参公人员34人的一次性抚恤费4802928元，丧葬费56400元。事业人员40人，一次性抚恤费1490172.6元，丧葬费64000元。4、职称评审及聘后管理工作。一是深化职称改革工作，推行评聘分离制度。全区共计279人获得相应专业技术职务任职资格：其中正高3人，副高级职称34人，中级职称212人，初级14人，基层认定副高16人。二是加强聘后管理工作。在聘后管理方面，进一步规范了专业技术资格证书三年一审核的工作。完成《资格证书》年审1521余本。完成深化中小学教师职称制度改革人员过渡5154人。三是认真做好职称评审工作。已办理相应专业技术任职资格证书330本；办理事业单位人员聘用备案手续4500余人；审核通过124家单位岗位设置材料。完成全区晋升八、九级专业技术岗位的370份资料评议工作，经评议，264人符合专业技术八、九级岗位任职资格。5、规范干部人事档案管理。2017年，共接待查阅干部档案1600余人次，收进干部人事档案426卷，转出干部人事档案229卷；收进干部人事档案零散材料12000余份；对档案“六改”工作作好认真的整改和落实。

【劳动维权工作】1、抓好劳动仲裁的裁决与调解。共收到仲裁申请152件，按规定不予受理26件，立案受理124件（涉及劳动者195人），2件尚未立案。共办结案件117件，其中，调解83件（含调解撤诉6件），裁决32件，申请人自动放弃仲裁请求1件，剩余7件正在处理中，时效内结案率为100%，调解率为72%，涉案金额为559.73万元。2、加大劳动监察执法力度，保障劳动者权益。一是受理投诉欠薪案件50件，结案50件，清欠民工工资709.43万元，涉及民工1021人。二是工伤认定受理67件，认定59件，不予受理1件，不予认定1件。三是用工备案105户，涉及工人826人。四是工资保障金收取13户，涉及金额332.27万元。五是开展用人单位遵守劳动用工和社会保险法律法规专项检查。检查用人单位125户，涉及劳动者5412人，规范9家单位用工制度，督促用人单位为劳动者交纳工伤保险7.5万，补签劳动合同45份。

文体广电新闻出版局

【领导名录】

局　长 周元军

副局长 王琼芳（女）* 李桔　袁瑞岍

【概况】2016年，在特区党委、政府的领导下，紧紧围绕特区党委、政府中心工作，始终把学习作为一项重要任务，坚持集中学习和自学的方式，认真学习中国特色社会主义理论体系，深入学习党的十八大、十八届四中、五中、六中全会精神，认真学习《党章》《党规》，学习中央、省委、市委和特区党委一系列重要精神，特别是学习习近平总书记系列重要讲话精神，切实做到真学、真懂、真用，做到学有所思，学有所悟。

【举办文化活动】完成2016年"中国凉都红樱桃"布依文化旅游节系列活动、"中国凉都·六月六"布依风情节暨"中国凉都·画廊六枝"杨梅节文化系列活动、箐口乡仡佬族"吃新节"活动和"中国凉都·六盘水牂牁江"国际滑翔伞邀请赛暨全国滑翔伞优秀选手赛系列活动。2016年，共接待游客475万人次，同比增长58.7%，旅游总收入27.22亿元，同比增长64.8%。"十·一"黄金周期间，全区各项旅游经济指标增幅创历年"十·一"黄金周历史新高。全区共接待省内外旅游者77.3782万人次，同比增长67.63%；旅游收入4.4亿元，同比增长71.03%。人均消费达到568.6元。过夜旅游者4.3768万人次，同比增长72.67%；一日游游客达73.0014万人次，同比增长73.32%。

【打造文化精品】一是收集整理创作原生态箐苗歌曲《打亲》参加第十三届中国西部民歌（花儿）歌会，荣获"金奖"。二是组织队伍参加全市"唢呐大赛"荣获二等奖一名，三等奖一名、优秀奖一名。

【民生实事打造文化精品】2016年，文体广电局民生实事任务为：新建1个乡镇级农民体育健身工程，15个村级农民体育健身工程，5个全民健身路径工程。为进一步增加全区人民群众全民健身的场地，2016年增加了5个全民健身路劲工程指标。2016年，共建设1个乡镇级农体工程、15个村级农民体育工程及10个全民健身路径工程，项目建设数超过任务数。

【文化惠民工程】一是举办书法、声乐、钢琴、拉丁舞、葫芦丝、少儿民族舞芭蕾舞等9类培训班，培训学员300余人次；二是接待各类读者58986人次，共外借图书49387册次。同时，利用流动图书车开展送春联、送文化下乡活动。三是在全区220个行政村免费放映公益电影2868.33场，超228.33场，占全年任务的108.64%。

【文化执法】开展文化市场专项检查，共检查上网服务场所540家次，出动执法检查人员1206人次，处罚违规上网服务场所2家，存在安全隐患给予整改处理的共26家。取缔"黑网吧"10家，暂扣主机209台，显示屏209台。收缴盗版光碟10000余张，违规书刊200余册。

【文物非遗保护挖掘工作】完成省级文物保护单位岩脚羊场近现代商贸建筑群—唐家马店、田家大院、永昌盐号的修缮工作；开展文物普查工作，全区现有可移动文物的单位共4家（分别为：梭戛生态博物馆、郎岱镇、特区档案局、特区文物管理所）；国有可移动文物229件套。

【体育场馆建设】一是完成贵州（老王山）国家生态型多梯度高原运动训练示范基地大本营一期项目。二是完成特区体育中心选址等相关前期工作。三是完成乡级农体工程1个、村级农体工程15个、全民健身路径工程5个。四是成功举办了特区2016年"红红火火过大年"全民健身系列活动、六枝特区"安康杯"全民健身体育活动。

【宣传报道工作】一是大力开展"广电云"村村通工程，完善网络宣传平台。该工程是省十大民生工程之一，经过局党组与各乡镇、单位的密切配合，按时完成了省下达34个村的光缆干线和信号传输工作任务。二是创新宣传模式，提升宣传品质。采用传统媒体与新媒体相结合，对全区重大项目建设、重要会议、重大活动等各项工作进行立体式的宣传，两会期间，每天都在《微视六枝》同步发布关于两会报道的图文消息，并在APP《智慧六枝》上进行两会直播。首次用配手语的形式播出特区"两会"新闻；制作了新春走基层、聚焦党代会、冬季保民生等热点栏目。

教育局

【领导名录】

局　长 刘大宇

党组副书记 蔡洪江

教育工委专职副书记 杨文光

副局长 袁　岑　李　妍　帅学将

【概况】六枝特区现有各级各类学校 306 所，在校学生 136791 人，其中幼儿园 99 所，在园人数 22202 人；小学 165 所，在校学生 64558 人；初中 32 所，在校学生 31229 人；高中阶段学校 8 所，在校学生 18637 人（其中普通高中 12136 人，中职 6501 人）；特殊学校 1 所，在校生 146 人；育才学校 1 所，在校生 19 人。全区教职工 8426 人。其中幼儿园 2129 人，小学 3231 人，初中 1879 人，普通高中 770 人，中职学校 375 人，特殊学校 29 人，育才学校 13 人。

【教育普及】2016 年六枝特区学前三年毛入园率为 88.68%，九年义务教育阶段巩固率为 88.53%，“三残”儿童少年入学率为 90.3%，高中阶段毛入学率达 87.6%。小学辍学率 0.03%，初中辍学率 0.47%，中职学校流失率 7.16%。进城务工人员随迁子女义务教育阶段就读公办学校比例达 92%。特区第一中学为省级示范性普通高中，2016 年实际招生 1200 人，其中配额生 600 人、统招生 430 人、精准扶贫招生 120 人、特长生 50 人。普通高中和中职在校学生比例为 5.3:4.7。

【学段教育】乡（镇）、社区、城区均配备公办中心幼儿园，2016 年剥离片区学校、村级小学学前班 12 个。建立学前教育集团化办园管理网络，以省级示范性幼儿园特区实验幼儿园为总基地园，辐射设立郎岱镇中心幼儿园等 5 个集团分园；义务教育。初中学校从 41 所调整为 33 所，小学从 225 所调整为 169 所；高中教育全面发展。积极实施高中课改，稳步开展特区一中省级申示复评和市二中省级申示评估工作。抓好示范性高中建设，六枝特区一中、六盘水市二中建有交响乐团、足球队、篮球队等。组建桃李诗社、动漫社、合唱队等 50 个学生社团；中等职业教育更加专业。完成电商、旅游导游、家政培训等 4100 人次。

【教育均衡】保障进城务工人员随迁子女就学；建立特殊群体关爱体系，保障接受义务教育权利；重视特殊教育，保障三类残疾儿童教育质量。在乡（镇）普通中小学开设特殊教育班或随班就读点，以保障残疾少年儿童受教育权利，“三残”少年儿童入学率达 90.3%；教育精准扶贫。保证困难学生正常就读。目前，发放教育精准扶贫 2566 人，761.89 万元，保证困难能学。

【师生配比】六枝特区幼儿园每班达到“两教一保”标准比例为 63%，小学师生比为 1：20.4，初中师生比为 1：16.8。普通高中师生比为 1：15.8，中职学校师生比为 1：17.3。

【师资建设】通过公开招考、人才引进、特岗招聘、编外招聘等方式，补充各类教师 718 人；组织好各类培训。实施国培计划 134 人；外请“中国好课堂”走进六枝培训两期 2258 人；组织 4 期共 602 名校长、教务主任、班主任到重庆三立培训；新教师培训 1 期 161 人，培训中小学、幼儿园骨干教师 1 期 961 人；组织 106 名校（园）长到北京大学等名校培训 5 期 32 人；义务教育阶段学校教师含校长交流 948 人，交流比例为 18.9%。按照“国培计划”、“省培计划”要求，共完成培训 2126 人次，各级各类学校教师每年参加集中培训为 72 学时。

【惠民教育】学前教育幼儿资助受助幼儿 413 名，按 800 元 / 生 · 年，已下达资金 33.04 万元；全区农村义务教育阶段学生营养改善计划应享受营养餐学生人数 8400 人，春季学期受益学生 78884 人，秋季学期受益学生 82972 人，义务教育阶段具备开餐条件学校开餐率为 100%；春季学期农村义务教育阶段家庭经济困受助学生数 19851 人，发放补助资金共计 1155.55 万元。秋季学期受助学生 31085 人，发放补助资金 1778.5 万元；普通高中国家助学金发放。

年初省下达2016年普通高中国家助学金预算资金505.68万元，预算人数3010人。春、秋季学期分别受助人数3010人，通过学生资助卡已发放资助资金602万元；加强中等职业学校免学费和国家助学金资助的管理。发放中职国家免学费资金91.4万元，国家助学资助金68.2万元；加强生源地信用助学贷款工作的管理。受理助学贷款的学生和家长15000人次，审核贷款学生申请等证明材料10000人次，初步审核通过助学贷款学生5468人，贷款金额3357.94万元；加强教育精准扶贫工作的管理。按照扶贫局提供的家庭贫困“建档立卡”的学生名单，上报了第一批教育精准扶贫学生共168人，省级审核通过132人，核实发放125人，发放资金43.675万元。第二批教育精准扶贫申请受理2613人，省级审核通过2444人，实际核实审核通过2441人，发放补助资金718.21万元。

【教育工程】2016年完成投资5.06亿元，完成年度计划投资（4.83亿元）的104.8%。本年度在建教育工程44个，总投资9.65亿元，已争取的各类资金4.23亿元，需县级配套5.4亿元。一是学前教育项目：2016年在建学前教育项目14个，总建筑面积31380平方米，总投资7066万元；二是义务教育阶段项目：涉及项目20个，总建筑面积12.35万平方米，投资3.73亿元；三是教师周转宿舍项目：涉及5个项目，建筑面积2800平方米，投资425万元，已全部竣工；四是高中阶段项目：高中阶段项目4个，总建筑面积15.32万平方米，投资4.94亿元；五是启动了“四在学校、幸福校园”美化亮化工程，涉及10所学校，总投资2275万元。

【语言文字】举办迎接国家三类语言文字工作评估暨第19届推普周集中宣传活动。组织全区第一批党政机关干部职工进行普通话培训，共有800余人参加培训，747人参加测试，其中测试合格702人，合格率达93.98%。

【工作获奖】2016年共获：第十九届全国青少年五好小公民“老师您好 我的好老师”主题教育活动“先进集体”奖、2016年“希望杯”全国数学竞赛“优秀组织奖”、2016年教育工作“先进集体”奖、第八届“贵青杯”贵州青少年教育系列活动“优秀组织奖”、六盘水市2016年首届“炫舞凉都”少儿舞蹈大赛“优秀组织奖”奖、2015年度提案承办“先进单位”奖、“六枝特区第二届“关爱明天、普法先行”青少年普法教育活动“先进单位”奖等近三十个奖项。

【党的建设】25个区直教育党支部、678名党员参加学习教育，按照“学”是基础，“做”是关键的要求，全面实现了以学促做、学做结合的目标。“两学一做”的各类培训累计达80余次，涵盖25个支部，参训人数超过2000余人次。局党组班子成员上党课5次，所辖支部负责人上党课75次。开展专题讨论105场次，累计组织演讲比赛50场次，参与师生超过12000余人次。

民政局

【领导名录】

局长（老龄办主任）：钱国富

副局长 汪元祥 何剑梅

老龄办专职副主任 杨洪武

【概况】完善社会服务体系，助力扶贫攻坚，实现了兜底保障与精准扶贫精准衔接；抓好防灾减灾救灾和双拥优抚安置政策落实；推动社会福利和慈善事业转型发展、社会组织管理制度改革、依法规范婚姻、收养登记、留守儿童困境儿童关爱、推进殡葬改革管理；拓展基层政权建设和社区服务能力。

【社会救助 】夯实“两项制度”衔接基础，助推全区精准扶贫工作。围绕“确保‘两无’贫困人口和暂时不能脱贫人口的基本生活水平与扶贫攻坚进程，全面小康社会建设进程相适应”的目标，农村低保统一提高到3132元/年，城低保标准统一提高到545元/月，城乡低保标准涨幅分别为10%和16%。全区有农低保对象25158户45291人，共发放低保金10861.15万元，其中“民政低保保障兜底‘两无’

贫困人口15781户28534人；城市低保对象4414户7458人，发放低保金3662.54万元。分类施保力度，大幅提高特殊困难群体基本生活保障水平。对纳入低保的老年人、重度残疾人、重病患者、在校学生、单亲家庭成员等特殊困难群体，在发放基本保障金的基础上，根据困难程度，按照低保标准20%-40%分类别增发特殊困难补助金给予生活保障。完成农低保季节性缺粮户3820户6549人，发放救助粮38.7万斤。

【医疗救助】提高医疗救助水平，有效遏制因病致贫返贫。配合卫生部门完善农村养老、医疗等社会保险制度，扩大社会保险覆盖面，落实基本医疗、大病保险、医疗救助“三重医疗”保障制度，扼制和减少因病致贫、因病返贫。资助全区低保对象、肇事精神病患者、60年代精减退职老职工参合参保84842人，投入资金266.6万元。提高基本医疗救助保障水平，基本住院救助年度限额达到4.5万元以上，城乡困难群众住院医疗救助比例达50%以上。一年来支出医疗救助资金1058.44万元，救助困难群众7188人（其中重特大疾病救助1545人，支出救助资金284.68万元）。

【特困供养】确保特困供养人员共享全面小康成果。现有五保对象1077人，全年拨发五保供养资金405.55万元。农村五保供养标准提高到按每人每月400元。完善农村五保供养设施建设，确保各乡镇供养床位达到当地五保对象总数的60%，满足五保对象的集中供养需求。改造提升郎岱、新场等5所敬老院设施设备。10月，关寨镇、郎岱镇、牂牁镇三所敬老院获省级三星级敬老院称号，中寨乡敬老院获省级四星级敬老院称号。

【临时救助】2016年，救助临时救助困难群众674人，发放救助金174.08万元。乡镇审批救助困难对象571人，发放救助金64.44万元。切实解决困难群众遭遇的突发性、临时性、紧迫性急难问题，救助急难对象5人，发放救助资金5.5万元。一年来共救助流浪乞讨人员593人。救助精神智障人员进行在院治疗共计27人，成功帮助寻亲返家13人；残疾人托养中心托养18人，成功帮助寻亲返家14人；救助流浪未成年人27人，全部成功帮助寻亲返家，支出救助金112万元。

【防灾救灾】遭受低温冷冻、风雹、洪涝等自然灾害。全区受灾11万3153人次，紧急转移安置491人次，农作物累计受灾总面积3950.65公顷，成灾面积1289.11公顷，绝收面积433.96公顷，倒塌房屋2户3间，严重损坏房屋8户19间，一般损毁房屋2630户5183间。因灾造成直接经济损失3157.86万元，其中农业经济损失2506.89万元，基础设施损失119.46万元，公益设施损失8.9万元，家庭财产损失522.61万元。

【灾害应急】开展“全国综合减灾示范社区”创建活动，团结路社区获国家级减灾综合示范社区称号，河湾社区获省级减灾综合示范社区称号。统筹规划设立应急避难场所2个，完善了城区应急避难场所的建设。组织开展“5.12”防灾减灾宣传教育活动，积极参加各类灾害紧急救助演练。严格执行汛期24小时值班和领导带班制度，保证信息畅通。一年来，全区共投入救灾资金999.64万元，采购棉被3000床、棉衣2000件、帐篷200顶用于受灾困难群基本生活救助，下拨自然灾害生活补助资金903.8万元至各乡镇安排发放，下拨农房恢复重建资金14.4万元帮助受灾农户开展恢复重建工作，共救助受灾困难群众约6万人。

【灾害保险】2016年来参保农户为11万5062户，投入省、市、特区三级资金共计96万元，自愿增保农户67户，投保金额共计1537元。截止11月，保险公司已查勘定损因灾受损农房1167户，共赔付资金64.874万元，切实提高了受灾农户抵御自然灾害风险的能力。

【双拥优抚】将双拥工作纳入年度目标考核，全面推进服务型双拥建设。全年投入部队建设资金2365万元（其中人武部搬迁建设资金2000万元，武警中队正规化建设资金160万元，消防大队消防设施建设205万元）。推行退役军人服务工作“一卡四单”、

"四个知道、一个跟上"的群众工作方法，把服务型双拥建设和精准扶贫工作有机结合起来，乡、村（居）干部与重点优抚对象签订"困难帮扶责任卡"，全面掌握了优抚对象生产、生活、住房、医疗、就业等情况，及时提供优先服务，确保优抚对象精准脱贫。

【优抚安置】 健全完善重点优抚对象补助自然增长机制，在乡老复员军人生活补助在去年的基础上每人月增加83元。全区有重点优抚对象2233人，按时足额发放抚恤、定期补助金1915.3268万元；60周岁农村籍退伍军人925人，发放生活补助资金132.804万元；春节、八一期间慰问优抚对象3138人，发放慰问金125.54万元；解决重点优抚对象住房困难49户，资金59.4万元；发放重点优抚对象医疗门诊补助2230人，资金66.9万元；为重点优抚对象代缴参合金2101人，资金25.212万元；解决重点优抚对象医疗困难171人，资金14.98万元。按4500元的标准兑现义务兵家属优待金415人。全年接收退役士兵166人，组织参加职业技能培训109人，培训率66%，就业率95%。发放退役士兵自主就业补助151人，资金162.45万元，将符合政府安排工作条件的15名转业士官安置到乡镇事业单位工作，重点优抚对象生活、医疗、住房问题得到了有效解决，维护了社会稳定和谐。

【民主自治】 巩固省级农村社区建设全覆盖和村务公开民主管理达标单位创建成果的基础上，7月19日，顺利通过省民政厅专家组评估验收，完成省级和谐社区建设与居务公开管理示范（达标）创建工作任务，获得"贵州省和谐社区建设达标单位"和"贵州省居务公开民主管理达标单位"荣誉称号。全部完成小康指标体系中城乡社区基层民主自治建设完善率所有指标任务，为全区与全国、全省同步建成小康社会做出积极贡献。

【村（居）换届】 做好六枝特区第十届村居"两委"换届选举工作。召开六枝特区第十届村（居、社区）"两委"换届工作动员部署暨培训会议，出台《六枝特区第十届村（居）民委员会换届选举工作实施方案》，第十届村（居）"两委"换届选举工作得到有序推进。

【地名边界普查】 按照第二次全国地名普查工作部署，截止11月底全区共普查地名条目5080条，预填《地名登记表》43692份，完成全部乡镇（社区）的外业调查工作，地名数据整理入库3467条；普查跨界自然地理实体名18条。出台《六枝特区加强地名文化保护清理整治不规范地名工作实施方案》，清理整治地名中不符合现行法规规定的地名。推进"平安边界"建设工作，促进边界地区群众和睦相处，顺利完成与水城县的边界协议签订。

【社会组织】 加大社会组织培育扶持力度。六枝有社会组织71家，今年新登记社会组织11家，依法开展"三证合一"附码和年检工作，"三证合一"附码60家，年检46家，撤销3家社会组织。结合农村经济发展和农业产业化的特点和需要，采取加强调查摸底、降低登记门槛等措施，培育发展农村专业经济协会17家。投资9万元建设六枝特区社会组织孵化站。

【婚姻登记】 实施《婚姻登记条例》和《中华人民共和国收养法》，婚姻登记合格率均达到100%，全年办理结婚登记7870对，离婚登记1001对，按照档案齐全、信息齐全的要求，圆满完成婚姻登记历史数据补录工作。全年办理国内收养登记1件。

【殡葬改革】 贯彻落实"节约土地、保护环境、移风易俗、减轻群众负担"的殡葬改革工作宗旨。截至11月30日全区火化遗体1008具，火化率达40%，骨灰深埋、散撒、壁葬、树葬、花坛葬等321例，生态安葬率达34%；中心城区集中治丧率达100%。联合仙鹤山生态陵园举行免费生态安葬活动，为10户困难群众实现了免费骨灰安葬。强化殡葬基础设施建设，着力抓好仙鹤山生态陵园二期建设和殡仪馆设施设备改造提升，殡仪馆三台环保火化炉已全部更新投入使用。一年以来，共取缔非法碑石制作点4处，取缔非法棺木制作点1处，取缔封建迷信用品制作点1处，上门对丧属开展思想引导与动员50余次。推行殡葬惠民政策，今年全区共实施惠民殡葬救助 334 例，减免基本丧葬费用 56 万元。

【养老服务】围绕 “大健康”发展战略，结合老年人日益增长的服务需求，利用独特的气候资源优势，探索开展“农旅养结合”、“医养结合”、“候鸟式”等养老模式。今年养老床位达 3263 张，其中六枝特区社会福利院 80 张，农村敬老院 1045 张；民办养老机构 661 张，其中残疾人居家托养服务中心 52 张，迴龙溪老年养生公寓 149 张，民康医疗养老中心 240 张，俊康养老院 220 张；农村幸福院 837 张；居家养老服务站 83 张；六枝特区养老康复中心 557 张。千名老人拥有床位 33 张。实施范围自 90 周岁以上扩大到 80 周岁以上，随着社会经济发展提高津贴标准。一年来，拨发高龄津贴 994 万元。2 月起全区已实行 60 周岁以上老年人凭有效件免费乘坐城区内公交车。办理老年人优待证 15500 余本。大力发展基层老年协会，年初，落别乡纳骂村获全省三星级老年协会称号。

【孤儿保障】保障孤儿的基本生活权益。六枝有孤儿总数 163 人，孤儿经费按集中供养每月每人 1000 元，散居供养每月每人 600 元标准发放，一年来共发放孤儿生活费 147.22 万元。其中“元旦.春节”、“六一”儿童节慰问金共计 17.7 万元。

【留守儿童】加强留守儿童关爱服务。全区共有留守儿童 14402 人。0--5 岁 2879 人、6--15 岁 9515 人、16--18 岁 2008 人。县乡均成立了留守儿童关爱机构，实行了风险等级评估及动态管理，落实领导干部包保措施和社会救助政策，牢织留守儿童安全网。

【残疾护理】出台《六枝特区困难残疾人生活补贴和重度残疾人护理补贴实施方案的通知》（六府办发〔2016〕75 号），落实重度残疾人护理补贴政策，按照一级残疾每人每月 50 元、二级残疾每人每月 40 元的标准发放，全区现有一级残疾人 1201 人，二级残疾人 3475 人，一年来累计发放重度残疾人护理补贴 237.608 万元。

【民政工程】推进养老机构建设。在建养老机构有六枝特区老年养护楼、迴龙溪老年养护楼建设项目、宜枝老年养护楼建设项目、俊康老年养护楼建设项目、民康老年养护楼建设项目、底溪老年养护楼建设项目、螃蟹峡老年养护楼建设项目等，总投资俞 10 亿元，建设养老床位达 4500 张以上。建设项目已获 5500 余万国家专项建设资金支持，六枝特区老年养护楼同时获 2016 年中央预算内资金 1490 万元。建设六枝特区救助站、关寨镇敬老院项目，总投资 1306 万元，现关寨镇敬老院工程已完工，待设施添置完毕后即可投入使用，六枝特区救助站项目内部装修已完成。投入 235 万元建设 68 个行政村便民服务设施。投入 102 万元建成 34 个农村幸福院。

治安司法

政法委员会

【领导名录】

特区党委常委、政法委书记、公安局局长　詹勇

副书记、维稳办主任　付 伟

副书记、国安办主任　彭建华

【内设机构】内设机构有办公室、综治办、政工科、铁路护路办、国安办、综治信息中心等科室。现有干部职工 13 人，其中：事业人员 9 名。

【维护国家政治安全】深入开展反渗透破坏、反暴力恐怖、反邪教斗争，有效阻止了敌对势力和境外非政府敌对组织在境内实施各类渗透破坏活动，全面加强重点要害部位防范工作，强化了辖区内涉疆涉藏重点人员的服务管理，成功破获 1 起涉邪教案件，未发生危害国家安全案（事）件。

【矛盾纠纷预防化解】积极完善矛盾纠纷多元化解机制，扎实推进矛盾纠纷调处向规范化、制度化方向发展。2016 年就地化解各类矛盾纠纷 1767 件，未发生群体性事件和到市赴省进京非访情况。特别在维护涉军退役人员利益方面的做法，创新“四轮驱动”解难题得到了中央维稳办的高度认可。

【司法体制改革】法官、检察官员额制改革如期完成，司法公信力明显提升，成效开始惠及群众。自法官、检察官员额制运行以来，平均审理天数均出现两位数的下降，检察机关审查逮捕、审查起诉平均办案期限分别缩短了 2 天和 10 天，提升了办案质量。

【政法队伍建设】扎实开展“两学一做”学习教育和“三强三铁”专题教育活动，政法干警政治素质、业务素质、纪律作风等方面发生可喜变化。2016 年，全区政法系统 18 个集体和 177 个人受到各级表彰奖励，涌现出一批先进典型。

【平安六枝建设】持续深化严打整治专项斗争和社会治安综合治理专项整治行动，不断加强社会治安防控体系建设。共立刑事案件 1049 起破 764 起，同比立 1273 起破 995 起，立案下降 17.60 %，破案下降 23.22%，在全国开展打击盗抢骗专项行动中，特区公安局排名全省第 36 位，全市排名第一，辖区刑事发案不断下降，社会治安持续向好。2016 年度安全感测评 97.79%，全省排名第 29 位，满意度测评 98.97%，全省排名第 7 位，荣获了全省“平安建设先进县”荣誉表彰。

公安局

【领导名录】

党委常委、政法委书记、公安局局长　詹 勇

局党委副书记、政委　李学刚

局党委副书记、副局长　陈浩

局党委委员、副局长　田波　马启国　闻 川　徐波

局党委委员、政治处主任　徐咏梅（女）

局党委委员、纪委书记　李燕强

局党委委员、挂职副局长　孙华峰

局党委委员、刑侦大队大队长　彭盛林

局党委委员、指挥中心主任　李兴国

局党委委员、消防大队大队长　张逢

【内设机构】设指挥中心（办公室）、政治处、纪律检查委员会、情报信息大队、警务督察大队、警务保障室、网络安全保卫大队、国内安全保卫大队、法制大队、经济犯罪侦查大队、出入境管理大队、治安管理大队、刑事侦查大队、禁毒大队、交通警察大队、特（巡）警大队、反恐怖工作大队、六枝特区看守所、六枝特区戒毒所、六枝特区拘留所等部门及 23 个派出所民警 504 人（包括工勤、事业编制人员），协警 515 人。

【统筹谋划 长远发展】2016 年，不断创新工作理念，完善工作机制，根据本局实际，提出以“着力化解社会矛盾，提高处突能力；着力社会管理创新，提高公共服务能力；着力队伍精细化管理，提高队伍正规化；着力推进‘四项建设’，提高公安工作发展水平”为内容的“四着力、四提高”总体思路，全局上下围绕这一目标，立足本职，狠抓落实，勇创一流，各项工作在奋发中前行，各项数据呈良性发展。2016 年，六枝特区公安局共接警 117989 起，其中有效警情 9271 起，同比分别上升 8% 和 21.7%，其中刑事警情 283 起，同比下降 22.2%，治安警情 301 起，同比上升 31.9%；刑事案件立案 1269 起，同比下降 0.3%，

破案998起，同比上升0.31%；抓获各类违法犯罪人员1211名，其中刑事拘留403人、取保候审100人、监视居住139人，行政拘留808人，提请逮捕367人，批捕253人，审结移送起诉案件362人。辖区社会治安保持稳定，未发生重特大治安灾害事故和火灾事故，未发生重大群体性事件。

【反恐维稳】 结合反恐形势，进一步增强责任感、使命感和忧患意识，3月份成立反恐怖工作大队，提请特区政府成立以特区政府区长为组长，特区常务副区长、政法委书记、公安局局长、武装部部长任副组长，各成员单位负责人为成员的反恐工作领导小组及办公室，组织召开了全区反恐怖工作会议，研究部署反恐工作，全区41家成员单位、19个乡镇（社区）分别签订《六枝特区反恐防控工作责任书》，组织了公、检、法、司等相关单位宣传《反恐怖主义法》，全区群众反恐防控意识进一步提高，反恐防控能力得到加强。健全了反恐维稳常态化工作机制，在街面部署了“屯警街面动中备勤武装处突”反恐警力，落实了重点行业反恐防范工作标准，确保了党政、金融、涉油气单位、站点、输油气管线等重点部位的绝对安全。

【信息收集研判】 统筹社会力量采集不稳定因素方面的数据，录入涉稳平台分类管理，加大情报平台的使用，争取铁路卖票窗口、公安技侦技术的支持，第一时间收集有效的情报信息，及时对情报信息内容的真实性和重要性进行评估和研判，向特区政府和上级机关上报情报信息160期，被市局采用46期，特区领导批注10期，省厅签批2次，省、市委政法委签批1次，市局公安局长签批2次，为领导决策提供了可靠依据。

【安保任务】 按照“内紧外松、万无一失、只做不说”的原则，全警动员，全力以赴，先后圆满完成全国两会、省两会及党代会，“3•14”、“4•25”、“5•13”、“6•4”、“7•5”、“9•3”、“十八届六中全会”等敏感日及春节、“五一”、“国庆”等重大节日和各级领导调研的安全保卫工作，尤其是全省第五届小城镇建设发展大会及全省第三次项目建设即易地扶贫搬迁现场观摩会期间，投入警力达1100余名，精心组织，周密安排，以最实工作、最好形式、最严措施、最佳形象努力实现了安保效果和社会效果的高度统一。

【信访维稳】 把维护正常信访秩序放在重中之重位置，积极做好信访维稳工作，共参与处置群众到区委区政府、特区重要部门集访、上访43次，处置各类突发性事件38起。与此同时，紧紧围绕涉法涉诉信访工作，健全完善定点接访、重点约访、专题接访、带案下访和包案化解的“四访一包”长效机制，接受群众来访119批158人次，办结信访案件25件，息访16件，接受上级转送52件，办结52件，办结率100%。

【矛盾纠纷排查化解】 紧紧围绕六枝特区重点项目建设工程、征地拆迁、非法集资、劳资纠纷等热点、难点问题，深入开展矛盾纠纷大排查、大调处工作，及时化解、消除影响稳定的各类因素，共排查化解各类矛盾纠纷4132起，依法处置影响稳定的闹访、缠闹、医闹、非法阻工等事件，确保了全区社会大局的稳定。妥善处置各类苗头性事件6起、非正常死亡51起，无因处置不当造成事态升级或影响扩大的情况发生。

【网络舆情监控】 强化“舆情即警情”的工作理念，完善了网上网下联动工作机制，加强了网上信息巡查处置和舆情导控工作，有效防止了涉稳舆情酝酿发酵成为网上热点或网下行动。2016年，发现涉及本地的负面舆情信息827条，编发舆情动态110期；通报特区党办、政府办、网信办等部门714条。落查舆情相关人员425人；删除负面信息309条；正面跟帖评论4000余条，圆满完成六枝特区涉禽流感以及“9.26”杀人案等重大案事件的网络安全保卫工作，全区未发生重大舆情事件。

【强化侦查破案，严厉打击刑事犯罪】 牢固树立打击犯罪的主业意识，坚持以打开路，继续保持严打高压态势，紧紧围绕“能破案、多破案、大小案并重”总体目标，强化合成作战、网上作战、捆绑作战等侦查机制，积极发掘破案增长点，提升打击效能。开展打击“盗抢骗”犯罪攻坚战。把打击“盗抢骗”犯罪攻坚战作为全年严打整治的主线，以深化体系化打击为引领，以“打团伙、打流窜、打系列”为重点，把打击锋芒精确对准人民群众反映突出的街面“两抢”、入室盗抢、扒窃、盗抢机动车、撬砸机动车玻璃盗抢、街面诈骗、敲诈勒索以及农村偷牛盗马、盗抢摩托车等违法犯罪，有效遏制侵财犯罪的发生。同时，加强对发案规律的研究，及时调整警力部署，适时开展阶段性攻坚作战，打掉“两抢一盗”团伙9个，抓获犯罪嫌疑人41人，涉案141起。开展命案预防和侦破攻坚战。坚持“命案可防”、“命案必破”、“命案必诉”，坚决完成市局下达的命案防控指标、命案破案指标和提升命案办案质量，继续保持现行命案发一破一。2016年，六枝特区共发命案4起破4起，破获命案积案1起，抓获命案逃犯1人。开展打击涉众型经济犯罪攻坚战。集中优势警力，重点打击非法集资、合同诈骗、传销、制假售假等突出犯罪。2016年，共立经济类刑事案件43起，破案35起，撤销案件4起，抓获犯罪嫌疑人12人，为国家和个人挽回经济损失140余万元。开展打击电信网络新型犯罪攻坚战。把从案到人和从人到案结合起来，加强与通信、银行、邮政等部门沟通协作，建立联合打击电信网络诈骗犯罪工作机制和反电信网络诈骗宣传机制，提升整体打击防范效能；共组织各类宣传40余次，在住宅小区内开辟预防电信诈骗宣传栏目，报送宣传简报信息12篇，印制“两信一手册”10万余册，在全区中小学校和城区住宅小区、工矿企业、街道办事处、各机关窗口单位进行发送，防范电信网络诈骗宣传取得实效。通过公安部接警支付平台止付案件2起，止付金额10万余元。开展打击“扫黄禁赌”攻坚战。将打击整治的锋芒始终对准以电玩赌博、野外赌博、网络赌博、聚众赌博和组织、强迫、容留、引诱、介绍妇女卖淫等违法犯罪案件，不断净化社会环境。2016年，办理涉黄涉赌刑事案件3起、行政案件9起，刑事拘留4人，行政处罚65人。开展禁毒人民战争三年攻坚战。深入推进禁毒“五项行动”，全力开展“打零包、破大案、大收戒、大整治”，持续加大全员收戒、满员收戒力度，重拳打击零包贩毒、新型毒品犯罪活动。破获涉毒刑事案件63起，打击处理毒品犯罪嫌疑人87人，缴获各类毒品8263.3克，确立省目标案件2起，破获2起；确立部目标案件1起，查处吸毒人员662人，强制隔离戒毒吸毒人员538人。

【防控体系建设】 致力于立体化社会治安防控体系的建设完善，树立“多破案不如少发案”思想，将压发案，特别是减少多发性侵财案件的发案作为一项重要工作来抓。推动把体系建设纳入党委政府工作内容。区委常委会专门听取了防控体系建设的汇报，审议通过了《六枝特区社会治安防控体系建设实施方案》，明确了“党委政府主导、综治统筹、公安主抓、部门联动、社会参与”的工作格局，并确定在5年内新增3000个天网探头。4月28日召开了全区社会治安防控建设推进大会，对工作作了全面安排部署。以警务实战为突破，抓专业化打防。首先是推进接处警专业化建设。按照“有警接警，无警巡逻，动中巡处”的工作模式，在中心城区组建了一支60人的专业接处警队伍，实现了“接处警快、围城快、矛盾纠纷调处快、网格化无缝巡逻”。全面推行破案专业化建设。在做强中心城区责任区刑警队的基础上，组建了北部、南部、东部片区刑事打击组，所有派出所不再办理刑事案件（除伤害案件），有效解决派出所警力不足和打击效能低下的问题。以情报引领为突破，抓“情指中心”建设。按照“情指融合、优势互补、整体联动、一体运作”的要求，专门组建了视频巡查小组和合成作战室在指挥大厅合署办公，形成指挥调度、视频分析、情报研判、视频监控、服务实战五位一体的“指情一体化”实战模式，利用对讲机、天网、GPS定位系统有机结合，对街面警力实施巡逻勤务实时监督、警情指令及时推送，达到点对点指挥和可视化调度，切实提高巡逻和接处警效能。以“天网工程”为突破，抓技防建设。狠抓天网工程建设和应用，专门组建视频巡查队伍，采取24小时轮流值班制度，实现了对繁华街区、要害部位、交通主干道等重点区域地段的视频巡控全覆盖。在天网未覆盖地方采用卡式监控设备进行增补，已安装154个，为圆满完成全省第五届小城镇建设发展大会安保工作任务，在郎岱、岩脚、落别增加50个前端监控探头，“天网工程”的建成，在防控、侦查破案、服务群众上发挥了巨大作用。以“社区警务”为突破，抓好人防建设。全面推进“一居一警多警助”建设，落实社区民警专职化、年轻化，在全局开展“居住地”警务，并结合六枝社区网格化管理，指导城区132名社区网格员开展社区防范工作。提请特区党委、政府将“一村一警助”工作列为六枝特区2016年十件民生实事之一，为公安局增加了92名警务助理。警务助理通过上门入户，加强对辖区内人、事、地、物、组织等要素信息采集，同步开展相

检查涉爆单位

节假日安保

送证上门

关便民服务和治安防范指导工作。

【社会治安管理】积极探索社会管理新思路、新方法，坚持民意主导警务，以群众满意为工作目标，进一步夯实公安基础工作，全力提升警务运作效能和社会管理效能，增强人民群众安全感和满意度。一是抓好公共安全管理。常态化推进交通、消防、民爆物品、重点领域安全隐患排查治理，加强恶劣天气、特殊路段的交通安全预警管控，加强对爆炸危险物品和大型群众性活动的安全管理，密切会同邮政、交通、工商等部门，对寄递物流业安全防范工作进行全面清查，检查民爆物品使用单位 176 家次，发现隐患 25 处，落实整改 25 处，排查工作中共回缴炸药 3282.2 公斤、电雷管 9170 枚；对全区拟复工复产的 17 家煤矿积极进行复查，确保民爆物品管理无误。查处各类道路交通违法行为 72373 起，组织开展夜查行动 169 次，查处饮酒后驾驶机动车 257 起，醉酒驾驶机动车 26 起，处理道路交通事故 170 起，死亡 30 人，同比下降 11.76%。不间断开展消防安全检查，全年无亡人火灾事故发生。二是抓好重点人口和高危人群的管理。以“底数清、情况明、不漏管、不失控”为管理目标，通过人口调查、治安管理、案件查处、群众举报、档案材料清理、情报信息通报、治安耳目等多渠道、多层面及时发现和列管重点人口，并及时将重点人口有关信息录入社区警务工作平台进行管控帮教，共管理重点人口 5165 人，接口数据处理完成率为 94.4%。重点人口系统信息列管率、撤管率均为 100%，切实掌握重点人口的活动轨迹，为公安基层基础工作打下基础。三是抓好肇事肇祸精神病人的动态管理。现录入全国重性精神病人信息管理系统信息 176 人，六枝特区公安局一方面督促患者家属和单位、社区（村）落实日常监管和控制措施，另一方面加强与民政部门的协同配合，尽最大限度避免因精神病人肇事肇祸引发的重大伤亡案件，对严重危害公共安全或者他人人身安全的精神疾病患者进行强制送治，并与卫生部门互通重性精神疾病患者信息，配合有关部门做好辖区精神病人的排查。四是抓好流动人口和出租屋的管理。加强人口信息系统建设，提高流动人口和出租屋的录入率、比对率。对辖区内的出租屋，全部纳入治安管理范围，一律与出租屋主签订治安责任保证书，落实出租屋主的治安责任，使全区的出租屋治安责任保证书签订率达到95%以上。督促用人单位、出租屋房主主动、及时等级流动人口，登记流动人口 12565 人，办理居住证 1672 张。

【执法规范体系建设】管控平台与管控民警相互作用、相互统一、促进执法规范化建设。率先在全市推广执法管控中心建设，出台相应配套制度，建立执法管控台账和管控中心工作流程图，4 月，又制定下发了《六枝特区公安局执法管控民警管理办法》，从基层所、队中选派了 19 名法律法规熟悉、业务精通的民警作为六枝特区公安局执法管控民警，对全局办案单位的执法工作实行分片管理、相互协作的工作机制。8 月，六枝特区公安局执法管控中心全面运行，实现了执法管控“源头”化、案件管控“三位一体”化、时限“预警”平台化、“执法台账、执法档案”信息化和“执法考评”积分化，执法管理更加规范，执法流程更加健全，执法责任更加明晰。创新工作举措，完善执法监督体系建设，在提升执法质量上求突破。建立了《六枝特区公安局执法办案积分考核办法》，不仅包括案件办理积分，还包括民警执行执法制度积分、执法工作效率积分、法律素质积分等多方面来对民警进行积分制考核管理，通过积分制考核，不断鼓励民警想办案、多办案、办好案，激发了民警工作激情、执法办案质量、规范执法水平、整体工作效能“四个明显提升”。在制度执行上依托信息化。把信息化手段渗透到执法办案全过程。建成进入执法办案区即自动启动同步高清录音录像的监控系统，强力推行执法全程录音录像并实时导入“大平台”，使民警真正始终“在监督状态下执法”。依托“大平台”，明确“四个必进”，即“所有嫌疑人必须进区域、所有案件必须进平台、所有涉案物品必须进系统、所有接处警必须进现场执法记录仪”，实现对执法办案的全程化、实时化、动态化、可视化监督管理，并在潜移默化中

屯警街面

将制度执行发展成民警习惯养成、自觉行动。

【窗口建设】 严格执行服务规范，严格落实一系列惠民便民利民新举措，普遍推行“首问负责”“限时办结”“一次告知”制度，开展流动车管所和流动警务室，用好户籍直通车，落实好户籍改革政策。办理第二代居民身份证34439个，发放二代证34277个，办理临时居民身份证56930张，送证上门4000余张，为高考学生办证100余张，办理省内异地身份证146张，解决无户人员落户2000余人，受理驾驶证业务19812笔。

【走访服务】 坚持警务围着民意转，继续扎实开展“大走访”活动，及时了解群众所思、所盼、所忧、所急，把群众工作做实、做深、做细、做透。着眼于小、着力于细为民解忧解困，以中心城区为主，全面部署开展了居住民警当片警的“居住地警务”，充分发挥民警在居住地人熟、地熟、情况熟的优势，发扬“八小时之外的奉献”精神，到居住地警务室报到、与社区民警携手开展社区警务工作，共同维护社会治安秩序，收集群众建议783条。发放宣传单、小卡片7500余张。

【宣传工作】 充分利用广播、电视、报纸、网络等媒体，创新宣传模式，宣传公安机关和公安民警的典型事例、英雄事迹，弘扬正气，让群众更加了解公安工作，以此提高群众的信任度、满意度，形成良性互动的警民关系。在各级媒体发稿352篇，其中中央级媒体29篇，省级主流媒体31篇，民生类媒体83篇，地方级媒体209篇，依托六盘水市公安局微信公众号、六盘水市公安局官方微博、微视六枝等微信公众号发布信息153条，在六枝特区公安局官方微博发布信息191条，在六枝特区公安局微信公众号“六枝公安”发布信息92条。并通过微信、微博为群众提供咨询、解答难题80余人次。拍摄制作微电影《承诺》《守望》《牛人牛事》，并积极参加“全国公安民警三微大赛”，向省厅、市局投送参赛微电影1部。

【队伍建设】 以“两学一做”学习教育为契机，坚决学习贯彻中共的十八届三中、四中、五中、六中全会和习近平总书记系列重要讲话精神，开展了“三强三铁”“五抓五促”学习教育活动，以“局规”执行为切入点，采取刚柔并济的方式推进队伍正规化建设。进一步修订、完善了《六枝特区公安局民警日常行为动态管理办法》条款、内容和“局规”记分系统，加大“局规”督促执行力度，组织纪委、督察民警采取明察暗访等方式对全局在岗值班民警、协警的队伍纪律作风开展全方位的督察记分，开展督察180余次，提出督察建议120余条，共有318名民警被记994.5分。同时，严格落实民警年休假制度、民警慰问制度，尽力向党委政府争取民警政治、工资福利待遇，建立了执法办案积分、信息化应用积分、年终奖金三次分配等机制，公开、公平、公正地实施奖惩。严格落实党风廉政建设党委主体责任和纪委监督责任，逐级落实“一岗双责”，凡发生民警严重违纪违法案件的，实行“一案双查”；加强对领导干部、重点岗位、关键环节的动态化廉政风险防控建设，强化经济责任审计、开展涉案财物管理专项检查，建立健全更加严密的权力监督制约机制。

法院

【领导名录】

党组书记 院长 肖健

党组副书记 副院长 王文乐

副院长 刘景刚 曹江洪

执行局局长 付昭俊

党总支书记 于晓涛

纪检组组长 严兴华

政工科科长 戴文生

【内设机构】根据工作职责，设有政工科、审判管理办公室、执行局、机关事务管理中心、法警队、办公室、研究室、监察室、书记员室、刑事审判庭、民事审判一庭、民事审判二庭、工矿与环境保护庭、行政审判庭、审判监督庭、立案庭16个内设机构。现有正式在编干警96人，具备法官资格的50人，其中具有大学本科以上学历76人，硕士、研究生学历4人。

【人民法庭】设有人民法庭7个：岩脚人民法庭、郎岱人民法庭、新华人民法庭、堕却人民法庭、落别人民法庭、新场人民法庭、中寨人民法庭。各个法庭依法审判辖区内的民事案件和刑事自诉案件；办理本庭审理的执行事项；指导人民调解委员会的工作；办理本院交办的其他事项。

【刑事审判】2016年，以群众安全感满意度为导向，以平安创建活动为载体，坚持宽严相济的刑事政策，依法严厉打击各类犯罪活动，维护社会稳定。刑事一审案件收案363件483人，审结357件471人，结案率98.35%。其中受理“两抢一盗”犯罪95件145人。受理贪污贿赂犯罪21件23人、毒品犯罪44件53人。同时，妥善处理附带民事赔偿与量刑的关系，共收刑事附带民事9件，审结7件。

【民商事审判】坚持“尊重契约自由、强化平等保护、维护诚实守信、权利义务责任统一、实体公正与程序公正统一”的原则，化解矛盾纠纷，力求案结事了。受理民商事案件3000件，审结2900件，结案率96.67%。案件审理中，充分发挥司法调解在矛盾纠纷多元化解机制中的引领、推动和保障作用，引导当事人选择诉外调解，进行司法确认，以司法确认方式结案11件。针对家庭暴力，六枝法院签发了

2016年3月21日，特区纪委、妇联组织部分女性领导干部及相关部门领导干部的配偶到六枝法院开展“家庭助廉”活动

六盘水市首例人身安全保护令，有力地保护了妇女儿童的合法权益。对符合小额诉讼程序的案件实行一审终裁。通过小额诉讼程序审结民商事案件13件。

【行政审判】全面贯彻落实修改后的行政诉讼法，有效处理行政争议，促进依法行政。从2015年5月1日起，六枝特区范围内的行政案件主要由六盘水市钟山区人民法院集中受理，六枝特区人民法院仅负责审理被诉行政行为是当场作出的行政案件及涉案款额为2000元以下并可以适用简易程序审理的简单行政案件，同时负责辖区内非诉行政执行案件的审查，协助配合有关法院开展行政审判工作。共审查非诉行政执行案件1件，办理国家赔偿案件2件，为委托法院送达各种法律文书40余份。

【执行工作】以全面落实“基本解决执行难问题”的工作部署为契机，借力信息化平台，建立执行指挥中心，对执行工作进行整体调度，成立执行警务中队，强化执行警务保障，增强执行威慑力，最大限度兑现权利人的合法权益。受理执行案件980件，执结891件，执结率90.64%，执行到位2317.6万元。

2016年5月28日，贵州省深化“平安家庭”创建暨贯彻实施反家庭暴力法工作经验交流会六枝法院观摩点

其中，开展涉民生专项执行行动5次，兑现执行款374.88万元。严格执行《最高人民法院关于公布失信被执行人名单信息的若干规定》，将200余名失信被执行人、50余家法人录入最高人民法院失信被执行人名单库，实施司法拘留30人，通过六盘水日报、六枝电视台、微视六枝等媒体曝光失信被执行人120余人次，强力挤压失信被执行人生存空间，迫使其履行法定义务。

【信访工作】 本着重心下移、公开依法、便民及时的原则，运行远程视频接访系统，努力减少群众涉诉上访负担，努力实现从走访到远程视频接访的申诉信访模式转变。2016年，共处理群众来信19件，接待重点来访人员36人次，全部答复；清理排查涉诉信访案件48件（含旧存案件），化解36件，化解率75%；上级交办信访案件7件，化解3件，化解率43%；特区人大常委会交办信访件12件，回复12件，回复率100%。

【司法便民】 完成了以院机关诉讼服务大厅为重点、人民法庭和网上立案为两翼的“三位一体”诉讼服务中心建设，安装便民交款机、启用导诉仪、开通诉讼服务网和12368诉讼服务热线，提供诉讼咨询、联系法官、案件信息查询、申诉信访、意见建议等诉讼服务。实现立案审查制向立案登记制转变，对符合法院受理条件的案件，做到有案必立、有诉必理，切实解决立案难问题。自实行立案登记制以来，共立案登记5579件。完善巡回法庭机制，努力做到就地立案、就地审理、就地执行，有问题能解答，遇纠纷能解决，巡回审理各类案件3000余件。同时创新QQ调解、视频调解、微信支付、远程开庭等工作方式，高效调解矛盾纠纷，减轻群众诉累。特区人民法院首次通过数字法庭异地远程审理一起合同诈骗案件，降低提押风险，节约诉讼成本，提高诉讼效率。通过信息化平台调解结案20余件。四是启动运行律师值班制度，引入律师作为第三方力量参与分流、化解涉诉信访案件，推动信访案件纳入法治化轨道，形成矛盾纠纷化解合力，保障当事人依法行使申诉权利。

【司法利民】 对老、弱、病、残或有特殊情形的当事人，在诉讼材料上注明“绿色”标识，开通特殊（困）群体绿色诉讼通道，简化案件交接手续，快立快审快结，提升办案速度。启用绿色诉讼通道审理案件共450余件。在试点基础上，分步运行人民法庭100元以下民事案件诉讼费免交机制，扩大受惠范围，彰显司法人文关怀。同时执行司法救助的有关规定，切实让经济确有困难的当事人打得起官司。2016年，100元以下诉讼费免交410件18400元；共实施司法救助358件13.9217万元。

2016年10月31日，六枝特区人民法院组织入额法官参加全省法院全面推开司法体制改革员额制法官颁证暨宣誓仪式

【司法公开】 在法院信息平台公开审判工作流程、管理制度、审判职能等基本情况，保障群众对法院工作的知情权。扎实推进审判流程、裁判文书和执行信息“三大公开”平台建设，院机关庭审全部实行全程同步录音录像，全面构建开放、动态、透明、便民的阳光司法机制。2016年，实现庭审全程同步录音录像4132次，共上网裁判文书1342份，裁判文书上网率100%。开展法院开放日活动，邀请“两代表一委员”旁听庭审，充分保障社会各界对法院工作的知情权和参与权，确保法院审判活动在“阳光”下运行，增强司法透明度，切实提升司法公信力。在接受监督的同时，通过旁听群众的桥梁宣传作用，增强了刑事审判的警示教育功能。积极与新闻宣传部门沟通协调，创办“阳光司法·和谐法治”宣传专栏，报道法院的专项活动及优秀法官事迹，展现快捷优质的法律服务，传播司法强音。其中，新闻稿《山寨响起法槌声》被中国法院网、《人民法院报》、《贵州日报》等知名媒体报道采用。“全国维护妇女儿童权益先进个人”肖维琼同志被中央媒体采访报道。2016年，被中央、省、市媒体采用稿件101篇次。

【司法改革】 立足工作实际，落实改革部署，以优化和调整审判组织为改革突破口，着力解决影响司法公正、制约司法能力的深层次问题，致力实现审判质效双提升。重点包括实行人员分类管理、优化审判权运行机制、强化职业保障、建立健全制度四个方面。制定的《贵州省六盘水市六枝特区人民法院司法体制改革试点方案》已获省高院审批。当前正积极推进人员分类管理、司法责任制、职业保障、人财物统管四个方面的改革，28 名法官进入员额。在推进司法体制改革工作中，六枝法院坚持顶层设计与探索创新相结合。积极开展庭审评比活动，探索改革庭审方式，进一步健全完善司法能力建设长效机制，不断促进队伍素质和审判质量的提升。运行法律文书“瘦身”工作机制，提升法官制作法律文书的能力和水平，在提高办案效率的同时，减轻办案法官的工作压力。2016 年 8 月重点推出的贵州省第一份令状式裁判文书，省高院予以充分肯定。

【司法能力建设】 在借助与贵州大学法学院共建“卓越法律人才教育培养基地”平台的同时，选派法官到外地法院挂职交流，全面实施教育强警、素质强警战略，加快法官职业化建设步伐，不断提升法官在新形势下化解社会矛盾和依法裁判的能力和水平。2016 年共外派干警学习培训 8 期 15 人次，外派挂职锻炼 5 人。

【司法廉政建设】 以实施司法廉洁工程为切入点，借力党风廉政警示教育基地，切实筑牢拒腐防变根基。积极推进教育、制度和监督相结合的惩防体系建设，全面落实党风廉政的主体责任和监督责任。充分运用反面典型抓好警示教育，以查处“关系案、人情案、金钱案”为重点，将“五个严禁”规定落到实处，确保司法廉洁。严格执行本院《司法廉洁案件回访制度》，主动发现问题，抓早抓小，早提醒、早纠正、早查处。2016 年共回访案件 21 件 23 人，同时廉政警示教育基地共接待特区纪委、特区妇联等 10 家单位 500 余人次接受廉政教育。

【司法作风建设】 充分利用群众路线教育实践活动成果，开展“四风”专项整治活动，以“零容忍”的态度解决“不严不实”的问题，最大程度避免“六难三案”现象。2016 年，共开展各类工作督查 31 次，下发督查通报 31 期。同时引导干警在审判执行工作中增强服务意识，拓展服务领域，把各项沟通民意的要求和措施落到实处，以干警的实际行动和良好形象取得群众认同，着力提升司法公信。

【表彰】 六枝特区人民法院荣获“全区组织系统网宣工作先进集体”荣誉称号，执行局荣立集体三等功，杨芬、陶鑫荣立个人三等功，肖维琼荣获全省优秀共产党员荣誉称号。

六枝特区人民检察院民生资金保护专项工作宣传活动

检察院

【领导名录】

党组书记、检察长： 余松

党组成员、副检察长： 何奇零　廖军伟　韩福彪

党组成员、政工科科长： 石焕祥

党组成员、党总支书记： 马贵明

党组成员、纪检组组长： 伍贤海

党组成员、反贪污贿赂局局长： 徐海

【内设机构】 内设控告申诉检察科、反贪污贿赂局、渎职侵权检察局、侦查监督科、公诉科、刑事执行监察局、民事行政检察科、职务犯罪预防科、纪检监察科、办公室、政工科、法警大队、案管办、技术科。现有中央政法专项编制 80 名，工勤编制 8 名，聘用制检察辅助人员 20 名，公益性保洁员岗位 4 名。在职在编检察人员 75 人，检察员 39 人。

【案件审查】 2016 年，共受理公安机关提请批

六枝特区人民检察院“两长”会议现场

准逮捕各类刑事案件291件412人。经审查，批捕251人，不捕153人；公诉部门共受理侦查部门移送审查起诉案件453件594人（含退查重报118件176人），经依法审查后向同级人民法院提起公诉360人，作出不起诉20人，移送其他院审查起诉23人，退回补充侦查176人；未成年人刑事检察部门共受理公安机关提请批准逮捕未成年人刑事案件21件24人，经审查，批捕15人，不捕9人（其中，构成犯罪无逮捕必要不捕2人，事实不清、证据不足不捕1人，不构成犯罪不捕4人，其他2人）；受理审查起诉未成年人刑事案件22件27人，经审查，依法向同级法院提起公诉27人。所移送审查起诉的案件均在法定期限内审结，无错案、超期羁押现象发生。

【查办和预防职务犯罪】 依托开展为期一年的民生资金保护专项工作，严查和预防职务犯罪，坚决查办发生在医疗、教育、征地拆迁、扶贫救济等民生领域的职务犯罪案件。反贪污贿赂部门立案侦查贪污贿赂犯罪案件13件18人，侦查终结7件8人，移送审查起诉11件13人，为国家和集体挽回直接经济损失120万元。反渎职侵权部门立案侦查渎职侵权犯罪案件2件4人。在查办案件的同时，进一步健全预防职务犯罪工作机制，深入各乡镇、国土局、供电局等部门开展职务犯罪预防专题讲座23次。与特区工商联、林业局、国土局等单位建立了职务犯罪预防工作联席会议制度，在全区聘请民生资金检察联络员，利用赶集天积极组织检察干警开展“百院千警、保民促廉”主题宣传活动，制作展板30块，发放宣传资料6000余份，接受群众咨询700余人次。充分发挥检察机关打击、保护、监督、预防等职能作用，积极营造有利于企业改革、创新、发展的良好法治环境，

六枝特区人民检察院“4+1”建设成果——检察赋

于5月、9月举办了两次检察长、董事长‘两长’座谈会。

【法律监督】 在办案中严把证据关、程序关，确保案件质量，对证据不足或不构成犯罪的刑事案件依法不批准逮捕94人，监督公安机关应当立案而不立案47件，现已立案25件30人，不应当立案而立案8件，已撤案6件。对公安机关在侦查活动中存在的违法侦查行为发出《纠正违法通知书》52份，对批准逮捕案件发出《逮捕案件继续侦查取证意见书》3份。认真做好羁押必要性审查工作，切实尊重和保障犯罪嫌疑人人权，对在押人员的案件均进行羁押必要性审查，经审查改变强制措施案件1件1人，提前介入引导侦查25次。刑事执行检察部门认真履行法律监督职责，对看守所收押释放在押人员进行全程监督，高度重视羁押期限监督和久押不决案件的清理，杜绝超期羁押的发生，全年共清理即将到期案件86人次，认真贯彻落实高检院《关于依法做好特赦部分服刑罪犯法律监督工作的通知》要求，严格依法做好特赦部分服刑罪犯法律监督工作。控告申诉检察部门充分发挥桥梁纽带作用，严格执行检察长接待日制度和首办责任制。控告申诉部门共受理人民群众来信来访47件（次），其中，检察长接访及批办案件8件（次）。

【生态环境违法犯罪】 开展严厉打击破坏生态环境违法犯罪专项行动，针对破坏生态环境资源的突出问题，通过与相关行政部门召开联席会议、查询行政执法档案、听取群众意见等多种形式，加强对破坏生态环境违法案件的监督，针对行政部门未及时履职的行为提出督促履行检察院建议51件，并及时予以跟踪。共向国土、森林公安等行政机关发出检察建议61份，就丁旗镇政府违法倾倒垃圾一案提起行政公益诉讼，立案侦查生态环保领域的职务犯罪13人，批准逮捕生态环保领域犯罪3人，提起公诉8人；向相关行政执法部门提出督促行政机关履行职责检察建议30件，均被相关部门采纳，督促行政机关落实“补植复绿”检察建议31件。

【刑事检察】 2016年，共受理移送审查批捕案件307件435人，依法批准和决定逮捕194件271人，不批捕113件164人。受理移送起诉案件1件1人，提起公诉320件419人，移送市院审查起诉19件26人，不起诉24件28人，公安机关撤回12件12人，退查136件198人。诉讼监督工作方面，对法院的审判活动进行监督，对漏移送起诉的追加罪名起诉被告人11人；对公安机关应当立案而不立案的，要求

公安机关说明不立案理由49件，公安机关已立案26件31人；对侦查活动中以及民事行政检察工作中发现的违法情况，书面提出纠正意见59份。

【反贪污贿赂工作】 2016年，立案侦查13件18人，所立案件中，贪污案6件11人，贿赂案6件6人，挪用公款1件1人。5万元以上大案13件18人。通过办案，为国家挽回经济损失144.1467万元。

【反渎职侵权工作】 2016年，受理案件线索1件，初查后立案侦查玩忽职守案1件1人。

司法行政

【局领导名录】

局　长： 梁斌＊　马武荣

副局长： 高正昌＊　李恒付　方勇

【内设机构】 内设办公室、政工科、法制宣传股、律师公证工作管理股、法律援助工作股（特区法律援助中心）、基层工作股（政务服务股）、社区矫正工作办公室、法规股、司法鉴定股9个职能科（股、室）。下设九龙、银壶、塔山、郎岱、关寨、牂牁、龙河、岩脚、落别、大用、木岗、新场、中寨、牛场、梭戛、新华、新窑、月亮河18个基层司法所。现有司法专项编制48名（其中：局机关18名，基层司法所30名），工勤人员编制3名，在职职工43人。主要从事法制宣传教育、法律服务、人民调解、法律援助、律师公证、社区矫正等工作。

【人民调解工作】 健全人民调解组织和队伍，强化人民调解员培训。配齐配强乡（镇）、村（居）和专业性调解员队伍。2016年，全区共有调委会266个，其中乡镇人民调解委员会18个，村人民调解委员会220个，居调解委员会24个，专业性人民调解委员会4个（交通事故纠纷调解委员会、劳动争议纠纷调解委员会、物业管理纠纷调解委员会、校园纠纷调解委员会）。全区人民调解员总数为1219名，调整充实了各级调解组织。规范人民调解工作制度。按照"六统一"的标准，将人民调解委员会标牌、印章、人民调解标识（徽章）、工作程序、工作制度、文书格式作了统一的要求。进一步规范了人民调解工作流程、协议制作、档案管理等。落实纠纷调解补贴经费，助推人民调解工作。2016年1月至11月，全区各级调解委员委会共调处矛盾纠纷366件，调解成功347件，调解成功率为94.8%。调解协议履行347件，其中5件引导双方当事人申请了司法确认；申报调解纠纷补贴185件，落实补贴经费30650元。

【法治宣传】 积极开展"3•8"妇女维权周、"五月综治宣传月"、"6•26"国际禁毒日宣传、"4•26"知识产权周、"保密法宣传月"等法治宣传教育活动。全区共开展各类法治宣传活动32余场，共举办法治文艺会演7场，举办吸毒人员现身说法12场，开展爱国主义和法治教育专题讲座3场。在各乡镇开展大型法治宣传教育活动18场次，在乡村举办法律讲座21场，编写印发六枝特区《全民学法用法知识宣传教育手册》1.5万余册，编写印发治安管理处罚法、土地管理法、农村土地承包法、婚姻法等5万余份。为加强宪法宣传夯实基础，印发《宪法》全文手册20000册，播放光碟20余场（次），提供法律咨询7000余人次，法治展板展出60余场（次），不断扩大群众受教育面。

【社区矫正工作】 2016年，累计接收社区服刑人员1169人，累计解除社区服刑人员880人、撤销缓刑15人、撤销假释4人，累计对暂予监外执行罪犯收监执行10人，累计再犯罪3人。现有在册社区服刑人员287人，其中缓刑227人，暂予监外执行

六枝特区司法局开展法治宣传咨询活动

六枝特区司法局组织举办全区人民调解员业务培训

12人，假释49人，管制1人。严格执行社区矫正衔接工作制度，对本辖区法院审判后实行社区矫正的人员及文书交接送达，严格按照社区矫正相关规定妥善处理。对本辖区以外的监狱、法院、看守所等机关送达的法律文书，进行认真核实登记，及时查找、联系社区矫正对象，及时向送达单位反馈相关情况，查找无果的人员按规定列入关注对象。对确属本辖区人员及时监管，非本辖区人员要求该矫正对象提供异地人矫证明备案，确保了无一人脱管漏管。

【安置帮教工作】 2016年，六枝特区共建立安置帮教小组262个，有帮教工作人员980人，形成区、乡（镇）、村（社区）三级帮教网络。1至11月，共收到刑满释放人员通知书458份，其中，刑满释放通知书517份，解除劳教通知书6份。返乡277人，安置173人，帮教277人，到监所接回刑释解戒人员161人。

【律师队伍诚信建设】 为加强律师队伍诚信建设，提高律师的综合素质，规范律师的执业行为，维护执业律师的职业声誉，促进律师行业的全面发展，根据《中华人民共和国律师法》及有关法律、法规，完善了《律师事务所投诉查处制度》和《律师诚信考核制度》。同时，为方便当事人投诉，投诉方式也保持多样化，可以通过信函、电话、传真和直接来访等方式投诉。对执业律师、实习律师在执业过程中有关诚信内容进行收集、披露、使用，建立诚信考核档案。诚信考核档案统一由主管部门保管。2016年，律师事务所共办理案件122件，其中，民事案件82件、刑事案件5件、行政案件2件、劳动争议案件3件、非诉讼案件10件，法律援助案件20件、担任法律顾问5家，收费共计62.67万元；公证处共办理各类公证事项587件，其中，民事公证465件，经济公证122件，接受援助中心指派的法律援助公证案件48件，接待法律咨询2124人次，接待来访4104人次，为经济困难户减少公证费322件，公证回访79次，调解纠纷18件，收取公证费25万余元。

【法律援助网络建设】 2016年，法律援助中心按照抓质量、强队伍的原则，结合各乡镇实际，及时调整全区各乡镇法律援助工作站及村级法律援助联络员，激活法律援助的机构网络。并经司法局党组研究同意，在六枝特区城镇法律服务所设立法律援助工作站，进一步畅通了困难群体申请法律援助的途径，让困难群众获得便捷的法律服务。共开展法律援助集中宣传6场次，进行法律援助培训1次40人；审查受理法律援助案件518件（其中民事案件461件；行政案件1件；刑事案件56件），受援人数447人。协助特区政府处理信访纠纷4件。

经济监督与管理

财 政

【局领导名录】

党组书记 杨光琦（彝）

局 长 索才兴（回）

副局长 田莉

纪检组长 王发昌

基层财政管理局局长 胡斌

国库集中收付管理局局长 李建国

非税收入管理局局长 王善辉

【机构设置】 内设机构有办公室、预算股、国库股、农业股、基层财政管理局、社会保障与经济建设股、税收法规和财政监督股。

【财政收入】 2016 年，六枝特区公共财政预算收入完成 126573 万元，同比增长 0.43%，其中：国税部门完成 6935 万元，同比减少 10.49%；地税部门完成 86070 万元，同比增长 0.73%；财政部门完成 33568 万元，同比增长 2.27%。基金预算收入完成 24316 万元，同比减少 52.4%，其中：国有土地使用权出让收入 23139 万元、城市基础设施配套费收入 659 万元、污水处理费收入 259 万元。

【财政支出】 2016 年，公共财政预算支出完成 446152 万元，同比上升 13.22%，增支 52107 万元。确保全区行政事业单位职工工资正常发放，全区职工工资性支出 113665 万元；农林水事务支出 64241 万元、科学技术支出 6957 万元、教育支出 108397 万元；社会保障和就业支出 38030 万元，逐步建立和完善社会保障体系；医疗卫生与计划生育支出 59774 万元；保证了国有企业下岗职工基本生活费和企业离退休人员养老金的发放；城市居民最低生活保障支出 3575 万元，农村居民最低生活保障资金 10353 万元，确保居民最低生活保障政策的落实。政府性基金支出完成 46632 万元，同比减少 28.31%。

【财政体制改革】 一是继续深化部门预算，力争使部门预算达到科学化、精细化水平；二是深化政府采购制度改革，规范采购行为，强化监督管理，进一步加强政府采购法规、采购程序的宣传，加强政府采购工作的管理，政府采购工作有序开展；三是继续推进国库集中收付制度改革及公务卡改革工作，目前全区行政事业单位国库集中收付管理制度改革稳步推进。

【财政资金管理】 加强非税收入管理，建立规范的行政事业性收费收入收缴管理制度，进一步完善了“依法征收、源头控制、以票管收、规范管理”的制度；强化支出管理。在财政预算尚未批准之前，财政部门，坚持做到量入为出、量力而行、保证重点、统筹兼顾、合理安排，按照先保吃饭、后搞建设的原则，合理调度资金，确保经济持续发展和社会稳定；加强和规范行政事业单位国有资产管理，确保国有资产保质增值；加大项目工程评审力度，确保了财政资金的安全有效运行，2016 年，通过对教育、交通及廉租房建设等项进行评审，送审金额 188690 万元，审定金额 149857 万元，审减资金 38837 万元，平均审减率 20.6%，减少了资金流失和贪污腐败现象的发生；加强财政监督。为进一步规范财政管理，提高财政服务水平，财政局对全区涉农资金、重大建设项目资金、财务综合检查等进行检查，现检查工作已全部结束。

【村级一事一议财政奖补项目建设】 2015 年村级一事一议财政奖补项目已经省级评优验收；实施 2016 年村级一事一议财政奖补项目，总投资 7496.8 万元（其中：财政奖补资金 6820.97 万元，群众投工投劳 675.83 万元）。申报 2017 年一事一议财政奖补项目。

【农业综合开发项目建设】 完成了陇脚乡 2014 年农业综合开发第二批资金土地治理项目，总投资 353.6 万元、高标准农田建设形成资产交由农民合作社持有和管护项目试点项目，总投资 210 万元；完成了2015年度高标准农田建设工程，总投资840万元、2015年度新型农业经营主体建设项目，总投资160万元。全部都竣工。2016年度农业综合开发高标准农田建设项目正在招投标。第二批资金土地治理项目正在实施。

【完善政府债务风险内控机制】积极建立政府债务风险内控机制债务风险应急处置预案，建立责任追究制度，强化债务风险管理。通过控制项目规模、压缩公用经费、处置存量资产、动用偿债准备金、债务冲评估等方式，多渠道筹集可用资金偿还债务。完善融资平台，特区民生公司内部管理制度建设，强化风险管理意识，多渠道筹集资本金，提高抵抗风险能力。完善健全鑫诺公司组织机构，加强公司制度建设，切实增加公司融资担保能力。

财政局局长索才欣检查农发项目

省财政厅验收一事一议项目

审 计

【局领导名录】

党组书记、局长　何兴品

党组成员、副局长 林 阳 刘永禄（回）

纪检组组长 赵燕鸿（女）

【内设机构】内设办公室、政策法规股、财政金融审计股、行政事业审计股、经济责任审计股、社会保障审计股、固定资产投资审计中心（事业）7个内设机构。核定行政编制14人，核定事业编制11人（专业技术岗位）。工勤人员编制2人。实有行政人员11人，事业人员8人。

【项目审计】2016年，完成特区本级财政预算执行及其他财政收支等审计项目18个，其中财政管理方面项目7个、经济责任审计项目4个、专项资金审计项目4个、审计调查项目3个。审计查出有问题金额58364万元（违规金额30万元、管理不规范金额58333万元），应上交财政1980万元，应归还原渠道资金1556万元，督促调账处理28617万元。审计报告、审计决定除执行期限未到的外，已全部整改完毕；完成政府性投资审计项目134个（含委托中介审计项目），完成送审总投资金额123823万元，审定总投资金额113178万元，审计核减投资额10645万元，核减率为8.6%，节约财政性资金10645万元；对全省第五届小城镇发展大会涉及的中心城区及3个主要乡镇小城镇建设等重大项目进行跟踪审计，按提供的资料结合现场跟踪，四个项目点节约投资近7000万元。全年向被审计单位提出审计建议163条。

【财政预算执行及其他财政收支审计】2016年，完成特区本级2015年度财政预算执行和其他财政收支情况审计；地方税收完成情况审计；2015年度县级财政预算资金收纳、划分、退库房、拨付情况审计；教育局2015年度财政预算执行和其他财政收支情况审计；新窑镇、郎岱镇牛场乡2015年度财政决算审计7个项目。

【领导干部任期经济责任审计】坚持“积极稳妥、量力而行，提高质量、防范风险”的原则，着力提高审计质量，加强对领导干部的审计监督，促进党政机关、事业单位的党风廉政建设。完成对4位区管干部（特区经济和信息化局局长、特区农业局局长、特区残联理事长、牛场乡乡长）任期经济责任审计。根据被审计对象应承担责任，对其做出了客观公正实事求是的评价，针对被审计单位存在问题和薄弱环节提出整改意见和建议14条。

【民生专项资金审计及审计调查】以维护民生、关系经济社会发展、涉及人民群众切身利益为出发点和落脚点，加强部分专项资金审计及审计调查。2016年完成2014年石漠化治理项目等7个专项审计及审计调查。抽人参加纪检监察机关组织的民生项目专项检查和村级财务审计。

局长何兴品慰问困难大学生，送去1000元的助学慰问金

【政府投资项目审计】加大审计技术软件的投入，先后投入了近2万元购置和升级投资审计专业软件，保证了投资审计的时效性。在全力完成自审项目的前提下，充分发挥中介审计的作用，已初步建立“制度执行统一，工作部署统一，标准尺度统一”的工作机制，对审计质量实行有效控制。

【党建扶贫】结合自身和帮扶村的实际，制定帮扶方案。在办公经费紧张的情况下，安排计生关爱资金支持帮扶村的人口与计生工作；党建扶贫点进行实地调研10次以上，深入200余户农户家中了解情况，与村支两委召开座谈会、分析会，分析该村党建工作存在的问题和不足，了解亟待解决的困难和村民所盼。从办公经费中挤出1万元为该村购置部分办公设备，改善办公条件。与有关部门协调，为该村解决资金49.71万元，修建1679平方米活动广场1个、串户路3594米、公厕1座、安装太阳能路灯55盏，解决群众活动场所。

【表彰】六枝特区审计局，2016年被六盘水市党的建设工作领导小组授予“全市同步小康驻村工作先进集体”。

“两学一做”学习教育动员大会

统 计

【局领导名录】

党组书记、局长：左永洪

党组副书记、纪检组组长：杨建州

副局长：汪希文 牟素贞（女，彝族） 赵 刚

乡镇统计管理办公室主任：邓祖明

乡镇统计管理办公室副主任：周平凹

乡镇统计管理办公室副主任：马平前（回）

【内设机构】六枝特区统计局内设办公室、综合统计与核算股、政策法规股（服务业股、投资股）和工农业能源股共四个股室。下设1个正科级事业单位和一个股级事业单位，即六枝特区乡镇统计管理办公室和六枝特区统计信息中心。六枝特区乡镇统计管理办公室内设综合股和小康监测中心，下设派驻19个乡镇统计站。全局核定行政编制8人，行政工勤人员1人；事业编制73人，共83八 。现实有在职人员74人，其中，行政编制8人，事业编制66人。

【各项经济指标完成情况】

（1）六枝特区生产总值

2016年，六枝特区生产总值完成165.3亿元，按可比价格计算，增长13%。其中：第一产业增加值 32.7 亿元，增长 6.3%；第二产业增加值 55.6 亿元，增长 12.3%；第三产业增加值 76.9 亿元，增长 16.5%。

（2）工业经济

2016 年，六枝特区工业增加值完成 46.5 亿元，同比增长 11.3%，其中：规模 2000 万元以上工业增加值完成 28.9 亿元，同比增长 10.8%。

（3）固定资产投资

2016 年，500 万元以上投资完成 196.4 亿元，同比增长 21.8%。

（4）社会消费品零售总额

2016 年，社会消费品零售总额完成 41 亿元，同比增长 13.1%。

（5）财政收入

2016 年，六枝特区财政总收入完成 15.6 亿元，同比下降 0.69%，其中：一般公共财政预算收入完成 12.7 亿元，同比增长 0.44%。

（6）城乡居民收入

2016 年，农村居民人均可支配收入达 7878.6 元，同比增长 11%；城镇居民人均可支配收入达 23457 元，同比增长 10%。

【扶贫工作】2016 年，到精准扶贫结对帮扶联系点新华镇新寨村和新坪村为 20 名困难党员、贫困户送去棉被 21 床、棉衣 21 件、大米 10 袋、面粉 10 袋；在"六一"前夕，组建慰问小组，到党建扶贫点梭戛乡顺利村开展慰问活动，为顺利小学 30 名贫困学生送去书包 30 个，价值为人民币 1500 元；帮助解决党建扶贫点梭戛乡平寨村和顺利村村委办公场所经费各 5000 元，共计 10000 元；解决 1 万元经费用于修补顺利小学存在安全隐患的路面和设施，确保孩子们人身安全，让他们健康快乐地成长。在农忙时节，为新华镇新寨村和新平村 21 户贫困户送去 10600 元，缓解贫困户购买化肥急需资金，其中 8000 元人民币从工作经费中拨付，2600 元人民币为职工筹集；10 月，开展"扶贫济困，奉献爱心"捐款活动，共募集资金 3200 元。

【"两学一做"学习教育实践活动】制定支部学习计划，每月按时开展集中学习会议、支部讲党课，学习党章党规、学习习近平系列讲话精神等；开展送党章、赠党徽，扎实开展"四亮一诺"活动；到同步小康驻村点开展"党的声音进万家、总书记话儿记心上"主题宣讲情况；结合"多彩贵州文明行动"及"四创"工作实际，深入开展党员志愿服务活动。"两学一做"学习教育实践活动进一步提升了全体党员的党性修养，补足了"精神之钙"，熔铸了"信仰之魂"，提升了实践能力，理想信念进一步坚定，工作信心进一步增强，工作作风进一步转变。同时加强了全体干部职工的团结心和凝聚力。

局党组书记、局长左永洪在梭戛乡顺利小学慰问

干部职工政治理论考试

国家统计局六枝调查队

【领导名录】

队　长　杨勤

挂职副队长　齐虹剑

【内设机构】办公室、业务一股、业务二股

【城乡住户一体化、贫困监测调查】按照国家方案要求，坚持每月按时收取和发送账页，入户走访

调查户，指导调查户如实填写家庭各项收入和支出，完成了城乡住户一体化调查、贫困监测调查前三季度数据的收集、编码和录入上报。组织召开了2017年城乡住户一体化样本大轮换工作会，并组织开展摸底工作。

【农产量和播种面积调查】2016年，农产量调查涉及8个乡镇13个点，组织人员深入调查点田间地头，查看农作物种植情况，完成了农户全年种植意向调查、农户农作物播种春播、夏播面积调查、夏收、秋收农作物预计产量和实割实测等季节性常规调查，按时上报各种报表数据。

【农民工监测调查】2016年，每季度在8个国家住户点对88户调查户进行逐户访问，收集农村劳动力就业基本情况和举家外出情况，外出从业人员及本地非农务工人员工作条件、收支情况、生活情况和社会保障情况，农村劳动力本地非农自营创业、务工情况等，完成了前三季度数据的录入审核上报。

【主要畜禽监测调查】2016年，完成4个畜禽监测调查小区223户、99户大中型养殖场户存栏、出栏、产品产量及出售价格等情况调查，加强对报表逻辑关系及真实性审核，完成前三季度主要畜禽监测数据录入审核上报。与农业局、统计局配合组织开展2016年主要畜禽监测调查、为2017年调查工作做准备。

【农产品价格和集贸市场价格调查】2016年，完成前三季度7个样本点18户农产品价格调查；每月完成7个集贸市场33个品种价格调查；完成中间消耗年报工作。

【全国劳动力调查工作】按照国家统计局和总队的要求，完成了10个国家住户点劳动力调查样本摸底清查工作；圆满完成劳动力调查工作。

【新增小微企业、个体经营跟踪调查】2016年，完成14个样本的管理，收集上报季度数据；完成小微建筑业调查6个样本核实和跟踪管理，及时向国家统计局数据中心上传数据。

【全国第三次农业普查工作】完成六枝特区内9个点45块样方的两次遥感测量工作。

【业务培训】加强对各乡（镇）调查统计人员、辅助调查员的业务培训。配合市队完成了乡镇调查员、辅助调查员和乡镇分管统计领导、特区机关相关单位领导及业务人员住户调查业务培训，与特区农业局、统计局配合完成了主要畜禽监测规模户、非农经营户统计业务培训、全国劳动力调查摸底培训、全国劳动力调查业务培训、农民工市民进程化监测调查业务培训。通过责任意识教育、业务知识讲解，进一步提高了调查统计人员、辅助调查员的责任意识和业务水平，为高质量完成基础工作提供了保障。

国土资源

【局领导名录】

局　长 龙启江

副局长 李江（苗族）　左吕

纪检组组长 周磊

执法监察大队队长 朱光兰（女）

地质灾害防治中心主任 蒙春

不动产登记中心主任 刘峻岗

【内设机构】内设机构有办公室、规划测绘股、耕地保护与建设用地股（地籍管理股）、地质环境股、矿产资源管理股、政策法规股和7个事业单位：国土资源执法监察大队、土地勘查规划所、地籍管理站、国土资源储备交易中心、土地开发整理中心、地质灾害防治中心、不动产登记中心，派出18个国土资源所。现有在职职工117人，其中行政5人，参公管理4人，全额事业83人，自收自支事业25人。

【建设用地报批】2016年，已上报3个城镇批次、1个工业批准及六枝至水城天然气支线管道项目用地，上报面积1107.174亩。其中第一批次城镇建设用地上报面积177.4335亩，主要涉及木贡温泉、汽车站、大畅面条、郎岱小城镇等建设用地；第二批次城镇建设用地上报面积110.3835亩，主要涉及郎岱农业园区、前中煤矿、中寨发展街等建设用地；第三批次城镇建设用地上报面积434.55亩，主要涉及郎岱人民路小区、郎岱百草园、主会场、郎岱农业园区（展厅南侧）、龙河镇双龙沙滩文化养生休闲娱乐度假村、木岗加油站；第一批次工业用地上报面积353.355亩，主要涉及木岗自来水厂用地、木岗加油加气站用地、木岗标准厂房用地、木岗物流中心用地、木岗圣济堂药厂用地、木岗标准厂房用地、六枝电厂仓储用地等建设用地；六枝至水城天然气支线管道项目上报面积为31.452亩。已获批复2个工业批次、4个城镇批次及大用35kv输变电站工程建设项目，批复面积1513.5亩，第1批次工业用地批复面积240.5085亩，主要涉及木岗污水处理厂、落别禾丰农业、宏顺燃气、飞舸电子以及LNG项目建设用地；第1批次城镇建设用地批复面积359.1285亩，主要涉及郎岱小城镇、南部新区及落别小城镇建设用地；第4批次城镇建设用地批复面积134.07亩，主要涉及岩脚小城镇建设、岩脚民康医院、岩脚污水处理厂、新场加油站、龙河镇加油站等建设用地；第二批次工业建设用地批复面积267.561亩，主要涉及六枝特区岩脚镇老卜底村、落别乡牛角村、木岗镇小木岗村等建设用地；第五批次城镇建设用地批复面积384.7515亩，主要涉及九龙街道茶山村、河湾社区、五龙村，岩脚镇高桥村、民乐村，龙河镇龙场村等建设用地；第六批次城镇建设用地批复面积91.5255亩，主要涉及新华镇新平村、月亮河乡花德村、岩脚镇岩脚村、新窑镇那玉村、塔山街道高峰村等建设用地；大用35kv输变电站工程建设项目批复面积3.69亩，主要涉及大用镇耳贡村、大用村等建设用地。全年报批批复建设用地目标为2000亩，完成全年工作的131.03%。

【征地服务】2016年，征地工作有23个项目，征地面积共计3258.7323亩，其中安六铁路645.8879亩、六枝特区至水城县天然气支线320.4154亩、六六高速补征9亩、城南大道征地8.9780亩、南环西路补征93.9429亩、阳光大道补征29.3156亩、平寨镇二中征地10.7814亩、六六东西互通补征6亩、懒板凳安置小区补征3亩、大用镇第三小学20.0498亩、岩脚镇第一小学9.8654亩、六定公路110亩、九方国际大酒店61.1713亩、六枝特区底溪养老院60亩、八中污水管道2.7484亩、七中污水管道0.6673亩、龙河镇第二幼儿园9亩；牂牁镇征地项目面积为1756.9086亩，其中郎毛公路503亩、夜郎王宫230.093亩、打那停车场93.204亩、那旁游客接待中心795.65亩、夜郎酒店78.3816亩、龙坡码头56.58亩。在征地工作中政策宣传到位、解释疏导深入、公开接受监督、阳光透明运作、维护群众利益，未发生群体上访事件。全年征地工作目标2200亩，完成全年工作的148.12%。

土地整治规划暨就地脱贫土地整治项目实施方案编制

【土地储备】2016年，已收储土地3024.33亩，其中：新增2109.01亩，存量915.32亩。

【土地交易】2016年，成交土地11宗，面积348.14亩，出让价款7074万元；正在市公共资源交易中心挂牌出让公告未成交土地2宗，总面积33.89亩，出让起始价款1202万元；拟出让土地方案上报政府4宗，面积123.19亩，预计出让金额4647万元。

【土地确权登记】2016年，调查农村集体建设用地和宅基地100632宗，调查土地面积27740.1225亩，审核颁发集体土地使用证59148份（其中：集体建设用地184份，宅基地58964份），颁证面积15796.2亩（集体建设用地84.9亩），确权登记发证率为已调查数的58.78%。

【农村宅基地审批】2016年，受理、审查、办结农村村民建房1695户，面积199027平方米，全年审查、办结农村宅基地目标600户，完成全年工作的282.5%。其中：耕地1951户，面积193998.14平方米；非耕地44户，面积5028.86平方米。受理土地转让88宗；初始登记24宗；遗失补证8宗；土地分户18宗；接受土地证办理咨询74宗。

【矿业权年检】2016年，下发了《六枝特区国土资源局关于开展2015年度采矿许可证年检工作的通知》，切实加强对采矿权人履行法定义务的监督管理。通过开展大量的基础性工作，按照国土资源部的要求实施了新的矿产资源补偿费的征收标准，网上应年检42个采矿权，其中市县级发证15家，省级发证27家，均已年检，上报率100％。

【地质灾害隐患巡查排查】 以汛前排查、汛中巡查为主线，多次组织各乡镇(街道、社区)和各责任部门(单位)，对全区范围内的地质灾害隐患进行了全面反复排查。全区共有各类地质灾害隐患点192处（入汛后增加4处），受威胁5588户23902人（入汛后增加48户214人），其中：特别危险点16处，受威胁人口974户4848人；特大型1处，大型7处，中型75处，小型109处；滑坡129处，崩塌43处，地面塌陷11处，地裂缝8处，泥石流1处。未发生造成人员伤亡和重大财产损失的地质灾害。

项目用地实物调查

【永久基本农田划定工作】 按照省市相关要求，已完成5000亩以上坝区永久基本农田基本划定工作，全区范围内10000亩大坝两个，5000亩大坝一个。省国土资源厅下发的万亩大坝耕地31479.39亩，5000亩大坝耕地6157.83亩，划定后，10000亩大坝基本农田23415.91亩，5000亩大坝基本农田为5812.87亩并已全部落实到地块、图斑。中心城区周边永久基本农田基本情况，按照省国土资源厅下发的特区中心城区周边范围线，土地总面积233980亩，其中耕地面积112275亩，土地利用总体规划确定的基本农田面积80280亩，划定后为73905亩，占城镇周边范围内总耕地的65.83%。

【法律宣传】 积极开展国土资源法律法规知识宣传教育，大力推进普法工作。在抓好日常宣传的基础上，以重大节日、纪念日宣传活动为平台，深化宣传教育效果。全年开展了第47个“世界地球日”、第26个“土地日”、“安全生产月”等宣传活动。活动设立了宣传台，悬挂布质宣传标语，利用局电子滚动屏播放宣传标语，向过往群众发放宣传资料1500余份，现场接受群众咨询40余人次。

【土地卫片执法监督检查】 通过对国土资源部下发的土地卫片图斑进行分析和调查核实，全区违法用地图斑15个图斑，其中320号所处位置土地上没有任何建（构）筑物覆盖，地块已进行了平整，所以该图斑未进行立案查处。剩余的14个违法图斑涉及15个违法案件，经过实测，违法用地总面积213.36亩(耕地面积125.16亩)，违法占耕比为6.08%（2014年度违法占耕比为5.29%）。对该批案件已经全部立案查处完毕，立案率、结案率均达100%，共收缴罚款186.27212万元，没收全部建（构）筑物面积18.005149万平方米，建（构）筑物已全部移交六枝特区财政局。

【旅游资源大普查工作】 2016年，完成六枝特区旅游资源大普查外业调查及县级初评工作。共调查旅游单体640个，其中：五级单体3个、四级单体7个、三级单体101个、二级单体137个、一级单体295个、未获级单体97个。

【耕地质量等别评价及监测评价】 一是国家自然等，按照1-4等、5-8等、9-12等、13-15等划分为优等地、高等地、中等地和低等地。其中，

国土所开展地质灾害隐患点巡查

六枝特区无优、高等地；中等地面积为56884.43公顷，占全区耕地评定总面积的84.2%；低等地面积为10673.61公顷，占全区耕地评定总面积的15.8%；二是国家利用等，按照1-4等、5-8等、9-12等、13-15等划分为优等地、高等地、中等地和低等地。其中，六枝特区无优等地；高等地面积为0.66公顷，占全区耕地评定总面积的0%；中等地面积为

59315.26公顷，占全区耕地评定总面积的87.7%；低等地面积为8242.12公顷，占全区耕地评定总面积的12.2%；三是国家级经济等，按照1–4等、5–8等、9–12等、13–15等划分为优等地、高等地、中等地和低等地。其中，六枝特区无优等地；高等地面积为1.38公顷，占全区耕地评定总面积的0%；中等地面积为

不动产产权登记办理

59205.7公顷，占全区耕地评定总面积的87.6%；低等地面积为8350.96公顷，占全区耕地评定总面积的12.36%。

市场监督管理

【局领导名录】

局　长　江浩*　安庆

副局长　李林　吴文刚

【机构设置】内设机构办公室、组织人事股、政策法规股、食品监督管理股、餐饮监督管理股、药品化妆品保健品医疗器械监管股、行政许可服务股、微型企业发展监督管理股、市场规范管理股（挂质量兴区办公室）、特种设备安全监察股、标准计量监管股、稽查局（三个稽查队：经济稽查队、质量计量稽查队、食品药品稽查队）、设立18个乡镇（社区）市场监管局分局、食品药品检验检测所、质量技术监督检测所、机关后勤服务中心、信息中心、市场投诉举报中心、市场消费者协会。

【市场主体培育】 推行一次性告知制、限时办结制、延时服务制、为重大招商引资项目开辟绿色通道等举措，提高办事效率；严格执行“先照后证”“三证合一、一照一码”等改革措施，放宽市场准入条件。2016年，新登记企业249户，注册资本242464万元；新登记农民专业合作社128户，出资总额20243万元；新登记个体工商户2443户，资金数额21370万元。对比上年同期，新登记企业数增长–68.96%，注册资金增加195.86%，新登记农民专业合作社数增长21.9%，出资总额增加75.52；新登记个体工商户增加36.71%，资金数额增加58.07%。

【市场主体信息公示和信息抽查工作】企业年报工作。应年报企业2726户，已报2408户，报送率88.33%，圆满完成了2016年企业年报工作任务。开展信息抽查工作。按照省工商局安排，应该抽查78户，全部完成抽查工作并按要求录入了数据。

【实体经济发展】 2016年，开展621户企业摸底及建档立卡工作，经核查，其中232户未正常经营或者无法联系，应该建档立卡389户，已经全部完成建档立卡工作。通过微型企业融资平台，帮助22户企业融资227万元。

【非公企业人才统计】 协助统计部门完成了1651户企业的人才统计工作。开展企业跟踪监测工作。按照（黔工商个〔2016〕3号）文件要求，2016年第2季度，对辖区内41户市场主体开展跟踪监测，其中企业19户，个体22户。已完成对41户市场主体跟踪监测数据的录入，其中正常经营36户，通过经营地址、电话无法联系的4户，已办理注销登记1户。

【食品安全监管】 和各分局分别签订《2016年食品安全责任书》，将食品安全监管责任具体落实到个人，避免责任面前相互推诿扯皮的情况发生。针对重要节日、重大活动、重点时段和重点区域制定食品安全检查工作实施方案，认真组织开展食品安全执法检查和餐饮服务保障工作。组织开展禽流感防控工作，确保全区未发生因疫情出现导致的市场恐慌和混乱、哄抬物价等现象，确保了全区市场平稳。开展食品安全抽检监测。共抽取505个批次的食品送检验机构检验，按时完成了省、市下达的食品（餐饮服务环节食品）及农产品抽样任务，经检验，有2家餐饮服务单位的煎炸油抽检不合格，已对两家单位进行立案调查，其余部分产品正在检验过程中。开展应急演练。按照《六枝特区食品安全委员会办公室

组织食品安全突发事故应急演练预案》的具体程序、内容，组织开展了食品安全事故应急演习演练行动，提升了对突发事件尤其是食品安全问题的处治能力和水平。开展“农业云”食品安全及涉及农产品的食品生产企业的数据采集，8月9日共对辖区内的8家涉及农产品的食品生产企业的数据采集，并在特区政府规定的时限内提前2天完成工作任务。开展农村食品安全“扫雷”专项整治行动。以农村食品生产加工小作坊、小摊贩、批发市场、乡镇集贸市场、中小学校园及其周边食品经营单位和学校（含托幼机构）食堂、农村集体聚餐等高风险业态为重点业态，以农村食品消费高风险时段和节日期间为重点时段，认真排查和梳理问题多发、易发的农村食品生产经营情况，切实加大食品安全突出问题和重点隐患专项治理力度，有力净化农村食品生产经营环境，全面提升农村食品安全总体水平。对辖区内的22户食品生产企业开展执法检查，并指导2户生产许可证到期的食品生产企业顺利通过换证现场审查，及时换发了新的食品生产许可证。认真开展食品安全示范创建工作。共有各类餐馆、学校食堂等餐饮服务单位1616家，实行量化分级总户1468户，其中A级5户，B级59户，C级1404户，待定级148户，注销56户。量化分级率95%。桃源新区1条餐饮服务示范街、六枝特区五中、六枝特区四中、六枝特区纽绅中学3家示范店已被省食药监局评为示范街和示范单位。建立学校食品安全信息共享机制。将特区教育局资助中心人员、各乡镇中心校负责人、中心校营养餐负责人加入特区市场监管局食品安全QQ群，实现食品安全信息共享。开展“四创”和“满意在贵州.文明在行动”创建工作。立足本局职责对辖区内餐饮服务单位开展专项整治，要求做到证照齐全、有“三防”设施、紫外线灭蚊灯、并落实餐饮服务食品安全量化分级相关要求等。

2016年，共检查各类食品市场主体、餐饮服务单位10000余户次，发现问题220条，完成整改220条。开展重大活动食品安全保障11次，培训接待单位食品从业人员70人次，保障人数25110人。开展从业人员食品安全知识培训共计1750余人，其中学校食堂从业人员1200余人，餐饮服务单位从业人员550余人。发放食品索证索票台账及潲水处置台账各400本，发放食品信息公示栏500份。

【药品安全监管】加强药品生产企业检查，从源头上保证药品质量。加强对原辅料的购进、验收、检验，成品储存、包装、检验、放行及销售的检查。是重点检查企业是否按照现行的生产工艺生产药品，加强投料及物料平衡的管理。加强对药品生产企业消防设施、配电设备、危险化学品管理等重点内容及特种设备等重大危险源的督查，加大对企业安全生产薄弱环节的监控，防止其他安全事故的发生。

严把药品经营许可准入关，突出流通环节整治，规范药品经营行为。从2016年1月1日药品零售许可工作和GSP认证工作下放以来，加强药品经营许可相关法律法规及办理程序的学习和培训，主动与上级业务部门汇报，争取业务上的支持和指导，主动与政务大厅沟通对接，熟悉掌握相关办理流程，使药品经营零售许可工作正式运转。共办理“药品经营许可证”18家，变更许可事项8家，GSP认证8家。加强零售药店GSP跟踪检查工作。以处方药品、含麻制剂、拆零药品、生物制品等药品为重点，加强药品进、销、存的监管，规范药品经营行为。同时在上年换证、认证工作的基础上，加强药品零售药店清查力度，取缔无证经营、出租出借许可证的行为。开展药品流通环节专项整治工作。针对山东疫苗事件药品流通领域中出现的问题，按照国家及省、市的安排部署，召开药品流通环节专项整治工作会议，引导企业开展自查。同时对药品批发企业实施重点检查，对其存在的问题提出整改意见并要求其及时进行整改。

严格药品使用环节监管，确保用药用械安全有效。以国家基本药物制度的实施及医疗机构药品电子监管的推行为契机，重点检查医疗机构药品及医疗器械（含诊断试剂）的购进、验收、贮存、养护，同时督促指导医疗机构开展药品不良反应及医疗器械不良事件监测，确保患者用药、用械安全。共上报药品不良反应报告210例，医疗器械不良事件监测47例。

加强药品监督抽验工作，确保药品质量安全。2016年，已开展药品监督抽样100批次，完成了市食药局下达的抽样任务。已收到药品检验报告书65份，不合格药品1批次，已对其进行立案调查。

针对重大节日和重要时段开展药品及医疗器械专项行动，确保辖区内用药用械安全。

2016年，共检查涉药单位290家次，发现过期医疗器械 20 批次，发现问题 27 条，整改 27 条。

【特种设备安全监管】 开展摸底排查工作，做到底数清、情况明。特区特种设备登记数量 1458（台、辆、条）、在用设备 674（台、辆、条），特种设备使用单位 299 家。其中锅炉登记数量 174 台，在用 22 台；压力容器登记数量 333 台，在用 171 台；电梯登记数量 503 台，在用 329 台；起重机械登记数量 321 台，在用 129 台；场（厂）内机动车辆登记数量 109 台，在用 8 台；游艺机及游乐设施登记数量 16 台，在用 13 台；压力管道登记数 2 条（18.88km），在用 2 条。在用特种设备比 2015 年增加 28.9%。二针对重大节日、重点时段和重点区域开展专项检查和日常安全隐患排查，确保辖区特种设备安全。共检查特种设备 2000 余台次，在用特种设备检查覆盖率为 100%，下发《特种设备安全监察指令书》40 余份，发现各类安全隐患 162 条，完成整改 162 条；督促完成特种设备定期检验 1000 余台次、录入安全检查记录 280 余份。开展电梯安全管理示范区创建工作。已将在用的 329 台电梯纳入“电梯应急处置平台”进行信息化管理；已张贴电梯应急救援提示牌 317 块，占在用电梯贴牌率 94%；电梯井道通信信号覆盖率 95%；组织特种设备使用单位、制造单位、安装维保维修单位召开安全事故案例分析解读及特种设备安全法制宣传大会，以提升特种设备安全事故应急处置能力；指导 58 家特种设备使用单位建立完善特种设备岗位责任、隐患治理、应急救援等安全管理制度，制定操作规程，保证特种设备安全运行，进一步明确了特种设备使用单位的安全主体责任。加强从业人员培训，提升从业人员业务能力。2 月，委托有资质的培训机构在六枝（华润）电厂举办了一期特种设备从业人员培训班，并于 3 月 20 日对 36 人报考特种设备从业人员进行了理论考试和实际考核，合格率达 97%。

【强化合同监管】 开展格式合同备案工作。共办理商品房买卖合同备案 5 份。扎实开展“守合同重信用”确认推荐工作。通过召开专题工作会议、实地走访、打电话、加微信等方式与企业申报人员保持密切联系，做到随时答复随时解疑，全力开展帮扶指导。共联系走访企业 60 余家次，成功帮扶 14 家企业得到省级“守重”单位认定。加大合同帮农工作力度。拟定《六枝特区“三变”改革股份合同管理办法》和《六枝特区“三变”改革入股合同示范文本》，规范“三变”改革入股操作，切实保障入股主体和经营主体权益。

【红盾护农工作】制定了《六枝特区市场监督管理局 2016 年红盾护农专项行动实施方案》。开展农资经营户摸底排查。全区共有农资经营户 280 户。开展 2016 年农资市场商品抽检。共抽取复混肥、复合肥、磷肥三个品种 5 个批次，经检验，其中有 3 个批次不合格，已对其进行了立案查处，从源头上堵住不合格化肥流入各乡镇市场。

【品牌建设，助推质量兴区工作】大力实施品牌战略。引导“落别多灵”、“石牛角”等 28 件商标申请注册，推荐“月亮河”（29、30）、“神贵”、“好万家”等 4 件商标申报贵州省著名商标的认定，对辖区内名牌产品证书即将到期企业进行帮扶，开展九层山茶、岱瓮杨梅国家地理标志产品保护申报和岩脚面国家地理标志产品保护示范区筹建工作。区内共有注册商标 530 件，在有效期内贵州省著名商标 16 件，获国家地理标志保护产品 3 个。实施标准备案。指导帮助 27 家企业进行企业标准公开声明，公开标准 50 项，涉及产品 67 种。开展监督抽检工作。完成工业产品监督抽样 39 批次，收到检验报告 23 份，检验结果均为合格，其余批次正在检验中。加大网络市场监管力度。深入开展“红盾网剑”专项行动，借助贵州省网络商品交易平台对辖区内的 32 家网站开展网上检查 603 次，在检查过程中未发现违法违章行为。指导 7 家网站成功备案获得电子标识。

【计量检定】 2016 年，共检定 11 个单位汽车衡 28 台（件），调试 11 台；10 个单位天平（电子、架盘）27 台（件）；19 个单位台案（电子、计价）秤 394 台（件），调试 165 台；4 个单位的 12 个加油站加油机 189 枪，调试 81 台，复检 4 台；10 个单位的混凝土拌和站 15 组 98 台，调试 17 台；6 个单位的血压计 107 台，修理调整 52 台；1 个单位戥秤 15 把;2 个单位电子吊秤 4 台;1 个单位汽车轮重仪 1 台。

【专项执法行动】2016 年，组织开展打击傍名牌、限制竞争、假冒伪劣，反垄断和反不正当竞争，质检利剑，旅游市场，汽柴油，境外电视网络接收设备，残疾人驾驶汽车辅助装置、防雾霾商品，认证产品及地理标志保护产品等专项行动，检查辖区内经营企业、个体工商户共1100余户次，对在检查过程中发现的假冒伪劣、无照经营、超范围经营、商标侵权等违法行为依法进行了查处。

【案件查办】 2016年，共办理行政处罚案件55件，罚没款30.65万元，未出现行政复议、行政诉讼和错案责任追究案件。

【“无传销乡镇、社区”示范创建】 2016年，联席办共制定下发文件11个，上报简报信息6期，创建示范“无传销村、居”的行政村、居委会67个，全区开展校园讲座75次，发放联系卡8974张，制作横幅标语474条，发放公开信101380封，设置宣传栏540块，发送手机短信23030条，建立打传队264个，建立黑名单数据库0个/0人，出租屋台账102个/3733户，流动人口台账270个/5260人。

【宣传活动】 2016年，组织开展了“3•15”消费者权益日、“6•26”国际禁毒日、食品安全宣传周、“5•20”世界计量日、预防野生菌食物中毒、质量月等系列宣传活动，共出动人员310余人（次），接受咨询1800余人（次）、发放宣传资料11800余份。

【“一会两站”建设】 2016年，共有消协分会26个，12315联络站249个，消费者投诉站249个。消费咨询与投诉处理。共接待来访、接受咨询210余人次，受理消费者投诉18件，为消费者挽回经济损失49870余元，其中获得加倍赔偿7410元。与20家企业签订“良好企业消费维权保民生承诺书”。

整治“无照无证”行为现场

特区市场监管局开展广告经营单位约谈

春耕时节开展农资抽检工作

经济贸易

【经信局领导名录】

党组书记 陈富强

局　长 丁勇

副局长 吴仕君 熊翱 朱建达（彝）

纪检组组长 邓连华

【机构设置】 特区经济和信息化局内设机构有：办公室、政策法规股、工业经济运行协调股（含工业“百千万”管理办）、发展规划和投资股、煤炭股、资源转化股、煤层气开发利用协调股、新能源和再生能源股、能源市场监管办（副科级）、信息网络管理股、企业股、商务股、外贸外资管理股、市场运行股、行业管理股、能源节约与科技装备股、资源节约利用股、储备管理股、流通管理股、园区协调办、国有资产管理办公室、煤调基金征收管理股。

【煤矿企业转型升级】 2016年，制定煤炭行业工作计划，加强煤炭行业督促检查，坚持每周联席会议制度，采取“一矿一策”强力推进煤矿企业复工复产。1-9月，区内15处生产矿井具备复工复产矿井有9处（化处、六龙、播雨、兴旺、凸山田、中渝、六家坝、猴子田、湘发煤矿）产能270万吨，占生产矿井数、产能数60%、65.38%。分别对已复产复工化处、六家坝煤矿进行督促检查和对停产停建的湘发煤矿和四新煤矿开展巡查工作，做到安全生产。按照六煤兼并重组〔2016〕4号文件要求，督促煤矿按时间节点完成兼并重组相关工作，全区煤矿实施方案批复保留矿井18处，现全区已完成矿区预划批复共计10处（杉树林煤矿、猴子田煤矿、青菜塘煤矿、宏顺发煤矿、播雨村、川黔友谊煤矿、兴旺煤矿、平桥煤矿、化处煤矿、聚鑫煤矿），川黔友谊煤矿正在做补勘资料，六龙煤矿正在办理矿区预划批复相关手续。

【新能源综合开发利用】 推进光伏扶贫项目、5319户贫困户具备安装条件，正在引进阳光电力集团实施；分布式太阳能项目，建成自然光伏分布式70千瓦，累计发电量4.86万千瓦时；完成郎岱洒志老虎坪和新窑洗马河村太阳能电站资源考察，光资源达到4600兆焦/平方米；引进中国电气集团签订政府层面合作协议、获得省能源局路条，投资5亿元，正在开展前期工作；大用现代农业光伏电站项目，引进贵州地丰源生态能源发展有限公司获得省能源局路条，开展前期工作。煤层气开发完成牛一井、牛三井、牛四井建设，牛1—6—1井台（1口直井，6口定向井）已完成第五口钻井；牛一井平台（1口直井，5口定向井）已开工第一口钻井；用好煤层勘探开发综合利用项目专项基金3.03亿元，采取公开招投标，四川川咨建设工程咨询有限责任公司作为代理机构。推进六六天然支管建设，9月底建成通气；推进城区天然气管网和利用工程项目建设，城镇中压管线建成46公里，庭院低压管网建成93公里，开通民用1930户，完成锅炉煤改气8户。

【“千企改造”工程】 以“千企改造”工程为抓手，全面提升企业升级工程，全区千企改造企业27家，完成投资5.23亿元。加大专项资金申报帮扶力度，全力解决企业资金紧张压力。帮助10家企业申报省级专项资金共830万元，正待省经信委审批。其中，岩脚大畅面业60000吨石磨面技改项目100万元；六枝特区中小企业服务中心建设项目80万元；六枝特区宏新建筑装饰材料50万元；贵州聚源科技咨询服务有限公司10万元，年选1000万枚绿壳鸡蛋建设项目40万元，六枝特区立高年产5000台技能环保不锈钢技改项目60万元，宏奇制药技改项目120万元，黔鹰电器3万台空气能技改项目120万元，天香茶叶技改100万元，黔华混凝土及免烧砖项目150万元。

【工业百千万工程】 全区工业“百千万”工程成员单位，深入企业开展帮扶工作，积极了解企业在生产、销售、资金、品牌等方面，寻求解决企业实际困难和问题。深入企业调研帮扶135人（次），协调帮助企业解决实际问题45个，经信部门重点解决协调（华润）六枝电厂与境内10处煤矿签订了意向性电煤供应协议，意向性合作产能达200万吨/年；协调重庆煤科院与六龙煤矿加强技术合作，引进新的瓦斯治理技术、设备，切实加强煤矿瓦斯治理技术人员与煤科院瓦斯治理专家之间的交流，从技术、设备方面解决瓦斯治理成本高的问题。根据市场价格，组织煤矿与六枝特区配煤公司洽谈，就煤价问题相互达成协议，鼓励煤矿进行融资，开拓市场，推进企业“百千万”工程取得新进展。

【信息基础建设】 认真落实省、市、特信息基础设施建设三年行动计划，积极支持大数据“云上贵州”网络建设发展。坚持以大数据建设发展为引领，开展医疗、卫生、农经、电商及社会服务，推进“聚通用”网络运用工作。1—10月信息基础设施建设投资达到1.458亿元，预计年末达到1.75亿元。新增光纤到户覆盖家庭数累计完成9.16万户，新建光缆线路0.125万公里，新增3G/LTE基站572个，城市宽带接入能力20兆用户覆盖比例达到15%，农村宽带接入能力4兆用户覆盖比例达到12%，行政村通宽带比例达到80%。城市有线电视网络双向化覆盖用户规模新增0.5317万户，农村家庭数字电视延伸覆盖数新增0.0706万户，高清交互数字电视用户规模新增0.2965万户。信息产业规模总量8.049亿元，同比增长22%。

【民营企业经济发展】 围绕一产抓转型、二产抓升级、三产抓优化要求，深入开展“民营经济服务年”活动，为特区实体经济提供优质社会保障，不断优化民营经济发展环境；努力把帮助企业提质增效、转型升级作为工作重点，大力改进工作作风，深入企业调查，不断调整民营经济结构，加快推进民营经济发展方式转变，着力解决民营企业融资难、融资贵等问题；不断提高民营经济在县域经济中的比重，民营经济在扩大就业、缩小城乡差距和区域差距、致富城乡居民、增加财政收入、促进社会发展等方面发挥了积极作用，促进了全区经济持续稳定健康发展。1—9月，全区民营经济完成增加值64.58亿元，同比增长17.96%，预计全年完成95.18亿元。其中：工业增加值完成35.99亿元，同比增长17.8%，全年预计50.68亿元；民营经济总产值完成208.94亿元，同比增长18.06%，全年预计283.52亿元；营业收入完成193.28亿元，同比增长14.9%。民营经济上交税金5.38亿元，同比增长14.65%；固定资产投资完成85.56亿元，同比增长21.52%。全区民营经济保持了平稳增长态势，民营经济总量、质量持续向好。

【大健康、投融资工作】 积极支持大健康医药产业发展工作，推进大健康医药系列项目建设。完成贵州宏奇药业公司二期工程前处理车间技改，设备安装进入调试阶段，与葵花药业合作进入实施阶段，计划到11月完成现有生产线的改造并恢复生产，同时签订《合作框架协议书》和《股权转让协议书》；推进六枝郎岱宜枝魔芋生产加工及基地建设项目，建成烘片、精粉、休闲食品、魔芋胶及化妆品生产线12条，现魔芋胶及化妆品生产线已安装调试完毕进入试生产。做大做强投融资平台企业，制定《六枝特区重点投融资企业建设管理办法》，加强对六枝特区民生发展有限责任公司等8家重点投融资平台企业的日常监管和业务指导。

【煤炭去产能工作】 按照六盘水市化解煤炭行业过剩产能实现脱困发展领导小组办公室去产能工作要求，六枝特区区2016年完成煤炭去产能任务45万吨。严格按照《贵州省化解煤炭行业过剩产能实现脱困发展领导小组办公室公告》要求及省、市召开的“全省钢铁、煤炭行业化解过剩产能实现脱困发展现场推进会”和“全市去产能工作专题会议”精神，采取“一矿一策”措施，分别制定了《六枝特区大用镇化处煤矿关闭工作实施方案》《六枝特区中柱煤矿关闭工作实施方案》工作领导小组，确保按照时间节点完成去产能工作任务。组织涉及关闭煤矿集团公司煤矿召开关闭工作动员会，分别发放省、市、特关闭文件、关闭标准；按照省、市化解办要求，及时组织特区化解办成员单位召开调度会，再安排、再部署，确保按期完成去产能关闭工作。中柱煤矿按要求于8月底关闭，化处煤炭分公司（北井）于9月14日关闭、于9月19日向市化解办报送关闭验收表及相关技术资料，矿井关闭率占计划100%，无任何事件发生。

【电子商务综合示范县建设】 学习借鉴外地经验，特区组团50余人赴省外、省内电商发展先进县学习，利用成功经验指导电商建设发展工作。抓强硬件建设，累计投入资金1700万元，建成六枝特区电子商务运营中心和贵农网六枝特区电商服务运营中心；落别云上六枝运营中心、郎岱电商园区孵化园、岩脚电商运营分中心；15个电商服务站已全部建设完毕并投入运营；共建成197个电子商务服务站，其中西部电商建设20个、邮乐网建设26个、贵农网建设130个、丝路电商5个、个人自建16个。六枝共有“贵州省百佳特色网店”2家，1人成为“贵州省电子商务百名讲师团成员”。引进电商企业，中国网络菜市场、贵农网、浙江颐高集团等进驻六枝，电商主体企业不断增多，为六枝的电商发展提供必要支持。

【电商流业建设】 加快电商建设带动物流发展，全区物流快递企业发展达到25家、营业网点210个，其中包括邮政快递营业网点22个，承担全区120万件进口、24万件出口的邮件收发和投递上门服务，邮政入驻县城快递企业24家，全区加快物流快递实现城乡全覆盖。争取多方工作和资金支持，投入资金29.83万元，加快电商物流中心建设于9月建成投入运营。对25家农特产品生产企业进行电商新业态培育，促进转型、扩大销售、增加收入。扩大电子商务在农业农村领域应用空间，推动电商新业态扶贫，拓宽农村电商融合发展渠道，不断繁荣电子商务进农村市场。组织特色农产品上架达到1000多个品种，丰富电商供销，做强网上交易业务，助推农村同步小康。“凉都购”、“黔货网”交易平台上线运营良好，1-9月全区电商上行销售额突破千万元大关，达1306万元，直接或间接带动贫困户就业，增加贫困户收入。

【行业安全监管】 以加油站、加气站（点）为重点，进一步完善落实安全生产责任制，深入开展打非治违和隐患排查治理工作，突出抓好重点行业领域安全专项整治工作。按照《六盘水市油气化安全隐患整治攻坚工作方案》和《市商务和粮食局关于开展全市油气存储安全专项大检查的通知》精神，进一步深化危险化学品领域的安全生产经营活动，加强加油站、加气站的安全管理，确保安全生产，坚决遏止安全事故的发生。认真细化落实各项工作，不断规范成品油市场管理，为成品油营造良好的经营环境。制定安全年度计划，落实行业安全责任，开展安全月活动。坚持汛期值班守护、雨季检查、督查，及时发现问题，强化整改落实，及时将安全隐患消除在萌芽状态。1-10 月，开展各类安全检查 35 次、168 人，整改问题 38 个、整改完成率 100%。

【仓储管理】 发挥粮食行政管理职责，确保粮食行业安全流通。指导企业做好省、县两级储备粮管理及轮换工作，完成 2016 年省级储备粮轮换 1822 吨，完成 2015 年县级储备粮 3000 吨。5 月完成农户存粮调查工作，在木岗、新华、月亮河等乡镇开展 2016 年农户存粮调查，调查农户 60 户。6 月份完成全国粮食清仓查库工作，清查粮食 6000 吨。加强粮食安全管理，做到“有库必到、有仓必到、有粮必查、查必彻底”，开展每季 1 次安全生产大检查。对全区 60 户农户、20 户居民、5% 的餐馆饮食、粮食加工企业、转化用粮企业等粮油消费群体进行粮油供需平衡调查。开展“危仓老库”改造，六枝粮油总公司和六枝粮食直属仓库已按程序完成项目。六枝粮油仓库及专业市场项目建设，已向特区政府上报合作框架协议。

国家税务

【领导名录】

党组书记、局长 孟曼莉（女）

副局长 谭立 高晓云 龚红星 魏正刚

【机构设置】内设机构有办公室、人事教育科、办公室、财务科、税源科、征收管理科、政策法规科、收入核算科。1 个直属机构（稽查局），3 个派出机构（岩脚税务分局、那克税务分局、郎岱税务分局），1 个事业单位（信息中心）。编制 85 人，现在岗干部 72 人。

【税收】2016 年，通过“两核查一比对”有效运用、房开企业数字化管理、重点税源管理分片包干等，煤、电、建材三大支柱行业税收在震荡中实现大幅增长，实现组织收入量增质优。全年完成全口径税收收入 27200 万元，同比增长 80.44%，增收 12126 万元。区政府公共财政收入（县级收入）完成 6905 万元，同比增长 130.42%，增收 3908 万元。

【税收减免】 2016 年，实现各类减免 3094 户（次），共计减免税收 5154.49 万元。优惠政策的落实，使政策红利得到充分释放，减轻了中小企业及个体工商户的负担，对促进其发展发挥了积极作用。

【扶贫帮扶】 2016 年，单位干部职工捐款 6650 元为特困户送 3000 元慰问金，为 34 户困难户送油、米等生活品价值 3650 元。完成对 258 户贫困户基础信息采集核实和建档立卡工作。

【纳税服务】一是升级 “告知” 方式，将“二维码”一次性告知图标进行编排后，放置在展示架上，将涉税事项准确、方便、快捷的一次性告知。同时制作二维码名片，为密切征纳关系开辟了一条捷径。二是提升办税承载，结合“练兵、比武”强化学习培训，有效地提高了办税服务水平和能力，让能力的提升，提高办税服务承载力；三是责任化服务，统一尺度，对国地税两个办税服务厅前台劳务派遣人员进行综合考核，杜绝互相推诿扯皮现象发生，促使各类事项在争着干、抢着干的局面中优质、高效办理。

【税收征管】 2016 年，排查涉税风险企业 200

余户，调整应纳税所得额8.5万元，补缴税款1.7万元，调整亏损额3.23万元。充分运用社会化协税护税机制，区局每月15日前督促财政、发改、国土、房管等16个部门传递相关涉税信息。制定下发重点税源管理分片包干实施方案，领导带队走访企业36次。

【营改增】 细化任务、责任到人、倒排工期、统筹推进“四大行业”营改增工作，使得能开票、会申报等节点任务圆满完成，营改增税制顺利转换。充分借鉴各单位的好经验、好做法，采取“全面采集，精细管理，统筹分析，跟踪服务”的征管模式开展“四大行业”税收征管工作。2016年，四大行业入库税收7780万元（其中，建筑业4235万元、房地产业1751万元、金融保险业1234万元、生活服务业560万元）。

【干部队伍素质建设】 将“业务大比武、岗位大练兵”与全面实施“升蓝”行动紧密融合，形成“比学赶超”的良好氛围。2016年，参加社会化知识报考人数：税务师21人、注会1人、司法考试2人、审计师1人、会计从业资格证29人、厨师2人，共56人。在干部考核上，按照“奖勤罚懒、好加差减、合理兑现”的要求，制定考核兑现方案，对干部职工

六枝国税局召开营改增扩围动员大会

六枝国税2016年召开国税工作会

六枝国税局送救灾物资到牛场乡尖岩村

的“钱袋子”动真碰硬，干部职工绩效管理意识得到提升，队伍活力得到激发。同时，以组织绩效指标任务承接为基础，结合分局、部门工作实际，制定岗责体系表，明晰个人工作职责。

【“两学一做”学习教育活动】 各支部按照局机关党委“武装头脑、指导实践、推动工作”的要求，积极参与“大宣讲”“大讲堂”“大培训”“大排查”及“手抄党章100天”活动，同时每季度开展专题学习讨论、开展读书学习活动等活动，打牢“学”的基础。用“做”创业绩。各支部党员将学习成果转化为自觉行动，将“两学一做”学习教育深度融合到“营改增”扩围、“升蓝”行动和党建扶贫工作中。用“心”赢好评。各支部还以纳税服务提升年活动为契机，成立党员志愿者服务队，帮助纳税人特事特办、急事急办，最大限度方便纳税人，得到了纳税人和社会各界的肯定和好评。

地方税务

【局领导名录】

党组书记、局长 杨珑

党组成员、纪检组组长 毛宇

党组成员、副局长 林建森

副局长 顾家慧（女）

党组成员、机关党委书记 张玉堂

一分局局长 阮运华

二分局局长 饶茂红

三分局局长 吴卿

四分局局长 韩福建

五分局局长 付剑峰

六分局局长 施健

七分局局长 李韬

【机构设置】内设机构有办公室、政策法规股、计划财务股、人事股、机关党办、监察室、征管和科技发展股、电子税务中心，现有干部职工71人。

【税收收入】2016年，结合经济发展及税源实际，认真开展税收调查，及时分解收入预期目标；并加强对各税源管理分局的指导，牢牢把握组织收入工作的主动权。同时，以纳税评估为抓手，以税收风险管理为载体，以税收强制措施为后盾，切实加强税收征管，堵塞征管漏洞，大力组织收入。共组织两项收入104，566.32万元，完成公共预算收入86,599.26万元，同比增长-8.52%。

【征管信息共享】 落实国家税务总局规定，对应办未办营业执照的纳税人严格按照规定纳入管理，加强与市场监管部门信息数据共享，补充完整涉税登记信息，确保征管基础数据准确、及时。积极组织业务知识和各类征管软件操作培训，统一规范操作标准，提高业务工作水平。

【税务票证管理】 加大对税收票证和发票的管理力度，落实发票、税票岗位分岗分职制度。及时发现和解决税务票证管理工作中存在的问题，按季开展税收票证自查工作，对出现的问题进行深入分析，制定整改措施，提高了票证管理水平。

【税收执法】 坚持亮证执法，做到取证合法，规范使用税收法律文书；坚持执法实体合法，做到税款计算等准确无误。借助纳税评估手段，认真开展所得税汇算清缴工作，提升所得税汇算工作科学化、精细化的管理水平。2016年应参加汇算企业380户，同比增加70户，增长22.25%。指派专人深入到征收一线和纳税企业，先后开展分税种、分项目的税源调查和政策调研，写出了指导性较强，理论水平较高的调查报告，先后对煤炭资源税改革前后负担变化统计调查、非金属矿产品资源税等进行了调查和研究，为全局资源税征管工作提供了可靠的依据。

【优惠政策落实】 严把减免税备案和审批关，按照不同审批项目、备案项目的具体要求，认真审核相关资料、数据，对审批项目由减免税委员会集体审议，增加征管透明度。按照相关政策规定，到2016年12月22日共办理减免税9984户，减免税费2436.61万元。其中营业税650.20万元，个人所得税920.2万元，耕地占用税201.4万元，契税410.88万元，房产税0.03万元，土地使用税51.49万元，印花税17.21万元，城建税29.2万元，教育费附加36.5万元，地方教育费附加24.3万元，企业所得税62.7万元。

【"营改增"工作】 移交管户数据，对省局下发的管户数据进行核实并进行分类上报，并对调查核实表进行了双方签字确认，共核实4575户次。安排各分局对2015年及2016年1—4月的营业税缴纳情况进行统计，对辖区内的房开、建安项目进行摸底调查。共调查政府性投资项目350个、非政府性投资69个、BT项目7个、煤矿技改项目3个、房开项目27个。国税局向地税局提供6套税控装置，国地税双方相互配合将所有征收点的发票开具系统及委托代征发票开具系统安装完毕并调试成功，具备办理国税前台业务的条件，实现了"一人一窗单机双系统"办理，达到"进一家门、办两家事"的联合办税目标。

【税法宣传】与六枝国税局加强深度合作，结合工作实际，全面分析纳税人的具体情况，整合宣传资源，紧紧围绕税收工作主题，开展了"政、税、企共话营改增"、"诚信纳税 税银助您发展"等系列宣传活动，有力推动了"营改增"落到实处，营造良好的舆论氛围。以微博、微信、六枝电视台、微视六枝等为载体做好宣传，营造良好的税收宣传氛围。税收宣活动中共接受咨询2100余人次，国地税联合发放税收宣传资料7000余份，在局办公大楼、各分局、各街道、企业等地张贴宣传海报160余幅，悬挂以"聚焦营改增试点 助力供给侧改革"为宣传主题的横幅共46幅，共计编发税收管理信息26条。

【纳税人培训】 2016年，举办八期纳税人培训班，共计300户企业财务人员参加培训。培训从税收常用法律法规、纳税人权利与义务、办税流程和网上申报软件操作等方面进行讲解，帮助纳税人正确行使自身权利，不断优化纳税服务、密切征纳关系、倡导诚信纳税、营造依法诚信纳税社会氛围。

【“两学一做”学习教育】 5月3日，召开“两学一做”学习教育动员部署会，全面启动学习教育。认真组织学习“两学一做”学习教育有关会议和重要指示精神，把思想统一到中央、省委、市委和区委的部署要求上来，明确了学习教育的意义、目标、任务和要求，认真履行主体责任，把开展“两学一做”学习教育作为一项重大政治任务，尽好责、抓到位、见实效。

【精神文明建设】 发挥工会作为党联系职工的桥梁和纽带作用，实施送温暖工程。工会组织全体干部职工参加健康体检；爱心献血活动；平时做好对生病、受伤职工的关心慰问工作。开展“三八”节纪念活动，营造了生动活泼、和谐稳定、团结协作、健康向上的良好氛围，提高了全体女职工综合素质和积极向上的精神面貌。以“五四”青年节活动为契机，开展“妇代会主任上讲台”普法宣讲活动，组织全局29名妇女同志参加会议，进一步增强了女职工学法懂法守法用法的积极性，提高依法维权的水平和能力。开展“家庭助廉”促廉政风险防范活动。结合区纪委、区妇联《关于在全区开展“家庭助廉”活动的实施方案》，组织全局党员干部接受警示教育，共向干部职工家属发放“家庭助廉”倡议书48份，干部职工与家属签定了25份承诺书，并组织召开了“廉洁家庭，促和谐”家庭助廉座谈会，以家属寄语制作成警示牌，提醒干部职工增强廉洁自律意识、倡导廉洁家风，助力“家庭助廉”。

【组织建设】 建立健全党建工作目标责任考核制度，促进各项党建工作开展，把党建工作任务落到实处。严格发展党员程序。坚持成熟一个发展一个的原则，严格预审制度及发展程序，保证发展重点和质量。进一步加强对预备党员的培养教育和考察，对考察合格的预备党员按时办理转正手续。2016年发展入党积极分子11人，预备党员3人，及时做好党员组织关系接转工作。认真开展民主评议工作。在党员干部中认真开展批评和自我批评，进行党员民意调查，对优秀党员进行表彰，对支部建设中的不足进行研究，制定整改措施。

【廉政教育】 加强领导干部党风廉政教育，深入开展理想信念和廉政勤政教育。认真学习党的十八大精神，结合税收工作实际，抓好廉洁从税、岗位廉政教育。牢固树立马克思主义的世界观、人生观、价值观，形成正确的权力观、地位观、利益观和社会主义荣辱观。开展预防职务犯罪专题讲座活动，以教育预防规范人。把廉政教育作为领导干部和地税党员干部的必修课，做好涉税廉政宣传和舆论引导工作。坚持在各类培训中开设廉政课程，提高培训效果。认真开展党风廉政日，深入推进廉政文化创建工作。围绕社会主义核心价值体系，结合社会公德，职业道德、家庭美德、个人品德和法制教育；开展丰富多彩的廉政文化创建活动。结合机关作风建设，深入开展依法行政、勤政廉政教育，结合家庭美德和社会公德教育，形成“以廉为荣、以贪为耻”的社会风尚。使廉政文

2016年12月20日，六枝特区“国地财”三家联合税收分析会

2016年4月23日，国地税联合税收宣传工作现场

2016年11月28日，纪念长征胜利八十周年·国地税联合道德讲堂活动

化建设与税收各项工作相互促进、相得益彰，使廉洁理念深入人心，塑造地税干部秉公执法、廉洁从税的精神品格。

【教育培训】按照市局统一部署，认真制定政治理论学习计划、干部教育培训工作计划，有序地开展好各项工作。根据市局《岗位大练兵方案》，制定区局《岗位大练兵方案》。认真选派符合条件的干部职工参加省局、市局组织的各类培训。截止12月底，共组织63人参加培训。组织税源管理分局管理员到水城县参加资源税改革业务培训，为资源税改革做好人员准备。制定2016年政治理论学习计划及干部教育培训工作计划，每月定期由各分局、股（室）组织开展全局政治理论学习，举办政治业务学习3期。认真做好志愿者培训人员参训工作。

供销社

【领导名录】

主　任　黄　平

副主任　郑刚　姜　芳（女）

【机构设置】内设机构有办公室、人事教育股、资产管理与财务股、合作指导与经济发展股、农村电子商务股。

【主要经济指标】2016年，完成销售总额4.5亿元，同比增长152%，完成年计划2亿元的215 %。完成资产总额8040万元；所有者权益2200万元。

【农村电商工作】特区政府5月7日与“贵农网”签订合作框架协议，供销社积极开展村（居）级电子商务服务站点、县级运营中心及仓储物流中心的选点及建设工作。现全区共建设“贵农网”村（居）级电子商务服务站点130个，县级运营中心及仓储物流中心1个，共投入资金1000余万元，于11月中旬上线运行。

【基层供销社建设】投资500余万元，改造了新华供销社危旧用房，已投入使用。投资300万元改造岩脚供销社，正在进行装修。投资2500万元改造郎岱供销社，主体工程已基本完工，年底投入使用。投资200万元改造中寨供销社，主体工程已完工，现已招商入驻。

【农资供应】2016年，超额完成了市政府下达的5000吨化肥储备任务，共组织供应各种化肥13000吨。

【社有资产管理】把社有资产管理和开发使用作为推动系统整体工作的重要抓手，管好盘活现有的资产，做大做强资产文章，使系统逐步走上了良性发展的轨道。抓好系统所有资产的管理、维护，并以核算单位为基本单位，建立了固定资产明细账和备查账，详细载明资产的结构、位置、购建时间、数量、价值以及状态。联社对各单位资产情况实行不定期抽查，凡账实不符者，对照制度，严格处罚，没有出现社有资产流失现象。

【安全生产】联社党组牢固树立安全生产意识，全面落实好安全生产领导责任制。健全并落实各项安全制度。强化安全生产经营制度建设，完善一系列的安全规章制度，明确企业一把手为安全生产经营直接责任人，使安全生产经营工作有了制度保障；针对重点单位、重点部位，加强食品安全管理。利用到基层社指导协调工作的机会对大用、云盘、木岗、新华、堕却、郎岱、中寨、岩脚的现有市场（超市）进行了食品安全检查，实行定期不定期督导检查，有效地杜绝了安全生产事故的发生，确保全系统人员、财产安全。全年未发生安全事件。

【“两学一做”学习教育活动】根据特区有关部署要求，结合供销社实际，积极开展“两学一做”

电子商务培训

学习教育工作，取得了显著实效。一是开展党组织关系排查。围绕不遗漏一名党员的目标，按照要求积极排查支部党员组织关系，做到台账清晰。二是开展党费收缴专项检查。三是在机关全体党员干部职工中开展“手抄《中国共产党纪律处分条例》60天”活动。四是依托“三会一课”制度，带领党员认真学习《党章》《中国共产党廉洁自律准则》《中国共产党纪律处分条例》及习总书记的系列讲话及论述摘编。五是在支部党员中开展了大讨论，确保“两学一做”学习教育深入人心，取得实效。六是在支部党员中开展存在问题大排查，着力解决支部班子、成员、党员在思想、组织、作风方面存在的问题，教育引导班子成员、党员以党员的标准规范言行，充分发挥先锋模范作用。

烟草专卖

【领导名录】

局　长（经理）　陈开然

副局长　刘　旋

副经理　罗学刚　王鹏翔

【机构设置】内设机构有综合办公室、专卖管理办公室、区域营销部 、烤烟项目组、内部专卖管理监督室、纪检监察室 、财务室 、安监办、、人事政工办公室九部门。下辖三个中队、三个大厅、二个站（点）：稽查一中队（城区）、城区服务大厅 、稽查二中队（岩脚）、岩脚服务大厅 、稽查三中队（郎岱）、郎岱服务大厅 、稽查机动中队、牛场烟叶收购点 、梭戛烟叶收购点。2016年，共有职工84人（含2名内退人员）。

【卷烟销售】2016年，共销售卷烟18576箱，完成计划任务的100.02%，其中贵烟销售7325箱，完成计划任务的96.47%；单箱结构27500元，完成计划任务的101.06%；销售收入50945.03万元，完成计划任务的100.8%。省产卷烟销量占比达20.82%，省外卷烟销量占比达79.18%。共发展现代终端客户数525户，终端覆盖率为21.32%，全区纳入网上配货的客户数121户，占4.91%。网上支付客户648户，完成年度目标任务52.25%。

【专卖管理】 全年日常检查零售户共计9672户次，专项检查行动7次，共计查获未在当地烟草专卖批发企业进货案件75起，查获卷烟2702.8条，案值32.4万元。完成网络案件1起，涉案卷烟105.78万支（查获实物卷烟46.68万支，查实有证据证实卷烟59.1万支），涉案金额40.43万元（实物价值18.46万元，查实有证据证实的金额21.97万元），刑拘1人，批捕1人，逮捕1人，判刑1人。查获“双30”案件1起，卷烟2198条，案值16.68万元。。查获五万元以上案件6起，其中未在当地烟草专卖批发企业进货2起，卷烟543条，案值10.07万元。烟叶案件2起，查获烟叶20.19吨，案值91.95万元，现已刑拘6人，批捕1人，逮捕1人，网上追逃1人。无烟草专卖品准运证运输烟草专卖品（卷烟）案件1起，查获卷烟2198条，案值16.68万元。查获无烟草专卖零售许可证经营烟草制品案件1起，查获卷烟385.7条，案值6.45万元。一万元以上五万元以下案件9起，查获卷烟1288.5条，案值16.57万元。查获无证经营案件37起，查获卷烟1344.3条，案值17.6万元。查获销售非法生产的烟草制品案件1起，查获卷烟70条，案值0.73万元。

【烟叶生产】2016年，安排烟叶种植计划2200

市烟草局查看烤烟长势情况

市烟草局对烤烟进行调研

亩，收购计划 5500 担。全区共落实烟农 61 户，涉及两个种烟乡镇、9 个村、20 个种烟组，户均种植 36.06 亩。共收购烟叶 5652.71 担，占收购计划的 102.78%，担均价 992.30 元，上等烟比例 19.06%，中等烟比例 66.05%，烟农户均种烟收入 9.2 万元（不含补贴），烟叶生产得到稳健发展。

【培训】 2016 年，于 3 月、6 月、9 月、11 月组织专卖人员开展法律法规及业务知识的专题培训，利用“六五普法”活动等机会，提升专卖队伍的法律意识和业务素质，通过培训，使全体专卖人员认清行业形势，增强危机感、紧迫感和使命感。

【安全管理】 2016 年，层层签订安全生产目标责任书，着重加强安全教育培训，邀请特区交警大队专家，组织对全员开展交通安全知识教育培训；着重加大安全检查力度，进行各类安全大排查 52 次，对各部门进行例行安全检查 80 人次，查出事故隐患 29 条，开出隐患整改通知书 29 份，落实整改 29 条，整改率为 100%；着重加强节假日期间安全生产监督管理工作和节假日期间的 24 小时安全维稳值班制度。全年未发生安全事故。

【企业管理】 实行基层工作“一肩挑”制度，把具备忠诚品质、敢于直面问题、敢于担当的中层干部，选拔到基层服务大厅和对应稽查中队，实行基层卷烟营销工作“一肩挑”，建立职责明晰、行为规范、运转协调的管理运作机制，取得了资源高度整合、工作形成合力、办事效率提高、工作作风明显转变、服务水平明显提升的良好效果。制定推行干部召回管理制度，强化队伍管理。对不能尽职尽责的营销中层干部、职工进行召回“回炉淬火”，为确保召回制度工作落地生根，县局党组还成立综合督察小组，对工作期限内工作不到位、效率不高的员工进行效能监察，全年召回卷烟营销中层干部 3 人次。

投资促进

【局领导名录】

局　长：牟艳（女）

副局长：韦世艺（女）　宋家浩

【机构设置】 六枝特区投资促进局成立于 2011 年 12 月，为全额拨款事业单位。内设机构 6 个，即综合股、投资招商股、投资促进股、代办服务股、企业扶持股、宣传招商股。编制 20 人，实有人数 11 人。

【增比进位指标完成情况】 2016 年，全区 3000 万元以上省外项目实际到位资金完成 189.78 亿元，完成全年目标任务数 143 亿元的 132.71%，到位资金增速 2.35%；引进省外 3000 万元以上项目 54 个，完成全年目标任务 40 个项目数的 135%；投资总额 226.25 亿元，完成全年目标任务数 220 亿元的 102.84%；新开工项目 54 个（其中：新建项目 52 个，续建项目 2 个），新项目开工率为 97.57%；新增投产项目 48 个，完成全年投产项目数 40 个的 120%；投产率为 59.22%；引进大北农集团、宗申集团两

贵州省投资促进局领导到六枝特区检查项目建设工作

家 500 强企业，完成全年目标新引进 500 强 1 家的 200%。全区增比进位进入全省经济强县第一方阵，排名第 11 位。

【招商工作】 2016 年，根据省、市投资促进局和特区党委、政府的工作安排，制定了每月外出招商计划，由特区领导带队按照计划赴长三角、珠三角、京津渝地区分产业开展招商活动，全年领导干部带

企业融资产品介绍会

"情系家乡 共谋发展"新春恳谈会

头招商和小分队外出招商162余次，其中组织招商小分队外出开展招商活动62次，对接102家企业，邀请客商251余人次到六枝实地考察，引进省外亿元以上项目44个，成功引进大北农集团、宗申集团两家500强企业入驻六枝。

【项目评审】 建立健全《六枝特区招商引资项目评审机制》，为签约项目落地做好前期评审工作，拒绝高污染、高能耗和粗放型项目进驻六枝特区，达不到合理用能标准和节能设计规范要求的项目，不得审批、核准、备案。项目建成后，达不到合理用能标准和节能设计规范要求的，不予验收。对未经批准擅自建设的，要依法追究直接负责人的责任。2016年，由特区投资促进局牵头组织环保、住建、国土、规划等部门召开项目评审会议8次，对212个储备项目和17个精包装项目进行了全覆盖论证。

【招商宣传】 一是安排专人维护公众网和门户网，及时发布招商引资信息和招商资源，让更多人了解六枝、了解六枝的招商引资工作。二是指定专人对微博微信平台进行管理。全年共发布招商信息200余条；微博发布信息300条。三是收集整理特区领导、部门、乡（镇、社区）的招商动态，每月编发一期招商引资大事记，为特区领导的招商引资决策提供依据参考，全年共编发十二期。四是利用电视台专栏——"扶持实体经济、助推群众小康"，宣传全区招商引资、扶持实体经济整体情况。

六枝特区与北京大北农集团签约仪式

【协调服务】 坚持"想企业之所想，急企业之所急"，安排专人不定期深入企业走访调研，及时掌握企业的困难和问题。2016年，帮助六枝特区源青房地产开发有限公司、贵州鸿森茶叶发展有限公司、贵州志靖云农业发展有限公司等129个项目协调解决生产建设过程中遇到的困难和问题。努力形成"服务招商、以情留商"的比较优势，切实维护企业利益，全力推进招商引资项目落地。

农林水气象

农 业

【局领导名录】

局　长：王士福

副局长：姜宏　廖冰

科技事业局局长　王兴华

副局长　杨厚科

纪检组长　卢涛（布依）

草地生态畜牧业发展中心副主任：　蔡兴鹏

地震台　谢燕燕（女）

贵州省农业广播电视学校六枝分校校长　黄清

农村综合培训中心主任　刘登海

【内设机构】内设机构有办公室（应急管理办公室）、政策调研股（政务服务股）、计划财务股（农业园区管理办公室）、农村经济经营与对外经济合作管理股、新农村建设与社会发展股、农产品质量监管与农村能源股、种植业与畜牧兽医渔业综合管理股、畜禽屠宰管理股（特区畜禽屠宰管理办公室）、农机监督管理股（农机安全监理所）、科学技术与知识产权管理股。

现辖科技事业局、草地生态畜牧业发展中心2个正科级单位，地震台、贵州省农业广播电视学校六枝分校、农村综合培训中心3个副科级事业单位。内设10个行政股室、1个参公单位、22个事业单位。现有干部职工157人，其中公务员24人，参公人员10人，机关工勤3人，事业人员108人，事业工人12人。具有高级职称的11人，中级职称的54人，初级职称的55人。

【农业产业“3155”工程】六枝特区“3155工程”涉及全区15个乡（镇）、4个社区，重点围绕“三线三区三带”规划布局，主要在六六高速、水黄公路等六枝境内重要交通沿线，郎岱园区、大用园区等园区周围，牂牁江、廻龙溪等景区景点周边发展农业特色产业。2016年，新增农业特色产业38.7万亩，其中：茶叶7.5万亩，核桃4.43万亩，蔬菜3.14万亩，中药材6.61万亩，油茶0.7万亩，花卉苗圃0.4万亩，刺梨4.94万亩，猕猴桃1万亩，特色经果7.95万亩，人工种草及改良草地2.03万亩。

全区建成万亩以上产业基地12个，其中建成落别、新华、新场、牛场等万亩茶叶基地7个，建成月亮河、郎岱、龙河等万亩精品水果基地5个。主要是落别茶叶基地、大用茶叶基地、新华茶叶基地、郎岱茶叶基地、月亮河茶叶基地、新场茶叶基地、牛场茶叶基地，落别樱桃车厘子基地、月亮河精品水果基地、郎岱精品水果基地、龙河精品水果基地、关寨核桃基地等12个。

围绕六六高速、水黄、六郎、贵烟等重要交通沿线规划布局，辐射其他交通沿线乡镇发展林下经济17.02万亩，其中：马铃薯3.21万亩、蔬菜（含魔芋）0.83万亩、大豆1.56万亩、薏仁1.51万亩、中药材1.8万亩、万寿菊5.01万亩、向日葵、花生、红薯、杂粮等作物3.1万亩。建成16家农产品加工厂（茶叶加工厂15家，粮油加工厂1家），涉及11个乡（镇、社区），15个村。

【农业产业园区建设】2016年，新增1个省级重点园区、1个省级一般园区，全区省级园区达8个（其中省级重点园区3个）；建成茶叶、车厘子、猕猴桃、核桃、中药材等特色产业基地。引进和培育企业126家，其中市级及以上龙头企业24家；培育农民专业合作社187家。完成主干道801千米、机耕道556千米、生产便道514千米、沟渠（含管网）703千米；完成总投资60.5亿元，占年度目标28亿元的216.1%；总产值89.14亿元，占年度计划81亿元110.05%；总销售收入74.29亿元。占年度计划65亿元114.3%。

【“四在农家·美丽乡村”建设】“六项行动计划”完成情况。2016年，全区“四在农家·美丽乡村”基础设施建设六项行动计划总投资96989.5万元，完成投资93603.6万元，占计划96.51%。小康路：计划实施527.4公里，投资42978.5万元。完成投资37443万元，占计划的87.12%。小康水：计划解决农村5.7687万人饮水问题，发展农村耕地灌溉面积0.4万亩，计划投资9466万元。开工建设

优质肉牛养殖

牂牁江园区猕猴桃基地

农村饮水安全巩固提升工程5处，解决人饮2.25万人；发展耕地灌溉面积2.14万亩，完成投资8414.6

云上六枝运营中心

万元，占计划的88.89%。小康房（小康房、农危房改造）：计划实施小康房438户、农危房改造3447户，投资28236万元。小康房竣工438户；农危房改造竣工3408户；完成投资28622万元，占计划投资的100.01%。小康电：实施农村电网改造升级，计划投资3667万元，完成投资3667万元，占计划的100%。小康讯：（通信部分）计划实施月亮河乡木厂村通信网络全覆盖工程，投资35万元，完成投资35万元，占计划的100%。小康寨：计划实施“三改三治”及庭院硬化10438户，垃圾收集处理8个，饮用水源地保护2个，便民设施68个，文体活动设施67个，污水处理102个，通组（寨）道路192公里，人行步道90公里，照明设施1828盏，计划投资12607万元；完成庭院硬化10440户，垃圾处理19个，饮用水源地保护4个，便民设施68个，文体活动设施80个，污水处理设施102个，通组公路193公里，人行步道92公里，照明设施安装2548套，其他（文化长廊、文体墙、绿化、休闲亭、沟渠、河道治理、人行桥、花池）121个，完成投资15422万元，占计划的122.33%。完成四在农家民居改造2871户，其中：六六”公路沿线完成501户，六郎公路沿线完成2341户，水黄公路沿线29户。示范创建情况。2016年根据市政府批复郎岱镇青菜塘村、牂牁镇田坝寨、落别乡水塘寨、岩脚镇太和村为市级“四在农家·美丽乡村”示范创建点。郎岱镇青菜塘、岩脚镇太和村、落别乡牛角村水塘寨3个示范点已按计划实施完成，并起到示范创建的效果，牂牁镇田坝寨正在建设，完成投资290万元。

【农村土地承包经营权确权登记颁证】全区农村土地承包经营权确权登记颁证工作涉及15个乡镇3个街道220个村2352个村民组16.37万户，涉及二调国土面积101.33万亩。航空影像数据获取正射影像图（DOM）工作已于2015年12月完成。全区各乡镇（社区）都分别再次召开宣传动员大会，三个作业公司对各乡镇（社区）工作人员、村组长开展业务培训。入户摸底调查（户籍信息、二轮土地延包资料、发包方调查表、承包方调查表、户主声明书）工作已全部完成，累计完成外业入户（实测矢量化）调查82.31万亩，占国土二调面积的81.23%，43个村正在进行一轮公示，52个村正在进行二轮公示、资料审核，42个村正在签订合同，83个村已签完合同。

【农产品质量安全体系建设】把“三品一标”认证登记作为提升农产品质量水平和品牌打造的重要手段，在原有的基础上扩大无公害农产品、绿色食品和有机农产品的面积。新增无公害认证面积14.9万亩，新增无公害产品认证7个，地理标志保护产品“月亮河鸭蛋”。全区无公害产地面积达51.6万亩，获得无公害农（畜）产品产地认定和产品认证52个、绿色食品2个（宜枝魔芋、岩脚面条）、有机食品3个（月亮河有机大米、雾峰有机苦荞米、陇脚有机猕猴桃）、地理标志产品6个（岩脚面、郎岱酱、牛场辣椒、落别樱桃、六枝龙胆草、月亮河鸭蛋）；启动绿色食品认证3家（岩脚“廻龙溪面条”、“牂牁江”菜籽油和“月亮河鸭蛋”）；完成监督抽样送检样品165个；完成速测1626个，上传省电子监测点1624个，合格率100%。抓好农产品质量安全监管。检查农资经营企业386户，检查种养殖基地（养殖小区）56次，签订农产品质量安全承诺书52家，共立案12件，涉案物资240公斤；检查农药市场91次，其中检查农药品41次，全区未发现销售和使用甲安磷、滴滴涕、毒鼠强等高毒农药。

林下散养鸡

【农业产业化经营】组织六枝特区兴伟种养殖农民专业合作社等6家企业拟申报第八批省级农业产业化经营重点龙头企业，并由贵州省农业产业化经营联席会议办公室评审认定通过；组织六枝特区月亮河种养殖专业合作社和六枝特区兴伟种养殖农民专业合作社申报2016年国家农民合作社示范社，经省农委推荐，现六枝特区月亮河种养殖专业合作社已报国家农业部待批复；组织贵州星鼎农业发展有限公司、六枝特区朝华农业科技有限公司、六枝特区安文种养殖农民专业合作社等13家企业申报的第十一批、十二批市级龙头企业已上报六盘水市农业产业化经营办公室，待批复；组织六枝特区岩脚大畅面业有限公司、六枝特区九层山土特产开发有限公司、贵州鸿森茶业发展有限公司、六枝特区宜枝魔芋生物科技有限公司、六枝特区月亮河种养殖专业合作社等多家企业参加2016第三届“生态凉都.高山珍品”高原山地特色农产品展销会、中国绿色食品博览会、贵阳农交会等7次参展。二是加大对农业龙头企业的培育和扶持力度，加强“郎岱酱”、“岩脚面”、“牛场辣椒”、“龙胆草”、“落别樱桃”等国家地理标志产品的品牌创建和保护工作，加强质量监管，做大做强“牂牁江”品牌。重点培育茶叶企业、农产品加工企业，拟入规企业4家（天香茶叶开发有限公司、六枝特区鸿森茶叶有限公司、牂牁江农业开发有限公司、九层山茶叶开展有限公司），其中天香茶叶开发有限公司营业执照等手续已变更完成；全区新增农业企业202家，其中种植业74家；畜牧业100家；渔业3家；农产品加工业18家；农、林、牧、渔服务业7家。全区省、市级农业产业化经营重点龙头企业36家，其中省级14家，市级22家，农民专业合作社达607家。省级农民合作社示范社3家；省三星级家庭农场2家。

【六枝农业云平台建设】六枝农业云平台是以六枝农产品质量安全追溯体系建设为基础，按照农产品生产有记录、信息可查询、流向可跟踪、责任可追究、产品可召回、质量有保障的总体要求，应用现代二维码等信息技术将农产品生产、运输流通、加工的各个节点信息互联互通，实现对种植业产品、动物产品从生产到餐桌的全程质量管控。围绕六枝茶叶、猕猴桃、核桃、樱桃（车厘子）、蔬菜、畜产品等优势产业，建设而成的区级数据信息资源共享中心和“高效安全、实时监测、智能预警”的农产品质量安全智慧监管云平台。

六枝农业云平台以农产品质量安全智慧监管体系建设项目为总体框架，具体包括“一中心八系统”。“一中心”为六枝特区农产品智慧监管中心。由电子地图管理模块、企业监管管理模块、生产监管管理模块、机构管理模块、产品召回管理模块、工作督察管理模块、追溯查询管理模块等七个管理模块组成。“八系统”包括茶叶追溯管理系统、果蔬追溯管理系统、粮油追溯管理系统、视频监控系统、检疫检测接口系统、农资信息化监管系统、风险评估预警管理系统、信用评价服务系统。

农业云项目一期（2016年）建设内容包括六枝特区农产品质量安全智慧监管综合中心管理平台（云上六枝运营中心）1套，建成园区、种养基地、加工基地视频监管点18个。

【规模养殖场建设】建成岩脚镇草原合作社千头牛场、大用镇惠牧养殖场万头猪场、关寨镇道地合作社10万羽蛋鸡场3个大型养殖场。与北京大北农集团签约，投资15亿元在六枝特区建设年出栏100万头生猪的养殖基地建设项目。全区现有规模养殖场95个。其中：养猪100头以上的养殖户36家，养殖规模5758头。养牛50头以上的养殖户17家，养殖规模971头。养羊100只以上养殖场15家，养殖规模2693只。蛋鸡养殖场13家，存栏蛋鸡15.03万羽。养殖肉鸡10000羽以上的养殖场8家，饲养规模9.8万羽。养鸭10000羽以上的养鸭场6户，养殖规模9.8万羽。

【畜牧品种改良】猪改点：全区建有猪人工授精点50个，已完成猪人工授精配种1.72万头，推广杂交猪26.05万头，其中三元杂交猪21.02万头，二元杂交猪5.03万头，引进良种公猪8头，良种母猪265头；牛改点：全区现牛改点36个，其中冻配点20个，鲜配点16个，已改良配种能繁母牛11010头，其中冻配9520头，鲜配1490头；羊改点：全区现有羊改点24个，已改良配种羊6020只，产羔羊6600只，新增羊存栏6950只；良种禽、兔、蜂推广：推广良种禽140.2万羽，推广良种兔1650只，推广意蜂1400群。

【特种养殖及增殖放流】在大用农业产业园区车厘子基地建成云贵中蜂保种扩繁场，养殖云贵中蜂1400余箱；引进六盘水佳河水产养殖有限公司在落别乡板照村实施稻蟹、稻虾立体养殖171余亩，发展肉兔养殖场7家，养殖种兔14500只，竹鼠养殖场2家，山鸡养殖场、肉鸽养殖场、大鲵养殖场各1家。在牂牁江流域、阿珠河流域开展增殖放流，投放鱼苗480万尾，其中：牂牁江投放鱼苗367.5万尾（鲢鱼、鳙鱼、鲤鱼、鲫鱼）、阿珠河投放112.5万尾鱼苗（鲢鱼、鳙鱼）。

【饲草饲料推广】 以规模养牛、养羊场为重点，指导完成人工种草12120亩，占全年任务数的101%；完成冬闲田种草24200亩，占全年任务数的100.8%；完成草地改良面积13050亩，占全年任务数的100.4%；完成秸秆处理50700吨，占全年任务数的101.4%。抽检饲料25批次，合格率96%；完成“瘦肉精”检测555批次任务，未检测出一例阳性。

【农机工作】 农机拥有量达3.25万台（套），农机总动力42.1万千瓦，完成全年目标任务的110.78%。单位耕地面积拥有农机总动力达0.41千瓦/亩。组织开展农机具义务检修及技术咨询培训活动，义务检修农机具237台（套），培训机手及修理工400余人次；组织9台拖拉机无偿投入农业园区五家农民专业合作社开展机耕作业服务，投入1台联合收割机到岩脚小麦生产基地开展机收服务；组织2.56万台（次）农机具投入农田作业服务，完成机耕面积31万亩，机灌面积7.93万亩。办理农机购置补贴指标确认书1445份，补贴农民和农民专业合作社（含农业企业）购置微耕机、拖拉机、农产品加工机械、茶叶生产机械等各类机具1493台（套）、使用中央补贴资金121.92万元，受益户数1370户。开展安全检查128次，出动检查人员320人次，排查出安全隐患107起并督促整改到位。

【农资市场监管】抓好种子备案登记管理，执行种子备案登记管理制度，做到有据可查，有据可依，营造公平、干净的种子经营环境，形成规范的种子市场。2016年共发放备案登记证明192个，其中追加备案登记数量59个。进入种子市场的种子经营企业30家，备案登记的杂交玉米品种87个，备种28.2万公斤，供种26.03万公斤；杂交水稻品种75个，备种13.5万公斤，供种12.28万公斤。对于不合格的种子企业、种子经销户、两杂品种，坚决不予办理备案登记。组织开展农资打假、肥料专项整治、茶叶质量安全专项整治、农业投入品抽检等执法工作，共出动执法人员386人（次），全面检查农资生产经营企业24个次、种养殖基地26个次，对全区31个农资市场进行巡回检查，共检查农资市场98场次、农资经营主体239户次，查办农资案件12起（其中种子案件8起，兽药案件1起、肥料案件2起、饲料案件1起），查获违法农资1217公斤，货值4350元，没收违法所得3130元，处以罚款44650元，为群众挽回经济损失约15万余元。

【科技工作】组织企业申报发明专利15项，六枝月亮河鸭蛋获批为国家农业部地理标志保护产品；立案查处假冒专利案件15件。对市、区级项目进行指导服务；贵州六枝特区猕猴桃农业科技示范园获省科技厅批准为省级农业科技示范园区；组织申报省、市科技项目13个，其中省级5个、市级8个，获批准立项6个，其中获批实施省级项目2个、省市合作科技计划项目2个；市级科技项目4个。完成2015年度科普统计工作及2015年度综合科技进步水平指数统计监测数据填报工作。加强同中科大、市农科院合作。与中科大建立六枝特区功能农业示范区，优先选定茶叶、有机大米、猕猴桃3个“单品冠军”试验示范，完成富硒大米基地500亩、富硒猕猴桃试验5亩、富硒茶试验3亩；与六盘水市农科院共同打造科研试验基地，协助市农科院搞好各项科研试验及引进苗木引种试验。完成10家科技型企业备案。申报成功省级农业科技示范园区一家（贵州六枝特区猕猴桃农业科技示范园区）。积极开展防灾减灾宣传工作，加强地震应急疏散演练，认真做好六枝特区地震安全工作，权限内新建、改建、扩建建设工程抗震设防要求的审批工作等。

【宣传与培训】 在贵州农业信息系统、特区公众信息网、特区党建网。等信息平台报送信息216条。完成“三农”调研报告6篇，为特区党委、政府提供农业农村经济运行报告8篇。完成农业专业技术人员继续教育培训280人，其中：农学专业120人；农机专业60人；养殖专业100人；完成266人的一户一技能培训工作，其中：创业培训100人、职业技能培训100人、岗前培训66人，涉及精准扶贫户19户。

四在农家·美丽乡村

【农业招商引资】2016年，招商引资总额达到10.61亿元，到位资金总额6.25亿元。招商引资储备项目共5个（其中亿元项目5个），总投资17.28亿元，已签约项目8个，签约项目资金10.61亿元，项目到位资金6.25亿元。固定资产投资储备项目12个（其中亿元项目10个），总投资13.5亿元，已成功入库项目10个（其中亿元项目10个），共投资13.4亿元。

【党风廉政建设】将党风廉政建设和反腐败工作纳入目标考核管理的重要内容，与业务工作同安排、同部署、同落实、同检查、同考核。严明党的各项纪律，认真组织全体干部职工学习和全面贯彻执行党的路线方针政策、决议决定和中央、省、市、特区重大决策部署。建立健全各项管理制度。结合农业局实际研究制定了《六枝特区农业局年度目标考核奖惩办法》《六枝特区农业局关于出差审批程序和差旅费报销的规定》《六枝特区农业局事业人员聘用专业技术职务实施办法》，修改完善了《六枝特区农业局百分制考核管理办法》，做到用制度管人管事，制度面前人人平等。推进警示教育常态化，结合“两学一做”学习教育的开展，将开展警示教育活动作为常态性工作，组织广大干部职工认真学习中共的十八届五中、六中全会精神、习近平同志重要讲话精神和中央、省、市、特区党委政府关于党风廉政、作风建设的各项纪律规定，及时向广大干部职工通报中央、省、市、和特区违反作风建设规定典型案例。落实“两个责任”约谈，为强化全局党员干部“四个意识”，将党风廉政约谈作为加强党员干部的一堂必修课进行安排部署落实，局党组和纪检组及时发现党员干部党风廉政方面存在的问题，教育帮助党员干部正视问题，最大限度地发挥约谈教育提醒和警示震慑作用。六是结合落实省委脱贫攻坚“1+10”、市委“1+10+6”文件精神，抓住农业民生项目资金监管核心，对2011—2016年农业项目资金使用管理进行检查清理，召开检查清理工作部署会，要求先由项目实施股室进行自查，局检查领导小组进行全面清查，自查严格按照“谁主管、谁负责”原则坚决不回避问题，如实填写项目资金使用情况、项目实施完成情况。

林　业

【局领导名录】

局　长 路林（彝）

党组副书记、纪检组组长 王翔

副局长 王鹏* 周林（女） 谌雨

森林公安局局长 龙家松

副局长 王峥荣 谷军

政委 谭明跃

月亮河省级森林公园管理处主任 王熙

【机构设置】内设机构有机关办公室（政务服务股）、业务股。有7个下属单位：六枝特区森林公安局（森林警察大队）、六枝特区森林病虫检疫防治站、六枝特区林业局林业站、六枝特区木材检查站、六枝特区林政资源管理站、六枝特区月亮河省级森林公园管理处（花德河林场）、木材公司。

【绿色贵州三年行动计划】2016年，大力推进生态文明建设，紧扣“既要金山银山，也要绿水青山”理念，扎实有效开展林业生态建设。完成营造林任务166283亩，全区林业产值达31亿元，森林面积138.44万亩，活立木蓄积230万立方米，森林覆盖率50.5%，实现森林面积、蓄积和森林覆盖率的同步增长。

【林业工程建设】2016年，完成营造林面积166283亩，其中：中央财政造林补贴人工造林6083亩、环城林带建设项目750亩（其中经济林100亩）、退耕还林工程12万亩（主要以精品水果、银杏、玫瑰等相关产业为主）、石漠化综合治理22500亩（封山育林21500亩、人工造林1000亩）、天保工程封山育林1.1万亩，非工程造林5950亩。

【种苗建设】2016年，育苗企业共育苗木0.3005万亩，出苗5045.073万株，其中：茶叶3000万株，银杏1000万株，刺梨240万株，生态林苗木130万株，精品水果675万株，绿化苗木0.073万亩。

【森林管护】切实加强森林管护，管护面积70.7万亩，聘请常年护林人员191人，制作森林管护图152份，签订管护承包合同191份，明确管护四至界线及管护责任。明确了管护“四至”、管护面积及管护责任，切实做到人员、经费、面积、责任四落实，森林资源管护落实率达100%。

【公益林生态效益补偿】2016年，纳入公益林生态效益补偿面积计69.6万亩，其中：国家级公益林生态效益补偿面积47.23万亩，地方公益林生态效益补偿面积22.37万亩。纳入管护公益林面积69.6万亩，公益林管护落实率达100%；公益林生态效益补偿计划资金850.3万元，实际到位资金850.3万元，全部兑现完毕。

【森林防火工作】进入森林防火期后，即时出台了《2016年度森林防火宣传教育实施方案》，采取发放宣传资料、刷写宣传标语、悬挂宣传横幅、利用宣传车等多种宣传大力宣传《森林防火条例》《贵州省森林防火条例》《六枝特区人民政府森林防火禁火令》和森林火灾应急处置知识，提高广大群众防火意识，营造深厚森林防火氛围。共开展森林防火宣传20余场次，共印制并发放森林防火宣传画1.5万份、《六枝特区人民政府森林防火禁火令》15万份。切实落实层级管理责任制，特区政府与各乡镇人民政府、社区服务中心及国有花德河林场签订森林防火目标管理责任状共20份；强化了应急值守，严格执行24小时值班和领导在岗带班制度，加强敏感时期防火督查巡查工作，严打野外违规用火行为，共制止、打击违规用火行为24起24人；加强森林防火物资储备，组织调修油锯10台，风力灭火机10台，购置二号扑火工具1000把，贮备灭火弹500枚，薅刀100把，扑火服13套，确保扑救大火需要。2016年，森林火灾受害率为零。

【林业有害生物防治】2016年，切实加强林业有害生物防治力度及苗木产地检疫力度。通过普查，林业有害生物发生面积5.6万亩，其中中度危害面积0.693万亩，轻度危害面积4.907万亩，发生率比2015年下降0.119个百分点。主要采取营造林措施、物理机械防治、监测预报等无公害防治方法，无公害防治面积5.2万亩，无公害防治率92.86%，成灾率为0；苗木产地检疫面积1851亩，苗木产地检疫率100%。对区内生产、经营、加工、存放森林植物及其产品的单位（个人）开展检疫检查。共检查10家涉及调运森林植物及产品的企业（个人）；共检查木材3010立方米（其中松220立方米），光、电缆盘27个，核桃穗条20万枝。检查的松木经取样镜检未发现松材线虫病；在所检查的单位（个人）中未发现违法调运森林植物及其产品的行为。

【森林保险】森林保险遵循“政府引导、市场运作、自主自愿、协同推进”的原则，根据省政府农业保险保费补贴政策，结合林业生产实际，六枝特区参加森林综合保险面积887183.95亩（其中公益林703774.05亩、商品林183409.9亩），保费2661551.85元。

【涉林案件查处】2016年，开展了“六个严禁”执法专项行动、“查处森林火灾百日会战”专项行动、打击破坏野生动物资源违法犯罪活动专项行动，严厉打击各类涉林违法犯罪，保障森林和野生动植物资源安全，林区治安秩序平稳，共立各类林业案件114起，破112起，破案率达98.26%，其中刑事案件立25起，破23起；立各类林业行政案件89起，查处89起，共依法处理各种违法人员89人（次），收缴罚没款68.9056万元，有力震慑了破坏森林资源的违法犯罪行为。

【采伐限额管理】严格执行森林限额制度，在采伐指标审批中，坚持生态环境脆弱、重要生态区位不审批的原则，保障区域生态安全；同时在森林采伐限额执行中，重点把握好伐前调查设计、伐中监督检查、伐后更新检查验收三个环节，有效保障了全区森林资源总量不减，持续增长，以实现森林可持续经营为目标。2016年省政府下达给六枝的木材生产计划65640立方米。受理采伐申请51起，审核办理并发放采伐证51份，采伐林木面积455.51公顷，同意采伐木材蓄积7990.89立方米，材积4208.3立方米，未发生超计划审批、越权审批和违规发证现象。

森林资源清查精准定位

对辖区的古树名木进行挂牌保护管理

退耕还林成效图

【林地保护和管理】2016年，切实加强各类建设项目建设征占用林地管理，有效地保持了森林资源的持续稳定增长，实现森林资源生长量大于消耗量的良性循环。申请临时占用林地5起，审批同意1起，审核同意上报办证4起，长期征占用林地7起，审批同意1起，手续齐全已审核同意上报办证6起。

【木材流通管理】全区登记在册的木材经营加工企业共151户，年审换发木材经营加工企业108户（10户为新办证）；共审核办理木材及林副产品运输证65份，运输木材1993.01立方米，管理木材市场22场（次）。

【第四次森林资源普查】根据《贵州省人民政府办公厅关于开展全省第四次森林资源普查工作的通知》和《市人民政府办公室关于开展全市第四次森林资源普查工作的通知》精神，开展了六枝特区森林资源普查工作，涉及18个乡镇（街道）、1个国有林场，226个行政村、工区，外业调查完成区划调查面积106142.68公顷，系统样地调查872个，数据已上报省林业厅，等待省林业厅认定。

滥伐林木案件查处

【林业综合改革】已编制《六枝特区集体林业综合改革试验示范区实施方案》，确定改革目标为：完成“森林资源分类经营、改革采伐限额制度、创新生态公益林管护机制”为主的集体林业综合改革任务，在关键领域和重点环节有突破、有创新，形成一套能在全市、全省乃至全国推广应用的生态林业、民生林业和现代林业工作机制，为今后制定深化集体林业综合改革相关政策和法律法规提供实践及决策依据；改革内容：探索推进森林资源分类经营、探索改革采伐限额制度、探索创新生态公益林管护机制。结合乡镇森林资源分布、交通、乡镇领导重视林业程度和林业技术力量等条件拟在关寨镇和月亮河乡同时进行集体林业综合改革试验示范工作。

【统筹城乡绿化】2016年，组织开展绿色贵州三年行动计划六枝特区义务植树活动，区级植树点完成义务植树1万株，树种为五星枇杷，面积300亩；完成郎岱小城镇绿化及花果山打造、落别牛角村绿化、岩脚滨河大道绿化。

【绿色发展助推脱贫攻坚】加强国家公益林及地方公益林保护区等重点区域的管护，严格落实公益林森林生态效益资金补偿制度，加强生态公益林补偿资金管理和监管，按程序和标准及时进行兑现。坚守发展和生态两条底线，大力实施推进退耕还林、天保工程等林业重点工程项目，抓好人工造林及封山育林，做美生态环境的同时，促进林农增收。参与退耕还林受益贫困户户均增收1300元。坚持生态补偿脱贫一批的理念，抓好建档立卡贫困户就地转为护林员工作，通过生态管护获得固定报酬实现生态与脱贫共赢。落实建档立卡贫困户聘用为护林员270人，人均聘用工资10000元/年。依托绿色生态资源优势，大力发展山地特色农业和森林生态旅游业，引导贫困户发展农家乐、民族手工业以及食用菌、中药材、茶、牧、渔等林下种养殖业，促进生态产业良好发展，助推脱贫攻坚。

水务

【局领导目录】

局党组书记、局长 龚伦

局党组副书记、纪检组组长 甘露

局党组成员、副局长 罗兴宏

副局长 李志忠、付应宏

【机构设置】内设机构有办公室、规划计划股、水政水资源股（政务服务股、特区节约用水办公室）、水利工程质量安全股、特区人民政府防汛抗旱指挥部办公室

【水源工程】 **懒龙河水库枢纽区** 懒龙河水库于2014年7月正式开工建设，工程总投资45839万元。完成场地平整10800平方米，输电线路架设3公里、变压器安装，完成临时管理房建设2000平方米，管理房院坝混凝土浇筑1200平方米；永久管理房基础浇筑完成，导流洞已开挖完成；坝基开挖完成，大坝浇筑到1213米高程；左灌浆平洞全部完成，右灌浆平洞全部完成。交通桥全部完成浇筑。青苗地隧洞完成3公里。护坦开挖全部完成，边坡支护全部完成。共完成投资29104万元，占工程总投资的63.5%。

阿雨水库 阿雨水库于2014年12月11日开工建设、工程总投资9212万元。完成导流洞全部贯通，具备过水条件，大坝已封顶，共完成投资5898万元，占工程总投资的64%。

松树林水库 松树林水库于2015年10月开工建设，工程总投资15192万元。完成导流隧洞开挖，大坝填筑完成，9月5日进入沉降期，完成移民、截流、坝基验收，累计完成投资9321万元，占工程总投资的61.4%。

特区水务局局长龚伦一行慰问困难群众，并发放慰问物资和慰问金

六枝特区河头上、小坝田、纳革水库集中开工仪式

茅草寨水库 茅草寨水库于2015年10月开工建设，工程总投资3717.74万元。完成1#永久进场公路、渣场、施工营地、拌和系统、坝址处及场内公路占地征用；左右坝肩开挖边坡支护完成；料场加工设备安装完成；永久公路弃渣场至坝顶段开挖完成250米。完成工程投资1326万元，占总投资的35%。

纳革水库 工程总投资17352万元，该工程于2016年1月8日完成施工监理招标，中标单位为水利部丹江口水利枢纽管理局建设监理中心；2016年2月18日完成枢纽工程施工招标，中标单位为云南省水利水电工程有限公司。纳革水库于2016年6月28日开工建设，施工已进场，正在开展移民征地工作，完成投资3692.26万元，占工程总投资的21.3%。

小坝田水库 工程总投资5943万元，工程于2016年1月7日在贵州省公共资源交易中心开监理标，中标单位为贵州京泉工程咨询有限公司；2016年2月19日开施工招标，因资格预审合格单位不足三家，招标流标；第二次招标由于交纳报名费单位不足三家，再次流标；第三次招标于4月19日开标，现正已进场施工，进场公路K0+000~K0+350面层土开挖、施工营地基础建设、河底公路表层土开挖。截至2016年完成投资819万元，占工程总投资的13.8%。

河头上水库 总投资46944万元，工期30个月。工程于2016年6月28日开工，已下达资金计划10000万元，到位资金10000万元，完成投资4218万元，占计划投资的42.2%。

【中央财政小型农田水利重点县建设项目】2016年，中央财政小型农田水利重点县建设项目于2016年1月12日开工建设，工程总投资2000.52万元，工程已完工。

【机井工程配套工程】2016年，实施的8口机井配套工程计划投资268万元，计划解决4990人饮水安全问题和60亩农田灌溉问题。于10月7日开工，预计2016年12月30日完工。

【中心城区污水收集管网工程】项目概算总投资2851.81万元，2015年8月开工，该工程已完成DN200、DN300及DN400管网安装15公里，2016年，完成投资1614万元。

【国家农业综合开发水土保持项目】国家农业综合开发水土保持项目贵州省六枝特区洒志项目区簸箕田小流域治理工程项目总投资622.50万元，中央财政资金415万元，地方财政资金166.00万元，群众投劳折资41.50万元。2015年12月15日开始动工，2016年4月15日完工。

【防汛抗旱】2016年，在立足"防大汛、抗大旱"的基础上，按轻重缓急的原则提供抽水设备到各乡镇进行抗旱。全区累计投入抗旱人力0.15万余人次、抗旱资金3万余元、抗旱机具10余台套；解决了0.32万人、0.02万头牲畜临时饮水困难。组织各部门、乡（镇、社区）开展汛前安全检查，实行检查与自查相

市水务局领导到水源工程施工现场指导工作

结合、检查与整改相结合的方式进行汛前检查，不疏忽每一个环节，对排查出的安全隐患进行梳理，认真分析研究，逐一落实责任人，制定有效的整改措施，消除安全隐患。在原有抢险物资的基础上，投入资金8万余，增购了冲锋舟、救援安全绳、编织袋、救生衣、救生圈等。发防汛抗旱应急救援物资发电机38台、救生衣380件、雨衣380件、雨鞋380双、安全绳8550米、救援抛绳器19台，提高了乡镇、社区的抢险救灾能力。加强对各种重要信息的预警预报和科学调度水库水位，组织实施水毁修复工程建设，督促完成了桃花湖河堤水毁修复、郎岱镇石糯尾村水毁修复、郎岱河打铁寨河堤水毁修复、落别乡纳骂村水利设施水毁修复、新场乡高峰村卢家寨河道水毁修复、岩脚镇高桥水毁修复工程等建设任务。

【行政执法】2016年，以水行政执法、行政许可为重点，全面实施行政许可制度，加大河道巡查力度，继续把贯彻和落实"水法"作为重要工作内容。一是在城区组织了宣传活动，发放各类宣传单2000余份，发放宣传画册100套，制作宣传标语、标牌5块。严格执法，强化水资源的红线管理。水利规费

特区领导参加水源工程建设开工奠基仪式

水务局领导到水库督促和指导水源工程建设

征收入库 34.7008 万元，水土保持补偿费 0.88 万元，共计 35.5 万元。开展水政巡查工作 30 余次，下达通知责令停止水事违法行为通知书及责令改正通知书 8 份、办理取水许可批复 1 份，水土保持批复 9 份。

【水利改革】 继续深化水务一体化改革，全力抓好水利融资工作，累计融资 54261 万元。完善工程建设管理工作，建立健全水利水电工程质量、安全项目法人制。2016 年按照省市的要求，已经验收的 127 处小型水利工程已经进行确权公示，完成颁证。为巩固水利改革成果，推进水价改革工作，实现以水养水，本年度执行水费征收 120 处，收取水费 95.3 万元，全部为饮水工程，农业灌溉用水征收为 0。推进水利依法行政工作，进一步清理完善本级权力清单、责任清单，在政府网站公开接受监督。简化建设投资项目涉水行政审批，把原有 21 项行政许可精简为 5 项，非行政许可调整为内部管理，行政许可事项已全部进入政府服务中心，通过“一个窗口办理”。

【水土保持监督执法】 2016 年，开展水土保持技术评审 11 次、审批水土保持方案 8 个，进行水保执法监督检查 20 余次，对企业上门服务 20 余家，累计发放水土保持法小册子 4000 余份、法规宣传页 1 万余份、宣传图册 3000 余份，出动宣传车辆 10 余台，宣传人员 50 余人次。大力推进水保执法检查与水保相关法律法规知识宣传共同展开。

【表彰】 2016 年，六枝特区防汛抗旱办公室被贵州省水利厅和贵州省人力资源和社会保障厅评为全省防汛抗旱和水利工作“先进集体”

气　象

【局领导名录】

党支部书记、局长　周翔

副局长　唐燕（女）　潘来

【机构设置】 内设机构有气象台、气象防灾减灾中心（加挂六枝特区人工影响天气办公室、预警信息发布中心牌子）、防雷减灾技术服务中心、农村综合经济信息中心 。

【气象服务工作】 2016 年，发布《重要气象信息专报》1 期、发布《气象信息报告》82 期；发布《气象信息快报》128 期；发布雷电、暴雨等预警 31 次；给区党委、政府和相关部门领导发送各种决策气象短信 3122 人次，总计 22 万条。

【公共气象服务工作】 与广播电台、电视台签订合作协议，建立气象预警发布绿色通道。

开通微信、微博气象服务，定期发布每月气候评价和开展气象宣传。

国家预警发布系统与民政、国土、环保、交通、水利、农业、卫生、安监、林业等单位的应用对接工作。

【农业气象服务工作】 按要求编制和完成了 2016 年“三农”专项实施方案，不定期开展为农气象服务工作，制作了“春耕春播气象服务专报”“夏收夏种气象服务专报”等服务材料 14 期；马铃薯晚疫病专题服务 4 期及车厘子专题气象服务 3 期。

【人工影响天气工作】 人工影响天气工作按照早安排、早部署的原则，提前落实人影经费，2016 年 3 月 1–6 日与区人武部共同完成了人影炮站技术

业务平台升级改造

人影炮站技术骨干的集训

开展气象法律法规、防灾减灾科普知识等宣传

骨干的集训，对各炮站进行单炮操作训练及考核，并与炮站所在乡镇签订《人工影响天气工作目标责任书》，明确工作职责；4月份对全区11个人影站进行检查，将检查存在的问题进行整改，确保作业安全；自3月中旬高炮进入阵地待命作业起，各作业炮站确保常态备足人雨弹200发，以保障作业需求；为民兵办理意外伤害保险；完善人影天气业务系统和作业指挥平台建设，充分运用人影业务系统集成，对人影装备、弹药出入库、人员、作业情况进行信息化管理；运输弹药委托民爆公司专车、专人押运。2016年，组织开展人工影响天气外场作业18次，发射人影弹603发，有效保护夏收和秋收作物的栽种，区内18万亩耕地面积的农作物无雹灾，全面完成人工影响天气工作。

【农经网】根据气象为农服务工作需要，收集了涉农企业、基地、协会、种养殖大户基础信息，建立相应数据库传省局农经网；每天在乡镇电子显示屏上发布天气预报和灾害性天气预警信息；开展直通式为基地、园区服务6次，并建立每周农情和应急农情调查及数据、图片档案。

【宣传工作】在“3•23”和“5•12”等节日及安全月宣传活动中，积极组织开展气象法律法规、科普知识等宣传和安全生产检查，在贵州气象在线宣传10次。

组织召开多部门气象调度会

开展农机网现场调研服务

移民·扶贫

水库和生态移民

【局领导名录】

党组书记、局长 梁厚学* 龚德祥

党组成员、副局长 王明秀(女) 罗兴宏* 谢仕德 贾鸿

党组副书记、纪检组长 龙兴燕(女)

【机构设置】内设机构有办公室、政策法规信访股、水库移民股、财务审计股、扶贫生态移民股共5个股(室)。现有干部职工17人。

【光照水电站六枝库区移民工作】土地集体资产兑付工作进展情况。截至2016年12月30日,完成牂牁镇扁朝村一组土地集体资产兑付工作,分解土地48.97亩,共兑现资金45.26万元。

光照水电站六枝库岸失稳综合治理工作。截至2016年12月30日,完成工程招投标工作,工程建安总投资1651.57万元,其中:毛口中学库岸失稳综合治理工程完成工程投资612.12万元,龙坡移民安置点库岸失稳综合治理工程完成工程投资663.66万元,木城移民安置点库岸失稳综合治理工程完成投资375.79万元。三个库岸失稳综合治理工程已全面施工结束,正在收集、整理工程竣工验收资料。

【黔中水利枢纽工程】完成移民补偿补助资金发放工作,发放资金93.97万元,其中:输配水区67.31万元,水源工程区26.66万元。

完成与贵州省水利投资(集团)有限责任公司签订《黔中水利枢纽工程水源工程区征用耕园地长期补偿框架合同》签订工作。

完成黔中水利枢纽工程水源工程区2010–2015年耕园地长期补偿执行情况的清理和上报工作。

完成黔中水利枢纽工程输配水区木岗镇把仕村汽车便道(木岗镇燕子岩至驼背窝公路)工程竣工验收工作。

【懒龙河水库工作】完成103户移民建房工作,已搬迁入住93户515人。

完成库区房屋及附属设施等实物指标补偿资金124.04万元的兑付工作。

完成水库淹没影响区65户376人房屋拆除工作,拆除房屋面积12913平方米。

完成懒龙河水库建设工程岩脚输水管线3.8公里征地工作,共征土地面积58.41亩。

【河头上水库工作】完成河头上水库枢纽工程区323.78亩土地征地工作,其中耕地302.09亩,园地14.37亩,灌木林地6.80亩,竹林地0.02亩,设施农用地0.50亩。

完成库区内专(复)建项目工程迁(改)设计方案委托实施工作,2016年11月25日,组织电力、联通、移动、电讯等单位到现场进行查看,要求电力、联通、移动、电讯等单位对所涉及的迁(改)建项目提出设计方案并尽快组织实施。

【移民资金清理工作】及时划拨移民资金,确保各水库补偿资金和易地扶贫搬迁工程建设资金及时到位。督促移民资金代发银行发放水库移民补偿款共计279.40万元,其中:黔中水利工程73.56万元、懒龙河水库135.68万元、光照电站70.16万元)。及时支付水库专项复建工程款70万元,支付移民后期扶持项目工程进度款335.60万元,发放移民后期扶持个人直补费240.06万元。认真开展好移民资金专项检查工作,做到各类专项资金专款专用,无挤占、挪用等现象。

【移民后期扶持工作】完成2016年度水库移民7365人后期扶持直补资金发放工作,共兑付后期扶持直补资金441.90万元。

完成2015年年底省、市移民局安排的切块资金项目的申报、实施方案的编制及初审工作,拟实施后期扶持项目14个,总投资1134.00万元。

结合精准扶贫及"三变"改革,完成水库移民后期扶持"十三五"规划的编制、审查及修订工作。

实施2015年度省下达项目及切块资金项目共27个,总投资1856.68万元,其中已开工建设项目15个,拨付资金242.59万元;剩余12个项目,正在调整实施阶段。

完成水库移民867人贫困人口建档立卡、信息采集和上报工作。

完成2016年度水库移民后期扶持政策实施效果监测评估工作。

完成2016年度移民素质提升及农机具补贴的登记、资格审查工作。

完成市级大数据涉及的光照电站六枝库区、黔中水利、旧院水库等后期扶持人口基本信息数据录入工作。

完成历年实施后期扶持项目基本数据录入工作。

【信访维稳工作】为了维护水库移民安置区和易地扶贫搬迁安置点社会和谐稳定,接待移民群众

来信来访共计4次7人(次),针对每一次群众来访,都一一作了答复。

8月17日,配合特区信访事项复查委员会办公室收集整理牂牁镇莲花岩组谢荣艳信访事项的相关资料和鲁戛村16组杨应快、杨应明2人信访事项的相关资料。

【易地扶贫搬迁工作】六枝特区2016年易地扶贫搬迁工程安置农村人口1424户6034人。涉及易地扶贫搬迁工程的有关寨镇、新窑镇、梭戛乡、牛场乡、龙河镇等5个乡镇6个安置点。截止到2016年12月30日,易地扶贫搬迁工程完成情况如下:

关寨镇堕却村中坝安置点,新建住房10栋198套,搬迁安置农村人口198户870人(贫困人口445人)。一户一档收集198户,规范整理198户,入档198户;项目招投标已经完成,房建主体全部完工,屋面工程已完成9栋,室内装修完成128套,同步推进配套基础设施建设;项目批复总投资5179.08万元,累计完成投资4260万元,占批复总投资的82.3%。

新窑镇桥梁村坝子安置点,新建住房55栋122套,搬迁安置农村人口122户500人(贫困人口354人)。一户一档收集122户,规范整理122户,入档122户;项目招投标已经完成,房建主体全部完工,正在进行内外墙砌体抹灰,外墙漆完成5栋,屋面工程完成25栋,室内装修完成25栋50套,同步推进配套基础设施建设;项目批复总投资3609.96万元,累计完成投资3393.26万元,占批复总投资的94%。

新窑镇那玉村那玉坝安置点,新建住房7栋231套,搬迁安置农村人口231户1164人(贫困人口1164人)。一户一档收集231户,规范整理231户,入档231户;项目招投标已经完成,房建工程主体施工9套,主体完工222套,正在进行内外墙砌体抹灰。外墙漆已完成2栋,屋面工程已完成4栋,室内装修完成3套,同步推进配套基础设施建设;项目批复总投资7431.59万元,累计完成投资6391.18万元,占批复总投资的86%。

梭戛乡长田坎安置点,新建住房305套,搬迁安置农村人口305户1137人(贫困人口691人)。一户一档收集305户,规范整理284户,入档52户;房建工程基础施工4套,主体施工4套,主体完工146套(其中48套进入装饰装修),待建151套房屋正在场地平整中;项目计划总投资6822万元,累计完成投资3610万元,占批复总投资的52.92%。

牛场乡牛场村安置点,新建住房138套,搬迁安置农村人口134户504人,(贫困人口277人)。一户一档收集134户,规范整理134户,入档63户;项目招投标已经完成,房建工程主体全部完工,进入装饰装修102套,同步推进配套基础设施建设;项目批复总投资2822.42万元,累计完成投资2321.54万元,占批复总投资的82%。

龙河镇阿珠安置点,新建住房415套,统筹保障性住房19套,搬迁安置农村人口434户1859人(贫困人口948人)。一户一档收集434户,规范整理375户,入档306户;项目招投标已经完成,房屋主体完工186套,正在主体施工157套,着手基础施工72套,正在进行19套保障性住房装修装饰;项目批复总投资9777.78万元,累计完成投资4875.85万元,占批复总投资的49.87%。

扶贫开发

【领导名录】

局　长 李世然(女)

副局长 胡江　肖炜

世界银行西南扶贫项目贵州省六盘水市六枝特区办公室副主任　王朝俊

贵州省六盘水市六枝特区社会帮扶服务中心主任 江艳(女)

【内设机构】内设机构及人员编制:根据相应的职责,特区扶贫开发局3个内设机构:综合股(政务服务股)、计划统计股、业务股,核定事业编制10名。下属事业单位4个:扶贫开发服务中心,定编3人;社会帮扶服务中心,定编4人;世界银行西南扶贫项目贵州省六枝特区办公室,定编12人;贫困监测中心,定编10人。

【脱贫成效】2016年底,六枝特区完成减贫人口7080户30169人,14个贫困村实现国家标准出列,2个贫困乡镇实现省级标准"减贫摘帽";贫困发生率下降至9%以下,下降4.9个百分点;实现贫困县按省定标准"减贫摘帽";农村居民人均可支配收入达7878.6元,增长11%;以县为单位全面小康实现程度预计达94.1%。

【政策落实】2016年,认真贯彻落实《中共中央国务院关于打赢脱贫攻坚战的决定》和省“1+10”配套文件、市“1+10+6”文件政策，以精准脱贫为主线，以增加农民收入为核心，深入实施大扶贫战略。针对8.32万贫困人口，因户因人施策，大力实施“五个一批”，深入开展“六个精准”，扎实推进“十项行动”，坚决打赢脱贫攻坚战。

【责任落实】以脱贫攻坚统揽全局，把发展聚焦到脱贫攻坚第一线。全面落实“六主五包”责任制，区、乡、村层层签订工作责任状，层层压实责任，逐级制定责任链、任务链，对辖区内贫困村、贫困人口及年度计划出列贫困村、脱贫人口的数量及分布情况，做到目标任务清楚，责任落到实处。

【决战动员】认真落实全市“216”开放式扶贫试验区创建工作部署，制定《六枝特区“十三五”脱贫攻坚“529”工作方案》，分东南西北中5大战区，在市帮扶2个极贫乡镇的基础上，将剩余的9个贫困乡镇作为脱贫攻坚决战点，设立总指挥部和五个战区指挥部、18个乡镇（社区）决战工作队，完善指挥作战组织体系。并分级迅速召开动员大会，全面启动“529”脱贫攻坚行动。

【扶贫规划】坚持规划引领、产业带动、生态融合、成果共享。有序推进“十三五”脱贫攻坚规划编制工作，完成需求项目编制并上报省、市扶贫办和发改委。制定并实施《“36661”扶贫攻坚行动计划》《决战三年摆脱贫困确保与全国全省同步全面建成小康社会实施意见》《“十三五”脱贫攻坚“529”工作方案》。各乡镇积极编制脱贫攻坚规划和实施方案，专门聘请贵阳设计院为两个极贫乡镇编制脱贫攻坚规划和方案，已通过初审。

【精准识别】扎实做好精准扶贫基础工作，全面开展“回头看”、遍访回访、精准扶贫基础工作攻坚月、攻坚季等活动，对建档立卡农户进行规模法再核实、再排查，对贫困村和贫困户逐村、逐户调查，算准贫困户的生产、就业、收支、保障“四笔账”。按照“凉都六法”和“五定五看”，围绕问题纠错、帮扶措施落实、贫困识别和退出精准，共清理不符合标准的贫困人口1.6万人，新增补增贫困人口1.1万人，并对2015年1.72万脱贫人口逐户逐人核查，保证退出质量。顺利通过国务院扶贫办组织的2次精准扶贫工作第三方评估。

【落实帮扶主体】以“六个到户到人”为落脚点，成立由乡镇包村领导、包村干部、村组干部为责任主体，加上结对帮扶责任人、驻村工作队等组成的村级“3+N”脱贫攻坚专班，整合力量、开展集中帮扶。实施结对帮扶“321”方案（副县级以上干部结对帮扶3户以上，副科级以上干部结对帮扶2户以上，一般干部职工结对帮扶1户以上），将贫困农户与特区财政供养人员一对一结对帮扶，做到不脱贫不脱钩。全区共选派1100名优秀干部，组建213个工作组入驻213个村（居），实现驻村工作全覆盖。

【落实脱贫路径】精准实施“五个一批”，着力解决好“扶持谁、谁来扶、怎么扶”的问题。2016年，实施易扶搬迁点6个，搬迁1424户6034人，涉及贫困人口3845人，已陆续搬迁入住，并落实“五个一”保障措施。把产业扶贫项目资金与贫困户精准脱贫挂钩，围绕建设农业示范园区发展猕猴桃、茶叶、中药材等农业特色产业38.2万亩，“3155工程”面积累计达120.76万亩，实现产业全覆盖。积极开展各类实用技术培训4300余人；农村义务教育各项政策全面落实，教育精准扶贫补助2531人752.32万元，增加贫困学生获得感，阻断贫困代际传递。创新五重医疗保障，在全省率先实行新农合二次补偿，医疗健康精准扶贫对象补偿报销9210人次，补偿比例达94.4%，有效遏制因病返贫、因病致贫。稳步推进民政低保标准与扶贫标准“两线合一”，对2.85万“两无”人员实行政策性兜底保障，2016年农村低保标准提高到3132元，与扶贫标准3146元基本持平。

【扶贫项目库】围绕产业扶贫、基础设施建设、易地扶贫搬迁、生态建设、教育医疗、社会保障兜底等，加强扶贫项目库建设。六枝特区共谋划12大类301个项目，估算总投资888.89亿元。已立项批复财政扶贫资金4612.7万元，整合财政扶贫专项资金1849万元，实施项目133个，重点扶持贫困乡镇2个、贫困村102个、覆盖贫困人口1.1万人，主要用于产业扶贫、农民专业合作社（村集体经济组织）、“特惠贷”（含扶贫农头企业、合作社）、教育扶贫、基础设施五个方面。

【项目资金管理】认真落实《关于改革创新财

政专项扶贫资金管理的指导意见》，研究安排项目资金，进一步改革创新财政专项扶贫资金分配、管理、使用方式，全面落实“四到县”制度。对各乡（镇、社区）申报扶贫项目进行备案，全面落实“四个全程参与”。及时清理历年来实施的财政扶贫资金项目，加快实施、验收、拨款、报账进程，进一步规范项目实施管理，确保财政扶贫资金发挥最大效益。

特区扶贫局局长李世然调研猕猴桃产业

【扶贫资源整合】持续加大民生领域投入，六枝特区用于民生方面的支出达37.33亿元。积极申报凉都“三变”产业扶贫基金、省脱贫攻坚投资基金。制定《六枝特区统筹整合使用财政涉农资金工作方案》，整合重点扶贫项目为平台的资金1.57亿元，撬动社会资本及其他方式筹措25.67亿元。利用财政专项扶贫资金审批权限下放到县，整合“一事一议”奖补和特色村镇等项目建设，对2016年计划出列的贫困村优先安排项目，确保贫困村规划项目全面开工建设，对2017年计划脱贫的60个贫困村加强基础设施建设，确保贫困村“五通十有”全覆盖。

【扶贫产业覆盖】在贫困村优先安排种植养殖发展项目和山地特色产业，使产业发展在所有贫困村得到全覆盖，因地制宜安排1—2个产业作为贫困村主导产业，确保村村有产业支撑。大力实施农业特色产业“3155工程”，实现特色农业产业全覆盖，拓展了产业扶贫的路径渠道。积极壮大村级集体经济，促进128个村村集体经济积累达10万元以上、28个村村集体经济积累达50万元以上、6个村村集体经济积累达100万元以上。

【深入实施“三变”改革】全面推进“三变”+扶贫战略，覆盖18个乡（镇、社区）216个村（居），189个经营主体，整合各级资金4.91亿元（其中财政资金变股金1.22亿元），撬动12.25亿元社会资金投入；实现20.09万亩土地资源、9240平方米水域面积、59辆运输车辆等资源变资产；实现农民变股东6.67万户，惠及农户24.47万人，占全区农业人口的41.47%，带动农户务工1.38万户2.2万人。完成合同书签订4.43万户，占比66%；股权证颁发3.24万户，占比49%；实际分红1.59万户。全区贫困户2.44万户入股181个经营主体变股东，惠及8.08万人，为全区现有贫困人口的97.12%，其中社会兜底以外的贫困户1.48万户5.94万人，入股率100%，合同书签订、股权证颁发和分红册发放均达100%。

【实施“六个小康”建设】着力打造“四在农家·美丽乡村”升级版，实施小康路408.4公里；解决农村5.8万人饮水问题，发展耕地灌溉面积1.15万亩；实施小康房438户、农危房改造3466户；投资3667万元实施农村电网改造升级；投资1.4亿元实施“三改三治”及庭院硬化10438户。推进农村垃圾、污水处理系统建设，切实改善人居环境，优化农村生产生活条件，夯实精准脱贫基础。

【实施“三位一体”扶贫】进一步巩固、完善专项扶贫、行业扶贫和社会扶贫“三位一体”工作格局，鼓励社会各界人士采取多种方式参与扶贫济困，组织开展“扶贫日”募捐活动，募集资金近70万元。特区金融机构和国有8家平台公司积极参与，建立“211”（落实两个平台公司，提供不低于1亿元的资金，帮扶1个乡镇）集团化帮扶机制。积极与金融部门搞好对接，注入“特惠贷”县级风险补偿金1000万元，发放“特惠贷”2.7亿元，惠及贷款贫困农户5300户。积极拓展扶贫路径，推进电商扶贫、旅游扶贫、“两权”抵押贷款扶贫等工作，激活农村资源和资产，助推精准脱贫工作有效落实。

【实施党建扶贫战略】围绕解决服务群众“最

六枝特区扶贫系统党风廉政建设约谈会

后一公里”问题，紧扣“六主五包”，强化组织创新，确保产业精准扶贫的目标、任务和责任全部公平、公正落实到村到户。创新党的基层组织建设，打破地域限制，将产业相近、地域相邻、资源互补的村联合建立联村党委（如岩脚镇草原村），通过优化村支两委、驻村工作队的人力资本，有效整合区域内分散的生产要素和资源，提高资源配置的效率，让贫困农户实现抱团发展、共同富裕。

【营造宣传浓厚氛围】 聚焦中央扶贫工作会议和“1+10”文件等脱贫攻坚重要政策解读，做好宣传工作。印制“贵州省大扶贫条例”“扶贫政策口袋书”“扶贫政策明白卡”“扶贫政策宣传日历”“扶贫日倡议书”等宣传资料5万余份。利用公众信息网、微视六枝、六枝大扶贫战略群等平台宣传、解读，营造人人关注、社会共同关注的浓厚氛围。

【培训】 坚持把增强本领、提高自我脱贫意识放在突出位置，帮助贫困群众主动“拔穷根”。坚持扶贫先扶智，主动向群众问计策、送政策，提高群众的参与意识，引导贫困群众解放思想、转变观念、提振信心，激发解开贫困枷锁的内生动力。坚持把人才扶贫作为重点，全面提高贫困群众就业创业素质，实施农村贫困学子、贫困村致富带人、农村贫困妇女等群体的雨露计划、助学工程、“三女培育行动”等培训，确保每村每组有一名技能带头人、建档立卡贫困户“1户1人1技能”培训实现全覆盖。对派村“第一书记”、驻村工作队长、村支书、村主任和农民专业合作社负责人等开展培训35期4300余人。

【督查】 认真总结“阶段调度，过程督导，示范推动，目标考核”等工作经验，挂图作战、挂牌督办、定期检查、定期督办，按照“宏观着眼，微观入手，阶段推动，重点突出”的方式完善脱贫攻坚工作体系，促进脱贫攻坚工作有序高效推进、落细落小落实。组织开展专项督查5次，根据督查、检查、抽查情况，形成脱贫攻坚问题专报四期。召开扶贫系统党风廉政建设“两个主体责任”工作会议2次，开展大约谈3次，进一步严肃扶贫工作纪律，促进脱贫攻坚工作有序高效推进。

城建·环保

住房和城乡建设

【局领导名录】

党组书记、局长 敖勇* 蔡林

党组副书记、纪检组组长 汪涛

党组成员、副局长 高静 李泽华 张录全

【机构设置】内设机构有办公室、计划财务股、政策法规股、住房保障改革发展和房地产市场监管股、城乡规划股、建筑市场和工程质量安全监管股、城市村镇建设管理和勘察设计与科技股、房管所、招标办、项目办、质监站、房地产产权产籍管理所、房地产交易中心、安居中心、建设工程造价管理测定中心、档案室、建筑设计院、小康办、房开公司、六枝特区风景名胜管理处、六枝特区建设执法大队、六枝特区棚户区改造办公室办、六枝特区住房保障中心、六枝特区房改政策指导室（特区住房制度改革领导小组办公室）、六枝特区房屋资金管理委员会领导小组办公室、六枝特区危房改造领导小组办公室等26个职能处、队、室及站所。

【经济指标完成情况】 2016年，固定资产投资完成38.66亿元；完成特区13个5000万元以上目标任务。建筑业增加值目标任务数10.5亿元，完成10.9亿元，增速为28.9%。新增建筑业入库3家；房地产业企业入库4个；商品房销售面积32.39万平方米，同比增加22.16%。房地产业从业人员918人，同比增速43.66%，房地产业从业人员劳动报酬30041元，同比增速66.78%；超额完成增速16.78%；常住人口城镇化率43.12%。比上年增长41.3%，提高1.82个百分点。

【第五届小城镇发展大会项目建设】 2016年11月4日全省第五届小城镇发展大会在六枝成功举办。在小城镇发展大会中，参与建设3个重点乡镇（郎岱、落别、岩脚）的小城镇项目建设，共完成投资27.787亿元。落别乡完成投资18.7亿元。建设了龙井沟温泉小镇、螃蟹闸休闲养老中心、水上乐园、婚纱摄影基地、山泉湿地公园，开发了浪哨缘景区，实施牛角、新平、水塘寨美丽乡村建设，岩脚镇完成投资4.1亿元，实施古镇提升工程、太和广场、停车场、火焰山公园、采摘观光园、太和村村庄整治项目，郎岱镇完成投资4.987亿元。建设集休闲、科技、观光一体的百草园，实施木城大道提升工程，修建云祥广场，青莱塘美丽乡村村庄整治工程，产业观光道路提升工程。

【城市基础设施建设】六枝特区阳光路道路工程项目建设。项目总投资5.48亿元，道路总长4.104公里，一条主干线宽35米；两条支线宽24—30米，该项目前期手续已完成，现正在进行综合管沟开挖，已完成380米道路部分开挖。阳光路的建成将改善人居环境、提升城市形象、完善城区交通网络、优化投资环境。2014年三线企业城市棚户区改造配套基础设施建设项目。道路总长1073.386米，总投资4129.23万元，前期手续已完成，桥梁混凝土浇筑已完成，正在做预应力张拉，道路部分正在进行基础及管沟开挖。实施了六枝特区中心城区5个山头公园项目建设，总投资6000万元。

【房地产去库存工作】 2016年，棚户区改造项目任务12354户，其中货币安置4586户，根据《六枝特区2016年城市棚户区改造房屋征收决定》（六府发〔2016〕10号）文件，对选购商品房或保障性住房作为安置房的拆迁户，给予10000元的奖励，现已有100户购房改造户获得奖励款100万元。选购商品房作为安置房的给予20000元的奖励，选购保障性住房作为安置房的，给予10000元的奖励。现已发放318户补偿款8536.7万元。合理优化房地产供应，培育发展住房租赁市场，鼓励大中型企业兼营房产租赁业务。如城东商贸城、九龙城、嘉年华商业广场、鸿铭大厦、和谐大厦、银河国际等11个项目房开企业把商业用房采取租售并举的方式，企业逐步回笼资金缓解压力，有效解决部分存量问题。推动房地产产业转型升级。鼓励房地产企业利用存量房发展旅游、养老、创业、文化、教育、体育等跨界地产，开展多元化经营，促进房地产企业由单一开发型向专业服务型转变，如易朗房开修改规划，把连城国际三期项目改为修建游泳池、农贸市场、健身广场等基础配套设施，春江花园1#楼部分商品房改为酒店自主经营等。

【住房保障】 棚改房建设。六枝特区2016年棚户区改造项目任务12354户，其中：货币化安置4586户、综合整治7768户，在14个项目点实施，预计总投资19.0178亿元，除争取国家财政转移支付资金3.2392亿元、专债基金3.64亿元外，其余12.1386亿元资金拟通过融资和申报专债基金解决，目前已完成投资4.334亿元，（中央资金1.565亿元）。租赁补贴发放。根据《六枝特区人民政府住房制度改革领导小组关于开展2016年城镇保障性安居工程管

理工作意见的通知》文件要求，经过申请、审核、公示、复核等三审二公示工作程序，一年来累计发放租赁补贴 567.81 万元。

【农村危房改造和小康房建设】 2016 年，省、市安排农村危房改造任务 3408 户，需要政府补助资金 3761.4 万元。根据上级文件规定，特区总补助资金不变的情况下，安排到有存量危房的 14 个乡镇，3447 户。开工 3447 户，开工率 100%，完工 3270 户，完工率 95%，乡镇汇报已完成总投资 20280 万元，完成计划总投资的 85%，计划总投资 23856 万元，特区政府补助资金 4531.96 万元。

【农村人居环境、传统村落工作】 加快示范小城镇建设力度。“8+X”在建项目 48 个，累计完成投资约 13.2 亿元，其他项目累计完成投资 10.79 亿元，“8+X”项目和其他项目共计完成投资约 23.99 亿元，占年度计划数 107.08%；加强改善农村人居环境工作。为改善人居环境，改善村容村貌，促进农村生产、生活、生态文明建设。垃圾收集和转运系统已开始正常运行，已完成大用村、牛角村、后营村等 49 个村镇的生活垃圾治理。推进传统村落建设。特区传统村落建设工作严格按照省、市文件要求有序推进。落别乡长湾村、中寨乡小补王村等 20 个第四批传统村落已上报市局审核，住建部已批准落别乡长湾村为第四批传统村落。推进“1+N”联动项目建设。2016 年分别启动 15 个乡镇 35 个村寨镇村联动工作。15 个乡镇 35 个村寨共计建设项目 105 个，计划总投资约 17 亿元，现完成投资约 3.8 亿元。

【城镇污水处理提升改造】 2016 年 3 月，拟定特区污水处理厂收集管网的提升改造推进计划，现已建成的污水处理厂，按推进计划对污水收集管网提升改造施工中，并现已有建成部分管线接通污水收集管网运行。整个污水收集管网的改造工程在 2016 年 12 月底已完成。

【围绕经济抓党建，抓好党建促发展】 2016 年，深入开展“两学一做”学习教育各项活动工作，落实以“学”促“做”，以创建活动为载体，以改革创新精神切实加强基层党组织建设和党员队伍建设，以党建促发展，推动了特区住房和城乡建设事业又好又快发展。加强组织建设，落实党建工作责任。坚持把党建工作与业务工作同部署、同落实、同检查、同考核，做到党组织班子健全、结构合理、分工明确、责任落实，党组织的核心作用得到了充分发挥。强化思想教育，提升党员队伍素质。坚持落实党员干部学习制度，采取多种方式，深入学习“两学一做”、党的理论以及习总书记系列重要讲话，组织班子成员讲党课 9 次，开展集中学习 20 余次，组织党员干部理论学习考试 3 次，召开专题讨论 10 余次，切实增强了党员干部的政治思想素质和综合素质。丰富活动载体，切实密切党群关系。以党的“两学一做”学习教育为契机，大力推进党建扶贫工作，为帮扶村提供了价值 3 万余元的村委基础设施建设费用，为帮扶村党支部建设提供技术指导，组织政治理论学习 5 次，为党员送党章、党徽 20 余枚。积极开展在职党员到社区报到活动，积极参加社区志愿服务活动，充分发挥党员先锋模范作用。

【党风廉政建设及反腐败工作】 开展廉政教育，全面推进防腐体系建设。认真组织学习中央“八项规定”和省、市“十项规定”，结合“两学一做”学习教育活动，严格遵守厉行节约和廉洁自律的各项要求，坚持“标本兼治、综合治理、惩防并举、注重预防”的方针，深入落实“两个责任”推进干部约谈常态化工作，围绕中心、服务大局，以党要管党、从严治党的要求扎实推进反腐倡廉建设。主要领导把推进党风廉政建设工作作为一项重要政治任务纳入全局工作的总体规划，列入重要议事日程，与各项工作同部署、同开展、同落实。落实纪律督查，进一步加强机关作风建设。住房和城乡建设局党组结合《六枝特区住房和城乡建设局纪检组 2016 年纪律作风督查方案》，进一步转变全局干部工作作风，加强局党组“主体责任”落实，切实将干部职工纪律作风抓实抓细，将党风廉政建设与机关作风建设、效能建设紧扣一体，制定相关规定，重点督查各站所股室八项制度是否健全完善落实（包括首问负责制、岗位责任制、服务承诺制、一次性告知制、限时办结制、否定报备制、失职追究制）情况，严格督查工作纪律松散问题（包括工作时间迟到或早退、擅离职守、乱编下工地或乡镇、外出以公办私事、乱串办公室、中午饮酒、工作时间看书看报、上网聊天、玩电脑游戏、网上购物、玩弄手机、小团体聊天等）和工作作风松弛问题（包括服务意识差，对群众态度冷漠；责任心不强，遇事相互推诿；工作落实不到位，影响全局利益、上班期间存在无作为、不作为行为、不认真按照分工履职、工作不服从股室负责人安排调度、工作履职不到位、完不成上级催办交办任务等）。

已经建成的南环路

住建局局长敖勇到郎岱镇上寨村调研

切实提高局机关全体干部职工的办事效率和服务水平，确保了市委、区委、区政府各项决策部署得到有效落实，为全面推进各项工作提供良好的运转轨道。严密统筹部署，全面做好重点防控。认真贯彻落实中央、省、市、特区党风廉政建设和反腐败斗争新形势、新任务、新要求、新常态。以党风廉政建设为目标，认真落实党风廉政建设工作措施，严格执行党风廉政建设工作责任制，积极探索和研究新形势下党风廉政建设工作的新思路、新方法、新措施，着力提升党风廉政建设和服务全区经济社会发展的能力，突出抓好党风廉政工作制度建设、宣传教育、腐败问题防范，对易发和多发的廉政风险点，做好重点防控和监管工作，增强班子的反腐败思想意识；注重领导带头和抓好典型示范，以身作则，率先垂范，成为爱岗敬业、乐于奉献、廉洁从政的正面典型，提升正能量，感染、引领、带动全局党员、干部职工廉洁奉公。

【“四创”暨“满意在凉都文明行动”工作】 2016年，共开展工作检查50次，对各类不文明施工行为下达文明施工整改（停工）通知书60份，提出整改意见百余条，签订文明施工目标责任书2份；城区设置建筑工地高标准围挡约1.26万余米，车辆冲洗设施45（台）套，硬化道路约2000米。加强物业小区环境综合整治，根据年初制定《2016年开展“四创”暨创建国家卫生城市物业小区环境卫生整治工作实施方案》，明确了工作目标、工作重点、工作时间和工作要求。组织各家物管企业开展了三次“四创”工作安排布置和工作推进会议，并组织每半月一次定期检查和不定期检查，对物管小区的环境卫生工作、健康教育宣传等物业管理工作进行检查督促指导，发现问题要求即使整改，下发整改通知书23份。配合相关部门组织无关小区开展“讲文明、树新风”公益广告宣传活动。同时，各物管企业在小区内开展社会主义核心价值观、禁毒、打击传销、平安六枝等公益性广告宣传活动，宣传资金、小区环卫设施增补及“四创”工作资金共计12万元。

【政协委员提案、人大代表建议的办理】 2016年5月18日，由分管领导组织召开2016年议提案办理工作交办会，重点研究部署议提案的办理工作，进一步明确组织领导、责任分工、办理要求、办理措施，成立了局提案办理工作领导小组及工作方案；在办理中形成有督办领导、有专门机构、有工作制度、有专人办理、有工作任务的承办网络，做到了事事有人管，件件有人抓，提高了办理工作的组织程度，确保了办理工作的顺利开展。为进一步对提案办理工作进行全面调度。严格规范办理流程与制度，做到“三落实一注重” 在办理中实行工作全程督查指导。保证办理工作有条不紊，确保按期完成任务。

2016年，住建局安排部署“两学一做”学习教育“手抄党章100天”活动

城区山体公园建设

城乡规划和城市管理

【局领导名录】

局　长 蔡林* 江浩

副局长 汪萍 迟秀莉(女) 喻孟友*

纪检组长 龙山

城市服务中心副主任 李兴付

【机构设置】 内设机构有办公室、市政股、路灯股、规划站、规划设计室、园林站、环卫站、城管监察大队、市场服务中心、兴城环卫公司。

【规划管理】 2016年，完成15个小城镇总体规划全覆盖和220个行政村村庄规划全覆盖。完成六枝中心城区控制性详细规划编制、审查、报批工作。重新启动特区中心城区控制性详细规划的编制工作。办理“选址意见书”18份，拟用地面积507897.84平方米；“建设用地规划许可证”42份，建设用地面积268310.93平方米；建设工程规划许可证25份，总建筑面积234520.86平方米；供水管网总长17212米；“乡村建设规划许可证”6份，总建筑面积56468.87平方米；“建设工程竣工规划认可证”4份，竣工总建筑面积111281.76平方米(均为房开项目)；制作和发放规划设计条件通知书7份。委托六盘水市规划设计院对六枝中心城区停车场专项规划进行编制，完成供评审的全部技术文件。

【清理违章占道经营】 2016年，共清理“店外店”(超门面经营)96157多家(次)、治理乱搭乱建门面户4021余家(次)，治理流动摊贩12439个(次)，

规划城管局庆祝中国共产党成立95周年暨表彰大会

规划城管局园林站用鲜花装点六枝东站向全区人民祝福新春

治理占道装修109家(次)，治理机动车占道停放667台次，治理破坏城市道路4起，暂扣作业工具18件。对中心城区乱搭乱建进行集中整治3次，共拆除乱搭乱建36宗。城管监察大队按照“严格审批，强化管理”的模式严格中心城区户外广告的设置及治理，联合市场监管局强化户外广告审批严控准入原则，同时强化现有户外广告的维护和治理。对破损广告要求相关责任人限期进行整改修复，影响市容户外广告进行强制拆除。全年共下发整改通知书135份，拆除条幅广告737余条，拆除灯箱广告173个，暂扣影响市容市貌户外灯箱广告10个，强制拆除影响市容市貌广告及广告牌212余块(副)480余平方米，治理乱派发单159起，清理野广告53处。治理夜市摊点770个次。全年出动人员14380人次，出动车辆8967台次，巡控违法违章建筑26910宗次。

【市政设施维护】 2016年，投资2701.08万元在那平路、人民路修建弱电综合管沟，将现有弱电缆线入地，拆除架空杆线，杜绝城区弱电缆线“满天飞”、人行道乱开挖现象；投资343.57万元建设前进路垃圾中转场，解决城区垃圾临时堆放问题；对党校桥红绿灯至兴隆路红绿灯路口、人民南路车行道“白改黑”，“白改黑”面积44618平方米；按照特区政府安排，对岩脚滨河大道、发展街、政府门前等路段“白改黑”，“白改黑”面积36188.6平方米。抓好城区市政设施维修维护。更换城区破损检查井盖66套、雨箅子298套，新设置检查井1座，开挖人行道疏通雨箅子16个，清掏雨箅子1298个，确保城区安全度汛；对城区破损人行道板维修，修复破损人行道板1万平方米；对城区破损车行道维修，修复破损车行道27000平方米；加大市政设施日常巡查检查力度，查处损坏站前广场车行道隔离护栏行为15起，赔偿维修护栏经费50690元，确保市政设施安全完好；投资59.1万元安装城区树箅子、安装党校桥隔离石球等市政设施。积极解决群众关心的热点问题。投资19.38

规划和城管局党组书记局长江浩向困难群众送温暖

万元增设下水管道 66 米，新建污水检查井、雨箅子 5 座，铺设人行道板 565.2 平方米，疏通堵塞排水设施，消除暴雨积水带来的安全隐患。

【路灯亮化管理】 为切实加强对城区路灯及设施的维护检修，努力提高亮化效果。坚持对路灯、专变、路灯控制箱及路灯线路进行经常性的维护检修，累计投入 1572.7635 万元。其中，投入 45.69 万元（维修材料费、维修小工费），完成维修路灯 4341 盏次，维修电缆 64 余处，更换电缆 214 余米；春节前及 4 月份投资共计 17.9 万元，采购 LED 灯笼外罩 50 个及光源 500 套、LED 仿真树枝 1800 支对城区的亮化装饰进行维修；投入 43.6735 万元采购南环路、前进路、迎宾大道中华灯维修材料对受损的中华灯进行抢修恢复。由于南环路东方龙城段路灯电缆被盗严重，投入约 21 万元，出动车辆 7 车次，35 人次对其进行修复，共计 1900 余米。为迎接 2016 年小城镇发展大会召开，根据特区党委、政府安排，采取边实施边完善手续的方式，投资约 1200 万元，对六枝特区高速路沿线、六郎路、城区部分楼体进行灯饰亮化工程。投资约 244.5 万元，对中心城区楼体灯饰亮化进行维修。始终保持了城市亮灯率及设施完好率 95% 以上。

【规划设计】 2016 年，完成规划图及用地红线图 50 件。其中，用地红线图 38 件、规划图 12 件。包含六枝特区岩脚第一中学改扩建工程规划、新窑镇中学改扩建工程规划、平寨镇第一中学改扩建工程规划、六枝第六幼儿园规划、云盘中学改扩建项目规划、大用镇大煤山社区幼儿园规划、中寨乡扁朝村阿哈小学教师周转房规划、落别乡坝湾小学教师周转房规划筹建项目的规划设计。完成第五届全省小城镇建设发展大会的主城区景观提升项目。该项目涉及迎宾大道、牂牁大道、矿业南路、那平路、兴隆路、健康路六条道路的景观提升，工程施工地点主要分为矿业路、垃圾山、山体覆绿、滨河段、东互通高速路口、迎宾大道铁路大桥、补林铁路大桥、加气站、墙体彩绘、城市家具。其中工程内容包含景观、绿地、建筑、道路、铺装、景观小品、给排水工程、电气工程等。完成绿化面积 5.3 万平方米、园建面积 1.7 万平方米、总面积为 7 万平方米。其中，东互通、加气站绿化面积为 2000 平方米、园建面积为 2000 平方米，垃圾山绿化面积为 1.4 万平方米，山体绿化面积为 2 万平方米，滨河段绿化面积为 7000 平方米、园建面积为 4000 平方米，墙体彩绘园建面积为 1 万平方米，矿业路绿化面积为 7000 平方米、园建面积为 1000 平方米；南环路绿化补植面积 3000 平方米。

【园林绿化管护】 2016 年，在汛期来临抢险期间，投资 9600 元清理受灾、受损的行道树 100 余棵，共清理枯死行道树 80 棵；投入资金 10 万余元修剪城区绿化带内的绿篱，展现城市的良好景观形象。投入资金 1 万元，修剪因凝冻受损的三角梅。加大对城东出口的绿化，投入资金 61 万余元种植竹子、安装

规划城管局局长江浩到垃圾填埋场检查指导工作

花箱 28 套、种植造型罗汉松 28 棵、苏铁 56 棵、草花 1.5 万株。投入资金 25.16 万元，在南环路中段安装隔离护栏 1700 米。投入资金 5.4 万安装九头山公园石护栏 42 米，投入资金 3 万余元维修公园（含公厕）部分损坏设施设备。投资 1.5 万余元完善园内标识标牌；投入 2.3 万余元购买草坪机及维修园林绿化工具。完成春节期间城区的花卉装饰工作，投入资金 9.9 万元购买 8 万余钵鲜花摆放在城东出口、南环路、街心花园等地段。抓住园林植物病虫害防治的关键时期，以“预防为主、防治结合”为主线，适宜时期认真防治。投资 8.7 万余元购买农药，组织人员对城区行道树、绿化带进行病虫害防治。

【环境卫生保洁】 清扫保洁中心城区 153 万平方米，环卫工人按照每人 3000 平方米的任务配置，

全城区配置清扫保洁人员548人。16条作业段白天实行两班清扫保洁，重点作业段实行夜班保洁。现投入使用机扫车12辆，冲洗车8辆，划分为3个作业段，每天对主次街道机扫4次，确保机扫率达85 %以上，满足“四创”工作要求。机洗组划分3个作业段，每周冲洗主次街道的人行道2遍以上，确保人行道无积尘。在沿街摆放1000多个玻璃钢垃圾桶，用于收集上述垃圾源，白天安排6辆后装式压缩车收运，晚上安排2辆后装式压缩车收运，确保中心城区主次干道垃圾日产日清。对于垃圾中转站、小区院落垃圾收运，采取安置垃圾斗、收运垃圾池点等方式进行。垃圾斗、中转站采取夜间作业，垃圾池点、灰洞采用铲车和人工上车清运。共投入各种垃圾清运、收运车29辆。

【市场服务工作】2016年，清理市场内乱堆乱放杂物及乱牵乱挂的棚子20个，清理野广告800余条。清洗了摊位16次4000余个。市场内公厕有专人管理，制度上墙，设施设备能正常使用，厕所内地面及便池干净整洁，无异味无烟头无野广告，有纸巾及纸巾盒，有洗手液及香皂、檀香等。市场内照明设施全部修复，确保了市场的照明。中心全体职工对新兴市场、平寨市场进行集中整治，清理了乱堆乱放杂物4车，乱牵乱挂的棚子3个，横幅、宣传牌16张。清洗摊位400余个，清理了野广告120余条。投入资金2000余元粉刷被野广告覆盖严重的墙体100余平方米。

【垃圾处置工作】六枝特区生活垃圾卫生填埋场全年处理生活垃圾133308.87吨。六枝特区生活垃圾卫生填埋场采用委托运营管理方式运行，兴城环卫公司作为监管单位。基本完成六枝特区中心城区、木岗镇、岩脚镇生活垃圾收运系统建设项目主体施工；完成了六枝特区小城镇生活垃圾清运系统建设项目可行性研究报告编制及评审、初步设计编制与评审、地勘编制及评审、施工图编制及审查等工作；完成了六枝特区医疗垃圾处置中心建设项目环境影响评价、可行性研究报告编制及评审、初步设计编制及评审、施工图编制等工作，并确定了项目采用BOT模式实施，已开工建设；完成了六枝特区城乡生活垃圾收运、处置项目选址、规划、用地预审、环境影响评价、可行性研究报告编制及评审等工作，完成PPP项目申报，被国家财政部列入国家第三批PPP示范项目；六枝特区餐厨废弃物收运及处理工程获批前期经费计划20万元，正在实施可研编制等前期工作；六枝特区生活垃圾焚烧发电厂项目获得省发改委同意，正在实施选址和可研编制等前期工作。

环境保护

【局领导名录】

局党组书记、局长 李清洋（苗）

局党组副书记、纪检组长 彭德刚

局党组成员、副局长 罗向阳　龚晓棠（女）肖雄腾

【机构设置】内设机构有办公室、污控股、环评股、辐射股，下属机构有六枝特区环境监察大队、六枝特区环境保护监测站。现有工作人员30人，

【中心城区环境空气监测】 截至2016年10月20日，六枝城区环境空气监测天数为294天，其中，有效监测天数288天，优良监测天数285天。中心城区二氧化硫平均浓度为12ug/m^3、二氧化氮平均浓度为12ug/m^3、可吸入颗粒物PM10平均浓度为63ug/m^3、细可颗粒物PM2.5平均浓度为34ug/m^3、一氧化碳平均浓度为0.6mg/m^3、臭氧平均50ug/m^3。环境空气质量AQI优良率达98.95%，高于省市考核指标13.95个百分点。

【饮用水及地表水水质监测】情况。全区纳入“水十条”考核的国控断面三岔河龙场断面水质达到《地表水环境质量标准》（GB3838-2002）Ⅱ类标准，优于功能区水质；省控考核断面上易黑断面水质为Ⅲ类标准，六枝河三丈水、滴水滩断面的水质均达到Ⅱ标准，水质优良率为100%；截至10月中旬，对全区3个县级城镇集中式饮用水水源地水质和15个乡镇（社区）千人以上集中式饮用水源地水质进行了10次监测，监测结果表明均达到生活饮用水水源地水质要求，达标率为100%，达到目标要求。

【城区噪声监测】2016年，对中心城市建成区110个区域环境噪声监测点进行2次监测，达标点位99个，超标点位11个，达标率为90%，区域环境噪声平均值为50.11dB（A）≤60dB（A），达到目标要求；11个路段16个点位噪声监测均值66.87dB（A），贵烟路浦江大酒店点位、南环路党校点位交通噪声超过4a类区昼间70dB标准，其他路段的交通噪声均达到4a类区昼间70dB标准；建成区交通干线噪声平均值66.8dB（A），达到目标要求。

【主要污染物总量减排】2016年，特区列入市级减排项目共10个。其中，污水处理厂6个，农业减排项目3个，水泥工业脱硝减排项目1个。六枝特

区污水处理厂新建污水收集管网，2016年10月中旬，收集处理污水量达到处理负荷的95%以上，实际进水COD浓度达到258毫克/升、氨氮浓度达到26毫克/升以上，设施正常运行、监测数据正常上传。二期污水收集管网工程已完成建设17.5千米（2016年来建设9.5千米），进水浓度基本维持去年同期水平，处理后的终水达到排放标准。郎岱镇污水处理厂污水收集管网，2016年，新增加污水收集管网4千米，污水处理设施基本正常运行。岩脚镇污水处理厂污水收集管网，2016年，新增污水收集管网4千米，污水处理设施基本正常运行。木岗镇污水处理厂污水收集管网，2016年，新增污水收集管网665米，污水处理设施于2016年9月开始进水调试。龙河镇污水处理厂，截至2016年10月中旬，建设2.82千米污水收集管网，厂区尚未正式开工建设。行业管理责任单位为特区住房城乡建设局，项目实施主体责任单位为所在乡镇政府。落别乡污水处理厂，仍在与施工方进行PPP谈判，建设工作尚未实质性启动。行业管理责任单位为特区住房城乡建设局，项目实施主体责任单位为所在乡镇政府。新场乡江艳养殖场、新华镇洪福种养殖农民专业合作社和月亮河乡磊意种养殖农民专业合作社，建设完善雨污分流系统和加盖棚的粪便储存池，采用干清粪方式清理粪便，对产生的粪便全部农业综合利用，已按照目标要求完成。贵州六矿瑞安水泥有限公司正常运行脱硝设施。2016年，在监督检查中，尚未发现停运设施的情况，氮氧化物的排放浓度基本保持在330毫克/升左右，按照尚未采取综合脱硝设施前的浓度测算，脱硝率在50%以上。

【重点流域环境保护“河长制”工作】认真贯彻落实区、乡（镇）“一把手”对区域重点流域水环境质量负责的“河长制”，对三岔河、北盘江流域及其周边实行综合治理。乡镇生活污水和生活垃圾治理情况。落别乡水塘寨80吨/天生活污水收集处理系统已完成，共投入资金65.86万元；生活垃圾收集转运系统正在建设，已投入资金9万多元，购置垃圾清运车1辆、移动式垃圾箱1个，垃圾桶7个，预计11月份完成。岩脚镇太和村100吨/天污水处理系统正在安装污水收集管网、修建化粪池；50吨/天垃圾收集转运系统正在建设，其中已建垃圾收集池1个，购置垃圾箱和垃圾桶，还将购置垃圾清运车1辆，垃圾箱20个。整个项目预计11月底完成。龙河镇生活污水和生活垃圾处理情况。已投资30万元修建了迎风村生活污水处理系统，采取工艺是人工湿地，收集、净化迎风村播代组60余户村民的生活污水，已完工，垃圾收集转运系统正在进行购置垃圾箱和转运车辆。完成境内乌江流域三岔河段水环境保护规划编制，完成上报六枝河环境综合治理项目拟纳入国家“水十条”环境保护中央储备项目库，以争取资金支持，完成六枝特区水污染防治规划年度计划及实施方案项目表的编制和六枝特区农村环境综合整治整县推进工作方案。

【环评服务及“三同时”执行工作】2016年，对满足环保准入条件、涉及民生工程、基础设施建设、生态文明建设等项目，一律开设“绿色通道”，对于国家限制类污染项目，严格污染物排放总量控制，坚持“等量置换”“减量置换”，对于产业政策不允许且不能集中排污的高污染项目，在招商引资工作中拒绝入内。截至2016年10月，共受理建设项目环评审批87个，其中编制环评《报告书》项目6个，环评《报告表》项目44个，填报环评《登记表》项目37个。参与拟建项目踏勘选址60个（次），豁免项目24个，竣工环保验收6家。新、改、扩建投产项目环保“三同时”执行为率100％。环评审批中不存在越权审批、降低环评的情况。

【环保执法专项行动】在持续推进“六个一律”“利剑”行动的基础上，开展了以打击“黑废水”“黑烟囱”“黑废渣”“黑废油”“黑数据”“黑名单”等“六黑”为重点的环保执法“风暴”行动。截至2016年10月，共出动环保执法人员867人（次），检查企业337家（次），下达《责令改正违法行为决定书》44份，对11家管理不规范的乡镇卫生院开展了集体约谈，对9起环境违法行为进行了立案查处，处罚金额41.3万元。将六枝工矿（集团）有限公司苦竹林煤炭分公司环境违法行为案件移送公安机关依法处理，将六枝特区泰丰商砼有限公司等存在久拖不验环保违法行为的4个企业及3个未批先建且污染环境、投诉强烈的六枝特区永久吹膜厂作为特区环保“风暴”行动第二批整治对象进行了上报，拟对其限期责令停产整治。有1家环境违法企业被省列入环保失信“黑名单”，并通过新闻媒体进行公布。

【自动监测系统运行】六枝城区环境空气质量自动监测站和三岔河龙场断面水质自动监测站稳定运行。六枝特区中心城区空气自动监测站于2016年1月实现全省联网并上传监测数据。三岔河流域龙场断面水自动监测站实现全省联网并正常上传监测数据。

【创建国家环境保护模范城市工作】为确保2016年阶段性“创模”指标任务顺利完成，下发了《关于进一步明确六枝特区创建国家环保模范城市工作职责任务的通知》，同时制定了《六枝特区创建国家环境保护模范城市2016年度实施方案》，特区人民政府于2016年7月25日召开了“创模”工作专题会议，对涉及的26项考核指标进行了逐层分解，纳入年度考核目标任务。7月26日，区委常委会议上传达学习了全市“创模”专题会议精神；9月7日，六枝特区组织召开全区“四创”攻坚工作，对工作进行了研究部署，并对8月份市“创模办”督查存在的问题进行督促整改。按照六特办通字[2016]135号文件精神，落实了特区“创模”领导小组办公室人员、安排了办公场所和阶段性工作经费，购置了办公设备，编制上报“创模”简报2期，“创模”工作正在有序推进。

【排污费的征收】2016年1—10月，依法核定征收排污费192万元。

【污染治理设施建设三年行动计划】根据《贵州省环境污染治理设施建设三年行动计划（2015—2017年）》，特区在2016年应完成的项目有26对煤矿矿井水处理设施、1个医疗废物集中无害化处置项目。截止2016年10月，已建煤矿污水处理设施19家，未建6家（杉树林煤矿、黔都煤业、四新煤矿、联兴煤矿、安家寨煤矿、中渝煤矿），关闭1家（中寨乡金来煤矿）。由于经济下行，产业结构调整和煤矿兼并重组等原因，剩余的25对煤矿中生产矿井仅2对（六龙煤矿和化处公司），停建矿井10对，停产矿井13对，停产矿井一时难以复工复产。要求在2016年底建成投运六枝特区医疗废物集中无害化处置项目，已投资25.14万元，完成选址、规划、环评、土地预审等工作，2016年9月29日施工单位已进场施工。

【环境保护攻坚行动】按照省、市《环境保护攻坚行动工作方案（2016—2017年）》，特区在2016年应建项目有：30个建制村环境综合整治、六盘水市第二人民医院污水处理、六枝特区城镇垃圾收运系统建设项目。纳入农村环境整治的30个建制村，按照“四在农家·美丽乡村”村庄整治规划，以“一镇带两村”的方式，整合各方面资金开展工作。截至2016年10月，有27个村均配置了垃圾收运设施，其中有7个村建设污水处理系统，其他3个村正在按计划推进；六盘水市第二人民医院污水处理项目正在做设计方案；六枝特区城镇垃圾收运系统建设项目，已落实前期经费500万元，完成可研批复和初设工作，正在做施工招投标工作。郎岱镇的垃圾收运及处置项目，正在做初步设计。全区19个乡镇（社区）垃圾收运系统可研报告已通过评审。

【污染防治工作】根据全市大气污染防治工作实施方案，结合特区实际拟定中心城区燃煤锅炉淘汰及改造工作方案，加快中心城区燃煤锅炉淘汰力度。2016年，六枝特区人民医院改用电锅炉，六枝特区食品产销公司改用生物质燃料锅炉，金鑫浴室和舒心浴室改用天然气；积极推行燃煤电厂超低排放和节能改造。六枝目前有1个水泥企业和1个燃煤发电企业。贵州六矿瑞安水泥有限公司已按照省市的要求开展了清洁生产审核工作，待省市组织验收。华润电力（六枝）有限公司1#发电机组于2016年8月投入生产，2#发电机组9月进行了吹管调试工作，两台机组的清洁生产审核工作正在编制可行性研究报告，计划在2017年实施。不断推进油气污染治理。进一步整治城区建设施工扬尘。对建筑扬尘强化源头防范和过程监管。在申报施工许可证时，要求施工单位对施工工地设置硬质密闭围挡和建设出口冲洗装置，施工中进行跟踪督查监管。加大对中心城区主次道路的清扫力度，有效减少扬尘污染；加强工业企业污染防治。加大对水泥生产、砂石开采和使用燃煤锅炉企业的监督检查频次，督促正常使用污染治理设施，确保产生的大气污染物经处理后达标排放，有效减少大污染物的排放；不断开展城区餐饮油烟的治理。结合“四创”工作，加大了对城区餐饮油烟的整治力度。对中心城区24家尚未安装油烟餐饮单位下达通知，截至2016年9月，已有13家完成了治理，其余的正在实施；进一步开展砂石行业污染治理。通过技改整合，保留整合在生产的有14家砂石厂，均督促其采取相应的防扬尘措施；进一步开展黄标车及老旧车的淘汰工作，两个机动车尾气检测站共检测机动车9071辆，发放绿标8231张、黄标373张。经检测，淘汰老旧车、黄标车辆740余辆；积极推广清洁能源汽车。建成汽车加气站1座，在建1座。截至2016年10月，六枝特区已经有31辆公交车和243辆的士车使用清洁能源。城区具备供气条件的用户达1.5万余户，已有2700余户开始使用天然气。中石油贵州天然气支线管网有限公司贵州天然气支线管网六枝分输站建设项目、盘县宏顺燃气有限公司六枝分公司储备站及二甲醚充装站建设项目、六枝特区华隆燃气有限公司

环保部西南督查中心处长李光界（右三）检查六枝特区污水处理厂

境保护督察整改工作推进会

石油液化气充装站项目建设正在有序推进。

【工业固体废弃物监管】在抓好工业固体废物产生或综合利用的同时，将汽车修理和印刷行业纳入监管范围。2016 年，共出动执法人员 248 人（次），对华润电厂六枝分公司、贵州六矿瑞安水泥有限公司、特区人民医院等 38 家医疗单位、六枝特区朝阳彩印厂等 3 家印刷厂、六枝特区鑫马汽车服务中心等 41 家汽车维修服务中心（厂、店）、六枝特区正鑫合金有限公司等 24 家固体废物产生或使用单位进行监督检查，督促其正常运行污染治理设施，要求产生的废弃物严格按照有关要求进行处置或利用，杜绝对环境造成二次污染。截至 2016 年 10 月，一般工业固体废物产生量为 2.31 万吨，综合利用量为 1.78 万吨，固体废物综合利用率为 77.05 %。

【农村面源污染防治】完成了《2016—2018 六枝特区农村环境综合整治整县推进实施方案》编制申报工作；完成了 2016 年度农村环境综合整治省市环保专项资金申报工作；组织关寨镇、月亮河乡，九龙社区波凹村、关寨镇堕却村、中寨乡木则村、月亮河乡月亮河村申报 2016 年度省级生态示范乡镇、示范村工作。

【核与辐射管理】2016 年，对城区恒达勘探设计有限公司、六盘水市第二人民医院、特区人民医院等单位进行了检查、指导。对六枝电厂管道探伤检测 2 个单位，要求按照规定进行备案，编制了应急预案，并进行了现场辐射监测，对放射源暂存库房建设强度、安全防护的铅板、监控设施、警示标志以及防丢失、防破坏、防射线泄漏等设施进行了认真检查。对完成标段任务的浙江火电有限公司，进行了清理现场检查，并按照规定提交了备案资料。开展辐射设施年度监测工作。要求各私营医院、乡镇卫生院按照国家核与辐射年度评估工作和辐射环境辐射安全与防护培训要求，开展设施环境监测工作，并将监测结果上报贵州省辐射环境管理系统。

【宣传】开展了“创绿色网络通信、建和谐美好生活”为主题的电磁辐射环境保护科普知识宣传，向广大群众普及电磁辐射科普知识，正确引导社会公众对电磁辐射类建设项目的认识，提供科学解释，消除群众疑虑，营造全社会共同支持和保护信息基础设施建设的良好环境。开展了“改善环境质量 . 推动绿色发展”为主题的 2016 年第 45 个“六五”世界环境日宣传活动。通过不同形式的宣传，进一步增强了群众环境保护意识、节约意识、生态意识，自觉选择低碳、节俭的绿色生活方式和消费模式，激发了群众参与创建国家环保模范城市的工作热情。

检查饮用水水源地

创建国家环保模范城市督促检查

交通·安全监督

交通运输

【概况】围绕2016年特区党委、政府下达的完成交通固定资产投资320000万元和市交通运输局下达的115663万元的目标，积极向上争取资金，创新融资手段，改进筹资模式，交通固定资产投资实现了稳步增长。全年完成交通固定资产投资达340000万元，比上年同期增长78.38%。

【交通重点项目建设】国省干线攻坚建设。2016年，新增S214六枝至郎岱公路10公里已完工。新增G356大用至凉水井公路18.6公里于2016年5月开工建设，现完成挖方69万立方米、填方128万立方米、防护挡墙14700立方米、涵洞750米，完成投资9500万元，总体进度40%。S310新华至老卜底公路13公里，完成总投资9000万元，路基水稳层已铺设完成，预计年底完工。S215郎岱至毛口公路26公里2016年2月开工建设，现完成路基95%，完成投资1.92亿元，预计年底完工。大用至木岗（木岗矿）连接公路14.6公里2016年5月开工建设，现完成石方开挖99880立方米、土方开挖610771立方米、软土处理120725立方米、填方完成681316立方米、挡土墙完成800立方米，完成投资约8300万元。农村公路建设。深入推进“四在农家·美丽乡村”小康路建设，完成农村公路投资18283万元。2016年实施县乡道改造项目5个68.1公里，计划总投资15667万元，完成投资3000余万元；实施通村沥青（水泥）路12.6公里，计划总投资1008万元，完成投资957万元，形象进度95%；撤并建制村通硬化路150公里，计划总投资10500万元，完成投资7700万元，形象进度73%；窄路面公路拓宽改造工程61公里，计划总投资1525万元，完成投资500万元，形象进度33%。对全区范围内临水、临崖、临边等危险路段提前实施农村公路生命防护工程约1000公里，总投资2400万元；计划2016年完成100公里，2017年全部完工。2016年无危桥改造建设任务。公路枢纽建设。集中力量实施城市道路交通改善工程，2016年9月实现牂牁大道西段半幅建成通车，10月实现东西互通延长线和牂牁大道东延伸线建成通车。估算投资13000万元总面积约42333平方米的六枝特区中心客运站项目，已完成投资600万元；项目前期工作全部完成，10月18日至20日开展招投标工作，11月份开工建设。投资70万元新建新窑镇客运站，现正在开展征地拆迁工作；投资40万元续建木岗镇客运站，完成投资5万元，现正在处理土地纠纷等相关问题。2016年逐步启用郎岱镇（含郎岱镇、洒志乡）、关寨镇（含堕却乡、箐口乡）、中寨乡、新华镇、岩脚镇、龙河镇等8个客运站。水运设施建设。开工建设城乡便民码头1座，新开工6道乡镇渡口，完成光照库区航运工程所属辖区内的征地拆迁工作。截至2016年，二道水、新华、老卜底便民码头即将进行施工图设计评审，待评审后进行招投标并组织实施；6道乡镇渡口正在与乡镇对接协调，计划委托乡镇组织实施；完成光照库区航运工程所属辖区内的征地拆迁工作，完成配套资金500余万元。改革创新工作。督促二级以上客运站接入省联网售票平台，配合完成全省二级以上客运站联网售票。启动全省运政信息系统一期工程建设，配合做好系统部署和数据清理等工作。推进清洁能源、新能源车辆在道路运输业中的应用，其中完成天然气公交车、新能源公交车占在用公交车比例分别达32%、9%以上。扎实抓好驾校IC卡计时管理系统平台建设监管和使用。按国家和省、市有关要求开展和推进船型标准化工作，辖区内船型标准化率达50%以上，建立辖区内农村水路客运船舶信息库。

【公共交通服务水平提升】进一步调整优化和新增公交线路增至9条（试运行2条），将城市公交线路不断拓展延伸到校区、社区、园区和农村，公交车增至80辆，出租车增至312辆，中心城区公交线路覆盖率达80%以上，公交站点500米覆盖率达85%以上。开通农村客运班线85条，农村客运车辆增至308辆。继续实施好60周岁以上老年人及社会优抚对象免费乘坐城区公共交通工作。

【交通依法行政力度加大】认真贯彻执行新《安全生产法》《贵州省道路运输条例》《贵州省城市公共交通条例》《贵州省公路管理条例》《贵州省交通建设工程质量安全监督条例》《贵州省水路交通管理条例》等，交通依法行政力度不断加大。着力推进交通执法队伍职业化、执法站所标准化、管理制度规范化建设。推行行政执法责任制、行政自由裁量权分离制度，行政执法日趋规范文明。抓好交通行政执法评议考核，交通执法队伍依法行政意识进一步增强。办理人大建议和政协提案28件，实现按时办结率、代表满意率100%。依法查处非法营运车辆302辆次、客运车辆违章行为50辆次和货运车辆8辆次，未发生行政诉讼案件；对不合格的3家二类维修企业进行整改并复核验收，对其中复核不达标的2家维修企业降为三类维修企业。

【行业文化建设】深入开展“爱岗敬业、诚实守信、服务群众、奉献社会”的交通运输行业核心价值体系建设。持续开展“明礼知耻·崇德向善在交通”“文明在行动、满意在六枝”“微笑客运站”“爱心车队”等文明创建活动，争做文明交通人，大力宣传六枝交通好形象。表彰了5名拾金不昧驾驶员，加强对交通运输行业先进典型、先进经验的宣传报道，唱出好声音，传递正能量。2016年2月，特区高速公路建设指挥部荣获“全省高速公路建设三年会战先进集体”称号，特区地方海事处获得“全省水路交通行业文明单位”荣誉称号，特区交通运输局获全市交通运输系统年度考核优秀等次。

【交通运输保障能力】加强组织协调，科学调配运力，圆满完成了“春运”、“十一”等关键时段的重点物资和旅客运输任务。2016年重大节假日配发客运班次27160次，运送旅客276174人，加班车137班次，完成政府指令性运输任务25辆次。预计全年完成公路运输客运量650万人次、客运周转量36833万人/公里，货运量877万吨、货物周转量103075万吨公里，同比上年增长68.2%、71.6%。211个行政村（居）通客运，建制村通客运率达86.66%，同比上年增加4.5个百分点。

【公路养护管理能力】根据《农村公路养护管理办法》《贵州省农村公路建设养护管理办法》《六盘水市农村公路建设养护管理办法》和《六枝特区农村公路管理养护办法》等规定，加强农村公路养护管理，投入小修保养资金1086万元。强化养护管理队伍建设，定期开展公路管理养护质量督查检查，促进农村公路可持续健康发展。路域环境优化、路况质量良好、沿线设施齐全、路容路貌常新，路况质量稳步提升，县道沥青（水泥）路PQI中等路率达58%、乡道沥青(水泥)PQI中等路率达54%;无铺装路面县、乡道和村道好路率达65%。继续开展农村公路车辆超限运输集中整治工作，遏制车货总量超过55吨的非法超限运输车辆上路行驶，收取公路赔补偿费60余万元，农村公路恶性超限运输率控制在3%以内。

【行业服务水平提升】持之以恒“反四风、转作风、树新风”，始终把提升人民群众满意度作为工作目标，进一步转变工作作风，提升行政效能。清理经营期限届满退出客运市场报废车辆52辆，许可延续经营40辆；完成2013年、2014年和2015年农村客运车辆燃油补贴清算发放工作；清算发放2013年和2014年城市公交车辆燃油补贴281万元；对客运船舶2013年和2014年燃油补贴进行决算审核，完成2015年燃油补贴发放工作。完成2家客运企业308辆客运车辆2015年度服务质量信誉考核工作，完成3个一类维修业和13个二类维修业质量信誉考核工作；新增办理4家机动车维修业。审验更换道路运输从业资格1400余人次，审核驾校初培学员学时2700余人次；收取出租车经营权有偿使用费21000元，办理出租车更新及延续经营权车辆16辆，安装调试出租车计价器312台；处理回复客运投诉案件16起，满意率100%。审核营运车辆二级维护835台次，审核等级评定350台次，审验道路运输证612个，新办证99个；积极办理为六枝电厂配货的4个运输公司申请事项。对省下达的黄标车清理任务145辆进行责任分解，根据要求年底需完成清理任务70%；至2016年底完成77辆，完成清理任务数的53.1%，12月份完成110辆，完成清理任务数的75.86%。

【交通质量安全监管】完善安全生产“一岗双责”工作责任制、安全生产日常监管执法检查工作制和突发事件应急处置预案等，推进安全生产“责任、监管、教育、制度”四个体系建设，全年组织培训交通运输从业人员1600人次，安全生产责任书签订率100%，行业监管应达标企业100%达标，实现全年无重大交通安全事故，确保安全生产形势持续稳定向好。重点加强对7个客运企业、5个危险货物运输企业、5个驾培企业、16个一二类维修企业、3个水上运输企业和1个园林企业日常安全监管，督促2个城市公交企业配备兼职安全员162名，专职安全员6名。开展道路交通安全检查279次，查改安全隐患189个；开展水上交通安全巡航检查216次，检查渡口（含渡船）及城市园林景区 581 道次，检查船舶 654 艘次，查改安全隐患 14 个。开展公路巡查检查 500 余次，治理路面坑槽 156 处、路基垮塌 7 处、路基下沉 16 处，缺失安全桩 110 处、塌方 72 处、路肩坍塌下沉及挡墙损坏 12 处、缺口 56 处、破损波形护栏 172 米。对公路缺口及危险路段增设安全警示标志 186 块，限速标志 74 套；油路坑槽挖补 8515 平方米，清理坍塌方 3000 立方米，恢复路基缺口 12 处，实施郎双公路 k1-k6 段大修和 S314 灾毁重建工程。治理超限运输车辆 2300 余辆次，查处损坏公路路产路权案件 1 起，纠正各类路政违章 25 件，清除路面堆积物 300 余处 3900 余平方米，制止违章取土 7 起，制止违章埋设管线 3 处 2000 余米，清理违法违规固定广告 33 条。开展工程建设领域检查 701.952 公里，发出整改通知书 24 次。清理拖欠农民工工资 16 件 159.17 万元，办理信访案件 20 件，化解苗头性信访问题 12 个。今年以来投入行业安全管理经费 7362.25 万元，其中道路交通投入 200 余万元、水上交通投入 21.25 万元、公路管理养护投入 1086 万元、路产路权保护投入 20 万元、农村公路维修投入 6035 万元。加强应急管理工作，储备防冻防滑砂 200 立方米、工业盐 10 吨（已用 8 吨）、编织袋 6000 条，储备应急车 10 辆、对讲机 8 台、推土机 2 台、专用运输车 2 辆、搜救船 2 艘、救生衣 200 件、救生圈 20 个、救生绳 10 条、灭火器 20 个、雨鞋 50 双、雨衣 50 件、电筒 50 只、担架 2 副等设施设备。

安全生产监督管理

【局领导名录】

党组书记、局长 吴江（苗）

党组成员、副局长 卢加志 李红毅 戴浩

安全生产执法监察局副局长：李爽（黎）

【机构设置】内设机构有办公室、综合股、非煤矿山安全生产监督管理股、八大行业安全生产监督管理股、危险化学品安全监督管理股，职业安全与健康监督管理股。安全监管局行政编制 13 名（含工勤编 2 名），有人员 13 人（工勤人员 2 人）。下设有六枝特区安全生产执法监察局（副科级），六枝特区安全生产信息调度中心（安全生产应急救援指挥中心）和 19 个乡镇安监站。

六枝特区安全生产执法监察局（六枝特区煤矿安全生产监督管理局）内设机构有办公室、煤矿安全技术监察股、地方煤矿安全生产监督管理股、国有煤矿安全生产监督管理股、非煤行业安全监察一股、非煤行业安全监察二股、综合行业领域安全监察股。安全生产执法监察局人员编制 50 名（含工勤编 7 人），现有人员 32 人（工勤人员 3 人）。

六枝特区安全生产信息调度中心（安全生产应急救援指挥中心）于 2013 年 4 月组建，为财政全额预算管理的正股级事业单位，隶属于特区安全监管局。现六枝特区安全生产信息调度中心内设机构有应急救援股、信息化平台调度室。六枝特区安全生产信息调度中心人员编制 20 名，有人员 10 人。六枝特区安全生产执法监察局。

安监站事业编制总数为 166 名，为财政全额预算管理的正股级事业单位，隶属于特区安全监管局，有人员 106 人。

【生产经营单位】2016 年，有生产经营单位 1170 家，其中，煤矿 27 处，正常生产矿井 9 处，复工矿井 1 处，其余煤矿停产停建，所有煤矿均属煤与瓦斯突出矿井；非煤矿山企业 34 家；危险化学品经营单位 20 家（主要为加油站）；烟花爆竹批发企业 2 家，烟花爆竹零售经营户 488 家；冶金建材等八大行业 23 家；道路运输企业 23 家；水上运输企业 6 家；建筑施工企业 50 家；学校 306 所，幼儿园 99 所；商场、市场等人员密集场所 46 处；农机、渔业行业 4 家；废品收购企业 16 家；驾校 5 家；一、二类汽修厂 21 家。

【安全事故】2016 年，区内共发生生产安全一般事故 11 起，死亡 5 人（其中道路交通事故 10 起 4 人，铁路事故 1 起 1 人），其他行业领域没有发生生产安全事故。安全生产“四项相对指标”为：亿元 GDP 生产安全事故死亡率为 0.030（2016 年全区各类生产总值为 165.3 亿元）、煤矿百万吨死亡率为 0、十万从业人员死亡率为 0（二、三产业生产安全事故为 0），道路万车死亡率为 0.47（车辆拥有量 8.5 万辆），各项指标均控制在市下达的指标范围内。

【安全生产宣教】制定“安全生产月”方案，扎实开展以“强化安全发展观念，提升全民安全素

安全生产月宣传活动

质”为主题的安全生产月活动，取得初步成效，活动期间全区共悬挂（张贴）标语 1100 余条，设置墙报、宣传栏 30 余处，发放安全相关宣传资料和物品约 19500 余份，接受群众咨询 16200 人（次）。认真组织“安全警示教育月”、“6•11”安全生产警示教育日和“安康杯”活动，深刻吸取省内外发生的安全生产事故教训，进一步增强忧患意识和责任意识，提高从业人员的自保、互保能力。积极组织开展煤矿、加油站、地质灾害、学校等行业领域的安全生产事故应急救援演练，为应对抢险救援积累了实战经验。

【煤矿安全整治】 成立瓦斯治理专班，强化落实“8 个 100%”和煤矿“1077”安全治本攻坚举措，重点对煤矿瓦斯治理、防灭火、防治水、顶板管理等工作开展安全检查，对生产建设煤矿和停产停建煤矿检查巡查 563 矿（次），查出一般安全隐患 2311 条，全部落实整改；发现新华煤矿重大隐患 1 条，并进行挂牌督办，已复查销号。督促企业落实主体责任，约谈处理煤矿安全管理人员 16 人(次),对煤矿“五职”矿长扣分处理 2 人（次）。按照不同时段，不同季节，下发《关于开展全区煤矿雨季三防及防治水专项检查工作的通知》等文件，强化落实煤矿企业主体责任，确保煤矿生产安全。根据贵州省《化解煤炭行业过剩产能实现脱困发展领导小组办公室》（2016 年第 1、2 号）公告要求，按“六条标准”关闭矿井 2 处（化处煤炭分公司北井、中柱煤矿），并通过省、市现场验收。

【危险化学品和易燃易爆物品及油气化领域整治】 严格执行全区“一拖四”油气化安全保护工作联席会议制度，组织召开危险化学品和易燃易爆物品及油气化安全生产专题推进会，下发相关文件，安排部署油气安全监管工作，推进危险化学品和易燃易爆物品及油气化行业“零事故、零死亡”工作。制定《烟花爆竹安全生产非法违法行为举报奖励办法》，鼓励广大人民群众积极参与举报违法违规举报有奖行为，构建烟花爆竹“齐抓共管”工作格局。制发危险化学

特区政府区长方欲谦带队检查烟花爆竹零售经营户

品及易燃易爆物品生产经营储存环节安全专项整治方案，强化危化、易燃易爆行业安全全程管控、过程管控，全年共检查企业 98 家（次），发现整改隐患 366 条，有效规范加油站等危化行业领域安全行为。四是组织召开 480 余人参加全区烟花爆竹批发企业负责人和烟花爆竹零售经营户安全警示教育暨学习培

2016 年 6 月 15 日局长吴江带队到六龙煤矿检查

训会，认真吸取近期省内外烟花爆竹爆炸事故教训，树立安全生产红线意识，规范安全操作行为，认真落实企业主体责任。

全区非煤矿山现场观摩会（地点：民兴砂石厂）

【非煤矿山整治】一是持续抓好企业建设批复重点工作，取得初步成效。全区有28家取得采矿许可证，开采设计方案经专家评审通过并取得建设批复的达24家，提高准入门槛全部按二级安全质量标准化要求进行建设，夯实了非煤矿山安全管理基础，首家砂石企业（渝忠砂石厂）已取得安全生产许可证。组织安委会成员单位、乡（镇、社区）、砂石企业150人召开非煤矿山安全生产标准化建设现场观摩会，学习先进示范企业在“五化两型”（“规模化、机械化、标准化、信息化、科学化”和“本质安全型、绿色环保型”）矿山建设中先行先试的典型经验，指导和规范企业自身建设行为，全面推进“五化两型”矿山建设。切实开展日常安全检查工作，加大监管力度，对非煤矿山企业进行检查巡查共146家（次），查出隐患438条，全部落实整改。四是按照关闭非煤矿山标准的有关规定，关闭39家非煤矿山，关闭任务占市下达任务39家的100%。

【道路交通安全整治】 采取机动巡查与集中打击的方式，以“两客一危”车辆为重点，以源头监管为切入点，加大对客运、危货运输车辆动态的监控力度，共检查班线客运车辆4100余辆，检查危货运输车辆350余辆，依法查扣涉嫌非法营运车辆332辆。加大对生命防护工程的投入，治理路面坑槽156处，路基垮塌7处，路基下沉16处，缺失安全桩110处，塌方72处，路肩坍塌下沉、挡墙损坏12处，新老缺口56处，波形护栏损坏172米。强化交通运输客运企业的安全检查，全年共排查整改隐患2160条，减少客运车辆事故发生率。以“六类车”（客车、校车、货车、危险品运输车、农村面包车、摩托车）及驾驶人为整治重点，全方位多层次开展交通秩序集中整顿和专项整治，全年共查处各类违法行为77870起，其中：酒后驾驶机动车236起，无证驾驶723起，驾驶货车违反规定载客97起，机动车未按照规定期限进行安全技术检验326起，无第三者责任强制保险612起，违法停车等现场交通违法行为26221起；扣留无牌机动车3416辆，行政拘留无证驾驶机动车80人。

【建筑施工、特种设备、消防及其他行业领域整治】建筑施工方面以治理施工现场各类防护设施、深基坑、脚手架、塔吊、施工机械等重大危险源为重点，开展检查工作，共排查整改隐患2165条。深入开展特种设备安全检查工作，共检查特种设备212家（次），电梯检查覆盖率达100%，排查整改隐患430条；检查游乐设施80台（套），检查锅炉、压力容器166台（次），排查整改安全隐患363条。切实开展消防安全、校园安全、旅游景区景点安全等行业领域专项整治工作，共查出整改各类安全隐患3350条，取得明显实效。

经开区·园区

六枝经济开发区

【综述】将2016年的目标任务分解到各园区；对重点引进的产业项目提出具体目标要求，对各园区工作完成情况进行检查指导和汇总，及时互通各园区招商引资情况；每月对各项指标完成进度进行认真总结分析，围绕全年目标任务以旬保月、以月保季定时调度。开发区完成固定资产投资62.29亿元，占全年任务77.03亿元的80.87%；完成招商引资到位资金63.23亿元，占全年任务77.41亿元的81.69%；完成工业总产值41.21亿元，占全年任务48.51亿元的84.95%；完成财政总收入5.89亿元，占全年任务7.22亿元的81.52%；完成营业总收入58.09亿元，为全年任务数71.38亿元的81.4%；解决就业人员4153人，为全年任务数4858人的85.5%。

【对外招商】结合开发区三个园区产业规划，围绕“5+1”（五大新兴及循环经济产业），策划一批符合国家产业政策及园区规划发展项目72个，总投资361.15亿元。按照每月不少于2次的外出招商计划，组织人员前往长三角、珠三角等地进行招商引资，2016年新引进项目达15个。木岗园区与深圳市汇马精密电子有限公司签订了投资协议，其中，引进电子信息相关企业13个，厂房正在装修中；岩脚园区正在洽谈的项目有“年产4万吨无贡碱性电池极原材料生产项目”、“15万吨生活用纸及盐化工项目”、廻龙溪温泉度假村建设项目、岩脚尖山矿泉水项目、四川投资商新型建材项目。

【招商工作体系】制订《六枝经济开发区2016年招商引资工作方案》《面向国内500强企业开展精准招商工作方案》；制定各园区“一园一策”工作方案，以指导园区开展招商引工作，引企入园。编制《六枝经济开发区投资政策汇编》，对六枝经济开发区区情、产业布局、区位优势等进行全方位的宣传；充分利用开发区门户网站、微信平台宣传开发区的投资环境、项目建设和跟踪服务情况，做到每周更新微信信息及工作动态；加强信息上报和简报编制工作。开发区招商工作信息已上报市、特共23条，编制简报18期，做到一月二期简报；积极参加省、市、特区组织的招商推介会和推介项目PPT演示会，扩大宣传面和宣传效应；热情接待来访客商并做好登记工作。2016年，开发区已接待来访客商共计109人，在谈项目10余个。

【项目建设】开发区入园项目72个（其中，新引进项目19个，续建项目36个，建成投产项目17个），投资总额207.23亿元，累计完成投资111.48亿元。2016年新签约项目19个，签约资金22.74亿元。

【党建工作】深入开展“两学一做”学习教育。精心制定工作方案，拟定开发区“学党章党规、学系列讲话、做合格党员”学习教育方案。召开了“两学一做”学习教育启动大会，全面启动开发区“两学一做”学习教育活动。开展“手抄党章100天”活动，以支部为单位，组织开发区全体党员参加“手抄党章100天”活动，全面推动学习教育的深入开展。开展送党章党徽活动，开发区县级领导干部及机关党支部均开展了对全体党员“送党章、佩党徽、亮身份”活动，共计发送党章80余本、党徽80余枚，并开展了上专题党课活动，学习教育取得新实效。

大用现代农业产业园区

【综述】六枝特区大用现代农业产业园区是一个集科技种植、农业休闲观光、特色农产品加工贸易为一体的城郊型省级现代农业示范园区。园区位于黄果树瀑布上游，依托良好的交通优势、区位优势和自然生态优势，以六镇高速公路为主轴心，规划总面积100平方公里，覆盖大用、落别、木岗3个乡镇12个村4.1万人，其中贫困人口1294户5313人。我们按照“三变改革+山地特色农业+乡村旅游+金融扶贫”的模式，坚持“把产业做成生态、把生态做成产业”发展理念，按照“两区结合建设、三产融合发展、三变整合资源、实现四个价值最大化”的发展思路。着力打造大产业、大“三变”、大金融与大扶贫有机融合的扶贫开发综合示范园区。园区核心区由“三园”（大用生态观光园、天宝生态农业综合产业园、农产品加工示范园）、“三基地”（5万亩茶叶基地基、3万亩凉都红樱桃基地、1万亩猕猴桃基地）组成。

【园区招商引资】与英飞尼迪集团、江山集团形成合作意向投资园区内“黄果树瀑布源国家森林公园”；引进西北大学建土壤检测中心；中国科学技术大学与六枝特区签署的全国首个“功能农业（扶贫）综合示范区”战略合作，发展功能农业“单体冠军”的启动；投资30亿元的30兆瓦光伏发电项目已启动；招商引资建设到位资金达7.8亿元建成云上六枝营运中心、生态布依小镇、龙井温泉度假区、螃蟹峡养生谷、浪哨缘、山泉湿地公园等一大批引资项目。

【园区投资】六枝特区大用现代农业产业园区2016年完成投资10.1841亿元。主要投资项目有：农产品加工园(一座面条加工厂、一座菜油加工厂、两座茶叶加工厂，总占地200亩。茶叶加工厂厂房10000平方米、业务用房2000平方米、占地61亩)总投资28340万元，目前已经完成投资15220万元；大用木岗落别茶叶产业带（茶叶种植5万亩，新建厂房面积为16000平方米的茶叶加工厂3座（靖志云公司、天香公司、朝华公司、天水公司），建产业路50公里、小山塘5座。）总投资28340万元，已完成投资21500万元；山泉湿地公园完成投资3500万元；落别车厘子基地农旅一体化项目（瀑布源大道建设及产业路的提升）完成6000万元；贵州天宝旅游生态养老度假区项目（规划占地面积2000亩，主要建设养老院、养老康复中心等设施）总投资201000万元，至2016年底完成投资24300万元；三中心完成投资12120万元；温泉度假区完成投资19381万元。

【园区产值及销售收入】园区完成总产值10.7亿元，总销售收入10.4亿元。其中樱桃1.8万吨2.88亿元，畜禽及产品4.57亿元，药品1.1亿元，餐饮1.35亿元，旅游业收入0.5亿元。

【园区主导产业完成情况】3万亩凉都红樱桃基地已建成，其中车厘子1.8万亩，玛瑙红樱桃0.5万亩，本地樱桃0.7万亩；5万亩茶叶基地现已建成；1万亩猕猴桃基地已基本建成。建成樱桃博览园200亩、花卉基地1500亩、建设水肥一体化示范基地100亩、农药、土壤、农产品综合检验中心各1个、安装太阳能路灯300余盏杀虫灯50余盏、建成试验站2个、试验点8个、学生实习基地2处。

【基础设施建设】园区实完成主干道路建46公里（新建加工区2.2公里、螃蟹峡至水塘2.8公里，沙子坡至落别乡政府1.8公里，汨港至瓦窑水库4公里。园区步道12公里），完成机耕道建设142公里，完成生产便道建设275公里；完成沟渠管网236公里，拟建“五小水利”工程，11个灌区，建山塘5座，建区水堰1座，建提水泵站6座，建3000立方米1口、生产饮用水池13口，园区电力设施覆盖所有行政村。电信通信网络建设，移动4G基站传输建设，联通宽带基站建设，文体广播电视局无线数字电视基站建设等项目，安装通信网络基站67个，无线数字电视基站9个，迁改供电、通信、国防光缆等线路40余公里，村村通卫星接收2632户，户户通卫星接收10090户，通信网络设施覆盖所有行政村。

【入驻企业】园区入驻企业23家，省级重点龙头企业4家（六盘水古夜朗资源发展有限公司、贵州鸿森茶叶发展有限公司、贵州省六枝特区宏奇制药有限公司、六盘水市农业投资开发有限责任公司），入驻企业注册资金500万元以上的规模企业有11家（六盘水古夜朗资源发展有限公司、六盘水喀嘶特农业科技开发有限公司、贵州天宝文化旅游综合开发有限公司、六枝特区朝华农业科技有限责任公司、贵州天宝生态农业综合开发有限责任公司、六枝特区大禹农业开发有限公司、贵州鸿森茶叶发展有限公司、六枝特区宏奇制药有限公司、六枝特区精英农业发展有限公司、六枝特区育农园艺有限公司、六盘水市农业投资开发有限责任公司），园区内共有农民专业合作社22家。

六盘水木岗产业园区

【概况】六盘水木岗产业园区于2011年3月经省政府批准设立，属市级产业园区。园区总规划面积63平方公里，核心规划面积为10.21平方公里，分木岗园区和落别索考园区。其中：木岗片区规划面积为6.95平方公里，主要以新兴产业（现代物流）、高端制造、电子产品（移动终端）、新型建材等为主导产业；落别索考片区规划面积为3.26平方公里，主要新医药、农产品加工、大健康、新型能源和生态观光等为主导产业。

【经济指标完成情况】2016年，园区完成工业总产值16.96亿元，完成全年目标任务17亿元的99.8%；完成固定资产投资16.03亿元，完成全年目标任务15亿元的106.8%，完成税收1.8656亿元，完成全年目标任务1.5亿元的124%；新增规模企业4户（2000万元），超额完成全年2户的目标任务，新增从业人员796人，完成全年目标任务550人的148%。

【招商引资】园区始终把招商引资和加快项目建设作为园区的核心工作来抓，采取“领导带队招商、以商招商、标准化厂房招商、园区招商”等方式强力推进招商。2016年，园区招商引资项目共17个，签约资金19.3亿元，到位资金16.7亿元，资金到位率86.5%。其中，开工建设13个，开工率为76.4%。项目投产10个，投产率为58.8%，六盘水木岗（深圳）移动终端项目建成投产率达90%以上。

【基础设施建设】投入资金800万余元，完成草坪种植8500余平方米，各类苗木10余万株；完善园区道路400余米，工程造价50余万元；安装货梯19部；完成11万平方米标准厂房附属工程，共计2700万元；建成职工食堂，造价136万元；完善厂房、办公区、住宿区装修，共投入资金500余万元；完善3、4号钢结构厂房，投入资金1500余万元。

六盘水郎岱农业产业园区

【概况】六盘水郎岱农业产业园区规划建设面积12万亩，以郎岱镇为核心。规划主导产业为猕猴桃4万亩、魔芋4万亩和商品蔬菜1万亩。通过核心发展辐射带动周边区域发展猕猴桃6万亩、魔芋6万亩和蔬菜2万亩。规划配套茶叶产业和生态养殖2万亩，辅助产业为农产品加工、农产品交易和农业观光旅游。园区规划于2017年基本建成，规划总投资30亿元，建成后年总产值和总收入可达60亿元，规划区内农民人均纯收入可达1万元以上。

【主要经济指标完成情况】2016年，完成投资9亿元，完成固定资产投资10亿元，完成总产值9亿元，销售总收入9亿元，实现销售总利润4.78亿元。

【核心区建设情况】核心区已基本建成“三基地三园一中心”的产业布局，即：猕猴桃基地、魔芋基地、蔬菜基地，生态养殖园、科技扶贫加工示范园、现代农业综合示范园和农产品交易服务中心。目前，现代农业综合示范园、农产品交易服务中心已基本建成；科技扶贫加工示范园正快速推进，现已建成标准化厂房30000平方米，正逐步完善基础配套设施。建成富农生态禽类养殖基地，年出栏禽类50万羽，生产禽蛋500万枚；建成年出栏500头肉牛的养牛场，年出栏生猪1万头的大型养猪场正在全力推进基础设施建设。

【基地产业建设情况】根据园区建设规划、资源条件和产业发展基础，以龙头企业为引领，以猕猴桃、魔芋、蔬菜为主导，突出重点，扩大规模。一手抓主导产业规模，一手抓主导产业质量，针对园区的三大主导产业的进展情况，分别采取不同措施，进行全程监督和管理，保证主导产业建设出成效。现已建成猕猴桃基地1.22万亩（核心区6000亩），魔芋基地3万亩（核心区种源基地1500亩），蔬菜基地1.3万亩（核心区1000亩）。配套产业建成茶叶基地0.8万亩（核心区2000亩）；建成年出栏500头肉牛的龙头山养殖场，与猕猴桃基地配套打造循环农业园。

【基础设施建设】整合各部门各类资金1.51亿元，解决水、电、路、信等基础设施建设。至2016年，园区已建成主干道101.75千米、机耕道30.4千米、生产便道45千米、沟渠（含管网）122.655千米、蓄水池537个6500立方米、配套建设供电能力630千伏安、配套建设供水能力2000吨/日、通讯实现全覆盖。核心区完成投资1.2亿元，建成农产品交易服务中心、农业综合培训中心并已投入使用。科技扶贫加工示范园项目完成投资3797万元，建成14742平方米标准化厂房，7000平方米企业科研办公用房（其中电商孵化园92个商铺，建筑面积4900平方米，将打造成为六枝特区电商分中心，面向社会公开招租）。供电、供水、排水、绿化等配套基础设施建设正在有序推进，为企业投资、入驻园区提供优越的条件。

【招商引资工作】结合园区自身条件，依托园区优势产业和发展定位，编制了32个招商引资储备项目，重点推介项目12个，并达到一个项目一份项目建议书一个ppt。在郎岱园区微信平台发布信息58期，利用微博、各类新闻媒体报道宣传园区21余次。联系省内外企业11余家，外出招商12次，与六枝特区双文种养殖农民专业合作社、六枝特区翱嘉澂种养殖农民专业合作社、六枝特区呈祥农业开发有限公司、贵州远通农业科技发展有限公司和六盘水黔彩园林有限公司5家企业签订项目7个，签约金额7.2亿元，到位项目资金3.49亿元。

【入驻企业】积极引进、培育龙头企业和农民专业合作社。至2016年底园区已引进、培育规模较大、实力较强的龙头企业23家（其中省级农业产业化龙头企业6家）。分别为：贵州天地人和发展有限公司，六枝特区宜枝魔芋生物科技有限公司，六枝阳光农产品配送有限公司，贵州吉园生物科技有限公司（六盘水首家台资农业加工企业，主要从事农业生物有机液态肥加工，年生产有机肥200吨），贵州九龙酒业有限公司，六枝特区呈祥农业开发有限公司（建设年出栏万头商品猪养殖场、千亩蔬菜种植基地），贵州远通农业科技发展有限公司（推广“生态有机无土栽培技术”）。市、县级农业产业化龙头企业17家，种养殖农民专业合作社78个。核心区今年新入驻企业有六枝特区呈祥农业开发有限公司，贵州远通农业科技发展有限公司，六盘水黔彩园林有限公司（利用郎岱园区已建成的温室大棚，发展玫瑰花种植产业）。

【农旅一体建设】郎岱园区2015年被列为“省级100个旅游景区”之一，景区旅游规划已通过贵州省旅游局审核。园区将按照“一本规划、一份蓝图、一抓到底”，推进一体景区建设。依托正在建设花果山、温泉度假村、猕猴桃基地以及郎岱镇区位和资源优势，并结合园区自身建设，扩大基础设施服务规模，使服务功能向古镇旅游接待服务、餐饮、住宿、休闲度假、古夜郎文化、康体娱乐、农业观光体验等复合功能的转变。以郎岱坝子为主脉，以夜郎文化及民族文化为魂，抓住旅游发展的重大机遇，加速产业基地、基础设施和生态环境建设，彰显“生态郎岱”“人文郎岱”“特色郎岱”，把郎岱园区建设成为生态文化旅游区，打造景观优美、功能齐备、社会经济与旅游同步发展的最佳生态文化旅游目的地。抢抓全省第五届小城镇发展大会之机，建成贯穿整个猕猴桃产业基地的自行车休闲骑行彩色油道19.5公里，宜枝老年养生苑、花果山、温泉度假村等项目正在如火如荼的建设中。郎岱古镇旅游开发项目中的郎岱门楼、百草园、迎祥广场、文峰广场、木城大道、东山公园等项目建设已基本完成。按照市委领导要求“把郎岱园区打造成为融入黄果树大景区、承接牂牁江旅游景区，农旅一体旅游节点”的指示精神，深入推进园区农旅一体化建设，扎实做好“省级100个旅游景区”基础设施建设工作。强化科技支撑和示范，大力发展现代高效农业。以项目为抓手，推动园区建设上水平。

六盘水牂牁江风景名胜区

【概况】 2016 年，牂牁景区共接待国内游客 43.273 万人次，旅游总收入 21.6364 万元，分别较去年增长 35.9% 和 35.57%。

牂牁江景区夜郎王城文化旅游区项目（又称“牂牁江景区首开区”建设项目）已经列入 2016 年省重大建设项目、省“100 个景区”重点建设景区。夜郎王城文化旅游区的 9 个单体项目已于 2016 年 5 月全面启动。

【景区建设】 超额完成省旅游局下达的“100 个景区”建设任务。按照《全省 100 个旅游景区建设 2016 年工作方案》文件精神，2016 年度牂牁江景区计划投资 14000 万元，包括新建夜郎王城、新建综合服务区、完善其他基础设施三大类别。牂牁江景区累计完成投资 28306.12 万元，完成投资额占年度计划数的 202.19%，在建项目 10 个（基础设施），包括郎牂公路提级改造、长兴公路维护修理，建设夜郎王宫、游客服务中心、停车场等项目正在有序推进，预计 2017 年 6 月全面完成建设。

【景区项目】 2016 年计划投资 10 亿元，涵盖夜郎王宫、王城酒店、码头、游客服务中心、停车场、三街十二坊、老王山栈道、老王山索道、水上娱乐中心等 10 个项目建设。

那邦游客接待中心：该项目位于六枝特区牂牁镇半坡村那邦寨，总用地面积 56.84 公顷，拟建游客接待中心，停车场、老土山索道机站，公共绿地、农耕体验基地及房屋立面改造等。新建建筑面积 1 万平方米，旧房改造面积 1.5 万平方米，机动车停车位 2800 个，项目总投资 0.9 亿元。

夜郎王宫：该项目位于六枝特区牂牁镇牂牁村，总用地面积 15.25 公顷（其中王宫 8.63 公顷，公共绿地 6.62 公顷），建筑面积 2.58 万平方米，机动车停车位 180 个，项目总投资 2.7 亿元。修建性详细规划已原则通过，正在完善施工图设计、地质勘查工作正在进行。

王城酒店：该项目位于六枝特区牂牁镇牂牁村与西陵村，总用地面积 6.075 公顷，建筑面积 1.94 万平方米，机动车停车位 160 个，项目总投资 2 亿元。修建性详细规划已原则通过，正在完善施工图设计。

牂牁镇三街十二坊：拟对牂牁镇街道，景观及房屋立面进行提升改造，初步设计方案已完成，街道改造 1.4 万平方米，景观改造 2 万平方米，房屋立面改造 67.4 万平方米，项目总投资 7200 万元。目前项目已开工建设。

王城码头：该项目位于六枝特区牂牁镇西陵村，总用地面积 3.805 公顷，建筑面积 1 万平方米，机动车停车位 120 个，项目总投资 1.7 亿元。修建性详细规划已原则通过，正在完善施工图设计。

打那停车场：该项目位于六枝特区牂牁镇牂牁村，总用地面积 4.445 公顷，建筑面积 400 平方米，机动车停车位 693 个，项目总投资 0.7 亿元，正在开展平场工作。

老王山索道：该项目位于六枝特区牂牁镇，总用地面积 4512 平方米，建筑面积 4000 平方米，索道全长 4.2 公里。项目总投资 1.2 亿元。目前规划方案已基本完成，正在进行基础施工，近期拟进行设备采购。

老王山栈道：该项目位于六枝特区牂牁镇老王山，总用地面积 26 亩，建筑面积 6950 平方米，栈道总长 6852.39 米，项目总投资 6475 万元，2016 年底工程已开工建设，完成 1000 米护架搭建。

景区道路：总用地面积 12 万平方米，道路总长 16 公里，宽 4.5—6.5 米。建设内容为：水厂连接线、竹王路、驰道、竹王路连接线、码头连接线、码头环线及索道连接线等景区道路的修建，项目总投资 0.8 亿元。

“梦境牂牁”水上娱乐城项目、老王悬崖餐厅、悬崖酒店、打那停车场至板婷索道中转站连接线、景区节点打造正在做规划设计方案。

乡镇（社区）

银壶社区服务中心

【领导名录】

社区服务中心党委书记：谭有跃＊　毕家玺

社区服务中心主任：毕家玺＊　卢红梅（女）

社区服务中心党委副书记、议事会主任：梁明丽（女 布依族）

社区服务中心纪委书记：邓连胜（苗族）

社区服务中心副主任：王霓（穿青族）　李万银（彝族）付鹏 李龙虎

【地理位置】银壶社区服务中心于2015年1月成立，地处北纬26° 07′ ~ 26° 25′，东经103° 21′ ~ 105° 35′之间，位于六枝特区东部，东靠九龙社区，南连新窑镇，西北接塔山社区，北接普定县，东西最大距离约2.24公里，南北最大距离约13.22公里。

【政区划分】辖地宗、兴隆、补林、平寨、银壶、铁路6个居委会及东风、杨丰2个行政村，服务中心驻地南环路中段。

【人口面积】人口4.2851万人，其中贫困人口859户2508人，人口密度1356人/平方公里，总面积31.6平方公里。居住有苗族、彝族、仡佬族等民族，少数民族人口1316人，占总人口的3.08%。

【自然条件】境内有页岩、石灰石、煤炭等矿产资源气候属于亚热带气候类型，年平均气温14.4℃，年平均降雨量1466.5毫米，空气新鲜，气候宜人，冬无严寒，夏无酷暑，交通便利有较好的人文环境居住条件，宜人宜居，是各类企业落脚的理想之地。

【基础设施】辖区内有社区服务中心6个370平方、村卫生室2个60平方米，民营医院6个，正筹建医院1所，床位40个，医务人员46人。六枝特区第四中学、平寨中心学校、平寨小学、补林小学坐落我辖区内、老师79人，在校学生1125人，民办幼儿园9个，幼儿462人；村村通广播电视、邮政、电信、6个居委会已通网络。境内交通便利，有六六高速、都香高速、六镇高速，并在九龙社区小寨村底西开口处设有六枝东站，沪昆高速铁路毗邻而过，贵昆铁路、株六复线、贵烟公路贯穿全社区，六枝特区火车站、汽车站坐落于服务中心补林居委会。农村交通网络化，通村公路38.6公里，2个行政村都有通村公路，村组道路硬化11214平方米，辖区内的2个村已通电。

【经济状况】2016年社区完成财政总收入2.15亿元，完成工业总产值29.8亿元，完成固定资产投资4亿元，完成粮食产量0.99万吨，招商引资实际到位资金0.5亿元，2016年农民人均可支配收入达0.7728万元，城镇居民可支配收入达2.3425万元，主要粮食作物有玉米、水稻、小麦、马铃薯、大豆等，经济作物以油菜、蔬菜、经果林等为主，初步形成五龙特色蔬菜基地。

塔山社区服务中心

【领导名录】

社区服务中心党委书记　毕腱＊（苗族）　叶玉平

社区服务中心主任　黄读梁＊（彝族）龙成胜（彝族）

议事会主任　叶玉平＊　杨成祥（彝族）

社区服务中心纪委书记　徐贵颖

社区服务中心副主任　刘胜利＊（苗族）　刘庭祥（回族）赵启舟（布依族）　马逢春　王忠红（女）聂萍（女）

【地理位置】塔山社区位于六盘水东部，是六枝特区人民政府城郊区。地处东经105° 22′—105° 37′、北纬26° 09′—26° 26′之间，平均

社区领导陪同特区党委书记杨昌显到高速公路对种植进行规划

海拔 1350 米，年平均日照 1252.4 小时，年均温度 14.4℃，年降雨量 1466.5 毫米，无霜期 290 天。总面积 21.9 平方公里，东接银壶街道办事处平寨居委会，南邻银壶街道办事处东风村，西靠新窑镇那秀村，北连银壶街道办事处杨丰村；东西长 5.7 公里，南北宽 3.9 公里。

【政区划分】社区内设综合办公室、便民利民服务厅、卫生计生部、群众工作部、社会事务部、环境管理部、扶贫办、统计办、信访办、拆迁办共 8 个职能部门。辖 1 个行政村 7 个居委会，下辖 11 个村民组，188 个居民小组，11 个党支部，301 名党员。总人口 4.45 万人，城镇化率 77%，居住有彝族、苗族、布依族、仡佬族、回族、土家族等 11 个少数民族。

【基础设施】交通便利，贵昆线及株（洲）六（盘水）复线电气化铁路，以三级路面为主的贵（阳）烟（堆山）公路及六（枝）纳（雍）公路，“六六”高速穿社区而过，实现村（居）通公路。辖区内主要农作物以水稻、玉米、小麦、薯类等为主。

【经济状况】2016 年，财政总收入预算完成 9654.25 万元，同比增长 232%；500 万元及以上固定资产投资预计完成 20 亿元，完成任务数 100%；工业

社区 2016 年度总结表彰大会

企业产值预计完成 43100 万元，同比增长 3%，社会消费品零售总额预计完成 7.58 亿元，同比增长 15%。目前，全社区有贫困人口 217 户 734 人，2016 年预计完成 52 户 217 人脱贫。全社区有农民专业合作 16 家，覆盖农户 66 户，其中贫困户 50 户。农村居民人均可支配收入预计达 3654.64 元，同比增长 3%。

【脱贫攻坚】社区共有贫困户 217 户 734 人（含

社区职工积极参加“两学一做”知识竞赛活动

高速”沿线补植补种核桃 590 亩；在塔山居委会瓦厂组栽培生态示范蔬菜 120 亩；现有规模养殖场 21 个，其中，2016 年新增养殖户 9 户，培育林下特色养鸡 4000 余羽；在高峰村实施退耕还林 1280 亩，现丈量土地已经结束。通过种养殖业的发展，逐步带动贫困农户脱贫致富。

【社会事业】优抚政策得到落实，优扶定补发放 329 人次 158741 元，农村退伍士兵补助金 761 人 1136936 元，农村五保供养 28 人次 14280 元，高龄补助 1627 人次 4574460 元。按照相关要求，做好城乡低保金发放，对享受低保对象进行入户登记核查工作，坚持应保尽保的原则，切实为辖区困难居民、弱势群体解决实际问题。城低保发放 15604 户 28708 人次 8938576 元、取消 405 户 895 人 247157 元、新增 97 户 175 人 54445 元；农低保发放 1836 户 3169 人次 638891 元、取消 55 户 95 人 15197 元、新增 85 户

社区成立第一届工商联合会

214 人 38372 元；解决农村低保季度性缺粮救助 55 户 87 人 6930 斤；上报民政审批解决临时救助 91 人 223200 元；解决临时救助 99 人 60400 元，棉被 20 人 30 床，棉衣 2 人 2 件，帐篷 2 户 2 顶；大病救助 13 人 120225 元。建立塔山居委会幸福院，该院现有管理人员 8 人，床位 30 张。四是建立了高峰村、凉水井居委会老年大学，进一步提高老年人文化素质。五是殡葬改革工作成绩凸显。一年来，社区境内共死亡人数 171 人，遗体火化 171 具，火化率 100%。大力开展破除封建迷信教育，开展移风易俗，提倡婚丧嫁娶文明节俭，倡导群众科学文明的生活方式。

九龙社区服务中心

【领导名录】

社区服务中心党委书记：张 斌

社区服务中心党委副书记、中心主任：张 良

社区服务中心党委副书记、议事会主任：张晓寒（女）

社区服务中心党委副书记：王成

社区服务中心纪委书记：王 成* 李战七

社区服务中心副主任：钟 剑* 杨大贤* 张绪鸿* 蔡家勇 汪明琼（女）

社区服务中心党委委员、武装部部长：卢 俊

社区服务中心党委委员：腾焕虎

【地理位置】九龙社区服务中心位于六枝特区东部，新建于 2015 年 1 月，位于六枝特区东部，地处北纬 26° 2'-27° 13'，东经 104° 14'-105-28' 之间。南北长 16 公里，东西宽 8 公里。东接大用镇，西邻那克社区、南靠落别乡、北抵普定县，距六枝中心城区 0.8 公里。

【政区划分】九龙社区服务中心总面积 43.21 平方里辖 5 个行政村 2 个居委会 68 个村民组，总人 3568 户 16791 人，其中有 24 个少数民族共 2841 人，占总人口的 6 %。现有小寨、波乍、波凹 3 个贫困村，有建档立卡贫困户 981 户 3543 人，其中未脱贫 506 户 1381 人。

【自然条件】九龙社区地势以山居多，属亚热

棚户区改造宣传动员

干部职工学习培训

波乍村林下鸡养殖场

带气候，气候温和，雨量充沛、四季分明，年平均气温 14.4℃，冬无严寒，夏无酷暑。年平均降雨量为 1466.5 毫米，年最大降雨量为 1687 毫米，最小降雨量为 467 毫米，降水大部分集中在 5—9 月，约占全年雨量 45%，最大一日降雨量为 8.5 毫米，主要河流有六枝河。境内有河湾九龙山山体公园、五龙现代农业观光园区、小寨村底西溶洞、波凹溶洞、小寨村底西生态森林公园、波乍村播雨峰林等旅游景点，空气新鲜，气候宜人，有较好的人文环境居住条件，宜人宜居，是大型别墅山庄落脚的理想之地。地势东南低、西北高，最高山峰海拔 1800 米，最低海拔 1100 米。主要以山地、丘陵、平原为主，山地占 37%，丘陵占 63%。境内土壤主要有红壤、黄壤、山地黄棕壤、山地甸土、石灰土肯水稻土。植被以森林为具有代表性的植被类型，全社区森林覆盖率为 43.2%。

【基础设施】交通便利，有六六高速、都香高速、六镇高速，并在九龙社区小寨村底西开口处设有六枝东站，沪昆高速铁路毗邻而过，贵昆铁路、株六复线、贵烟公路贯穿全社区，为百姓出行和外来投资提供了便利的交通条件。农业基础条件较好，主要粮食作物有玉米、水稻、小麦、马铃薯、大豆等，经济作物以油菜、蔬菜、经果林等为主，初步形成五龙特色蔬菜基地。第三产业发展迅速，有各种大型商场、酒店和娱乐场所。

【经济状况】 地区生产总值完成 1.2 亿元，同比增长 23%；一般公共财政预算收入完成 7800 万元，同比增长 17%；500 万元以上固定资产投资完成 23 亿元，同比增长 13.96%；城镇和农村居民人均可支配收入分别达 19600 元和 8650 元，招商引资到位资金完成 4.8 亿元。2016 年，九龙社区完成财政总收入 7800 万元，完成固定资产投资 23 亿元，占任务数 20 亿元的 115%，完成工业总产值 41395.72 万元，较上

激励干部职工干事创业

年同期增长 12.88%，第三产业总产值 42477 万元，较去年同期增长 13.96%，社会消费品零售总额完成 39289 万元，较去年同期增长 14.12%；完成春耕种植任务 9400 亩，夏收粮食 380.5 吨。2016 年，引进贵州华夏中璟集团投资有限公司入驻五龙，建设中国网络菜市场平台，预计投资 0.8 亿元，实现年利润 3000 万元，新引进九龙砂石厂，以砂石综合开发与利用，预计总投资 1.2 亿元。积极推进续建项目建设，2016 年新建项目与续建项目实际到位资金 4.6 亿元，为任务数 4 亿元的 115%，其中：九龙砂石厂 2200 万元，国际建设城 9500 万元，城东城市景观提升 300 万元，五龙中国网络菜市场 200 万元，聚炳搅拌站 1500 万元，七冶公司 13000 万元，云兴苑三期工程 10000 万元，天顺汽摩城 9300 万元。

【脱贫攻坚】2016 年有建档立卡贫困户 981 户 3543 人，其中未脱贫 506 户 1381 人，通过农业产业结构调整及三变模式，建设千亩蔬菜基地项目探索出群众持续增收的致富路。完成蔬菜种植 5000 亩，建设五龙核心示范区种植 300 亩。“3155 工程”完成核桃种植 1000 亩、都香高速公路沿线特色经果林 1000 亩，万寿菊种植 1000 亩。完成特区农业产业结构调整，建设任务都香高速过境段沿线产业化调整，

新造经济林40亩，种植桃树、枇杷苗8000余株；2016年脱贫163户763人。

【社会保障事业】城乡低保发放。解决城市低保397户658人，发放低保金296.7659万元；农村低保665户1273人，发放低保金244.3533万元，其中扶贫对象126户312人。全年新增城低保21户21人，均为福利院孤儿。解决临时救助61户112300元；医疗救助24户114244.89元；发放五保供养金38250元。加大民政双拥工作力度。2016年共慰问重点优抚对象慰问95户，发放慰问金19000元，发放优抚金74人60.5133万元，其中第一季度17.7114万元，第二季度14.2497万元，第三季度14.3877万元，第四季度14.1645万元。“八一”期间发放慰问金98人19600元。发放60周岁以上农村籍退役士兵生活补助人数23人29280元，发放2015年秋、冬季退役士兵自主就业一次性经济补助经费12人108000元，发放家属优待金148500元。加大残疾人工作力度。加大宣传政策宣传力度，发放宣传单1000余份，对社区持证残疾人享受低保，一级、二级持证残疾人进行核查，一级重度残疾76人、二级重度残疾183人，其中持证残疾人享受低保99人；残疾人精准扶贫对象86人。扶持残疾人家庭创业11人，残疾人康复及辅助器材申报20人。4、加大就业保障力度。2016年完成城镇新增就业2050人，其中：城镇户口890人，农业户口1160人。劳动力转移1023人，返乡农民创业10人，城镇登记失业率1.82%在4.20%以内，城镇居民医疗保险已交3579人227000元，完成城乡居民养老保险472400元，为任务数600000元的78.7%，发放60岁以上老年人养老金176675.89元，领取死亡丧葬费及年轻人死亡退换养老金83人49552.5元，新增60岁以上待遇申请189人。核对就业信息系统数据1210条。

【人口计生】积极推进人口计生“双诚信、双承诺”工作有序开展，“双诚信、双承诺”协议涵盖了计生、民政、合医、养老、信访维稳等各项社会管理工作。2016年社区共出生人口353人，其中常住人口319人，其中政策内294人，符合政策生育率92.1%，流动人口34人，其中政策内3人，符合政策生育率90.9%。人口出生性别比107%，社抚费征收完成18.5万元，完成孕前优生健康检查夫妇161对。

那克社区服务中心

【领导名录】

社区服务中心书记：毕腱

社区服务中心主任：喻孟友

社区服务中心议事会主任：金鑫

社区服务中心纪委书记：张绪鸿

社区服务中心副主任：蒋太金　王忠红

社区服务中心党委委员：吕峰　滕焕虎

【地理位置】那克社区服务中心2015年1月成立。管辖区域为原平寨镇那平路、公园路、文化路、团结路、青龙（原云盘村）5个居委会，国土面积7平方公里。社区服务中心驻地为原煤炭局办公楼（广场路），内设综合办公室、群众工作部、社会事务部、环境管理部、卫生计生部、便民利民服务厅6个内设机构。

文化路居委会“多彩贵州文明行动”暨“四创”攻坚群众大会

“两学一做”学习教育市委宣讲团那克社区报告会

那克社区禁毒工作例会

那克社区“两学一做”大讨论活动

郎岱镇

【领导名录】

镇党委书记：王国华 *

镇党委副书记、政府镇长：李文波

镇人大主席：孙乾红

镇党委副书记：陈慧（女）龙翔（彝族）

镇党委委员、纪委书记：艾国康

镇党委委员、副镇长：李富银（彝族）

张政虎（仡佬族）　　唐传达（彝）

郭泰华　安楠（仡佬）

镇党委委员、副镇长、武装部部长：安楠（仡佬）

副镇长：刘洪太（黎族）

【地理位置】郎岱镇镇位于六枝特区南部，东接关岭，西邻牂牁、南靠岗乌镇、北抵月亮河，距六枝中心城区 32 公里。总面积 206.42 平方公里，辖 21 个行政村 1 个居委会 278 村民组，总人口 17639 户 66247 人，其中有 21 个少数民族共 41738 人，占总人口的 63 %。

郎岱镇地势平坦，有“郎岱万亩坝子”之称。属亚热带季风气候，年平均气温为 15℃，年降水量 1466 毫米。主要农作物有水稻、小麦、玉米，境内有水黄路、关岭快速通道。境内白岩脚水库、郎岱古镇、岱山书院、文峰塔、观音阁、东山公园、郎岱农业产业园区等，郎岱镇是首批国家级特色小镇，国家级卫生镇，省级历史文化名镇、示范小城镇，全省 100 个旅游景区之一，全市党建扶贫示范乡镇。

郎岱镇九层山茶叶基地

【政区划分】郎岱因东有郎山和西有岱山而得名。郎岱古镇，周至春秋战国属牂牁国，秦至西汉属夜郎国，唐朝前期郎岱为卢鹿部，宋庆历元年起属罗氏鬼国，元时郎岱属达鲁花赤，明清时为郎岱厅，民国时改为郎岱县。1950 年郎岱解放后为郎岱县城，1960 年郎岱县改为六枝市后，县政府迁到平寨，1992 年建并撤后设郎岱镇，2015 年 6 月又经区划调整由原郎岱镇和原洒志乡组成，远近闻名的“郎岱八景”就分布在今天的郎岱镇境内。

牂牁文明、夜郎文化源远流长。据查，郎岱境内就先后产生了 7 名进士、43 个举人。明清古庙宇多达 16 座，现居住的少数民族有苗族、布依族、仡佬族、彝族等，且在婚嫁、祭祀、劳动、饮食、居住、服饰、头饰等方面都有其独有的夜郎文化特色；洒志春芽、洒志绿茶富含硒元素，喝起清香可口，养胃健脾，香飘全国各地，和洒志大米同为广受欢迎的出口特产。郎岱镇交通便利，六枝至晴隆、贵阳至六盘水两条高等级公路穿境而过，地势平坦、土壤肥沃、矿产资源丰富、民族风情浓郁、旅游开发潜力极大。

郎岱镇区位优势突出，一直是周边乡镇的商贸服务文化中心。是贵州省重点小城镇、历史文化名镇、万亩商品蔬菜基地和六盘水市现代农业产业园区、特色养殖示范基地。是大连市政府对口帮扶六盘水市建设的中国凉都原生态农产品科技扶贫加工示范园区。

【经济状况】2016 年，郎岱镇一般公共财政预算收入完成 2827.55 元，同比增长 14%；500 万元以上固定资产投资完成 25 亿元，同比增长 20%；城镇和农村居民人均可支配收入分别达 12174 元和 7578 元。

【小城镇建设】改善基础条件。依托贵州省小

郎岱镇召开"529"脱贫攻坚南部战区动员会

党员志愿者服务

城镇建设"8+X"项目库，以基础设施和公共服务设施建设为重点，3年累计完成项目投资34.86亿元，建成路网、污水处理设施、医院、寄宿制学校等项目29个，城镇设施逐步完善，城镇风貌焕然一新。增强产业特色。郎岱镇以郎岱现代农业产业园区建设为核心，大力发展现代山地高效农业，建成猕猴桃产业基地6000余亩，九层山茶叶基地2000余亩和宜枝魔芋种植基地3000亩，并配套发展魔芋加工和农业体验旅游等延伸产业。发挥带动作用。大力实施"1+N"镇村联动发展，以小城镇为中心辐射带动周边3个片区21个村（居）联动发展。花脚村为中心，辐射带动青菜塘、石糯尾、阿乐等村，抱团发展猕猴桃产业，培育农业产业村；依托古镇文化，将木城社区、后营村等城中村打造成郎岱城中花园村；依托少数民族民风民俗，将中寨、跳花坡、洒志等9个少数民族村，打造成民族风情浓郁的民族村寨。

【产业结构调整】借力"三变"思路，坚定不移实施"3155"工程，"建""管"并重，把面积做成产量、产量做成产值、产值做成收入。累计流转土地1.6万余亩，完成猕猴桃、刺梨、茶叶、核桃、枇杷、中药材等特色产业种植。全镇共完成农业产业1.85万亩，其中蔬菜0.25万亩、中药材0.1万亩、特色经果0.7万亩、种草0.1万亩。完成补植补种0.7万亩。全镇计划打造基地6个，其中新建5个，续建1个。打造标准化基地2个，规模化基地4个。成立农民专业合作社61个、种养殖场46个、农产品品牌105个，2016年度新建茶叶基地7000亩占任务数（6500亩）的107.69%，枇杷、核桃杨梅等特色经果种植8000余亩，林下经济种植7200亩占任务数的100%，中药材种植3000亩占任务数的100%，其中万寿菊种植2200亩，蔬菜高标准示范种植4192亩占任务数（3000亩）的139.73%。建成富农生态禽类养殖基地，年出栏50万羽，生产禽蛋5000万枚。建成年出栏1000头肉牛的养殖场1个，上规模生猪基地12个，生猪存栏10万头，年出栏商品猪20万头。注册成立了宜枝农业电商公司，整合农业企业106家、300多种农产品在阿里巴巴产业带郎岱农业园区专业市场实现线上销售。完成六郎路、水黄路沿线产业带培育，成功将九层山茶叶、郎岱酱、郎岱西瓜等农副产品实现网上销售和城市流通。

岩脚镇

【领导名录】

镇党委书记 袁达平＊ 程虎

镇党委副书记、镇长 林泉文

人大主席 吴胜勇＊ 程礼辉

党委副书记、政法委书记 肖富华＊ 吴胜宇

党委副书记（挂职） 陈俊虎

党委委员、宣传委员 田 径＊ 吴胜宇

党委委员、组织委员 张东强＊ 刘 剑＊ 黄 科

纪委书记 蔡小安

镇党委委员、武装部部长 郭泰华＊

党委委员、政府副镇长 程礼辉＊ 李玲（女）＊ 骆乐 江甫刚 田径 郭泰华

政府副镇长 龚德芳

【地理位置】岩脚古镇始建于明洪武初年，至今有600多年历史，古时为连接川滇黔的古驿站，是织金、普定、郎岱、纳雍、水城五县的商品、农产品集散地，农商文化繁荣，素有“小荆州”之称。古镇位于六枝特区西北部，距特区机关驻地17公里，六六高速横贯东西，六纳、六织交通主干线贯穿全境，拟建的毕水兴高速公路纵贯南北，交通便利，区位独特，是六枝北部的商贸文化中心和重要的交通枢纽。

【人口面积】岩脚镇总面积131.4平方公里。辖26个村（居），总人口7.13万人，其中镇中心区人口2.96万人，城镇化率42%，2016年城镇就业岗位达到1.25万余个。外来经商、务工人员达8500余人，现有成规模化企业6家，个体工商户2280户，小微企业12家，各种大中型超市10余家，从事商业人员2.3万人，商贸繁荣，2016年底商品零售总额近4.8亿元。

河上头水库开工仪式

【经济状况】2016年，财政总收入847.61万元，占任务数的88.29%，同比增长13.1%，一般预算收入完成489.59万元，增长8.96%，一般预算支出完成2664.66万元，比上年增加63.15%，增支1031.43万元。工业总产值完成80869万元，占任务数的100%，同比增长20.1%。固定资产投资完成51.37亿元，占任务数的102.74%，同比增长21.82%。城镇人均可支配收入25045元，同比增长14.5%，农民人均纯收入达7418元，同比增长12.6%，2个新增亿元项目已全部完成，招商引资项目9个，已签约资金达17.2亿元，到位资金9.7亿元，占任务（9亿元）的107.78%。

【农业及产业发展】2016年，岩脚镇以“一心三带”总规划为引领，持续抓好农业经济，通过项目带动，科技投入、资金支持，确保农业增产增收，产业发展。全年实施玉米增产增效项目10000亩，农作物6.513万亩，农作物播面149306亩，粮食播面59400亩，总产2.1869万吨。其中小麦播面19200亩，玉米播面15100亩，水稻播面14000万亩，经济作物播面89906亩，油料作物播面6200万亩，油菜播面6000万亩，其中双低油菜5860亩，花生200万亩，烟叶600亩，其中烤烟100亩，中药材6280亩，蔬菜10578亩，其中商品蔬菜2807亩，茶叶面积4100亩，新增茶叶1200亩，果园43748亩，其中水果13300

“3155”现场会

亩，猕猴桃1000亩，刺梨8100亩，新增5100亩，核桃30448亩，新增8096亩，油茶3000亩，其他经济作物15200亩，人工种草7100亩，粮经比为40:60。测土配方施肥，病虫草鼠综合防治56000亩。实施可增加农民人均收入项目62个，项目资金68亿元，2016年农民可直接收益6.46亿元。

【古镇旅游建设】筹备总投资达10亿余元的20个旅游项目，改造田园自行车休闲步道5公里，建设排水管沟5公里，建设污水湿地处理系统1套，打造507335平方米田园风光，修建廻龙溪生态休闲廊道3.7公里。清理加固河堤3.6公里，修建景观桥2座，景观拦水坝3道，打造温泉后门广场、岩脚面美食驿站、石滩垂钓、高桥村滨水码头等景观节点和亲水平台。依托火焰山、凤眼等自然生态景观，打造具有观赏、人文和历史传说的2750平方米火焰山文化公园。

【小城镇建设】亮化廻龙溪沿线大道布景3.3公里，绿化镇区可视山头2000亩，完成宣传兰和文化墙建设1956平方米。对唐家马店、谢家茶楼、龚家大院、彭家碉、文昌阁、小屯古堡共6处古建筑进行修复修缮，建筑面积4600平方米。完成1000户棚户区的立面改造、主体加固及改扩建等综合治理，公共基础设施建设完成13400平方米的白改黑和5200平方米的青石板人行道，586米的青石板步行街和2450米的排污管网改造，打造明清盐商文化步行街。对房屋立面改造405栋，恢复古石板街846米，线网入地1.2公里，营造步行街商业氛围，完善旅游标识系统、打造龙泉景观。改造1500米街道污水管网系统，新建打铁街停车场一座，占地面积8亩。截至2016年，实施“8+x”项目59个，现竣工项目35个，在建项目24个，总投资66.9亿元，现完成投资36.23亿元。

【扶贫开发】岩脚镇建档立卡贫困户2689户6422人，其中：一般贫困户567户2450人，低保户2038户3885人，五保户84户87人，2016年初贫困发生率14.86%，2016年底贫困发生率10.28%，贫困发生率下降4.58个百分点。2014年脱贫473户1851人，2015年脱贫416户1590人，2016年脱贫658户2739人，2017年计划脱贫779户2790人，剩下贫困人口将在2018年以前完成稳定脱贫。

大用镇

【领导名录】

镇党委书记 陈刚*（彝） 袁达平

镇党委副书记、镇长 李志军*(女) 王霖(仡佬)

镇人大主席 杨成祥*（彝） 杨进（彝）

镇党委副书记 杨敦宁 龙明萍

镇纪委书记 陈化春

副镇长 李彪* 王恩亮* 余进祥* 肖玉祥* 郭贞华 李安龙

【概况】大用镇位于六枝特区东部，东邻木岗镇，南连落别乡，西接九龙社区，北靠普定县化处镇，距特区人民政府驻地仅7.5公里。全镇总面积69.47平方公里，耕地面积1488公顷，下辖7个行政村，1个社区居委会，共8228户，29356人，其中农业人口26056人。本镇南部多坝子，北部多山地，平均海拔1200米，年平均气温14.5℃，平均降雨量1400～1600毫米，无霜期288天左右，主要特色农产品有毛坡大蒜、黑晒胡萝卜、大用蔬菜、耳贡洋芋等；全镇共有林场15个，主要分布在北部片区，林地面积3213平方公里，森林覆盖率为48.605%。镇内道路网络发达，交通十分便利，境内有“株六复线”、“都香高速”、“贵烟”公路、“大化”公路、G356国道、“大木”快速通道等公路穿境而过。拥有生态农业观光园、车厘子基地、万亩茶园、2个茶叶加工厂、5个劳务服务中心及1个电子商务服务中心，属典型的农业乡镇。

【经济状况】2016年财政总收入完成1021.56万元，其中：地税完成523.63万元，国税完成481.52万元。一般公共预算收入完成422.68万元，占任务数的110.65%其中：地税完成246.21万元，占任务数183万元的134.54%，国税完成159.76万元，占任务数39万元的409.64%。2016年财政总收入完成1021.56万元；粮食总产量8992吨；工业总产值64853万元；固定资产投资162200万元；农民人均可支配收入7949.65元，较2015年增长11.8%；城镇居民人均可支配收入20721.85元，较2015年增长2.34%；全镇经济呈稳定增长态势。

【产业发展】2016年，大用镇积极实施产业结构调整，结合“3155工程”开展工作。目前：茶叶种植18000亩，现已在汩港、岱港、耳贡、黑晒茶叶种植10500亩，其中可以采摘茶叶2000亩。下一步预计在汩港种植5300亩，与木岗、落别种植的8000亩连片，形成“茶旅一体化”格局；精品水果种植14000亩，现已完成种植5750亩，其中车厘子2000亩、特色凯特杏90亩、玛瑙红樱桃2200亩、枇杷560亩、黄花梨500亩；核桃2200亩，主要分布在凉水井村和骂冗村；蔬菜7000亩，完成种植2500亩，其中优质大蒜1500亩，芋头1000亩，主要分布在岱港村毛坡组、黑晒村及耳贡村；完成特色经果林种植2000亩，其中无核刺梨2000亩、中药材种植800亩。

大用镇“两学一做”学习教育专题培训会

【小城镇建设工作】六枝特区大用镇茶叶种植及茶叶加工厂建设，项目总投资15000万元，建设1000亩茶叶种植基地、3000平方米的茶叶加工厂，由贵州天水茶业发展有限责任公司作为业主单位施工建设，责任单位为大用镇，已种植茶叶1000亩，建设厂房1000平方米，正在购置相关机械设备。六枝特区大用镇第三小学迁建工程，该项目选址六枝特区大用镇大煤山社区，总投资1000万元，修建综合教学楼2970平方米，由六枝特区教育局组织实施，大用镇人民政府负责征地、拆迁及协调服务工作。六枝特区大用镇大煤山社区幼儿园建设项目，该项目选址六枝特区大用镇大煤山社区，总投资500万元，建设规模及内容：综合楼1800平方米、室外厕所50平方米、门卫室30平方米、硬化2000平方米、绿化2000平方米，由六枝特区教育局组织实施，大用镇人民政府负责征地、拆迁及协调服务工作。

【项目建设】投资1004.5万元修建六枝特区大用镇生态文明小镇道路，投资600万元进行绿化、亮化，镇驻地面积达到12平方公里。投资800万元建设农贸市场；投资200万元建设湾寨活动广场、大用生态文明小镇道路；投资177万元建设大用生态文明小镇广场；投资430万元治理总长1.26公里的大用河道；开发鼎盛·未来城综合楼盘，项目总投资3亿元。开展大用街200户“棚户区综合整治”建设和大用街至新路口公路白改黑工程建设，安装太阳能路灯375盏。

【水利工作】完成汩港村、骂冗村、大用村安全饮水工程建设；完成耳红山塘、白鸡箐山塘、黑石头山塘、新堰山塘、天星桥取水堰及配套的灌溉管网和渠道灌溉工程等“小农水”建设项目，解决大用镇

大用镇召开座谈会

重大项目开工仪式

农村人畜用水问题。

【社会事业】 城镇新增就业目标725人，完成804人，完成率达110.9%；农村劳动力转移目标948人，完成1024人，完成率达108%，超额完成任务数；新型农村合作医疗参合20939人，参合资金188.451万元，参合率100.51%；城镇基本医疗保险749人，参保资金目标6.9万元，完成6.21万元，完成率90%；发放农村低保金240.85万元和城镇低保金68.20万元；发放冬春粮食救助金93.77万元；发放优抚金94.77万元；农村和城镇医疗救助金3.56万元；临时救助金5.13万元；2016年初中毕业生221人，就读高中75人，就读中职146人，顺利完成教育“9+3”工作；全镇中小学在校生2522人，其中小学1848人，入学率为100%，中学674人，入学率98.66%，在校生全部实施“贵州模式”营养改善计划。常住人口符合政策生育率92.86%，流动人口符合政策生育率89.36%，人口自然增长率4.54‰，人口出生率6.625‰，社会抚养费征收42.8万元，发放利益导向资金61.2420万元，发放特别扶助金4人6480元，市级“两节”慰问金3000元，失独家庭端午节，中秋节慰问金600元。

木岗镇

【领导名录】

镇党委书记 杨锦（苗族）

镇党委副书记、镇长 吴峰

镇党委委员、人大主席 刘凯

镇党委副书记、政法委书记、宣传委员 王洪武

镇党委副书记、组织委员 吴桂梅（女）

镇党委委员、纪委书记 钱召伟

副镇长 刘祺 王兴江 伍朝海 罗泽霞（女）

【地理位置】木岗镇地处在北纬26° 11′，东经105° 40′，位于六枝特区东部，东南接壤镇宁县丁旗镇，西连大用镇、落别乡，北抵普定县马官镇，东西最大距离15.5公里，南北最大距离11.7公里；国土面积60.3平方公里，耕地面积14070万亩（其中水田7080亩）；境内有大理石、石灰石、页岩、煤炭等矿产资源。政府驻地木岗场村。

木岗镇全体党员践行“两学一做”集中攻坚活动

【气候条件】木岗镇地貌类型以溶丘盆地为主，属亚热带季风气候，四季分明、雨量充沛、冬无严寒、夏无酷暑，平均海拔约1240米，最高海拔播东梁山1680米，最低海拔把仕落底河1189米，年平均气温15.5℃，年平均降雨1476毫米，无霜期295天左右，年均日照数1277.1小时。

【人口面积】辖10个行政村1个社区居委会，115个村（居）民小组，总人口6435户、28288人，其中贫困人口1235户、4455人，有汉族、布依族、仡佬族、黎族、苗族等17个民族，少数民族人口7822人。

【社会保障】城乡居民养老保险完成参保8020人，征缴养老保险金60.8万元。城镇居民基本医疗保险参保1481人，医疗保险费征收5.25万元；城镇新增就业790人，城乡劳动力转移1276人，培训人员320人。全镇农低保588户、1197人，全年共发放农村低保金220.63万元，城低保209户、345人，全年发放城镇低保金165.64万元，冬春救灾救济资金30.6万元。发放军属抚恤金、各种定期补助款等共计49.14万元；农村“五保”对象44户、51人，发放“五保户”供养金20.17万元。发放临时困难群众救助金6.2万元。发放高龄补助37.62万元。

【项目建设】 2016年全年共完成项目投资11691.07万元，着力加快道路交通、人居环境改善等基础设施建设。共争取国家生态移民项目投资1450万元，实施完成小木岗新区房屋风貌改造建设项目，惠及农户236户、人。积极争取上级交通、住建等部

木岗镇开展“安全生产月”和“安全木岗行”宣传月活动

门共计投资718万元，实施完成小木岗新区道路硬化、污水管网安装、人行道建设、小区绿化和路灯安装工程。投资210.07万元，实施完成木岗场村至小木岗村即镇中心区老街道路改造工程，全长2.1公里。投资106.8万元，实施完成燕子岩至驼背窝公路建设工程。投资54万元完成戛陇塘村委综合楼建设。投资70万元，完成木岗镇政府大院扩建工程。投资43万元建设木岗镇镇区公厕3座。 总投资10000万元建成木岗镇优质茶叶种植及加工生产基地，完成厂房修建及种植茶叶6000余亩，完成投资约6000万元。投资3500万元普镇路木岗过境段建设项目在年前完成路基开挖，完成投资1000万元。投资190万元修建的木岗卫生周转房全面竣工。总投资2000万元的木岗镇寄宿制小学配套基础设施现完成场地硬化、给排水及绿化施工，完成投资1800万元。

【基础设施】 镇中心区距东面黄桶（在建快速列车停靠二级编组站）火车站1.5公里，距南面六镇（六枝至镇宁）高速公路4.5公里，北有隆百铁路、株六复线穿境而过，西有在建的木岗至大用城际快速通道连接，镇中心区至六镇高速丁旗站快速通道即将建成通车，镇内普镇公路、大木公路成“T型”相连，实现了公路与铁路的融会贯通。通村公路37公里，10个村村组道路硬化4.64万平方米，供水供电正常。

【产业发展情况】 按照“一产转型、二产升级、三产优化”的要求，因地制宜，实事求是，大力推进结构调整，着力在经济结构调整中发现和培育新的增长点。大力发展种植业。农业“3155”工程：商品蔬菜基地：全年累计实施蔬菜种植14425亩，其中商品蔬菜种植4110亩，高标准规范化种植面积1650亩。魔芋产业：计划核心示范种植1000亩，实际完成1032亩。中药材种植3261亩，其中万寿菊万寿菊种植完成2261亩。全年万寿菊采收1050吨，产值近100万元。玫瑰产业：规划集中连片育苗基地2000亩、集中连片种植基地3000亩，全面完成5000亩土地流转丈量工作。粮食产业效益逐年提升：全年粮食播面1.62万亩，其中水稻播面0.75万亩（旱育稀植0.7万亩），杂交玉米播面0.61万亩，全年粮食总产量达8308吨。畜牧业发展势头良好。生猪存栏3804头，其中能繁母猪521头，牛存栏1452头，羊存栏466只，家禽存栏16719只。生猪出栏5481头，牛出栏1229头，羊出栏234只，家禽出栏32234只，肉类总产量完成686吨。

木岗镇万寿菊种植打开群众致富路

木岗镇卫生院标准化建设

农业服务中心技术人员在抵岗村指导群众种植桃树苗

【经济状况】2016年，木岗镇工业总产值完成232249万元，同比上年增长35.96%。财政总收入完成4667万元，同比上年增长467.83%，其中：公共财政预算收入完成4670万元，同比上年增长589.01%。固定资产投资完成202100万元，同比上年减少21.21%。社会消费品零售总额完成6919万元，同比上年增长21.75%。招商引资完成10.3亿元，占任务数8.7万元的128%。实际到位资金3.59亿元占任务数1.63亿元的220.24%。城镇农村居民可支配收入分别完成22256元、7884元，同比分别增长10.8%、11.1%。

落别布依族彝族乡

【领导名录】

乡党委书记 周合平

乡党委副书记、乡长 刘涛（彝族）

乡党委副书记 兰钰涛

乡党委委员、人大主席 余祥（蒙古族）

乡党委副书记、政法委书记 胡雷

乡党委委员、武装部部长 吴志成

乡党委委员、纪委书记 蒲文芬（女）

乡党委委员、副乡长 张韦 杨涛

[地理位置] 落别乡位于六枝特区东部，是六盘水市的东大门，东部与镇宁县接壤，南部以白水河为界，与关岭县隔河相望，距黄果树瀑布仅12公里，西北与月亮河乡、新窑镇、九龙社区、大用镇毗邻，地处北纬26° 03′ ~26° 10′，东经105° 27′ ~105° 36′之间。东西长15.5公里，南北宽12.35公里，总面积94.4平方公里。

【人口面积】落别乡是六枝特区一个少数民族较集中、少数民族人口较多的少数民族乡，全乡总人口41955人，少数民族人口24581人，其中布依族15890人，彝族6766人，少数民族占全乡总人口的60%。

【经济状况】完成财政总收入725.6万元，占任务数712万元的101.9%，公共财政预算收入完成441.6万元，占任务数282万元的156.5%；全乡固定资产投资完成34亿元，占任务数17亿元的138.4%；工业总产值完成6.2亿元；农民人均可支配收入7138元，增幅14.8%。

【项目建设】围绕“守底线、走新路、奔小康”的总体要求，抢抓机遇、开拓创新、攻坚克难，着力抓好重点项目建设。围绕构建“一心两翼”的旅游发展规划，打造全域旅游的发展目标，投资19.63亿元，建成了占地362亩的云上六枝运营中心，占地150亩的布依风情小镇，占地43.6万平方米，建筑面积6.2万平方米的龙井温泉小镇，占地面积2.3平方公里的螃蟹峡养老休闲度假中心，占地190亩的山泉湿地公园，占地面积430亩的318浪哨缘房车营地，占地面积700平方米、建筑面积1200平方米的布依民俗博物馆，占地面积10000平方米的浪哨文化创客村等旅游项目，形成了一条闭合的旅游线路，吃、住、行、游、购、娱一体化的旅游胜地已初见成果。云上六枝运营中心以智慧电商云、食品追溯云、全域旅游云、生态农业云为核心，通过与当地的农民专业合作社、企业等强强联合，逐步形成农产品实体展销与“互联网+”对接的营销模式，使之成为促进农产品流通、助农增收致富的综合服务平台，辐射带动周边地区经济发展。

落别乡现有一定接待能力的农家乐50余家，旅游客栈10家，精品民俗客栈16家，共计床位131个；可同时接待游客共5000多人。其中旅游云平台已经具备提供导航、导游、导购三大功能。

【新农村建设】大力实施小城镇建设“8+x”项目及一镇带两村“1+N”项目，引进天津精膜污水处理系统建成日处理污水20吨的污水处理项目1个，建成并投入使用生态湿地污水处理系统7个，建成并投入使用垃圾分类减量处理系统阳光房1座。绿化街道3400平方米，种植行道树5800棵，安装太阳能路灯668盏，庭院硬化12.1万平方米，有效改善群众的居住环境。新增保洁员54人，垃圾清运车1辆、洒水车1辆及600个垃圾分类果皮箱等环卫设施，建成区垃圾容器覆盖率达100%。组织职能部门加大对“五小”行业监管力度，引导合法诚实卫生经营。

【交通建设】改扩建落别至纳骂、坝湾至可布、大用新路口至川硐、索考至木厂、板照至茂林通村水泥路和沥青路。新寨通村水泥路建设已经完成，全乡通村公路网总里程达72公里，13个行政村全面实现通村水泥路和油路，建成木厂茶叶产业路、车厘子观光路、瀑布源大道，打通螃蟹峡至下长寨的猕猴桃产业路。

【农业发展】大力实施“3155”工程，已实现村村有产业。建成凉都红樱桃基地30000亩，高山贡茶基地20000亩，刺梨基地10000亩，猕猴桃基地5000亩，核桃基地10000亩，其他精品水果基地2000亩，两个引种示范建设项目分别为：水产养殖基地200亩及柑橘种植基地。通过产业实施，有效带动社会总投资约3亿元；成立了纳骂圆梦合作社、落别永祥合作社、牛角合怡兴等农民专业合作社，累计推动10000余人实现就近就地就业，惠及贫困户1000余户4000余人，培育各类种养殖专业户206户，充分促进农民增收致富；农业产业提质增效，完成粮食总播面2.802万亩，粮食总产16319吨。完成经济作物总种植面积1.2585万亩（复种面积），经济作物总产量1005吨，蔬菜产量4646吨；畜牧水产养殖取得新突破，生猪存栏7269头，出栏9377头；牛存栏8520头，牛出栏632头；羊存栏851只，出栏240只；家禽存栏59963羽，家禽出栏44659羽；肉类总产量1048.6吨；禽蛋产量45.6吨，水产品产量5吨。

【脱贫攻坚】根据“六个精准”“凉都六法”的要求，精准谋划扶贫工作。开展“五定五看”，完成2087户8043人的贫困人口精准扶贫的建档立卡，投资925.12万元，实施项目26个，覆盖13个村3540户13832人，直接扶持贫困户800户3360人。其中：用于支持合作发展生态种养殖项目12个共352.72万元，中药材种植项目3个共139.4万元，壮大村集体经济项目2个共150万元，技术立品研究及开发转型项目2个共38万元，基础设施建设项目7个共245万元。通过产业覆盖、旅游开发及地方资源扶持等政策推动640户2879人有效脱贫。共发放“特惠贷”53笔223万元，其中5笔25万用于自身产业发展，48笔198万元通过“三变”政策入股合作社，支持农户自身产业发展，农户参与经营管理，参加盈利分红，有力推进产业脱贫。

新窑镇

【领导名录】

镇党委书记：刘 义

镇党委副书记、政府镇长：洪 军

镇党委委员、人大主席：刘明光＊（1—8月） 李玲（女）

镇党委副书记、政法委书记：刘翠＊（女） 施泽龙

镇党委副书记、组织委员、政协委员：杨 光＊ 王天娥

镇党委委员、挂职副书记：商凤华（1—8月）

镇党委委员、纪委书记：安 江

镇党委委员、宣传委员：万洪林＊（1—8月）

镇党委委员、政府副镇长：邓泽化＊ 施辉伦＊ 周文 杨江

镇党委委员、政府副镇长、武装部部长：施辉伦

镇党委委员、派出所所长：陈德华

【地理位置】 新窑镇原为新窑乡，1992年“建并撤”由原来的“店子乡、新窑乡、二塘乡”合并而成，政府驻地在新窑村，2015年6月撤新窑乡建新窑镇，政府驻地调整到那玉村那玉坝。

新窑镇地处北纬26° 15′ 1″ ~ 26° 22′ 10″，东经105° 25′ 13″ ~ 105° 25′ 15″之间，位于六枝特区中部，东接塔山街道办事处，南邻月亮河乡，北靠岩脚镇、龙河镇，东北角与普定县毗邻，全镇东西长14.7公里，南北宽16.5公里，边界周长65.98公里；土地总面积102平方公里。

【政区划分】新窑镇辖13个行政村（联合村、联盟村、鸭塘村、那玉村、那秀村、新河村、上云盘村、新窑村、洗马河村、波渡村、马路村、桥梁村、播雨村）,142个村民组，共15147户49984人（其中农业人口：46907人，非农业人口：3077人，贫困户1224户，3743人，贫困发生率7.49%）。居住民族有：汉族、彝族、仡佬族和苗族；少数民族人口5601人，占总人口的11.2%；

【自然条件】新窑镇矿产资源丰富，分布煤、硅、石灰岩等矿产资源，其中主要以煤炭资源为主，分布有21.5平方公里的煤系地层，占全镇总面积的21.45%，现已探明井田有李家寨、上纳等两个井田，其中，李家寨井田境内煤贮量2 000万吨，属焦煤煤种，可采煤层2 ~ 8层，厚度5 ~15米。

工业以煤化工、发电、冶炼为主，以建材机械制造，制药、食品为辅的工业结构。全镇现有6对煤矿、管业制造厂1个、铁合金厂1个。路喜工业园区占地1500亩，总投资150亿元，将建成焦化厂、特种玻璃厂、洗煤厂、粉煤灰厂、煤干石发电厂、中船重工，解决3万人的劳动就业，提供税收30亿元。至2012年3月开工以来，现已完成征地工作、房屋拆迁等工作已全面完成、工业大道已竣工，已累计完成投资36亿元。

【经济状况】截至2016年11月30日，共完成财政总收入8504.18万元，其中：国税1120.94万元，地税6482.18万元，完成全财政部门901.06万元；公共预算收入完成7605.72万元（其中：国税完成284.15万元，地税完成6420.51万元，财政部门完成901.06万元）；社会固定资产投资完成6.5亿元；工业总产值共完成161807万元，增加值完成81375万元，工业增加值完成67958万元，工业销售产值161807万元；2016

【基础设施】全力打造特色小城镇。已建成廉租房1500套，易地扶贫搬迁安置住房312套，新型化小城镇建设已初步成型，小城镇人行道正在实施中；大力实施“四在农家·美丽乡村”、同步小康“六项行动”计划，统筹推进美丽乡村协调发展。全镇改造危房2201户，投入资金2002万元。完成都香高速镇境内沿线“四在农家·美丽乡村”建设987户，目前全镇“四在农家”民居改造已完成5324户，覆盖率达52%。总投资1620万元，全镇实施农村危房改造2406户；建成小康示范寨368户，改建小康电项目1个，完成那玉小康房建设180栋；实施“十百千”基础设施硬化整村推进“一事一议”财政奖补项目105个，总投资1775.28万元。投资上亿元的路喜循环经济产业园区落地境内，新建公路3条，8.5公里，扩建公路3条21公里，全镇公路网总里程达138.1公里，镇村通畅率、行政村通达率均达100%，全镇13个行政村通村公路共32条，“五横四纵一连接”交通网络逐步形成；完成水利建设投资2000万元，解决农村1.5万余人饮水安全问题；13个村建成通信光纤通宽带，3173户开通数字电视。

月亮河布依族乡

【领导名录】

乡党委书记　卢运勇（布依）

政府乡长　肖良*（彝）　刘翠（女　布依）

乡人大主席　赵庆平

乡党委副书记、政法委书记　左儒伦

乡党委副书记、组织委员　张晓寒*（女）　吴小燕（女　布依）

乡纪委书记　蒲文芬　张鸽

政府副乡长　武装部部长　安俊（彝）

政府副乡长　付应洪*　江翰东（川青人）　沈际澜

月亮河乡水稻插秧现场会

【地理位置】月亮河彝族布依族苗族乡位于六枝特区西南部，乡政府驻地距特区政府所在地 24 公里。辖区总面积为 118 平方公里。东与关岭县坡贡镇相连，南与郎岱镇青菜塘村交界，西与中寨乡四方井村接壤，北与新窑镇二塘村毗邻。地理环境呈东高西低走势，森林覆盖率达 46.2%，花月河流域穿境而过，形成“东水西流”的独特地貌。

【人口面积】月亮河乡下辖 17 个行政村和 1 个居委会 8690 户 35715 人，少数民族占全乡人口的 80% 以上。现有党员 573 人，全乡有干部职工 127 人。

【政区划分】月亮河乡辖新春村、花德村、补雨村、月亮河村、大坝村、牧场村、郭家寨村、何家寨村、把仕寨村、直溜村、折溪村、木伐田村、六堡村、中寨村、洛阳村、滥坝村、隆茂村。

【经济工作状况】2016 年国民生产总值增长 15052 万元，年增长率为 9.1%；工农业总产值年均增长 18.7 %，固定资产投入较 2011 年增长了 20 余倍，2015 年已超过 11.45 亿元，农民人均可支配收入达 7736 元，完善布依文化生态园基础设施后，有力地拉动了饮食、运输业等较快发展。2016 年，月亮河乡实现农村经济总收入 54250 万元，比上年增加 7686 万元，增长 16.5%；地方财政收入 1797.1 万元，比上年增 179.1 万元，增长 11%；全社会固定资产投资 15575 万元，比上年增加 6625 万元，增长 74%；农民人均纯收入 5152 元，比上年增加 592 元，增长 13%；乡村居民存款余额 13075.78 万元，比上年增 2553.92 万元，增长 24.27%。

【农业农村工作步伐加快】引进龙头企业种植红心猕猴桃示范基地 2000 亩，采取“公司（合作社）+ 村集体 + 农户”的模式，带动 5 个村农户参与规范种植 2000 余亩。已有 2000 亩进入盛果期，产值达 4600 万元，带动贫困户 465 户 1821 人脱贫。突出平台载体。种植高山生态茶叶 1.5 万亩、油茶 1 万亩，种植枇杷、李子等精品水果 2 万亩，发展林下食用菌 76 亩，带动 6004 户农户共同发展。突出品牌效应。建立优质有机稻基地 4000 亩，发展生态蛋鸭养殖 3 万多羽，并获国家有机认证、绿色认证，注册了“月亮河”“茅妹”等精品水果商标。通过农特产品品牌创建，带动 6 个村 287 户 868 人脱贫。

【基础设施】交通设施建设。完成通乡油路（把仕寨至折溪段）、晴新公路陇脚过境段和花月油路改造。完成折溪至隆茂、张家湾至杨家屋基、丁孝塘至花德河、播改至刘家屋基、石丫口至许家寨、郎岱后营至郭家寨、补雨至大坝和高简潮至牧场等通村公路硬化 50.1 公里。完成白茶基地、刘家屋基至大溪寨产业路以工代赈建设 12.2 公里。完成长岭岗至岔河、关刀岩至新寨、沙坝至岔河、半坡至拱寨、水井坡至磨石湾、丁孝塘至箭竹林、双巴山至新街和六堡至大溪寨等财政奖补通组公路项目建设 24 条 43.21 公里。完成郭家院至丫口田水毁公路建设 1.1 公里，解决了广大群众出行难问题。水利设施建设。库容 650 万立方米的松树林小 I 型水库和 371 万方的纳革水库正按施工方案紧锣密鼓地建设中。投资 1060 余万元建设新春村小农水和高标准农田项目工程；完成滥坝、洛阳、隆茂、花德、大坝、牧场和月亮河等村 552.89 万元的人畜安全饮水工程；完成补雨河道治理 430 万元；建成 90 万元的郭家寨饮水工程和大沟灌溉沟渠；投资 30 万元修复折六大沟引灌沟渠 390 米。其他设施建设。完成月亮河 260 万元的土地整理暨灌溉沟渠

省政协副主席黄康生视察月亮河乡猕猴桃基地

包装销售的无公害生态鸭蛋

项目建设；实施950万元的花德村土地整理、480万元的大坝土地整理工程；实施总投资540万元98栋以布依格调为主的月亮河村小康示范寨打造；投资400多万元打造把仕寨、陇脚大寨和折溪等三个小康寨建设；投资102万元建设新春村多功能党建活动办公楼；完成投资80万元的乡卫生院周转房建设；在木伐田村大水井安装太阳能路灯55盏、把仕寨村打志41盏、月亮河村陇脚大寨33盏、补雨村石头寨50盏；折溪35千伏变电站续建工程基本建成；全面完成乡邮政所业务楼、农业服务中心业务楼扩建；完成125万元的农业土地开发项目，正在实施2200万元1.8万亩的土地治理项目中。在全乡实施农村电网改造工程和通讯基础设施建设。完成乡人口和计划生育服务站玛丽斯特普改造。投资100余万元实施标准化卫生室建设，改善群众就医环境。

关寨镇

【领导名录】

镇党委书记 谭明勇

党委副书记、政府镇长 朱 晶（女）

镇党委委员、人大主席 张 军

镇党委副书记、政法委书记 吴胜坤

镇党委副书记、组织委员 毛开华

镇党建副书记 龚小龙

纪委书记 刘 奕

镇党委委员、政府副镇长、武装部部长 杨应达

镇党委委员、政府副镇长 邹世斌 胡波 白英胜

政府副镇长 蔡贵 贾小芸

【地理位置】关寨镇地处北纬26° 11′ ~ 26° 21′，东经105° 13′ 18″ ~ 105° 22′，位于六枝特区西部，东与新窑镇相连，南同中寨乡共界，西与水城县陡箐镇接壤，北与新场乡、岩脚镇毗邻。镇政府驻地关寨镇堕却居委会大水井，距特区政府驻地19千米，距六盘水市政府驻地76千米。镇域范围内属云贵高原东斜坡的五指山系，东南面较低，大部分属黔西高原地貌，山高路陡、沟壑纵横，海拔垂直差异明显，最高峰海拔（794电视台）2059.4米，最低海拔（倮那河）800米，全镇以山地为主，属边远高寒山区、中亚热带季风湿润型气候，具有冷热同季，温湿共节，夏季较凉，冬季较冷，冰雹少见，夏季天气长，冬季较短等特点。年平均温度为16.75℃，最高温度为29.4℃，最低温度为-7.3℃。由于镇境内的海拔较高，年平均温度变化不大，无霜期在260 ~ 320天左右。

关寨镇居都仡佬族“吃新节”活动

召开电子商务知识培训会

关寨镇第八届人民代表大会第一次会议召开

脱贫攻坚培训会

矿产资源以煤、白萤石和陶土为主，另有重晶石、硅铁等。煤炭储量约7.05亿吨，镇境内猴子田煤矿已复工复产；白萤石储量约300万吨；陶土储量约70万立方米；玄武岩2000万吨。

【人口面积】关寨镇国土面积为201平方公里，辖18个行政村和1个居委会，有316个村民组，总人口12929户45552人。居住有彝族、仡佬族、布依族、苗族等少数民族有12635人，占总人口的28.3%。

【民族文化】关寨镇境内历史文化，彝、仡佬、布依、苗等民族风情浓郁，有蕴藏着古夜郎文化的军马场（朗树根村境内）、大叶梁子（郎节坝村境内）知青点、历史的车站——关寨站；有过瓦彝族火把节、马麻大冲（牛坡村境内）、挖沙坡（朗树根村境内）苗族风情，倮那（牛坡村境内）、居都村境内仡佬族的吃新节等民族风情；有堕却、郎节坝、上寨三个村交错相连的数十里竹海；有远近闻名的中坝水库和堕却清水鱼，是融民族文化风情、自然风光为一体的独特旅游乡镇。

【扶贫工作】2016年建档立卡贫困户1983户，贫困人口6706人，实施易地扶贫搬迁198户870人。积极实施产业引领脱贫，目前建成银杏育苗基地1000亩、精品水果基地2600亩、刺梨基地2000亩、茶叶基地10000亩、核桃种植面积5.5万亩（已有300亩挂果）、蛋禽养殖基地10万羽，2016年实现脱贫600户2555人。

【经济状况】2016年，完成生产总值22.45亿元、完成财政收入893万元、完成固定资产投资14.5亿元，农村居民可支配收入达7822元。

牂牁镇

【领导名录】

乡党委书记 肖忠学（彝族）

政府乡长 王涛（苗族）

乡人大主席 陆洪艳（布依族）＊邓凯（苗族）

乡党委副书记、政法委书记 魏兴彪（*） 左金红

乡党委副书记、组织委员 蔡家勇（*） 左广来

乡纪委书记 勺平（彝族）

政府副乡长 武装部部长 邓健巍（苗族）

政府副乡长 王剑（*） 潘猛 伍健（布依族）杨杰

【地理位置】牂牁镇位于六枝特区西南部，镇政府驻地距六枝特区政府驻地64公里。牂牁镇地处北纬25° 59′ ~ 26° 27′，东经105° 17′ ~ 105° 12′之间，东靠郎岱，南连关岭，西接水城，北抵晴隆，国土面积186.8平方公里。

【人口面积】 辖10个行政村1个居委会104

个村民小组，2017 年初，总人口 5352 户 21438 人，少数民族以布依、苗族为主体民族。

【政区划分】牂牁镇辖西陵村、半坡村、牂牁村、木城村、沈家村、大冲村、扁朝村、西拉村、兴隆村、鲁戛村 。

【经济工作状况】 2016 年生产总值完成 15806.68 万元（农业总产值：4736.53 万元，工业总产值：11070.15 万元）；50 万元以上固定资产投资

牂牁镇集中组织开展执法行动

完成 10.63 亿元；税收收入完成 280.29 万元（国税 29.47 万元，地税 217.56 万元，财政 33.26 万元）；农村居民人均可支配性收入 6928 元，增长率为 11.6%；小康总体实现程度 81%。

【旅游工作】按“一村一品、一村一特”农业调产思路，发展山地特色农业和旅游服务业。共完成精品水果种植 3320 亩（含火龙果、木瓜、黄橘、红橙、青枣等 10 余种品种），茶叶种植 1300 亩，特色种植 400 亩，热带水果 520 亩；服务业不断提质增效，依托地处牂牁江风景名胜区核心部位，大力发展旅游服务业。建成农家乐 42 家，平均每天可接待游客 4000 余人；航运公司 2 家，每年盈利达 500 万元；将传统的民族文化、民间艺术、蜡染、绣花刺绣产品、土特产、九层山苗族的芦笙舞和布依族的赶俵歌发展成为一种文化产业。连续成功协办四届“中国凉都 · 六盘水牂牁江”国际滑翔伞邀请赛，累计接待游客 20.5 万人次，旅游收入达 2000 万元。

【农业农村工作】实施通村公路 86 公里，建制村通畅率 90%，修建 20 处饮水设施，解决 2000 人

牂牁镇召开“两学一做”学习教育工作会

的农村饮水安全问题。完成石漠化综合治理 3 平方公里，治理水土流失面积 3.08 平方公里。完成营造林 15000 亩。森林覆盖率提高到 43.53%。通信网络等设施改造升级，城乡通信条件显著改善。

【基础设施】打造“四在农家 · 美丽乡村”，牂牁集镇品位得到提升，农村面貌凸现民族特色。五年来实施农村危房改造 1706 户，建成西陵村农民健身运动工程、民族文化展览馆、半坡村九层山文化家园广场等一批文化活动场所。坚持以点带面、稳步推进，深入推进美丽乡村示范区建设。依托“六项”行动，投入 210 万元打造小康寨建设，投入 6580 万余元，精心打造了云上牂牁民族文化演艺场，木城安置点、集镇安置点、半坡岩脚寨均安装太阳能路灯。

牂牁镇开展创卫工作检查

中寨布依族彝族苗族乡

【领导名录】

乡党委书记 高奎星* 金涛

乡党委副书记、乡长 陈朝淮（彝族）

乡党委委员、人大主席 周强（穿青人）

乡党委副书记 程羽

乡党委副书记、政法委书记 张军* 赵庆虎

乡党委委员、副镇长、武装部部长 李星达

纪委书记 刘登华

乡党委委员、副乡长 聂萍*（女） 江甫刚*

安楠 刘胜珍（女）

副乡长 王虎

【地理位置】位于北纬 26° 05′ 49″ ~26° 05′ 15″，东经 105° 07′ 1″ 5~105° 23′ 01″ 。地处六枝特区西南部，东邻新窑乡、陇脚乡、南连郎岱镇、牂牁镇，西接水城、普安、晴隆三个县，北靠关寨镇。地处云贵高原东斜坡，地势为西北至东南走向，地形西高东低，乡内最低海拔 613 米（北盘江出境处），最高海拔 2126.9 米（老王山 ~ 苗岭山脉西端主峰），最低海拔 613 米（北盘江出境处），乡政府驻地海拔 1403 米，大部分地区平均海拔在 1300—1500 米之间。属温热带季风气候，气候温和，光照条件较好，夏无酷暑，冬无严寒，雨量充沛，年平均气温为 19℃ ~21℃，降水量 1320~1482.3 毫米，人民政府驻中寨村中寨组，距特区政府驻地 52 千米。

【政区沿革】春秋战国时属夜郎地，民国时期属郎岱县管辖，建国前称新兴乡，1950 年建巴赖区公所，1953 年建新场乡，1958 年建立巴赖公社，1961 年巴赖区改称中寨区。1992 年撤中寨区，将四方井乡、中寨乡、双夕乡、长寨乡、鲁戛乡（划拨出石板村和沈家村归毛口乡）合并，建立中寨苗族彝族布依族乡，2015 年区域调整划西拉、扁朝、鲁戛、兴隆四个村归牂牁镇管辖，沿用中寨苗族彝族布依族乡。

【政区划分】现辖木则、补许、四方井、费戛、大补王、箐脚、小补王、大箐、中寨、移山、双夕、岩脚、红光、扯扭、平基、长寨、新场等 17 个村民委员会和中寨居委会。

【人口面积】2016 年末，总人口 41454 人，其中城镇常住人口 1650 人，城镇化率 3.5%；另有流动人口 2510 人。总人口中，男 22036 人，占 53.2%，女 19422 人，占 46.8%，14 岁以下 11247 人，占 24.5%；65 岁上 3048 人，占 6.63%，总人口中以苗族为主，少数民族总人口为 41375 人，占总人口的 99.8 %。2016 年人口出生率 7.5‰，人口死亡率 4.72‰，人口自然增长率 3.16‰。

东西最大距离 26.25 公里，南北最大距离 18.15 公里，面积 165.17 平方公里，其中陆地 156.97 平方公里，占 95%；水域 8.2 平方公里，占 5%。人口密度为 251 人 / 平方公里。

矿藏及其他自然资源 主要有煤炭，已探明储量 2.9 亿吨，煤系地层分布面积占全乡总面积的 30%。另有铁、雄黄、砷等矿产资源 。

【经济状况】2016 年财政总收入 712.34 万元，其中地税 408.8 万元国税 302.64 万元，财政税收 0.9 万元。共有个体工商业网点 8 个，从业人员 52 人，营业额 122 万元；农村集贸市场 2 个，全年交易额 358 万元。煤矿 5 个，年产量 17.44 万吨，有砂石厂 2 个，有企业 44 个，从业人员 1651 人。年产值 18234.23 万元。

【基础设施】有水黄高等级公路境内穿过，另有堕（却）已（酉）公路、郎（岱）中（寨）公路，村村通公路，总里程 371 公里。年客运量 3.9 万人次。

【社会保障】2016 年城镇最低生活保障户数 43 户，61 人，支出 28.14 万元，农村最低生活保障户数 1-7 月为 3221 户，人数 5440 人，支出 727.67 万元；农村五保集中供养 49 人，支出 39.92 万元；农村五保户分散供养 30 人，支出 18.36 万元；农村临时救助 47 人次，支出 16.25 万元。民政部门代缴合作医疗，城低保为：51 人，共支出 0.051 万元，农低保为：1115 人，支出 3.9 万元，特困供养人员：82 人，0.984 万元，精神病人：15 人，0.18 万元，优抚人员：138 人，1.656 万元。社会服务单位 1 个，床位 80 张。

2016 年末参加城镇基本养老保险 68 人，参加养老保险 1.4986 万人，参加城镇居民基本医疗保险 0.0068 万人，参加医疗保险的农民工 3.0584 万人。

龙河镇

【领导名录】

镇党委书记 何天轶

镇党委副书记、政府镇长 洒科刚（彝族）

镇党委委员、人大主席 涂华

镇党委副书记、政法委书记 胡雷＊ 龙腾（彝族）

镇党委委员、组织委员：杨敏＊（女） 何吉林

镇党委委员、武装部部长：邹东海＊ 胡韬

镇党委委员、政府副镇长：彭清华（布依族）

镇党委委员、宣传委员：苏志伟＊ 龙腾（彝族）

纪委书记：霍星辰＊

镇党委委员、副镇长：金碧林＊ 宗茜（女）

政府副镇长：施泽洪＊（彝族）

【地理位置】龙河镇位于六枝特区北部，东接普定县，西邻岩脚镇、南靠新窑镇、北抵新华镇，距六枝中心城区19公里。总面积61.3平方公里，辖11个行政村1个居委会177村民组，12462户46135人，其中境内居住有苗族、仡佬族、布依族等少数民族18个少数民族共1847人，占总人口的4.1％。现全镇贫困户954户3441人（其中贫困村7个，贫困人口699户2613人）。

【经济指标状况】2016年，一般公共财政预算收入完成376.15万元，同比增长47.6%；500万元以上固定资产投资完成8.9亿元，同比增长8.24%；农村居民人均可支配收入7870元同比增长11.3%；招商引资到位资金完成49872.7万元。社会固定资产投资完成8.9亿，完成任务数8.5亿的104.7%。工业总产值共完成6.3亿元。

【项目建设】2016年洽谈招商引资项目14个，其中新建项目5个，续建项目9个。推进017县道提质改造工程；建设双龙村沙滩文化养生休闲娱乐度假村；完善市场综合体配套设施建设；推进易地扶贫搬迁项目建设；棚户区改造综合整治项目主体基本完工，推动"特色小镇"建设，提高龙河镇综合发展水平，增强居民幸福感。

【产业发展】按照"把生态做成产业，把产业做成生态"总要求，确定"4125"农业产业发展目标，积极主动协调，引导土地流转、种植、管理，助推山地绿色产业发展，促进农民增收致富；新增茶叶种植任务5000亩，完成5000亩，完成任务100%；核桃种植任务1000亩，完成1000亩，完成任务数的100%，其中：双龙村500亩，陇木村500亩，猕猴桃种植任务5000亩，完成5000亩，完成任务数100%，其中：陇木村2000亩，新院村500亩，龙场村1000亩，营盘村1500亩；中药材任务万寿菊任务7000亩完成7081亩，按点线连片，规模化发展10020亩精品水果，在林场村六六高速公路沿线、卡凉路沿线种植杨梅3500亩；在双龙村至营盘村、新场坝村公路沿线及25度以上坡耕地种植枇杷、柿子、石榴4500亩；在龙场村至迎风村公路沿线及25度以上坡耕地枇杷、柿子、石榴2020亩，发放精品水果

李再勇在农河镇调研小城镇建设情况

小城镇拆迁建设

龙河镇猕猴桃基地

龙河镇召开第七次党代会

优质树苗 315000 株。

【“三变”改革】 积极引导群众参与三变改革。发放“三变”改革宣传手册 14000 本，开展“三变”改革工作动员工作培训二期，培训人次 160 人。参与“三变”改革的企业 3 个，合作社 7 个，农河镇 11 个村全部参与“三变”，参加入股总农户 4763 户，15893 人。其中贫困户有 1632 户贫困户 6399 人。整合各级财政投入 1803 万元资金参与“三变”改革，带动社会投入 227 万元，集体土地投入 1000 亩，农户带地入股 5650.2 亩。

【改善社会民生】 聚焦脱贫攻坚工作，坚持“六个精准”“六个到村到户”“四到县”“五个一批”“凉都六法”，贯彻实施“33668”“33669”脱贫攻坚行动计划，落实大扶贫战略行动意见和“1+10”等政策文件，实施“两线合一、减量提标”和精准扶贫“特惠贷”，认真开展精准扶贫“回头看”、扶贫攻坚月、攻坚季基础工作。2016 年完成减贫人口 3154 人，贫困发生率下降至 7.12%；加大教育经费投入，巩固“两基”教育成果。小学适龄儿童入学率 99.5%，小升初入学率 100%。九年义务教育覆盖率达 100%。农村义务教育学校学生营养午餐全覆盖。龙河镇第二幼儿园开工建设；各项惠农政策落实到位，“新农合”参合率逐年上升，“新农合”参保率达到 100%，缴费率 100%；社会保障方面基本实现困难群众的应保尽保。

新华镇

【领导目录】

镇党委书记 龙殿声

镇政府镇长 彭康

镇人大主席 洒海林

镇党委副书记、镇法委书记 杨兴龙

镇党委副书记、组织委员 谌业芳（女）

镇纪委书记 吴兆勇

政府副镇长、武装部部长 杨颖

政府副镇长 夏昌信 沙龙

镇长助理 毕勇

【地理位置】 新华镇位于六枝特区东北部，东接织金县白泥镇，南连龙河镇，西邻岩脚镇，北靠织金县阿弓镇。距特区政府驻地 32 公里。全镇总面积为 69.7 平方公里。全镇辖 9 个行政村一个居委会，90 个村民组。总人口 8120 户，31871 人。境内由汉族、苗族、彝族、仡佬族、布依族等多民族组成，其中少数民族人口占总人口的 23%，分布在新寨、新田、新平、兴隆四村。

【政区划分】 新华镇辖，新寨村、王家冲村、田坝村、新田村、双屯村、鼠场村、兴隆村、成功村、居委会。

【经济工作】 自“十三五”规划以来，坚持以加快发展为第一要务，综合实力持续攀升。五年来，完成财政总收入完成 6396 万元，全社会固定资产投资完成 34.86 亿元；工业总产值完成 33.9 亿元；招商引资实际到位资金 18.6 亿元。农村居民人均可支配收入达到 6898 元，是 2011 年末的 2.38 倍。全面建成小康社会指数稳步提高，小康水平不断提升。

【农业工作】 农业方面：不断提高农村土地利

用率，在基本稳定粮食生产面积的基础上，特色农业产业结构得到进一步优化，有规划地扩大了茶叶、马铃薯、中药材、精品水果、核桃等经济作物的种植面积，特别是高山生态茶叶的种植面积有了大幅度提高，使茶叶作为第一主导产业的经济成效日益突现。五年来，完成茶叶种植面积达到2万余亩，高山无毒马铃薯种植15000亩初成规模，百花桃连片种植3000亩成效显著，核桃种植8000亩品种优良，精品水果种植5000亩效益明显，农业特色更浓。林业方面：通过大力实施林果业发展战略，全镇林果自“十三五”规划以来规模持续增长，“3155”项目得到全面实施，林果管理技术水平逐年有所提高，白花桃、核桃、樱桃等优质果品种植面积不断扩大，经济效益日趋渐显。抓好荒山造林、封山育林、森林植被恢复、巩固退耕还林工程，扎实推进农村集体林权改革，把林地变成贫困群众“绿色金库”。截至2016年，荒山造林1200亩、封山育林8771亩、森林植被恢复率达38%、巩固退耕还林工程3123.78亩，森林覆盖率达46%。养殖业方面：新华镇以科学饲养和良繁技术为重点的畜牧科技知识得到全面普及和推广应用，畜禽疫病防疫和疫情防控网络得到完善和加强，疫病预防措施得到切实落实，畜群结构日趋合理，动物疫病防治网络不断完善。积极引导养殖合作社走“专、精、特、新”之路，进一步做大做强特色养殖业。全面引导和鼓励小微企业的发展，加大小微企业扶持力度，认真落实三个十五万扶持工作；加大小微企业的贴补力度，小微企业的规模得到进一步扩大。五年来，农林牧渔业总产值4.13亿元；全镇牲畜存栏量达到16.57万头（只），其中牛2.5万头，羊0.5万只；家禽23.06万羽。

【基础设施】打造卫生乡镇。通过深入开展打非治违、整脏治乱、“四创”活动，建立长效机制，加强城管队伍建设，全面推进街道店铺、车站、乡村结合部的综合治理，完善中心街道供电、市场、垃圾、污水处理等设施建设，努力创建整洁靓丽、便捷舒适、宜居和谐的生活环境，小城镇精细化管理水平得到了提高。五年来，投入资金160余万元，购买洒水车1辆，垃圾收集清运车2辆，增设垃圾箱85个。打造路网乡镇。为进一步加强基础设施建设，夯实发展基础，

新华镇茶厂

新华镇万羽鸡养殖基地

新华镇白花桃

改善发展环境，改善人居环境，增强发展后劲，提高发展承载力。X017已完成勘测、设计、评审等程序，征地拆迁工作；S310新华过境前期基础工程已完成，完成投资2924万元；争取“一事一议”项目35个，累计协调争取资金1231.25万元；完成硬化通寨公路

23条，累计长78公里；新建文体广场3个；安装太阳能路灯363盏，投入资金133.87万元。完成产业路约20公里，自“十三五”规划来，全镇村通路率达100%，通组路率达95%，城乡基础设施不断完善，农村面貌大为改观。

【扶贫工作】2016年，彻底解决现行标准下626户农村贫困人口脱贫问题，使贫困群众生产生活条件明显改善，促进自我发展能力不断提升。加强农村基础建设，实现以村为单位的油路（水泥路）、通信光纤和4G网络、生活垃圾收集处理设施全覆盖，全面解决农村人口饮水安全问题。利用大扶贫推动产业发展。加快贫困村特色优势产业发展，实现村村有产品、寨寨有产业。重点依托城镇、产业园区和旅游景区的发展，吸纳更多贫困人口就业创业，带动城镇化率提高1.5个百分点。利用大扶贫推动生态环境保护。对25度以上坡耕地和15度至25度重要水源地的坡耕地全部退耕还林还草，带动全镇森林覆盖率提高50%。利用大扶贫推动公共服务均等化。

2016年11月18日当选新任政府班子颁发当选证书

新华镇第八届人民代表大会现场

梭戛苗族彝族回族乡

【领导名录】

乡党委书记 李延斌

党委副书记 乡长 刘胜奇＊ 张亮才

党委委员、人大主席 张兴贤（仡佬族）

党委副书记、政法委书记 张亮才＊ 汪勇

党委副书记、组织委员 谢根尼（女、彝族）

副乡长、武装部部长 李兴达＊ 刘毅（回）

党委委员、纪委书记 潘仁干（侗）

党委委员、副乡长 江胜芳（女） 付尚伦（蒙古族）

【地理位置】梭戛苗族彝族回族乡位于六枝特区西北部，距特区人民政府驻地32公里。东部与新华镇接壤，南部与岩脚为界，西连新场乡，北抵织金县的鸡场乡、阿弓镇。东西长15.2公里，南北宽9.8公里，总面积56平方公里，辖7个行政村，62个村民组，5239户，总人口23334人，少数民族7430人，占总人口的26.7%。居住有苗族、彝族、回族、布依族、白族、仡佬族、蒙古族等11个少数民族。是六枝特区的纯农业乡。

【经济状况】2016年，完成财政总收入2188.12万元，一般预算收入完成1696.78万元，固定资产投资完成9亿元，全社会消费品零售总额完成1807.8万元，农民人均可支配收入达到7051元，全乡经济发展速度明显加快，顺利实现了“减贫摘帽”。

【产业结构调整】推进“旅游活乡”战略，坚持自然生态与民族文化旅游融合发展，以陇戛寨、高兴村、小坝田寨、补空寨、上下安柱村寨、新寨、新发寨约20平方公里为核心区，构建“一景、一廊、一洞、一镇”（一景，即长角苗风情景区；一廊，即老卜底沿河特色长角苗文化长廊；一洞，凤凰洞；一镇，梭戛民族特色旅游小城镇）的旅游发展空间结构，新增旅游文化项目50余个，总投资50余亿元。

坚持“产业富乡”思路，规划建设了梭戛回民山地特色农业产业园，重点种植刺梨、核桃、薏仁米、烤烟、蔬菜等产业，以点促面带动了周边多个种养殖专业合作社的发展；引进西部电产、豆米电商、惠农电商、贵农电商开展“互联网＋模式，启动全乡农村电商服务网点建设。以精准扶贫为契机，养殖业全面发展，建成200头集中养牛场一个，20万羽养鸡场2个，畜牧业产值达4792万元。坚持“城镇带乡”稳步推进，启动梭戛民族特色小镇建设，建成宽24米长1500米的大道，村庄整治、环境卫生得到改善。生态产业加快推进。实施新一轮退耕还林4000余亩，完成营造林9110亩，森林覆盖率达40%以上。黄果树瀑布源国家级森林公园获国家林业局批准成立，梭戛自然与生态文化旅游示范区列入贵州省十三五“十个街区小镇”建设项目。

【教育科技】梭戛乡有幼儿园3所（含民办幼儿园2所），已入园幼儿1403人；义务教育阶段学校10所，其中，教学点3个，村级完小5所，乡中心完小1所，初级中学1所，小学共有61个教学班（含3个教学点15个教学班），有学生2435人，初中有18个教学班，在校学生1082人。现有教职工185人，其中学前教育教师4人，学历合格率100%；小学在职教师129人，其中专任教师128人，师生比1：18.87，学历合格率100%；中学在职教师52人，其中专任教师49人，师生比1：20.8。小学生均占地面积达9平方米，人均体育活动面积6平方米，人均图书16册，实验仪器设备值30.47万元；初中生均占地面积24.5平方米（不含政府划拨的1.5亩），生均体育活动面积6.3平方米，生均寄宿面积为5.8平方，初中生均图书达25册，实验仪器设备值40万元；5所学校安装班班通设备。2016年3~6周岁幼儿1722人，在园1403人，学前三年入园率81.5%；7~12周岁人口2669人，入学2643人，入学率99.03%；13~15周岁人口1060人、入学86%，小学、初中辍学率分别为0.05%和1.18%；小学、初中毕业率均为100%，小学六年巩固率113.68%，初中三年巩固率91.4%，九年义务教育巩固率为91.9%。完成普通高中招生133人，普高中职53人，完成率为104.26%；留守儿童771人。

【基础设施建设】以财政奖补“一事一议”实施为载体，加快“村村通”水泥路建设，2016年正在硬化通组（寨）道路4处，完成投资4万元；人行步道14处，完成投资38.95万元；便民设施4处，完成投资17.5万元；文体活动设施1处，完成投资16万元；照明设施8处，完成投资92.13万元。

新场乡

【领导名录】

乡党委书记：宁 浩

乡党委副书记、政府乡长：罗 文

乡党委委员、人大主席：施辉志

乡党委副书记、政法委书记：龙腾＊ 穆文俊

乡党委委员、组织委员：何锐＊ 商凤华

乡党委委员、武装部部长：刘廷祥＊ 胡健

乡党委委员、政府副乡长：何锐 胡健

乡党委委员、宣传委员：陈开龙＊ 穆文俊

乡党委委员、派出所所长：卢涛＊ 孙富乡

纪委书记：蔡小安＊ 肖昌华

政府副乡长：周琼

【地理位置】新场乡位于六枝特区西北部，乡政府驻地距特区政府所在地47公里。东与梭戛乡为邻，南与岩脚镇、关寨镇相连，西与水城县化乐镇

图为市人大民宗侨委主任何皋一行到新场乡调研指导民族宗教工作

特区党委书记杨昌显到新场乡松坝村调研核桃发展情况

接壤，北与牛场乡交界。地处三岔河域中段，属高寒边远贫困山区。全乡总面积140.2平方公里，耕地面积81000亩，人民政府驻新场村，下辖1个居委会，16个行政村，168个村民组，236个自然村寨，共有11081户，44271人，是一个汉族、苗族、彝族、回族等多民族杂居乡。

【经济状况】 2016年完成财政总收入和公共财政预算收入分别为350.9万元和284.93万元；实现生产总值43160万元；固定资产投资110000万元；招商引资63000万元；工业总产值32899万元；粮食产量11909吨；农民人均纯收入7785元。

【项目建设】 旧院水库已正常向六枝城区供水；懒龙河水库移民搬迁工作已完成，现水库建设工作正在有序开展；六安城际快铁已完成征地及大部分补偿款发放工作，建设较为顺利；新场乡小城镇建设“8+x”涉及的10个项目中，已完成3个，其余7个正在组织实施；六枝特区至水城县天然气支线管道征地和补偿款发放工作基本结束，正在建设中；成功申报新场乡采煤沉陷区综合治理项目总投资6.417亿元，教师周转房配套基础设施项目总投资5600万元。采煤沉陷区综合治理项目和教师周转房配套基础设施项目均已开工建设。

【改革创新】 整合参与“三变”资金2050万元，实现土地资源变股权19000亩，农民变股民3076户13816人，其中覆盖一般贫苦户1111户。深入实施开放带动战略，完成5000万元以上固定资产投资项目4个，其中亿元项目3个，完成固定资产投资11亿元；招商引资项目7个，完成到位资金6.3亿元，成立农民专业合作社25个，带动群众致富590余人。

牛场苗族彝族乡

【领导名录】

乡党委书记 张家兴

乡党委副书记、政府乡长 郑刚*（彝族） 刘佐友（苗族）

乡党委委员、人大主席 刘凯* 安昌鹏（仡佬族）

乡党委副书记、宣传委员 沙兴富*（仡佬族） 李发平

乡党委副书记、组织委员 张靖*（彝族） 王艳（女）

乡党委委员、同步小康挂职副书记 杨真军

纪委书记 胡晓飞* 陈国玉（彝族）

乡党委委员、政府副乡长 龚鸿志 张靖（彝族）

乡政府副乡长 韦琼*（女，布依族） 叶祥文

乡党委委员、武装部部长 杨安华＊

【地理位置】牛场苗族彝族乡位于六枝特区西北部，距特区政府驻地65公里，东与织金县相邻，西与水城县接壤，北抵纳雍县，南面和东南面分别与六枝新场、梭戛二乡隔河相望，国土面积83.1平方公里，辖9个行政村125个村民组25953人，其中贫困人口1481户3807人，是一个少数民族乡，苗、彝、回等少数民族15230人。

【自然条件】境内日照充足，气候温和，热量丰富，降水充沛，无霜期长；平均海拔1450米；年平均气温13.5℃，年降雨量1380毫米，无霜期达265天，年日照时数达1300小时，森林覆盖率达60%以上，无工业污染，是一个纯天然的“大氧吧”。天险窗子洞、安健墓、黔中水库、懒龙河水库、尖岩大雪厂森林、九岔地百里林场、安家雕、沙家屯、峰王屯等丰富旅游资源有待开发。

【经济状况】2016年，国税完成69.57万元，地税完成209.68万元，财政完成14.81万元。国民生产总值累计完成33072万元；固定资产投资累计完成10亿元；农村居民人均可支配收入达7612.86元。

【脱贫工作】以“三变”改革为抓手，以“产业生态化、生态产业化”为引领，大力调整农业产业结构，巩固连片种植茶叶1.2万余亩，五星枇杷种植7500余亩，刺梨种植8000余亩，核桃种植1.3万余亩，覆盖贫困户2669户7221人。采取“公司＋合作社＋农户”的模式，整合土地40000余亩、扶贫专项资金480万元、“特惠贷”500万元入股到合作社，带动1778户5527名贫困群众入股企业变股东。2016年脱贫612户2475人，贫困发生率降至15.19%。

【社会事务工作】2016年累计发放低保金700余万元，城市低保户50户70人；累计发放低保金70万元，“五保”对象63户69人。共发放“五保”供养金1173690元，中央自然灾害救助资金15万元，已发放完毕，向特区民政局申请临时救助12户，发放资金2万余元，乡解决临时困难户16户，共发放10460元临时救助金，申请305户447人季节性缺粮25590斤。加大了救灾救济工作的投入力度，基本解决了灾民和困难群众的生活需求。春节期间慰问各类对象户312人，发放慰问金62000余元。

【精准扶贫工作】2016年完成建档立卡贫困人口7127人、资料150卷；严格执行好贫困户的进退机制，对不符合条件的贫困户经村评议审核公示、乡公示无异议后，一律取消贫困户资格，目前此项工作已完成，现有贫困户2101户，6142人。2016年全乡烤烟发展到600多亩，实施茶叶基地建设12000亩和6000亩的刺梨种植，覆盖贫困户900余户，2800余人；投入财政扶贫资金330万元，计划养殖规模1000头，现养殖规模已达450头，覆盖贫困户342户，1071人；在尖岩、牛场、黔中、大箐四村实施了核桃种植和枇杷种植各3500亩、7500亩，覆盖四个村的贫困户。